Tributação
e Contabilidade

Tributação e Contabilidade

2013

Renato Nunes

ALGUNS APONTAMENTOS SOBRE AS RELAÇÕES
ENTRE OS SISTEMAS JURÍDICO E CONTÁBIL

ALMEDINA   Coimbra · Lisboa · São Paulo

TRIBUTAÇÃO E CONTABILIDADE

© Almedina, 2013

AUTOR: Renato Nunes

DIRETORA EDITORIAL: Sofia Barraca
DESIGN DE CAPA: FBA
IMPRESSÃO E ACABAMENTO: DigitalPage

ISBN: 978-85-63182-36-4

Dados Internacionais de Catalogação na Publicação (CIP)

Tributação e Contabilidade
Renato Nunes- São Paulo, Almedina, 2013 - (Coleção Insper)

Renato Nunes
ISBN 978-85-63182-36-4

1. Tributação 2. Contabilidade
3. Impostos I. Nunes, Renato
II. Título III. Série

CDU: -346.52:657.44(81)

Índices para catálogo sistemático
1. Contabilidade : Impostos 346.52:657.44(81)
2. Impostos : Contabilidade 346.52:657.44(81)

Este livro segue as ergras do novo Acordo Ortográfico da Língua Portuguesa (1990).

Todos os direitos reservados. Nenhuma parte deste livro, protegido por copyright, pode ser reproduzida, armazenada ou transmitida de alguma forma ou por algum meio, seja eletrônico ou mecânico, inclusive fotocópia, gravação ou qualquer sistema de armazenagem de informações, sem a permissão expressa e por escrito da editora.

Maio, 2012

EDITORA: ALMEDINA

Rua Maria Paula, 122, Cj. 207/209, Bela Vista
01319-000 - São Paulo, SP - Brasil
Tel./Fax: +55 11 3885-6624
editorial@almedina.com.br
www.almedina.com.br | www.grupoalmedina.net

Para Camila

AGRADECIMENTOS

Foi difícil, mas recompensador. Este trabalho fez reflorescer em mim a crença na disponibilidade desinteressada das pessoas, na honestidade científica, representadas em especial nas pessoas: da minha orientadora Regina Helena Costa, que, contrariando algumas de suas convicções, estendeu-me a mão e guiou-me com pulso forte ao longo da incrível jornada que foi escrever esta tese; do Professor Heleno Tôrres, meu grande mestre e amigo para todo sempre, pelas indagações e sugestões de qualidade ímpar; do Professor Marcelo Figueiredo, por todo apoio prestado na resolução de questões burocráticas da PUC/SP; do Professor Celso Campilongo, com quem eu não mantinha contato há anos, desde os créditos do Curso de Mestrado na PUC/SP, e que gentil e pacientemente recebeu-me em seu escritório, discutiu comigo ao telefone, indicou-me obras fundamentais para a melhor compreensão da teoria dos sistemas de Niklas Luhmann, em especial a respeito da compreensão do que seja sistema científico no contexto desta proposta; de Régis Fernando Ribeiro Braga, o "mago do imposto de renda", pelo carinho, atenção e revisão (à moda antiga) de parte expressiva do texto; de Eric Martins, jovem e profícuo estudioso da Contabilidade, que me recebeu nas dependências da FEA para uma longa e proveitosa troca de ideias e indicação de bibliografia contábil; de Fernando Moura, com quem dividi ótimas experiências sobre os temas que abordei e me forneceu extenso material a respeito; e de Fabio Clasen, Daniel Bellan, Helena Junqueira, Daniel Boulos e todos os amigos que me deram força quando eu achava que não ia dar conta.

Vocês todos foram fundamentais num momento de virada e superação de minha vida, e no qual este trabalho se insere. Obrigado a todos. Como disse o grande Professor Souto Maior Borges na apresentação da reedição do seu *Introdução ao Direito Financeiro*, ao agradecer a Heleno Tôrres pelo incentivo e apoio na empreitada, que isto não o tornava avalista das conclusões, faço o mesmo em relação a vocês.

Agradeço também ao apoio prestado pelos meus amigos e colegas de Nunes e Sawaya Advogados nas muitas horas que tive que me dedicar à pesquisa e à escrita em pleno horário de trabalho, em especial por Luiz Rogério Sawaya Batista (sempre ele), Rafael Younis Marques e Felipe Medaglia.

Agradeço ao apoio de toda a minha amada família e aproveito para me desculpar pelo sacrifício a que tive que submeter as minhas paixões Camila, para quem este trabalho é dedicado, Helena e Luiza, mas fazer o que fiz é parte da minha natureza inquieta.

Como já é possível perceber, este trabalho é baseado em larga escala na minha tese de doutoramento, motivo pelo qual tenho mais pessoas a quem agradecer, pois, desde o seu depósito até a aprovação pela Editora, muita coisa aconteceu.

Assim sendo, eu gostaria também de agradecer aos Professores que integraram a Banca Examinadora e que me ajudaram imensamente a testar as minhas proposições e efetuar modificações pertinentes no texto. Muito obrigado, Professora Misabel Derzi, Professora Regina Helena Costa, Professor José Eduardo Soares de Melo, Professor Estevão Horvath e Professor Luís Eduardo Schoueri.

Aliás, a respeito da Professora Misabel Derzi, lembrei-me de uma pessoa que atendi há alguns anos em meu Escritório, que se apresentava como produtor musical e grande amigo de Tim Maia. Num dado ponto de nossa conversa, não me lembro por que começamos a falar um pouco sobre música, quando ele disse ter sido amigo de Tim e mencionou que nunca havia se deparado com um talento musical tão grande, do tipo que só nasce a cada 100 anos. Muito bem, Professora Misabel, mais do que um agradecimento à senhora por ter se deslocado até São Paulo para me arguir, quero deixar registrado que pude confirmar a ideia que eu há anos tinha a seu respeito, de que uma jurista com o seu talento e a sua capacidade, assim como o Tim Maia no meio musical, nasce uma vez a cada século.

Obrigado, André Antunes Soares de Camargo, coordenador dos cursos de LLM em Direito promovidos pelo Insper, pela indicação do meu trabalho à Editora Almedina.

Fica registrado meu agradecimento também a Ricardo Correia, responsável pela Editora Almedina no Brasil, que me recebeu com carinho especial e imprimiu grande agilidade na análise e aprovação do texto.

E, finalmente, a Deus, por tudo...

PREFÁCIO

O presente texto origina-se de tese intitulada "Tributação e Contabilidade – Alguns Apontamentos sobre as Relações entre os Sistemas Jurídico e Contábil", apresentada como exigência parcial para a obtenção do título de Doutor em Direito do Estado, perante a Pontifícia Universidade Católica de São Paulo.

A defesa foi efetuada perante banca integrada por mim, na qualidade de orientadora, pelo Professor Estevão Horvath (PUC/SP e USP), e pelos Professores Titulares Luís Eduardo Schoueri (USP), Misabel de Abreu Machado Derzi (UFMG) e José Eduardo Soares de Mello (PUC/SP), no dia 24 de outubro de 2012.

O subtítulo – "Alguns apontamentos..." – poderia levar ao equívoco de imaginar-se que se cuida de trabalho não abrangente dos contornos das relações existentes entre a tributação e a Contabilidade.

Ao revés, a simples leitura da introdução indica tratar-se de estudo denso e profundo, carregado de ineditismo e fruto de saudável ousadia acadêmica.

A conexão entre os sistemas jurídico e contábil, como sabido, é pouco explorada pelos juristas, receosos de investigações científicas em seara com a qual têm pouca afinidade.

No entanto, o impacto dessa conexão na identificação do perfil dos tributos incidentes sobre receita e renda é inegável, desafiando aqueles que se propõem a estudar e compreender essas exigências fiscais.

Daí a relevância da análise de aspectos contábeis que, respeitados os limites jurídicos, hão de ser considerados nas relaçõcs entre Fisco e contribuinte.

Assim, o Autor, após tecer breves considerações sobre noções essenciais de Contabilidade, passa à apreciação de suas relações com o subsistema jurídico tributário, para, em seqüência, culminar no exame de questões controversas atinentes ao Direito e à Contabilidade no âmbito tributário.

A diversidade de tópicos abrangidos nesta obra demonstra a amplitude de aspectos analisados pelo Autor, que bem enfrenta o desafio de elucidar as difíceis questões que deles emergem.

TRIBUTAÇÃO E CONTABILIDADE

Percebe-se, facilmente, que o livro representa contribuição científica de relevo, não somente ao conhecimento da intersecção desses dois sistemas, como também às nuanças que envolvem os conceitos de receita e renda para efeitos tributários.

Enfim, a pesquisa dedicada – inclusive no Direito Comparado - e a consistência das afirmações apresentadas, fazem da obra elaborada pelo jovem advogado e Doutor em Direito Tributário, Renato Guilherme Machado Nunes, fonte de consulta obrigatória a todos que busquem aprofundar-se nos múltiplos tópicos que o tema envolve.

São Paulo, 29 de abril de 2013.

REGINA HELENA COSTA
Livre-docente em Direito Tributário pela PUC/SP
Professora de Direito Tributário da Faculdade de Direito e da Pós-Graduação em Direito da PUC/SP

APRESENTAÇÃO

Eu particularmente não sou afeito a apresentações em livros, mas achei por bem tecer algumas considerações, mais a título de esclarecimento do que qualquer outra coisa.

O leitor vai poder perceber que desenvolvi o trabalho com base num referencial teórico complexo e muitas vezes de difícil compreensão. Não fiz isso com o objetivo de valorizar o trabalho, tal como percebo, por exemplo, no meio negocial, em que muitas pessoas utilizam expressões da língua inglesa para se referir a este ou aquele tema. Quantas vezes não me impressionei, especialmente quando mais jovem, quando ouvia coisas do tipo "M&A", "commercial paper" etc., chegando a achar que só pelo nome deviam ser assuntos de altíssima complexidade, não disponíveis a um humilde advogado.

O tema de que trato no trabalho sempre me inquietou bastante e o único meio seguro que encontrei de desenvolvê-lo foi lançando mão das propostas teóricas de Niklas Luhmann, mais especificamente da teoria dos sistemas, e por isso, em nome da coerência, achei por bem utilizar expressões empregadas por ele em suas obras (acoplamento estruturação, abertura cognitiva etc.). Na banca de defesa da minha tese que serve de base para este livro, o Professor Schoueri chegou até a mencionar – mais em clima de descontração do que qualquer outra coisa, devo dizer –, que a frequente utilização das expressões "irritação do sistema jurídico", "irritação do sistema contábil", terminou irritando-o.

Por isso, leitor, não se impressione com eventuais expressões que não sejam comuns, até mesmo em obras jurídicas. O livro não é sobre a teoria de Luhmann, apenas me baseei em alguns aspectos fundamentais desta. A mensagem que desejo transmitir diz respeito aos problemas oriundos das relações entre a Contabilidade e a tributação, e a sua compreensão não requer um prévio conhecimento, ainda que superficial, das ideias de Niklas Luhmann. Leia e diga-me depois.

Ficarei muito agradecido a vocês leitores se puderem enviar-me as críticas e sugestões que julgarem pertinentes, afinal, o tema é extremamente complexo e ainda pouco explorado, de modo há muita coisa a ser analisada, escrita, reescrita, corrigida e por aí afora. Meu e-mail de contato é rnunes@nsadv.com.br.

SUMÁRIO

AGRADECIMENTOS 7

PREFÁCIO 9

APRESENTAÇÃO 11

1. INTRODUÇÃO 19

2. SISTEMA JURÍDICO E TEORIA DOS SISTEMAS 25
  2.1 Teoria dos sistemas sociais 25
    2.1.1 Operação do sistema – código e programa 29
    2.1.2 Acoplamento estrutural 31
  2.2 Sistema jurídico 34
    2.2.1 Considerações iniciais 34
    2.2.2 Fechamento do sistema jurídico 35
    2.2.3 Conceito e conteúdo do sistema jurídico 39
    2.2.4 Conteúdo e concepção de sistema 43
    2.2.5 Sistema jurídico na ótica de Luhmann 46
      2.2.5.1 Aspectos gerais e função 46
      2.2.5.2 Fechamento operacional e unidade 48
      2.2.5.3 Código e programa do sistema jurídico 51
      2.2.5.4 Relação entre sistema jurídico e ambiente – abertura
        cognitiva e irritação ao ambiente (acoplamento estrutural) 53

3. ABERTURA COGNITIVA E PRINCÍPIOS CONSTITUCIONAIS
  TRIBUTÁRIOS 57
  3.1 Considerações iniciais 58
  3.2 Sistema constitucional tributário brasileiro – características marcantes 63

TRIBUTAÇÃO E CONTABILIDADE

3.3 Princípios constitucionais – valores e limites objetivos	67
3.3.1 Princípio enquanto categoria de norma jurídica	69
3.3.2 Abertura cognitiva do sistema jurídico, acoplamento estrutural e princípios constitucionais	73
3.4 Princípio da segurança jurídica	74
3.4.1 Eficácia do princípio da segurança jurídica, mormente em matéria tributária – alguns apontamentos	77
3.4.2 Princípio da legalidade	81
3.4.2.1 Aspectos gerais, preeminência de lei e acepção formal	81
3.4.2.2 Acepção material	84
3.4.2.2.1 Legalidade material e lei complementar	87
3.4.2.3 Competência regulamentar	89
3.4.3 Princípio da anterioridade	92
3.4.4 Princípio da irretroatividade	92
3.4.5 Medidas provisórias em matéria tributária	93
3.5 Princípios relacionados à segurança jurídica, abertura cognitiva do sistema jurídico e acoplamento estrutural	96
3.6 Princípio da igualdade	97
3.6.1 Princípio da igualdade em matéria tributária	101
3.7 Princípios da capacidade econômica e da capacidade contributiva	107
3.7.1 Capacidade econômica versus capacidade contributiva	107
3.7.2 Sobre o princípio da capacidade contributiva	110
3.7.3 Eficácia do princípio da capacidade contributiva	114
3.7.3.1 Mínimo existencial e vedação ao confisco e o princípio da capacidade contributiva	116
3.7.3.2 Princípio da capacidade contributiva e o conteúdo da norma tributária	118
3.7.4 Princípio da capacidade contributiva e princípio da igualdade – convergências e distanciamentos	121
3.8 Princípios da igualdade, da capacidade econômica e da capacidade contributiva, a abertura cognitiva do sistema jurídico e acoplamento estrutural	123
4. CONTABILIDADE E SISTEMA: NOÇÕES ESSENCIAIS	127
4.1 Considerações iniciais	127
4.2 Sobre a Contabilidade	129
4.2.1 Contabilidade enquanto sistema científico	136
4.2.1.1 Correntes de pensamento	136
4.2.1.2 Contabilidade e ciência – corrente adotada	139

4.2.1.2.1 Aspectos gerais	139
4.2.1.2.2 Teoria contábil e Contabilidade – sistemas científicos com objetos distintos	141
4.2.1.2.3 Contabilidade, regras técnicas e uniformidade sintática	143
4.2.1.2.4 Escrituração contábil	146
4.2.2 Contabilidade à luz da teoria dos sistemas	146
4.2.2.1 Código e programa do sistema contábil	149
4.3 Postulados, princípios e convenções que regem a Contabilidade brasileira	150
4.3.1 Postulados da entidade e da continuidade	151
4.3.2 Postulado da essência econômica	153
4.3.3 Princípio do custo como base de valor	156
4.3.4 Princípio da realização da receita e da confrontação com as despesas (competência)	161
4.3.4.1 Exemplos de reconhecimento da receita em situações que não a transferência de produtos ou serviços ao cliente	163
4.3.5 Princípio do denominador comum monetário	165
4.3.6 Convenção da objetividade	166
4.3.7 Convenção da materialidade	166
4.3.8 Convenção do conservadorismo	167
4.3.9 Convenção da uniformidade/consistência	168
4.4 Elementos das demonstrações contábeis	169
4.4.1 Ativo	169
4.4.2 Passivo	172
4.4.3 Patrimônio líquido	175
4.4.4 Receitas	177
4.4.4.1 Mensuração de receitas	179
4.4.5 Despesas	180
4.4.5.1 Reconhecimento de despesas	182
4.4.5.2 Mensuração de despesas	183
4.4.6 Demonstração de resultados	184
5. RELAÇÕES ENTRE O SUBSISTEMA JURÍDICO TRIBUTÁRIO E A CONTABILIDADE	185
5.1 Considerações iniciais	185
5.1.1 Patrimônio, suas acepções e o relacionamento entre Direito e Contabilidade	192

TRIBUTAÇÃO E CONTABILIDADE

5.1.1.1 Patrimônio financeiro no sistema jurídico e no sistema
contábil ... 197
5.1.1.2 Patrimônio financeiro e a requalificação de conceitos
já regulados pelo Direito ... 200
5.2 Relações entre sistema jurídico e sistema contábil – acoplamento
estrutural e abertura cognitiva em matéria de incidência tributária ... 204
5.2.1 Possibilidade ... 204
5.2.2 Limites e condições – os princípios constitucionais ... 210
5.2.2.1 Princípio da legalidade ... 210
5.2.2.2 Princípio da anterioridade ... 214
5.2.2.3 Princípio da irretroatividade ... 214
5.2.2.4 Princípio da igualdade ... 215
5.2.2.5 Princípio da capacidade contributiva ... 215
5.2.2.5.1 Princípios da capacidade contributiva e da
capacidade econômica e a função preditiva
da Contabilidade ... 219
5.2.3 Breve histórico ... 221
5.2.3.1 Primeira fase ... 221
5.2.3.2 Segunda fase ... 224
5.2.4 Quadro atual ... 228
5.2.5 Virada contábil, neutralidade tributária e o real alcance desta
última ... 235
5.2.5.1 Concepção inicial da neutralidade tributária ... 235
5.2.5.2 Regime tributário de transição – RTT ... 238
5.2.5.2.1 Controle fiscal contábil de transição – FCONT ... 245
5.2.5.2.2 Remissão aos métodos e critérios contábeis
vigentes em 2007 ... 247
5.3 Experiência estrangeira ... 249
5.3.1 Portugal ... 251
5.3.2 Reino Unido ... 254
5.3.3 China ... 255
5.3.4 Coreia do Sul ... 256
5.3.5 Austrália ... 257
5.3.6 África do Sul ... 259
5.3.7 Canadá ... 260
5.3.8 Costa Rica ... 261
5.3.9 Chile ... 262

SUMÁRIO

6. ALGUMAS QUESTÕES CONTROVERSAS NA RELAÇÃO ENTRE
DIREITO E CONTABILIDADE EM MATÉRIA DE TRIBUTAÇÃO 265
6.1 Considerações iniciais 265
6.2 Receita, renda e lucro e o regime de competência 268
   6.2.1 Receita e renda tributáveis – matérias de cunho constitucional 275
      6.2.1.1 Receita tributável 275
      6.2.1.2 Renda tributável 277
         6.2.1.2.1 O artigo 43 do Código Tributário Nacional 278
   6.2.2 Tributação de receitas e renda e os princípios da capacidade
      econômica e da capacidade contributiva 281
   6.2.3 Receita e renda tributáveis versus receita contábil 283
   6.2.4 Receita e renda tributáveis, receita contábil e a jurisprudência
      do Supremo Tribunal Federal 385

7. CONCLUSÕES 291

BIBLIOGRAFIA 295

1.
Introdução

A tributação é fenômeno que consiste na transferência compulsória de recursos financeiros em prol do Poder Público ou de pessoas que desempenhem uma função pública. Por tal razão, a tributação somente pode ser desencadeada em função da ocorrência de um fato que seja passível de quantificação em moeda, tendo, portanto, conteúdo econômico.

No Brasil, as hipóteses possíveis de incidência encontram-se, implícita ou explicitamente, previstas no Texto Constitucional e, analisando-as, verificamos que todas consistem em previsões de fatos com conteúdo econômico, uns de forma mais acentuada do que outros, mas todos contemplando tal nota.

A permissão à tributação é outorgada pela Constituição às pessoas políticas mediante competência legislativa pormenorizada através das mais diversas técnicas, notadamente indicação da ação estatal que possa constituir hipótese tributária, da materialidade, da finalidade, estabelecimento de uma série de princípios que fundamentam e limitam a ação de tributar etc.

A técnica de indicação de materialidades que possam integrar hipóteses tributárias, utilizada na repartição de competências de impostos e de contribuições para financiamento da seguridade social, muitas vezes dá-se por meio de remissão a conceitos de outros ramos do Direito, o que termina por simplificar a tarefa do intérprete, porquanto o método sistemático de interpretação representa poderosa ferramenta para este proceder à análise.

Por outro giro, a Constituição se utiliza de conceitos originários de outros sistemas, o que obriga o intérprete a verificar em que condições estes possam integrar a regra-matriz de incidência tributária, seja na hipótese (mais especificamente no critério material), seja na tese/consequente (mais especificamente na base de cálculo).

Renda e receita são conceitos originariamente econômicos, aos quais a Constituição faz remissão com vistas à repartição da competência para a instituição do imposto sobre a renda e de contribuições para financiamento da seguridade social sobre lucro e receita.

A Contabilidade é um sistema voltado à representação de fatos econômicos referentes a uma *entidade*, que representem mutações no patrimônio destas. Diferentemente do Direito, que se integra ao sistema econômico em situações pontuais (apuração de resultados e do patrimônio das sociedades, definição da regra-matriz de incidência de alguns tributos etc.), a Contabilidade tem como objeto exclusivo a representação de fatos ocorridos no bojo deste último que correspondam a mutações patrimoniais referentes a uma *entidade*.

Historicamente, a tributação das rendas e das receitas das empresas dá-se mediante remissão a fatos contábeis (que o Direito somente "enxerga" como fatos jurídicos), o que constitui uma técnica inteligente, uma vez que, como dissemos, a Contabilidade é voltada à representação de fatos econômicos, constituindo ferramenta de medição do patrimônio, da renda e das receitas das empresas[1]. Queremos dizer, a Contabilidade constitui um sistema intermediário, entre o econômico e o jurídico, organizando as informações daquele que, ulteriormente, podem ser utilizadas pelo último (como faz o Direito Societário, por exemplo).

Em termos de tributação de renda e receita, até 31 de dezembro de 2007, o Direito Tributário operava com fatos originariamente econômicos representados pelo sistema contábil. O Direito Tributário autorizava a

---

[1] Acerca do assunto, vejam-se as ponderações de Tomás Castro Tavares: "Os motivos subjacentes a esta opção são fáceis de explicar: se a riqueza da empresa é uma só, e se a contabilidade a mensura de forma fiável e verdadeira, para quê estabelecer uma duplicação valorimétrica, que nenhuma vantagem traria ao sistema fiscal. Aliás, nem se vê como o direito fiscal conseguisse definir critérios valorativos diversos ou alternativos". TAVARES, Tomás Castro. Preço de mercado sem relações especiais no CIRC. In: CÂMARA, Francisco de Sousa da; GAMA, João Taborda da; SANCHES, J. L. Saldanha (Orgs.), *O direito do balanço e as normas internacionais de relato financeiro*. Coimbra: Coimbra Editora, 2007, p. 234.

representação desses fatos, de tal forma que a mencionada representação pudesse constituir fatos jurídicos tributários ou bases calculadas de tributos.

Exemplo digno de nota é o Decreto-Lei n.º 1.598, de 26 de dezembro de 1977, editado com vistas a adaptar a legislação do Imposto sobre a Renda da Pessoa Jurídica ("IRPJ") às inovações promovidas pela então recente Lei n.º 6.404/76, determinar, em seu artigo 67, XI, que, para fins de tributação, o lucro líquido do exercício deve ser apurado em consonância com este último Diploma, o qual, por sua vez, estabelece que o lucro líquido deve corresponder àquele verificado no âmbito do sistema contábil.

O Direito Tributário, a bem da verdade, terminou até por extravasar os limites do sistema jurídico, impondo características muitas vezes no próprio domínio do sistema contábil, distorcendo seus princípios e regras, numa nítida "corrupção de códigos", como ensina Niklas Luhmann, o que causou forte oposição dos profissionais e cientistas da Contabilidade, conforme se verifica da passagem abaixo[2]:

> O caso da então Secretaria da Receita Federal era todo especial: além de exemplos conhecidos, até que não muitos, de normas fora da prática contábil mais recomendada, possuía uma extraordinária influência indireta que levava as empresas a abandonar a melhor Contabilidade para não ter que, com isso, adiantar pagamento de tributos.
>
> (...)
>
> Com isso, reconhecemos que não havia uma interferência fiscal direta obrigando as empresas a não utilizarem os critérios contábeis de melhor qualidade, mas havia, certamente, uma influência indireta pelas razões dadas.

O sistema contábil vigente até 31 de dezembro de 2007 tinha por função retratar a situação patrimonial da empresa numa determinada data, tendo por base eventos já ocorridos, o que terminava por imprimir um grau significativo de liquidez (disponibilidade de caixa no futuro próximo) às receitas e lucros verificados.

Nesses termos, as receitas e lucros verificados pela entidade denotavam fortemente a existência ou proeminência de recursos financeiros ou

---

[2] IUDÍCIBUS, Sérgio de; MARTINS, Eliseu; GELBECKE, Ernesto Rubens; SANTOS, Ariovaldo dos. *Manual de Contabilidade societária – aplicável a todas as sociedades – de acordo com as normas internacionais e do CPC*. São Paulo: Atlas, 2010, p. 14.

direitos ou outros bens avaliáveis em moeda, a fim de fazer frente a obrigações tributárias, por força do auferimento daqueles itens. Em outras palavras, a Contabilidade, até então, era capaz de representar com muita evidência fatos indicadores de capacidade contributiva, em relação aos quais a legislação determinasse fosse a sua representação efetuada desta ou daquela forma, com vistas a tornar tal indicação mais acentuada.

Situação ilustrativa era (e continua sendo) a do tratamento fiscal dispensado aos resultados de equivalência patrimonial verificados na avaliação de investimentos societários segundo tal método. Numa síntese bastante apertada, uma sociedade que possua um investimento societário que a legislação determine seja avaliado segundo *equivalência patrimonial*, periodicamente, deve aplicar o percentual do seu investimento no capital da investida sobre as contas de patrimônio líquido desta, sendo a diferença entre o valor até então registrado e o novo considerada como um resultado positivo ou negativo, a depender de a variação ter ocorrido para maior ou menor.

As variações no valor do investimento efetuadas na forma acima independem de a investidora ter direito a ou receber efetivamente recursos financeiros – notadamente sob a forma de distribuição de lucros – ou suportar as perdas porventura incorridas pela investidora, de modo que possuem um baixo grau de representatividade de mutação na capacidade contributiva na empresa investidora.

Por tal razão, e de forma inteligente, a legislação determina que os resultados de equivalência patrimonial, quer positivos, ou negativos, não devem integrar a apuração das bases calculadas do IRPJ, da Contribuição Social sobre o Lucro ("CSL") e das Contribuições ao Programa de Integração Social ("PIS") e para o Financiamento da Seguridade Social ("COFINS").

Atendendo aos anseios notadamente dos profissionais da área contábil, de investidores e de empresas de grande porte, foi editada, no final de 2007, a Lei n.º 11.638, determinando a convergência do sistema contábil brasileiro aos padrões internacionais de Contabilidade observados nos principais mercados de valores mobiliários, acompanhando o processo iniciado na Europa no início da década passada.

Tal Lei, além de estabelecer o início da convergência dos padrões contábeis brasileiros aos internacionais, promoveu, ela própria, alterações significativas daqueles, autorizou a Comissão de Valores Mobiliários ("CVM"), o Banco Central do Brasil e outros órgãos e agências reguladoras a celebrar convênio com entidade que tenha por objeto o estudo e a divulgação de

INTRODUÇÃO

princípios, normas e padrões de Contabilidade e de auditoria, que podem adotar, no todo ou em parte, os pronunciamentos e demais orientações técnicas emitidas com vistas a tal mister.

Esta entidade é o Comitê de Pronunciamentos Contábeis, o tão comentado "CPC" – que não possui personalidade jurídica –, instituído pelo Conselho Federal de Contabilidade ("CFC"), por meio da Resolução n.º 1.055, de 07 de outubro de 2005, e que é composto por:

- ABRASCA – Associação Brasileira das Companhias Abertas;
- APIMEC NACIONAL – Associação dos Analistas e Profissionais de Investimento do Mercado de Capitais;
- BOVESPA BM&F– Bolsa de Valores de São Paulo;
- CFC – Conselho Federal de Contabilidade;
- IBRACON – Instituto dos Auditores Independentes do Brasil;
- FIPECAFI – Fundação Instituto de Pesquisas Contábeis, Atuarias e Financeiras.

Desde o início de vigência da Lei n.º 11.638/07, o CPC já editou 48 (quarenta e oito) Pronunciamentos, 17 (dezessete) Interpretações sobre os Pronunciamentos e 05 (cinco) Orientações Técnicas sobre como aplicá-los.

Os textos dos Pronunciamentos, veículos de introdução de normas técnicas inovadoras em termos de padrões contábeis, no mais das vezes, correspondem a uma tradução dos enunciados emanados pelo *International Accounting Standards Board* ("IASB"), entidade encarregada de emitir pronunciamentos estabelecendo padrões contábeis a serem observados no âmbito dos países integrantes da Comunidade Europeia.

Estima-se que não se tenha chegado ainda nem na metade do processo de adaptação do sistema contábil brasileiro aos pronunciamentos emanados pelo IASB, de modo que isso certamente ainda renderá inúmeras polêmicas em torno do relacionamento entre os sistemas jurídico e contábil.

As atuais normas de Contabilidade, nada obstante continuarem tratando de fatos já ocorridos, visam, atualmente, municiar o usuário das demonstrações contábeis, que necessite tomar decisões versando sobre uma entidade, com informações que lhe permitam avaliar a capacidade que esta tem para gerar caixa e equivalentes de caixa à época e grau de certeza desta geração, isto é, projetar fluxos de caixa futuros.

Os trechos abaixo transcritos, extraídos do Pronunciamento Conceitual Básico do CPC, denotam com bastante clareza a mudança que comentamos acima:

> As informações sobre os recursos econômicos controlados pela entidade e a sua capacidade, no passado, de modificar esses recursos são úteis para prever a capacidade que a entidade tem de gerar caixa e equivalentes de caixa no futuro.
> (...)
> As informações sobre os resultados são úteis para prever a capacidade que a entidade tem de gerar fluxos de caixa a partir dos recursos atualmente controlados por ela.
> (...)
> As informações referentes às mutações na posição financeira da entidade são úteis para avaliar as suas atividades de investimento, de financiamento e operacionais durante o período abrangido pelas demonstrações contábeis. Essas informações são úteis para fornecer ao usuário uma base para avaliar a capacidade que a entidade tem de gerar caixa e equivalentes de caixa e as suas necessidades de utilização desses recursos.

Além disso, o postulado contábil da essência econômica ganhou ainda mais força com as novas normas, que a todo tempo veiculam critérios sobre como tratar essa divergência nos mais diversos casos concretos (o tratamento contábil *versus* fiscal voltado às operações de "leasing" financeiro é um exemplo emblemático disso).

Nosso objetivo no presente trabalho foi de demonstrar que a manifestação de riqueza passível de tributação é aquela que indique a existência de recursos financeiros ou de bens ou direitos avaliáveis em moeda para fazer frente à obrigação tributária e que os fatos contábeis (pelo Direito representados como fatos jurídicos) podem, sim, ser utilizados como base para tributação da renda e de receitas auferidas por pessoas jurídicas e equiparadas, observados os postulados, princípios e regras constitucionais e também as regras veiculadas pelas denominadas normas gerais de direito tributário.

2.
Sistema Jurídico e Teoria dos Sistemas

SUMÁRIO: 2.1 Teoria dos sistemas sociais: 2.1.1 Operação do sistema – código e programa; 2.1.2 Acoplamento estrutural – 2.2 Sistema jurídico: 2.2.1 Considerações iniciais; 2.2.2 Fechamento do sistema jurídico; 2.2.3 Conceito e conteúdo do sistema jurídico; 2.2.4 Conteúdo e concepção de sistema; 2.2.5 Sistema jurídico na ótica de Luhmann: 2.2.5.1 Aspectos gerais e função; 2.2.5.2 Fechamento operacional e unidade; 2.2.5.3 Código e programa do sistema jurídico; 2.2.5.4 A relação entre sistema jurídico e ambiente – abertura cognitiva e irritação ao ambiente (acoplamento estrutural).

2.1 Teoria dos sistemas sociais

A racionalidade propiciada pelos sistemas mostrou-se bastante útil com a mudança na forma da sociedade desencadeada pela Revolução Industrial. Até o advento desta, o funcionamento da sociedade dava-se com base nas castas em que se dividia, o que tornava a sua dinâmica extremamente simples. As funções da sociedade eram atribuídas a cada casta, divisão que era marcada por uma forte dificuldade de mutação.

Com o advento da Revolução Industrial e do Estado Moderno, aumentou-se a circulação de riqueza e a possibilidade de mudança dos atores das funções sociais, movimento este acentuado por força da solidificação da noção de democracia, com a inclusão generalizada de todos na comunicação, em todos os sistemas parciais (política, economia, direito etc.)[3].

---

[3] CAMPILONGO, Celso Fernandes. *Política, sistema jurídico e decisão judicial*. São Paulo: Max Limonad, 2002, p. 153. Ver também: LUHMANN, Niklas. *Sociologia do direito*. Rio de Janeiro: Tempo Brasileiro, vol. I, 1983, pp. 176-177.

TRIBUTAÇÃO E CONTABILIDADE

Tamanho aumento de complexidade pode ser bem compreendido e controlado mediante os recursos da teoria dos sistemas, sobretudo tomando-se as decisivas contribuições de Niklas Luhmann.

Este autor identificou que, com o aumento expressivo da complexidade do sistema social após o advento do Estado Moderno, as funções da sociedade deixaram de ser caracterizadas em função de seus atores, mas sim se tomando em conta a natureza da função propriamente dita, conforme elucida Celso Campilongo[4]:

> Os sistemas parciais da sociedade estratificada são desiguais (as camadas mais elevadas possuem uma capacidade seletiva mais forte do que as demais). O estrato superior monopoliza a produção de autodescrições da sociedade e estabelece uma ordem unívoca e universal. São claros os limites desse contexto ao incremento da complexidade e ao desenvolvimento da 'mídia' da comunicação. Por isso, por volta do século XVIII, como produto de uma nova combinação das diferenças sistema/ambiente e igualdade/desigualdade, na medida em que vai sendo destruída a ordem hierárquica estratificada, simultaneamente, vai sendo construída uma nova forma de diferenciação, baseada na distinção funcional dos sistemas parciais (economia, política e direito, por exemplo).

Num mundo cada vez mais complexo, a divisão das funções, tendo por base suas naturezas e não seus atores, permite uma rápida adaptação às mudanças do ambiente e redução de sua complexidade, acarretando a criação de novos sistemas parciais cada vez mais especializados, na mesma medida do aumento da complexidade do sistema social[5].

Segundo Luhmann[6]:

> A diferenciação funcional cria sistemas sociais parciais para resolução de problemas sociais específicos. As colocações de problemas relevantes modificam-se e são apuradas ao longo do desenvolvimento social, possibilitando diferenciações crescentemente abstratas, condicionantes e arriscadas em termos estruturais (...).

---

[4] CAMPILONGO, Celso. *Ob. cit.*, pp. 152-153.
[5] LUHMANN, Niklas. *"Sociologia..."*, cit., p. 175.
[6] LUHMANN, Niklas. *"Sociologia..."*, cit., p. 225.

SISTEMA JURÍDICO E TEORIA DOS SISTEMAS

Na perspectiva de Luhmann, os sistemas existem diferenciando-se de seu ambiente, que corresponde a tudo que esteja fora daqueles[7]:

> O que muda na atual compreensão da Teoria dos Sistemas, em relação aos avanços alcançados nos anos 1950 e 1960, é uma formulação mais radical, na medida em que se define o sistema como a **diferença** entre sistema e meio. Tal formulação necessita de um desenvolvimento explicativo, já que se apoia em um paradoxo de base: o sistema é a diferença resultante da **diferença** entre sistema e meio. O conceito de sistema aparece, na definição, duplicado no conceito de diferença. (destaques do autor)

Cada sistema origina-se a partir da especialização de uma determinada função, que se realiza através da reprodução de informações, inicialmente do ambiente e progressivamente até se tornar uma reprodução de informações a partir, exclusivamente, de informações da própria estrutura, sempre se diferenciando de maneira cada vez mais intensa do ambiente[8]. Neste aspecto, é impressionante o corte radical que faz Luhmann para identificar o sistema social (e seus subsistemas, inclusive o Direito), asseverando que este existe e é formado exclusivamente com base em comunicação, excluindo a figura do homem, com quem se relacionaria mediante o sistema psíquico[9][10].

Um sistema pode ser vislumbrado desde o momento em que informações somente possam ser reproduzidas a partir delas próprias e por meio de um código binário, próprio de cada sistema, excluindo qualquer outra possibilidade[11]. A caracterização de um sistema pressupõe o seu

---

[7] LUHMANN, Niklas. *Introdução à teoria dos sistemas*, 2ª ed. Petrópolis: Vozes, 2010, p. 81.

[8] LUHMANN, Niklas. *"Introdução..."*, cit., p. 101.

[9] LUHMANN, Niklas. *Law as a social system*. Oxford: Oxford University, 2004, p. 84.

[10] Esta orientação é objeto de críticas severas, que, segundo Luhmann, não passam da afirmação trivial de que nada funciona sem pessoas. Sobre críticas à proposta de Luhmann, ver: WOLFE, Alan. Sociological theory in the abscence of people: the limits of Luhmann's system theory. *Cardozo law review*. New York: Cardozo Law Review, vol. 13, 1992, pp. 1729-1743.

[11] "Na recursividade de um mesmo tipo de operação, temos como resultado um sistema. A operação deve ter a capacidade de concatenar no tempo outras operações do mesmo tipo, levando necessariamente a uma conexão seletiva das operações, na medida em que permite que, em outro lugar, ocorra outro tipo de operação distinta". LUHMANN, Niklas. *"Introdução..."*, cit., p. 89.

fechamento operacional[12], de modo que seu conteúdo somente seja, pois, (re)produzido com base nele próprio – *autopoiesis*[13] –, conceito este que é o ponto alto da teoria de Luhmann. Ao se autorreproduzir, o sistema age sobre uma variação, procede a uma seleção, visando a uma estabilização.

Diferentemente dos sistemas abertos, em que são coletados dados no ambiente, que são submetidos a algum tipo de operação e, logo após, devolvidos, nos sistemas fechados, os dados coletados no ambiente são submetidos a operações, mas não são devolvidos; esses dados permanecem dentro do sistema, configurando a *autopoiesis*.

Luhmann classifica os sistemas fechados como sistemas autênticos, uma vez que o fechamento é que permite a realização de operações que produzam a diferença entre o sistema e o ambiente.

O fato de os sistemas serem fechados operacionalmente não significa que estes não sejam abertos ao ambiente sob o ponto de vista cognitivo[14]. Queremos dizer, o sistema seleciona as informações do ambiente, mas somente processa a informação já selecionada. É como se o sistema, apesar de aberto cognitivamente, não "enxergasse" à sua volta, de tal sorte que uma informação do ambiente somente é vista como uma informação dele próprio (sistema)[15].

O sistema jurídico pode servir como um bom exemplo para essa circunstância, na medida em que seleciona informações, fatos do ambiente, mas, quando os identifica, o faz enquanto fato jurídico. Um fato do ambiente, sob o ponto de vista do sistema jurídico, sempre será um fato jurídico[16].

---

[12] LUHMANN, Niklas. "*Law...*", cit., p. 81.

[13] "Um sistema autopoiético produz as operações necessárias para produzir mais operações, servindo-se da rede de suas próprias operações". LUHMANN, Niklas. "*Introdução...*", cit., p. 120.

[14] "Assim, o fechamento operacional que ocorre não significa uma reclusão hermética do sistema em relação ao ambiente. É meramente a observação de que a única forma na qual os sistemas podem organizar suas operações é controlando suas próprias operações e recorrendo às operações anteriores". ZIEGERT, Klaus A. A descrição densa do direito – uma introdução à teoria dos sistemas operacionais fechados de Niklas Luhmann. *Confluências – Revista interdisciplinar de sociologia e direito*. São Paulo: HVF, 2007, vol. 9, n.º 1, pp. 05-42.

[15] "As informações provenientes do ambiente de um sistema são selecionadas a partir de operações internas no sistema. Cada sistema observa o outro a partir de referências exclusivamente suas". CAMPILONGO, Celso Fernandes. *Ob. cit.*, p. 157. Ver também: LUHMANN, Niklas. "*Introdução...*", cit., pp. 92/93.

[16] "Simplesmente, este evento como tal, como elemento do sistema da natureza, não constitui objeto de um conhecimento especificamente jurídico – não é, pura e simplesmente, algo

SISTEMA JURÍDICO E TEORIA DOS SISTEMAS

É interessante notar que, quanto maior a diferenciação funcional, isto é, maior o número de sistemas de uma sociedade, não só se gera mais complexidade, como também se criam mais problemas e conflitos nesta, aumentando a interdependência dos sistemas uns com os outros. Segundo Luhmann[17]:

> Os sistemas parciais da sociedade tornam-se cada vez mais reciprocamente dependentes: a economia depende das garantias políticas e de decisões parametrais; a política, do sucesso econômico; a ciência de financiamentos e da capacidade de planejamento, da política; a economia, da pesquisa científica; a família, do resultado econômico dos programas políticos de pleno emprego; a política, da socialização através da família; e assim por diante.

Esta constatação guarda estreita relação com o objeto do presente trabalho, porquanto procuraremos analisar a relação entre o sistema jurídico e contábil, suas características e, por que não, dependência, da qual o Direito Tributário constitui exemplo digno de nota, especialmente nas regulações voltadas à tributação de receita e lucro de pessoa jurídica.

2.1.1 Operação do sistema – código e programa

Os sistemas caracterizam-se por serem operacionalmente fechados, reproduzindo-se a partir de seus próprios elementos. Como já dissemos, os sistemas não são indiferentes ao seu ambiente; pelo contrário, são abertos sob o ponto de vista cognitivo, selecionando informações que lhe compitam, com a peculiaridade de que as informações originárias do ambiente são sempre tidas como informações do próprio sistema.

A autorreprodução de um sistema dá-se mediante a aplicação de seu código binário, cuja individualização permite o fechamento operacional

---

jurídico. O que transforma este fato num ato jurídico (lícito ou ilícito) não é a sua facticidade, não é o seu ser natural, isto é, o seu ser tal como determinado pela lei da causalidade e encerrado no sistema da natureza, mas o sentido objetivo que está ligado a esse ato, a significação que ele possui. O sentido jurídico específico, a sua particular significação jurídica, é recebido pelo fato em questão por intermédio de uma norma que a ele se refere com o seu conteúdo, que lhe empresta a significação jurídica (...)". KELSEN, Hans. *Teoria pura do direito*, 3ª ed. São Paulo: Martins Fontes, 1991, pp. 3-4.

[17] LUHMANN, Niklas. *"Sociologia..."*, cit., p. 225.

e lhe assegura unidade[18]. Queremos dizer, cada sistema possui seu código binário, que, por sua vez, constitui somente um único sistema[19].

O código binário não possui conteúdo. No sistema jurídico, por exemplo, cujo código binário é direito/não direito, isso, por si só, não permite identificar o que seja "direito" ou "não direito". Para tanto, o código necessita estar referido a um conteúdo, a fim de que seja possível afirmar-se o que é "direito" e o que é "não direito". Luhmann identifica esse conteúdo como a outra face do código, denominando-o "programa".

Segundo Luhmann: "(...) o código requer complementação, algo como uma necessidade de 'suplementos' usando-se a expressão de Derrida, uma necessidade de instruções claras".[20]

E complementa o citado autor que: "O conceito de programa significa que os problemas podem ser definidos especificando-se as condições restritivas de suas soluções ('constraints') e que eles são solucionáveis através de decisões baseadas nessa definição (...)".[21]

O programa do sistema complementa o código e o preenche de conteúdo. O código representa a imutabilidade do sistema, enquanto o programa, a sua variação, permitindo àquele mudar e adaptar-se ao quanto reclamado, seja por demanda própria, seja pelo seu ambiente[22].

A seleção da informação é efetuada por meio da aplicação do código binário, nos termos do seu respectivo programa, e cria uma diferença,

---

[18] "Neste sentido, o código representa a forma mediante a qual o sistema produz e reproduz sua unidade. O código representa a autopoiesis do sistema, o que ou ocorre ou não ocorre". LUHMANN, Niklas. *"Law..."*, cit., p. 190 – tradução livre do autor. *"In this respect, the code represents the way in which the system produces and reproduces its unity. The code represents the autopoiesis of the system, which either happens or does not happen".* (texto original na língua inglesa).

[19] "Cada subsistema funcional pode reformular seu próprio código binário excluindo terceiros valores. No contexto da sociedade isto significa: o sistema pode rejeitar os códigos de *outros* sistemas conquanto aceite seu próprio código incondicionalmente". LUHMANN, Niklas. *"Law..."*, cit., p. 186 – tradução livre do autor. *"Each functioning sub system can reformulate its own binarity as excluding third values. In the context of society this means: it can reject the codes of other functioning systems on the condition that it accept its own code unconditionally".* (texto original na língua inglesa).

[20] LUHMANN, Niklas. *"Law..."*, cit., p. 192 – tradução livre do autor. *"(...) coding gives rise to the need for complementarity, something like the need for 'supplements' in Derrida's use of the word, a need for sufficiently clear instructions".* (texto original na língua inglesa).

[21] LUHMANN, Niklas. *Sociologia do direito*. Rio de Janeiro: Tempo Brasileiro, vol. 2, 1983, p. 27.

[22] LUHMANN, Niklas. *"Law..."*, cit., p. 203.

SISTEMA JURÍDICO E TEORIA DOS SISTEMAS

indicando o que está de acordo com o código positivo do sistema, selecionando novamente (*rentry*) a informação diferenciada. Isto cria uma situação bastante interessante, pois, a se buscar o objetivo de reduzir complexidade, dá-se lugar a uma contingência e, ao reprocessá-la, mais complexidade, e assim por diante.

2.1.2 Acoplamento estrutural

Os sistemas operam de maneira fechada, isto é, se autorreproduzem mediante operações internas e informações deles próprios, forma esta que lhes assegura unidade e permite a sua identificação a partir do ambiente.

Conforme já mencionamos, nada obstante o seu fechamento operacional, os sistemas são abertos cognitivamente, pois selecionam informações do ambiente, mesmo que, paradoxalmente, reconheçam estas informações como próprias, ignorando que originalmente advenham deste último.

Essas informações muitas vezes não provocam unicamente a operação – autorreprodução do sistema –, mas também irritação, o que desencadeia mudança no conteúdo (programa) do código binário. A irritação é o evento que faz com que o sistema se adapte às necessidades de seu ambiente[23] e evolua (não necessariamente no sentido de melhora, mas de maior capacidade de redução de complexidade, e, por consequência, criação de mais complexidade), podendo ocorrer por força das informações advindas do ambiente, dele próprio ou em razão de estar acoplado estruturalmente a outros sistemas.

Em virtude da altíssima complexidade da sociedade moderna, o regular exercício e o atendimento das funções dos subsistemas sociais reclamam uma maior interdependência destes[24], os quais, enquanto fechados, não processam informações uns dos outros, mas se irritam a informações

---

[23] "Mas sem acoplamento não haveria perturbação e o sistema careceria de qualquer chance de aprender e transformar suas estruturas". LUHMANN, Niklas. Operational closure and structural coupling: the differentiation of the legal system. In: *Closed systems and open justice*, número especial de Cardozo Law Review. New York: Cardozo Law Review, vol. 13, n.º 5, 1992, p. 1433 – tradução livre do autor. *"But without structural coupling there would be no perturbation and the system would lack any chance to learn and transform its structures"*. (texto original na língua inglesa).

[24] "(...) as conexões entre os diversos subsistemas são normais, inevitáveis e produzem mudanças no interior de cada sistema". CAMPILONGO, Celso Fernandes. *Ob. cit.*, p. 61.

recíprocas, por meio de itens em comum[25]. Isso não contraria a premissa de que os sistemas somente reconhecem as suas próprias informações, mesmo que advindas do ambiente. A irritação, pelo sistema político, por exemplo, a uma informação do sistema econômico será tida, por aquele, como uma informação pertencente ao sistema político, nada obstante ser originária do econômico[26].

As irritações intersistêmicas recíprocas, por meio de um elemento comum, são denominadas por Luhmann de *acoplamento estrutural*[27]. Mais um exemplo, os sistemas econômico e jurídico têm seu acoplamento estrutural baseado nas noções de propriedade e de contrato[28]. A alta valorização imobiliária numa determinada região – informação do sistema econômico – pode desencadear uma reação no sistema jurídico, tal como a majoração do Imposto sobre a Propriedade Predial e Territorial Urbana ("IPTU").

Novamente, é importante ressaltarmos que, tal como na seleção de informações provenientes do ambiente, em que o sistema as reconhece como próprias, e não deste último, a irritação decorrente do acoplamento estrutural não é a outro sistema, mas a uma informação do próprio sistema, ainda que originalmente referente àquele. A irritação do sistema econômico a uma limitação jurídica à celebração de contratos não será reconhecida por aquele como decorrente do sistema jurídico, mas sim de informação do próprio sistema econômico[29].

---

[25] LUHMANN, Niklas. Operational closure and structural coupling: the differentiation of the legal system. In: "*Closed...*", cit., p. 1432.

[26] "As irritações surgem de uma confrontação interna (não especificada, num primeiro momento) entre eventos do sistema e possibilidades próprias, que consistem, antes de tudo, em estruturas estabilizadas, expectativas. Portanto, não existe nenhuma irritação no meio do sistema, assim como não existe *transfer* de irritação do meio ao sistema. Trata-se sempre de uma construção própria do sistema; é sempre uma autoirritação (naturalmente posterior a influxos provenientes do meio)". LUHMANN, Niklas. "*Introdução...*", cit., p. 132 – grifamos.

[27] LUHMANN, Niklas. "*Introdução...*", cit., p. 139.

[28] LUHMANN, Niklas. Operational closure and structural coupling: the differentiation of the legal system. In: "*Closed...*", cit., p. 1435.

[29] LUHMANN, Niklas. Operational closure and structural coupling: the differentiation of the legal system. In: "*Closed...*", cit., p. p. 1435.

SISTEMA JURÍDICO E TEORIA DOS SISTEMAS

Sobre o tema em causa, são esclarecedores os comentários de Ricardo Pace[30]:

O acoplamento estrutural é, pois, um evento simultâneo – que, quando aparece, desaparece – entre o sistema e o ambiente, através do qual estes ficam, por assim dizer, temporariamente conectados, 'conexão' esta que permite o que N. Luhmann denomina de digitalização de dados ambientais (analógicos) em dados do sistema (digitais). Essa digitalização não significa que exista troca ou transferência de informações entre sistema e ambiente. O que o ambiente pode fazer em relação ao sistema é induzir ou estimular autoirritações. As informações sobre ambiente, fruto dessas autoirritações, são construções internas do sistema.

O acoplamento estrutural assegura, pois, que o código do sistema não seja corrompido pelo de outro – corrupção de códigos[31] –, preserva a clausura operacional daquele e a natureza exclusiva de suas informações[32]. Por exemplo, informações do sistema econômico, ainda que acopladas estruturalmente com o sistema jurídico, serão, para aquele, sempre informações pertencentes ao sistema econômico, e, para este, informações do sistema jurídico.

Além dos pontos a que nos referimos acima, seguindo as lições de Klaus A. Zeigert[33], deve ser acrescido que:

Através desta conexão estrutural as operações estritamente separadas de cada sistema podem se tornar alinhadas entre si e se ajudarem mutuamente em uma relação parasitária de sistemas sociais e sistemas pessoais, na qual cada sistema pode usar a complexidade do outro sistema para operar em sua própria autopoiésis.

O acoplamento estrutural é uma das maiores causas de aumento da complexidade de cada sistema, especialmente quando as irritações são recíprocas, porquanto aumentam as possibilidades de cada um.

---

[30] PACE, Ricardo. *Contribuições de intervenção no domínio econômico – direito, economia e política.* Porto Alegre: Sergio Antonio Fabris, 2011, p. 48 – grifamos.

[31] CAMPILONGO, Celso Fernandes. *Ob.cit.*, p. 61.

[32] LUHMANN, Niklas. Operational closure and structural coupling: the differentiation of the legal system. In: *"Closed..."*, cit., p. p. 1432.

[33] ZIEGERT, Klaus A. A descrição densa do direito – uma introdução à teoria dos sistemas operacionais fechados de Niklas Luhmann. *Ob. cit.*, pp. 05-42.

2.2 Sistema jurídico

2.2.1 Considerações iniciais

O desenvolvimento da noção de sistema jurídico remonta ao tempo das guerras religiosas, em que o poder divino deixou de ser o fundamentador das resoluções de conflitos sociais.

Desde o Direito Romano, a noção de autoridade já era externa ao Direito, criando-se uma distância entre esta e o poder, o que terminou desencadeando problemas entre reis e o papa, porquanto aqueles detinham o poder, e a igreja, a autoridade[34].

No fim da Era Medieval, tem-se uma ruptura entre *autoritas* e *potestas*[35]. Com as guerras santas esvai-se a autoridade da igreja e, com isso, a homogeneidade do Direito, o que dá início, nas universidades, a um movimento de redescoberta dessa, dando lugar, a autoridade daquela, à da razão[36], ao que a noção de sistema termina sendo de enorme utilidade.

Na Era Moderna concebe-se o que se chama de modelo teórico, isto é, um conjunto de proposições em que é estabelecido um recorte no universo estudado, no qual o conhecimento consiste numa ordenação seletiva dos fenômenos, em conformidade com um conjunto de símbolos. O sistema, neste contexto, permite construir/conhecer o objeto, ir além, e testar as concepções. Começa como modelo teórico e termina como modelo objeto[37].

Concomitantemente a isso, vê-se a configuração do que vem a se chamar "Estado Moderno", que reivindica a homogeneidade e a objetividade, situação com a qual o conceito de sistema coaduna-se perfeitamente, servindo para a reconstrução do Direito e da ordem política (Estado). Com as implosões religiosas e sociais decorrentes da *Guerra Santa*, houve necessidade de se reconhecer o Direito em outras bases, especificamente

---

[34] FERRAZ JÚNIOR, Tércio Sampaio. *Introdução ao estudo do direito*, 2ª ed. São Paulo: Atlas, 1994, p. 61.

[35] Notas taquigráficas de aula proferida pelo Professor Tércio Sampaio Ferraz Júnior no Curso de Doutorado em Direito do Estado da Pontifícia Universidade Católica de São Paulo, no dia 10 de abril de 2009.

[36] Os positivistas aceitam a razão como elemento de compreensão do Direito, mas não como sua base. Notas taquigráficas de aula proferida pelo Professor Tércio Sampaio Ferraz Júnior no Curso de Doutorado em Direito do Estado da Pontifícia Universidade Católica de São Paulo, no dia 22 de maio de 2009.

[37] FERRAZ JÚNIOR, Tércio Sampaio. *"Introdução..."*, cit., pp. 69-72.

na noção de sistema. A ideia de Estado, nesse sentido, nasce juntamente com a de Direito, que passam a assumir um caráter racional, baseados na concepção de sistema[38].

A noção de sistema, desde o seu surgimento, na esfera da música, sempre remeteu à ideia de organização e esta, por sua vez, à de hierarquia, mediante a convergência de seus elementos a um ponto comum, tendo como características principais[39]:

– número limitado de elementos;
– basta-se a si mesmo;
– não reage ao meio ambiente, alterando-se por si próprio;
– funciona, sob o ponto de vista lógico, pela dedução e funciona também por subordinação;
– é inflexível, pois seus fins são atingidos somente pelo próprio sistema.

Com o conceito de sistema, a ciência trabalha com hipóteses, montando modelos teóricos e testando-os, sendo, aquele, elaborado a partir de assunções preestabelecidas.

2.2.2 Fechamento do sistema jurídico

Apesar de a expressão sistema jurídico ganhar uma adesão maior a partir do século XIX, já no século XVII, com Puffendorf, o Direito é estudado preponderantemente como um sistema[40], de início enquanto direito natural, e, após, de forma bastante impulsionada, como direito positivo, noção que possibilitou a variação de seu conteúdo[41] [42] sem a necessidade de referência ao meio ambiente como naquele (direito natural)[43].

---

[38] FERRAZ JÚNIOR, Tércio Sampaio. *"Introdução..."*, cit., pp. 71.

[39] Notas taquigráficas de aula proferida pelo Professor Tércio Sampaio Ferraz Júnior no Curso de Doutorado em Direito do Estado, da Pontifícia Universidade Católica de São Paulo, no dia 27 de março de 2009.

[40] FERRAZ JÚNIOR, Tércio Sampaio. *"Introdução..."*, cit., p. 176.

[41] Os expoentes do positivismo falam em positivação, isto é, criação do direito por força de atos de vontade da autoridade; o direito posto. O direito nada mais seria do que o produto de um ato de vontade. Por todos, ver: KELSEN, Hans. *"Teoria pura..."*, cit., p. 5.

[42] "A positivação, como dissemos, significou a institucionalização da mutabilidade do direito". FERRAZ JÚNIOR, Tércio Sampaio. *"Introdução..."*, cit., p. 178.

[43] "Em suma, com a positivação ocorre uma radical reestruturação do direito, pois sua congruência interna deixa de assentar-se sobre a natureza, o costume, a razão e passa,

TRIBUTAÇÃO E CONTABILIDADE

A identificação do Direito como um sistema permite diferençá-lo daquilo que não o integra, restando, no entanto, o desafio de se identificar um critério que permita tal diferenciação.

O entendimento de que o Direito é um sistema foi aprofundado pelo positivismo, que, em linhas gerais, estabeleceu como critério diferenciador do sistema jurídico dos demais a sua fonte[44]. Nesses termos, a fonte do sistema jurídico seriam os seus próprios elementos, designadamente as normas jurídicas[45], de alguma forma antecipando as lições de Luhmann.

Organizando o sistema jurídico numa estrutura hierárquica, passou-se a entender que as normas jurídicas seriam as fontes delas próprias, mais especificamente as superiores seriam as fontes das inferiores, restando o problema de como encerrar o sistema na perspectiva de se buscar a "última norma", que daria fundamento a todas as demais.

Austin[46], de quem primeiro tem-se notícia de uma tentativa de organização do sistema jurídico como a ora descrita, o fechava a partir do titular do poder de fazer impor o direito, sem responder, contudo, à questão de qual seria a fonte deste.

Kelsen, podemos dizer, foi o mais incisivo autor na defesa da pureza do Direito, de sua clausura operacional, propondo como forma de fechamento do sistema jurídico uma solução gnosiológica, de inspiração kantiana, que seria uma norma pressuposta, fundamentadora de todas as demais normas jurídicas, a qual denominou de *norma fundamental*[47].

Tal proposta, nada obstante as críticas que sofreu e sofre, tem o mérito de permitir a separação do Direito de outros temas, possibilitando que

---

reconhecidamente, a basear-se na própria vida social moderna, com sua imensa capacidade para a indiferença; (...)". FERRAZ JÚNIOR, Tércio Sampaio. *"Introdução..."*, cit., p. 179. Sobre o assunto, ver também: LUHMANN, Niklas. *"Sociologia..."*. cit., vol. II, p. 13.

[44] Antes da ascensão do positivismo, Tércio Sampaio Ferraz Júnior nos dá conta de que o fechamento do sistema jurídico realizou-se com a inserção do "poder" dentro deste, o que terminou criando um "problema" para a análise pura do Direito posteriormente. Notas taquigráficas de aula proferida pelo Professor Tércio Sampaio Ferraz Júnior no Curso de Doutorado em Direito do Estado da Pontifícia Universidade Católica de São Paulo, no dia 15 de maio de 2009.

[45] KELSEN, Hans. *Teoria geral do direito e do estado*, 3ª ed. São Paulo: Martins Fontes, 1998, p. 192.

[46] AUSTIN, John. *Lectures on jurisprudence*, 3ª ed. Londres: John Murray, 1869, pp. 167-341.

[47] KELSEN, Hans. *"Teoria pura..."*, cit., p. 213.

se imprima um extremo rigor metodológico na ciência que o tem como objeto – ciência jurídica.

Independentemente dos méritos e deméritos da proposta de Kelsen, fato é que ela impõe uma pressão muito forte no topo do sistema jurídico, seja porque a caracterização deste está condicionada pela viabilidade da *norma fundamental*, ou porque as demandas do ambiente junto ao sistema jurídico se concentrariam sobre esta.

Hart criticou a proposta de fechamento do sistema jurídico dada por Kelsen, tendo em vista que, por se tratar de norma pressuposta, seria externa àquele[48], o que de alguma forma comprometeria a "pureza" do Direito[49]. Nesses termos, Hart atribuiu o fechamento do sistema a uma norma suposta – nada obstante não poder ser válida ou inválida, mas simplesmente aceita –, a qual denominou "norma de reconhecimento", equivalente a uma norma que reconheceria a autoridade da fonte maior dos sistemas jurídicos.

Mesmo diferenciando sua proposta da de Kelsen, basicamente por considerar a norma de fechamento do sistema como "suposta", Hart não consegue sanar o problema da concentração das demandas do ambiente no topo daquele, tornando mais frágil a sua sustentação[50].

Uma vantagem da proposta de Luhmann frente às dos mencionados ícones do positivismo jurídico é o fato de que atribui o fechamento do sistema jurídico à sua própria operação, não criando um único ponto de pressão do ambiente. As demandas do ambiente surtem efeitos no sistema

---

[48] Segundo Lourival Vilanova:"A norma fundamental, como condição da possibilidade do conhecimento dogmático do Direito (sua *função gnoseológica*) é, sintaticamente, proposição situada *fora* do Direito positivo". VILANOVA, Lourival. *As estruturas lógicas e o sistema do direito positivo*. São Paulo: Max Limonad, 1997, p. 175.

[49] "Alguns autores, que acentuaram a natureza jurídica última da regra de reconhecimento, expressaram tal entendimento afirmando que, enquanto a validade jurídica das outras regras do sistema pode ser demonstrada por referência àquela, a sua própria validade não pode ser demonstrada, antes é 'assumida' ou 'postulada', ou constitui uma 'hipótese'. Porém, isto pode induzir seriamente em erro". HART, Herbert L. A. *O conceito de direito*. Lisboa: Fundação Calouste Gulbenkian, 1986, p. 119.

[50] A solução de Hart para o fechamento do sistema merece a mesma crítica voltada à proposta de Austin, porquanto a regra de conhecimento é fundamentada no "ser", isto é, nas pessoas suporem que as autoridades que emanam normas são competentes para tanto. HART, Herbert L. A. "*O conceito...*", cit., pp. 26 e seguintes.

TRIBUTAÇÃO E CONTABILIDADE

jurídico nos mais diversos pontos deste, a depender da natureza daquelas, aumentando a "resistência" do fechamento do sistema jurídico[51].

Luhmann reduz o problema da separação do sistema jurídico dos demais subsistemas sociais a um problema da função de cada um, representada por seu código binário. Assim, o sistema jurídico diferenciar-se-ia do sistema moral, por exemplo, uma vez que o código deste corresponde a bom/mau, do político, em razão de seu código corresponder a governo/oposição, e assim por diante.

Além disso, parece-nos que a teoria de Luhmann fornece subsídios mais sólidos para a compreensão da relação entre o sistema jurídico e o seu ambiente sem comprometer a clausura daquele[52], o que não se identifica nas propostas de Kelsen e Hart, que tiveram como preocupação maior a separação do Direito de outros sistemas.

Marcelo Neves, ao aplicar a teoria de Luhmann ao Direito, tece comentários elucidativos sobre a separação do sistema jurídico dos demais e como e em que medida isso permite a relação daquele com estes:

> Nesse contexto, o sistema jurídico pode assimilar, de acordo com os seus próprios critérios, os fatores do meio ambiente, não sendo diretamente influenciado por esses fatores. A vigência jurídica das expectativas normativas não é determinada imediatamente por interesses econômicos, critérios políticos, representações éticas, nem mesmo por proposições científicas, ela depende de processos seletivos de filtragem conceitual no interior do sistema jurídico[53].

Segundo Luhmann, o fechamento operacional do Direito dá-se por conta de este autorreproduzir-se, mediante a aplicação do código direito/não

---

[51] TEUBNER, Gunther. *Direito, sistema e policontexturalidade.* Piracicaba: Unimep, 2005, pp. 137-138.

[52] Lourival Vilanova, baseado na teoria de Kelsen, chegou a afirmar que o sistema jurídico seria aberto e que as informações de outros subsistemas sociais ingressariam no sistema jurídico, o que, para nós, depõe contra a defesa de pureza da ordem jurídica. Sem embargo, se somente o direito cria direito, parece-nos contraditório afirmar-se que um fato econômico transforma-se em jurídico: "Acrescentemos: o sistema jurídico é *sistema aberto*, em intercâmbio com os *subsistemas sociais* (econômicos, políticos, éticos), sacando seu conteúdo-de-referência desses subsistemas que entram no sistema-Direito através dos esquemas hipotéticos, os descritores de fatos típicos, e dos esquemas consequenciais, onde se dá a função *prescritora* da norma de Direito". VILANOVA, Lourival. *"As estruturas..."*, cit., p. 180.

[53] NEVES, Marcelo. *A constitucionalização simbólica.* São Paulo: Acadêmica, 1994, pp. 120-121.

SISTEMA JURÍDICO E TEORIA DOS SISTEMAS

direito ou lícito/ilicíto, que processa informações pertencentes ao próprio sistema jurídico. Em sua operação, o sistema jurídico aplica o código binário em causa, visando reduzir a complexidade do ambiente.

2.2.3 Conceito e conteúdo do sistema jurídico

O sistema jurídico consiste num conjunto de normas organizadas numa estrutura hierárquica, estruturadas em relações de subordinação e coordenação.

A norma jurídica em sentido estrito é proposição que prescreve comandos que regulam condutas intersubjetivas, mediante a ocorrência de um fato por ela previsto, que goza de uniformidade em relação à sua estrutura, seja uma norma geral e abstrata, ou individual e concreta[54]. Nestes termos, toda norma geral e abstrata é formada por uma hipótese, isto é, uma previsão de um fato de possível ocorrência, e uma tese correspondente a uma consequência, igualmente de possível ocorrência. No mesmo sentido, sendo uma norma individual e concreta, haverá um antecedente que conterá o fato referente a um evento ocorrido, e um consequente, em que restará prescrita consequência pela ocorrência do fato. Hipótese/antecedente e tese/consequente são relacionados por meio de um *functor deôntico*[55], que caracteriza a imputação jurídico-normativa[56]. Vale dizer, se a hipótese/antecedente, então a tese/consequente[57].

Nem todo juízo hipotético condicional, contudo, assume a condição de norma jurídica (normas morais, de etiqueta etc.), uma vez que, para tanto, faz-se necessária a relação de pertinência entre a norma e o sistema

---

[54] Sobre o assunto, ver: CARVALHO, Paulo de Barros. *Direito tributário – fundamentos jurídicos da incidência*. São Paulo: Saraiva, 1998, pp. 22 e seguintes.

[55] A conduta objeto das relações jurídicas em geral, necessariamente, é modalizada por um dos três operadores deônticos, a saber: obrigatório (O), permitido (P) ou proibido (V). Por razões lógicas, não há um quarto modal, de tal sorte que a conduta objeto da relação jurídica somente pode assumir uma dessas três feições. O functor deôntico que liga hipótese normativa e consequente normativo, conhecido como operador intranormativo, é neutro, enquanto que o operador intrarrelacional é necessariamente modalizado. Sobre o assunto, ver: VILANOVA, Lourival. "*As estruturas...*", cit., pp. 98-99.

[56] CARVALHO, Paulo de Barros. *Curso de direito tributário*, 13ª ed. São Paulo: Saraiva, 2000, p. 236.

[57] VILANOVA, Lourival. "*As estruturas...*", cit., p. 97.

TRIBUTAÇÃO E CONTABILIDADE

jurídico, relação esta denominada *validade* pela ciência jurídica[58]. Segundo ensina-nos Norberto Bobbio[59]:

> Nesse caso, para definir a norma jurídica bastará dizer que a norma jurídica é aquela que pertence a um ordenamento jurídico, transferindo manifestamente o problema da determinação do significado de 'jurídico' da norma para o ordenamento.

Alia-se ao requisito formal de caracterização de uma norma como jurídica 02 (dois) outros de índole material, quais sejam, de que a regulação seja de condutas intersubjetivas, isto é, que envolvam ao menos 02 (duas) pessoas, e que tais condutas não sejam necessárias, vitais ou impossíveis, ou, em outras palavras, condutas contingentes. Vale, neste aspecto, transcrever passagem de Tácio Lacerda Gama[60]:

> Pouco importam ao direito positivo condutas que só digam respeito a seu agente, sem projetar qualquer consequência nos seus destinatários. O caráter contingente desdobra-se em duas considerações: a conduta regulada não pode ser necessária, tampouco impossível. No primeiro caso, não poderá ser descumprida e, no segundo, ela nunca poderá ser aplicada.

As normas podem ser classificadas segundo diversos critérios, em função de sua relevância, pela subordinação, pela estrutura etc.; todas, de alguma forma, normas de conduta, diferenciadas pela circunstância de se referirem a uma competência, a uma situação geral e abstrata ou a um acontecimento individual e concreto.

A concepção do sistema jurídico como simplesmente um conjunto de normas está longe de ser pacífica, incluindo, alguns autores, como integrantes do sistema, também os elementos não normativos ou simples enunciados prescritivos, exemplificando como tais os conceitos, as classificações, os preâmbulos[61]. Em nossa opinião, tais elementos não normativos, na dinâmica, isto é, na operação do sistema, terminam integrando o con-

---

[58] VILANOVA, Lourival. *"As estruturas..."*, cit., pp. 105-106.

[59] BOBBIO, Norberto. *Teoria do ordenamento jurídico*, 10ª ed. Brasília: Universidade de Brasília, 1999, p. 28.

[60] GAMA, Tácio Lacerda. *Competência tributária*. São Paulo: Noeses, 2009, p. 126.

[61] FERRAZ JÚNIOR, Tércio Sampaio. *"Introdução..."*, cit., p. 174.

teúdo de normas, porquanto estas correspondem a unidades mínimas de manifestação do juízo hipotético condicional a que aludimos, daí porque não virmos razão para tratá-los como algo separado destas.

Sobre o assunto, são elucidativas as lições de Paulo de Barros Carvalho[62]:

> Quero transmitir, dessa maneira, que reconheço força prescritiva às frases isoladas dos textos positivados. Nada obstante, esse teor prescritivo não basta, ficando na dependência de integrações em unidades normativas, como mínimos deônticos completos. Somente a norma jurídica, tomada em sua integridade constitutiva, terá o condão de expressar o sentido cabal dos mandamentos da autoridade que legisla.

Ao lado das normas jurídicas, nós incluiríamos também como elementos do sistema jurídico a estrutura destas, isto é, as relações de subordinação e de coordenação mediante as quais se dispõem, acompanhando, neste tocante, as lições de Tércio Sampaio Ferraz Júnior[63]:

> Note-se bem a diferença: uma sala de aula é um conjunto de elementos, as carteiras, a mesa do professor, o quadro-negro, o giz, o apagador, a porta etc.; mas estes elementos, todos juntos, não formam uma sala de aula, pois pode tratar-se de um depósito da escola; é a disposição deles, uns em relação aos outros, que nos permite identificar a sala de aula; esta disposição depende de regras de relacionamento; o conjunto destas regras e das relações por elas estabelecidas é a estrutura (...). O sistema é um complexo que se compõe de uma estrutura e um repertório.
>
> A sanção, em Kelsen, recebeu a condição de elemento fundamental para a caracterização de uma norma por excelência, tanto que esse autor atribuiu à norma sancionadora a condição de "norma primária", classificando os juízos hipotéticos condicionais sem sanção específica como "normas não autônomas"[64]:

> (...) uma conduta somente se pode considerar como prescrita, nos termos desse ordenamento – e, portanto, no caso do ordenamento jurídico, como juridicamente prescrita –, se a conduta oposta é pressuposto de uma sanção.

---

[62] CARVALHO, Paulo de Barros. *"Direito tributário..."*, cit., pp. 18-19.
[63] FERRAZ JÚNIOR, Tércio Sampaio. *"Introdução..."*, cit., p. 175; Sobre o assunto, ver também: VILANOVA, Lourival. *"As estruturas..."*, cit., p. 173.
[64] KELSEN, Hans. *"Teoria pura..."*, cit., p. 59.

Se uma ordem jurídica ou uma lei feita pelo parlamento contém uma norma que liga à não observância da primeira uma sanção, aquela primeira norma não é uma norma autônoma, mas está essencialmente ligada à segunda.

A sanção, na acepção kelseniana[65], não é compreendida propriamente como uma mera penalidade pelo descumprimento do comando normativo, mas sim um ato coativo, de aplicação privativa do "Estado-juiz"[66], consistente em privação coercitiva da liberdade, execução forçada da conduta prescrita na norma ou reparação do dano.

Tal posicionamento sofreu e sofre severas críticas, porquanto, como Tércio Sampaio Ferraz Júnior anota com precisão[67], "(...) o Estado contemporâneo, caracterizado por sua extensiva intervenção no domínio econômico, tornou a tese da essencialidade da sanção, no sentido de um ato de coação enquanto um mal, demasiadamente estreita".

Em nossa ótica, a sanção, não só enquanto castigo, mas também de emprego de coercibilidade, é um item característico do sistema jurídico[68][69] (conjunto de normas dotado de eficácia reforçada, nos dizeres de Norberto Bobbio[70]) como um todo, mas que não necessariamente se identifica em todas as normas jurídicas (as normas que outorgam competência, por

---

[65] KELSEN, Hans. *"Teoria pura..."*, cit., p. 38.

[66] "Mas, retomando, a sanção, como sanção coercitiva, munida de coação, esta reside na norma secundária ou norma sancionadora. Mas a coação não é autoaplicável. O sujeito ativo na relação R' não vai em busca da coisa integrante do patrimônio de B para satisfazer coercitivamente a prestação que lhe é devida. Não vai ao uso da força por não estar habilitado, por lhe faltarem poderes ou o exercício do direito subjetivo de coagir o devedor. Há regra proibitiva do uso da coação, porque o poder de coação ficou como direito público do Estado-juiz". VILANOVA, Lourival. *Causalidade e relação no direito*, 4ª ed. São Paulo: RT, 2000, p. 194.

[67] FERRAZ JÚNIOR, Tércio Sampaio. *"Introdução..."*, cit., p. 121.

[68] "(...) quando se fala de uma sanção organizada como elemento constitutivo do Direito nos referimos não às normas em particular, mas ao ordenamento normativo tomado em seu conjunto, razão pela qual dizer que a sanção organizada distingue o ordenamento jurídico de qualquer outro tipo de ordenamento não implica que todas as normas daquele sistema sejam sancionadas, mas somente que o são em sua maioria". BOBBIO, Norberto. *"Teoria..."*, cit., p. 29 – grifamos.

[69] "(...) a força física é intrínseca ao direito como um elemento da exposição do direito e da consolidação na confiança no direito". LUHMANN, Niklas. *"Sociologia..."*, cit., vol. II, p. 64.

[70] BOBBIO, Norberto. *"Teoria..."*, cit., p. 66.

SISTEMA JURÍDICO E TEORIA DOS SISTEMAS

exemplo[71]). Sobre o assunto, e encerrando o presente subtópico, vale anotar as lições de Hart[72]:

> Estamos perante uma interessante e formidável teoria, que se propõe desvendar a verdadeira e uniforme natureza do direito, latente sob uma variedade de formas e expressões comuns que a obscurecem. Antes de observarmos os seus defeitos, deve notar-se que, nesta forma extrema, a teoria envolve uma deslocação da concepção original do direito enquanto ordens baseadas em ameaças de sanção que devem ser aplicadas quando as ordens são desobedecidas. Em vez disso, a concepção central é agora a de ordens a funcionários para aplicarem sanções.

2.2.4 Conteúdo e concepção de sistema

Em nossa concepção, a noção de sistema jurídico adapta-se bem à proposta do positivismo, qual seja, de que a caracterização daquele está fundamentalmente relacionada a uma teoria da validade, ou seja, na identificação do que seja Direito a partir de suas fontes, sem ater-se ao seu conteúdo[73]. O sistema jurídico prescinde de ato de cognição de seu conteúdo[74], sendo identificável mediante a elaboração de normas segundo um procedimento e uma autoridade competente[75]. Nessa linha, temos que a apreensão do

---

[71] FERRAZ JÚNIOR, Tércio Sampaio. *"Introdução..."*, cit., p. 121; HART, Herbert L. A. *"O conceito..."*, cit., pp. 41-43.

[72] HART, Herbert L. A. *"O conceito..."*, cit., p. 45 – grifamos. Ver também: LUHMANN, Niklas. *"Sociologia..."*, cit., p. 73.

[73] "O sistema de normas que se apresenta como uma ordem jurídica tem essencialmente um caráter dinâmico. Uma norma jurídica não vale porque tem um determinado conteúdo, quer dizer, porque o seu conteúdo pode ser deduzido pela via do raciocínio lógico do conteúdo de uma norma fundamental pressuposta, mas porque é criada de uma forma determinada". KELSEN, Hans. *"Teoria pura..."*, cit., p. 210.

[74] Hart defende a ideia de haver um conteúdo mínimo a ser observado pelo Direito posto, sem que isso resulte em "contato com princípios morais". HART, Herbert L. A. *Essays in jurisprudence and philosophy*. Oxford: Clarendon, 1983, pp. 81-82. Sobre o assunto, ver também: COMPARATO, Fábio Konder. *A afirmação histórica dos direitos humanos*, 3ª ed. São Paulo: Saraiva, 2003, pp. 58 e seguintes; GRAU, Eros Roberto. *O direito posto e o direito pressuposto*, 6ª ed. São Paulo: Malheiros, 2005, pp. 70 e seguintes.

[75] Alf Ross, representante máximo da Escola do Realismo escandinavo, atribui a essa efetividade a condição de elemento que marca as fronteiras do sistema jurídico frente aos demais: "A efetividade que condiciona a vigência das normas só pode, portanto, ser buscada na aplicação judicial do direito (...). O fator decisivo que determina que a proibição é direito

TRIBUTAÇÃO E CONTABILIDADE

que seja Direito dá-se de uma forma dinâmica, porquanto este se encontra sempre num permanente processo de produção de normas com base em normas superiores.

São basicamente 03 (três) as questões que giram em torno do positivismo[76]:

O que é Direito?

O que significam as normas?

O que deve ser Direito?

A primeira questão tem sua resposta na *teoria da validade*; a segunda, na *teoria da interpretação*; a terceira, na *teoria crítica*.

O positivismo separa bem as 03 (três) questões acima. Kelsen, por exemplo, abstrai das 02 (duas) últimas questões, porquanto estas se referem a conteúdo. Na teoria da validade, é possível identificar o Direito sem ater-se ao seu conteúdo, a qualquer ideal[77]. A preocupação do positivismo, pois, é bem menos pretensiosa do que se imagina, é de apenas identificar o que seja sistema[78], o que não deixa de representar uma frustração. O que há é um consenso social acerca de quais são as autoridades, as fontes, transferindo-se o problema do conteúdo para que a autoridade o determine em caso de dúvida – discricionariedade da autoridade[79]. Disso, temos que o Direito é um sistema de normas organizadas e independentes de outros sistemas, em que as dúvidas sobre seu conteúdo são solucionadas por autoridades (interpretação autêntica).

---

vigente é tão somente o fato de ser efetivamente aplicada pelos tribunais nos casos em que transgressões à lei são descobertas de julgadas". ROSS, Alf. *Direito e justiça*. Bauru: Edipro, 2003, p. 60.

[76] BOBBIO, Norberto. *El problema del positivismo jurídico*. Buenos Aires: Eudeba, 1965, pp. 41-43.

[77] Esse é um ponto causador de severas críticas à teoria de Kelsen, conforme se verifica: "A análise do direito – e, note-se: não me refiro apenas ao estudo do direito, mas à sua análise, empreitada de censor, e não de expositor, de um objeto –, a análise do direito, dizia, reclama a determinação de suas finalidades, o que a torna análise funcional. Isso importa tomarmos o direito – e cada direito, sobretudo – também pelo seu conteúdo (empírico e axiológico), que é variável". GRAU, Eros Roberto. *"O direito posto..."*, cit., p. 32.

[78] Eros Grau entende ser inaceitável tal proposta teórica. Ver: GRAU, Eros Roberto. *"O direito posto..."*, cit., p. 35.

[79] Um dos problemas decorrentes desta proposta é a identificação dos limites à vontade da autoridade para que não reste caracterizada a arbitrariedade.

SISTEMA JURÍDICO E TEORIA DOS SISTEMAS

No momento em que se estabelece um sistema de normas, isto fornece condições para resolver-se a controvérsia, o conflito, possibilitando que a análise destes abstraia das convicções das pessoas envolvidas, mediante atribuição do poder decisório a um terceiro imparcial.

Remonta aos anos 1950 do século passado o início das críticas mais severas à concepção de sistema jurídico proposta pelo positivismo. Um fato bastante representativo disso é o debate entre Fuller e Hart sobre a separação entre moral e Direito. Fuller critica a ânsia de se separar o Direito da moral, indicando que as concepções de decência, "jogo limpo", seriam fundamentais para a aceitação e crença no Direito, razão pela qual este e a moral se inter-relacionariam[80]. Para tanto, Fuller utiliza o fortíssimo exemplo do "regime nazista", afirmando que a falta de preocupação do positivismo com o conteúdo teria favorecido tal regime. Fuller relaciona a primeira e terceira questões acima mencionadas, propondo que, se para ser Direito, pouco importa o conteúdo, isto quer dizer: obedeça cegamente à lei. Hart, em resposta a Fuller, em famoso ensaio[81], assevera que tal concepção (moral como fundamento último do Direito) poderia dar lugar ao que se chama "moralismo moral", isto é, "vender-se" uma moralidade que é imoral, como no nazismo.

Um exemplo mais recente de ataque incisivo ao positivismo e à própria definição do Direito como sistema é a concepção de Dworkin[82], que propõe que os princípios morais são vinculantes em função de seu conteúdo, e não de sua fonte (critérios extralegais), e são parte do Direito, afastando, com isso, as teses do fechamento do sistema em torno de algo (norma fundamental, por exemplo), da separação entre Direito e moral e a tese da discricionariedade da autoridade para definir o conteúdo das normas jurídicas. Para Dworkin, o Direito não é um sistema de normas, mas um conjunto de práticas dos juízes, pautado também em princípios morais.

Em nosso entendimento, os princípios morais podem ser vinculantes em função de seu conteúdo, mas não quanto à definição do que seja Direito, isto é, do que integra ou não o sistema jurídico, e sim no âmbito da definição do conteúdo do Direito pelas autoridades. A proposta do positivismo

---

[80] FULLER, Lon L. Positivism and fidelity to Law – a reply to Professor Hart. *Harvard Law Review*. Harvard: Harvard Law Review, vol. 630, 1958.

[81] HART, Herbert L. A. *"Essays..."*, cit., pp. 70-72.

[82] DWORKIN, Ronald. *Levando os direitos a sério*, 2ª ed. São Paulo: Martins Fontes, 2007, p. 137.

sobre a concepção do Direito como um sistema dinâmico, abstraindo do seu conteúdo, a nosso ver, possibilita uma melhor racionalização daquele, sua identificação e determinação da forma como se relaciona com outros sistemas (psíquico, por exemplo) e subsistemas sociais.

Voltaremos a tratar do assunto em causa adiante, quando analisarmos as considerações de Niklas Luhmann acerca da noção de sistema jurídico.

2.2.5 Sistema jurídico na ótica de Luhmann
2.2.5.1 Aspectos gerais e função

Luhmann identificou a origem do Direito na diferenciação entre o que ele denomina *expectativas cognitivas* e *expectativas normativas*, nada mais do que seleções na comunicação, efetuadas com vistas a se estabilizar as possibilidades de desapontamento, protegendo-se contra a complexidade e a contingência do mundo[83].

Segundo Luhmann[84], no âmbito cognitivo, "(...) são experimentadas e tratadas as expectativas que, no caso de desapontamentos, são adaptadas à realidade". Já em sede de expectativa normativa, mesmo em caso de desapontamento, esta não é deixada de lado caso alguém a transgrida[85], a expectativa é mantida e a transgressão é atribuída ao ator.

O surgimento do Direito decorreria, de acordo com Luhmann, da necessidade de não se deixar as expectativas normativas permanentemente expostas a desapontamentos. A adoção de expectativas normativas estabiliza certas expectativas no tempo, a despeito de eventuais desapontamentos (generalização temporal), e a institucionalização estabiliza as mesmas expectativas na sociedade, nada obstante eventuais discordâncias (generalização social). Nestes termos, o advento do Direito dá-se com a institucionalização das expectativas de terceiros sobre as quais se tenham expectativas, gerando estabilização.

---

[83] Klaus A. Ziegert aponta duas consequências marcantes da estabilização de expectativas normativas: "(...) a) as normas 'imunizam' contra a imprevisibilidade do futuro, mas não podem controlar o futuro; e b) o efeito funcional das normas não é a projeção de um futuro ideal, mas a projeção de uma alternativa 'gerenciada' com relação a um futuro imprevisível através de uma operação de comunicação extremamente seletiva". ZIEGERT, Klaus A. A descrição densa do direito – uma introdução à teoria dos sistemas operacionais fechados de Niklas Luhmann. *Ob. cit.*, pp. 05-42.

[84] LUHMANN, Niklas. "*Sociologia...*", cit., p. 56.

[85] Tem-se aí, de certa forma, a caracterização do *dever-ser*.

A institucionalização das expectativas normativas representa o consenso, mesmo que faticamente este não seja absoluto. Não cria o consenso, mas simplifica a sua caracterização, contribuindo decisivamente para a estabilização das expectativas normativas. Conforme assevera Luhmann[86]: "Aquele cujas expectativas sejam contrárias à instituição, terá contra si o peso de uma autoevidência presumida".

Numa diversidade de expectativas comportamentais sobre terceiros que somente cresce em quantidade e complexidade, o Direito opera selecionando expectativas para estabilização. O potencial de redução de complexidade, isto é, de seleção e estabilização, aumenta sobremaneira apoiando-se as expectativas comportamentais não sobre pessoas, mas em regras decisórias, com aplicação garantida pela institucionalização[87].

O Direito, na ótica de Luhmann, consistiria num subsistema social que se baseia na generalização congruente de expectativas comportamentais[88], quer dizer, que impede que as expectativas comportamentais normativas entrem em conflito umas com as outras. A partir desta definição, Luhmann assevera que a função do Direito consiste na *estabilização de expectativas normativas*.

Nestes termos, Marcelo Neves ensina-nos que, ao cumprir sua função, o sistema jurídico entrega importantes prestações ao ambiente, conforme podemos verificar das lições abaixo transcritas[89]:

> A prestação mais genérica do sistema jurídico é a solução de conflitos que não se apresentam mais em condições de ser resolvidos com os critérios e diferenças de cada um dos outros sistemas. Mas o Direito também realiza prestações especificamente diferenciadas para os outros sistemas da sociedade, quando, por exemplo, assegura possibilidades de formação de capital na economia, acesso à instrução (sistema educacional), limitações à atividade política.

Por fim, devemos mencionar que a institucionalização das expectativas normativas ganhou grande impulso com o positivismo, cuja proposta assegura a mutação do programa normativo e o fechamento do sistema,

---

[86] LUHMANN, Niklas. *"Sociologia..."*, cit., p. 81.
[87] LUHMANN, Niklas. *"Sociologia..."*, cit., p. 102.
[88] LUHMANN, Niklas. *"Sociologia..."*, cit., p. 121.
[89] NEVES, Marcelo. *"A constitucionalização..."*, cit., pp. 138-139.

TRIBUTAÇÃO E CONTABILIDADE

porquanto prescreve que somente o sistema jurídico pode criar e alterar a si próprio, mediante procedimentos e atores definidos pelo próprio Direito[90].

2.2.5.2 Fechamento operacional e unidade

Para Luhmann, o sistema jurídico resta caracterizado por força de sua diferenciação em relação ao ambiente que o cerca. A sociedade é o ambiente do Direito, assim como outros sistemas também o são (psíquicos, físicos, químicos etc.). A diferenciação do sistema jurídico em face do ambiente se dá por conta do seu fechamento, clausura operacional, do que decorre que o sistema jurídico somente reproduz as informações dele próprio, e não as informações do ambiente, seja este outro subsistema social (moral, política, religião, economia etc.), ou outro sistema.

O próprio sistema jurídico é que estabelece seus limites, suas fronteiras, por meio de suas próprias operações. Isto significa dizer que o sistema jurídico é que estabelece o que lhe pertence e o que não.

O sistema jurídico existe por conta de sua clausura operacional, que se dá mediante a sua autorreprodução, que Luhmann denomina *autopoiesis*. Sendo o sistema jurídico um subsistema da sociedade, o que se reproduz dentro daquele é comunicação. A sociedade é o primeiro ambiente do sistema jurídico, de modo que as operações do sistema jurídico são operações da sociedade. O sistema jurídico, contudo, diferencia-se da sociedade criando seu próprio território dentro do sistema social[91].

A autorreprodução do sistema jurídico dá-se mediante a aplicação de seu código binário direito/ não direito ou lícito/ilícito sobre informações do próprio sistema. A repetição de operações no sistema jurídico dá lugar a suas estruturas, sempre estabelecendo diferença em relação ao ambiente[92].

---

[90] "Como característico da sociedade moderna, o fenômeno da positivação significa que o Direito se caracteriza por ser posto por decisões e permanentemente alterável. Além do mais, a positividade indica que o Direito é um sistema operacionalmente autodeterminado". NEVES, Marcelo. "*A constitucionalização...*", cit., p. 65.

[91] TEUBNER, Gunther. *O direito como sistema autopoiético*. Lisboa: Fundação Calouste Gulbenkian, 1989, p. 31.

[92] Marcelo Neves assevera incisivamente que não se verifica o fechamento operacional em boa parte da sociedade mundial, prevalecendo os códigos dos sistemas político e econômico sobre o código direito/não direito, caracterizando o que ele denomina "alopoiesi". Sobre o tema, ver: NEVES, Marcelo. "*A constitucionalização...*", cit., pp. 133 e seguintes.

SISTEMA JURÍDICO E TEORIA DOS SISTEMAS

Uma mudança no sistema social pode representar uma mudança no sistema jurídico, mas por iniciativa própria deste, e não em razão de informação advinda daquele[93]. Desta forma, não há ingresso de informação jurídica no sistema jurídico, pois inexiste informação jurídica fora deste, de tal sorte que somente o Direito pode estabelecer o que é Direito. Segundo Luhmann[94]: "(...) isto é uma consequência de que somente o sistema jurídico pode efetivar o seu fechamento, reproduzir suas operações, e definir suas fronteiras, e de que não há nenhuma outra autoridade na sociedade que possa proclamar: isto é legal ou isto é ilegal".

O fechamento operacional do sistema jurídico por meio de seu código assegura-lhe *unidade* e *autonomia*. Disto, tem-se como consequência que o código direito/não direito somente é identificável no sistema jurídico, em mais nenhum outro.

A proposta de Luhmann, a nosso ver, termina por resolver a complicada questão de fechamento do sistema jurídico. O fechamento, para ele, dá-se no código binário direito/não direito, através da *autopoiesis*, sem precisar recorrer a nenhum elemento externo ao sistema, como a norma fundamental de Kelsen ou a norma de reconhecimento de Hart, conforme asseveramos anteriormente.

Uma questão de importância fundamental e de difícil compreensão na teoria dos sistemas é de se a clausura inviabiliza e isola o sistema jurídico de seu ambiente, impedindo que haja relação entre estes. O fechamento

---

[93] "(...) qualquer sugestão para mudança da lei transforma-se, tão logo a referência à norma que alguém queira mudar seja declarada, numa comunicação dentro do sistema jurídico – mesmo se esta sugestão for dada por um grupo político, um grupo de pressão, ou um movimento social. Exemplos disso seriam os apelos para mudar a lei sobre aborto, ou para introduzir um dispositivo sobre a proteção do meio ambiente na Constituição, ou as atividades dos movimentos de direitos civis nos Estados Unidos". LUHMANN, Niklas. *"Law..."*, cit., p. 99 – tradução livre do autor. *"any suggestion for changing the law becomes, as soon as a reference to the norm which one wants to change is stated, a communication in the legal system – even if this suggestion is promoted by a political group, a pressure group, or a social movement. Examples here would include, for example, attempts to change the law on abortion, or to introduce an article on the protection of the environment into the Constitution, or the activities of the civil rights movement in the United States"*. (texto original na língua inglesa).

[94] LUHMANN, Niklas. *"Law..."*, cit., p. 100 – tradução livre do autor. *"(...) this is a result of the consequence that only the legal system itself can effect its closure, reproduce its operations, and define its boundaries, and that there is no other authority in society which can proclaim: this is legal and this is illegal"*. (texto original na língua inglesa).

operacional, já registramos, não rejeita a ideia de que o sistema esteja cercado por um ambiente. Pelo contrário, o fechamento dá-se mediante a diferenciação do sistema perante o seu ambiente[95]. E é justamente a afirmação do sistema enquanto unidade, isto é, como algo distinto de tudo que lhe cerca, é que possibilita que se relacione com o seu ambiente sem com este confundir-se, assunto sobre o qual voltaremos a tratar com maior acuidade mais a frente.

Finalizando o presente subtópico, devemos deixar registrada, contudo, uma crítica à proposta de Luhmann de que a operação do sistema jurídico prescinde de uma estrutura hierárquica[96] [97]. Em nosso pensar, a estruturação do programa normativo com base na hierarquia é que permite a racionalização da *autopoiesis* do sistema jurídico, notadamente quanto à seleção da comunicação a ser estabilizada[98]. Neste sentido, a hierarquia mostra-se fundamental para a concreção da função do Direito, que é a *estabilização de expectativas normativas.*

[95] "O sistema constitui a sua unidade e estabelece os seus domínios perante seu ambiente por meio de seu fechamento operacional. Nem a existência nem a relevância do ambiente são negadas. (...) Consequentemente, nós não estamos de modo algum fazendo a absurda alegação de que o direito existe sem sociedade, sem pessoas, sem especiais condições físicas e químicas no nosso planeta. No entanto, relações com tal ambiente somente podem ser estabelecidas com base na atividade interna do sistema, mediante a execução de suas próprias operações, que somente é possível através de elos recursivos que nós denominamos fechamento. Ou, resumindo: a abertura somente é possível por meio do fechamento". LUHMANN, Niklas. "Law...", cit., p. 105 – tradução livre do autor. "*A system constitutes its unity and its environment in a certain domain through operative closure. Neither the existence nor the relevance of the environment is denied. (...) Consequently, we are by no means making the absurd claim that law exists without society, without people, without the special physical and chemical conditions on our planet. However, relations with such an environment can only be established on the basis of the internal activity of the system, through executing its own operations, which become available only through all those recursive links which we have called closure. Or, to put it briefly: openness is only possible through closure*". (texto original na língua inglesa). Sobre o assunto, ver também: NEVES, Marcelo. "*A constitucionalização...*", cit., p. 63.

[96] LUHMANN, Niklas. "*Law...*", cit., p. 103.

[97] Klaus A. Ziegert assevera que, para Luhmann, a organização do Direito dá-se sob a forma de centro e periferia, e não hierarquicamente – com o que não concordamos – , inexistindo ordem no "trajeto", mas tão somente uma "direção". ZIEGERT, Klaus A. A descrição densa do direito – uma introdução à teoria dos sistemas operacionais fechados de Niklas Luhmann. *Ob. cit.*, pp. 05-42.

[98] "A interna hierarquização 'Constituição/Lei' atua como condição da reprodução autopoiética do Direito moderno, serve, portanto, ao seu fechamento normativo, operacional". NEVES, Marcelo. "*A constitucionalização...*", cit., p. 66 – grifamos.

2.2.5.3 Código e programa do sistema jurídico

Baseando-se o Direito numa generalização congruente de expectativas comportamentais, temos que existem quatro níveis de abstração que as expectativas normativas podem alcançar[99].

O primeiro nível é a pessoa. A pessoa é um conjunto de expectativas normativas a respeito do que certo indivíduo faz ou espera. Assim, temos expectativas sobre os que são próximos, como parentes, amigos e conhecidos.

Acima deste está o segundo nível, que é o do papel. O papel é um conjunto de expectativas normativas sobre os indivíduos de certo grupo. O papel abstrai das características individuais, atribuindo as mesmas expectativas a todos os que participam do mesmo grupo, existindo, então, expectativas de papéis sobre os indivíduos de grupos étnicos, nacionais, profissionais etc.

O terceiro nível é o dos programas. Programa é a regra ou procedimento que deve ser observado por todos os destinatários, podendo inclusive estender-se a indivíduos com diferentes papéis ou a todos os indivíduos independentemente dos papéis.

O quarto e último nível é o dos valores, representados pelos códigos positivo e negativo, que constituem um padrão geral de preferência que guia a escolha, tendo alta generalidade e baixa operacionalidade.

Essas colocações são importantes como introdução às figuras do *código* e do *programa* jurídicos, elementos fundamentais para a caracterização de uma determinada estrutura como sistema.

Já registramos que a autorreprodução do sistema, a *autopoiesis*, é assegurada pelo código binário, o qual, além disso, é determinante para a diferenciação de um sistema em relação a outros. O código binário assegura a unidade e o fechamento do sistema, de modo que um código somente é identificável num único sistema.

Por meio da abstração de conteúdo, Luhmann identifica uma bifurcação dos valores possíveis do sistema, e de forma antagônica, isto é, positivo ou negativo, o que termina por reduzir as possibilidades a duas únicas. Fica excluída uma terceira, o que não deixa de corresponder a uma eficiente técnica de redução de complexidade do ambiente.

---

[99] LUHMANN, Niklas. "*Sociologia...*", cit., pp. 115 e seguintes.

TRIBUTAÇÃO E CONTABILIDADE

Segundo Luhmann, a autorreprodução do sistema jurídico dá-se mediante o código binário direito/não direito. Por meio de tal código, o sistema jurídico utiliza um esquema binário com vistas a realizar as suas operações e se distinguir de seu ambiente[100].

Um ponto importante a ser assinalado diz respeito ao fato de que a realização do código não se dá unicamente pela aplicação do valor *direito*. O valor *não direito* também representa a reprodução do sistema[101]. Sob diferentes perspectivas, na aplicação do código numa situação de interesses contrapostos, assimétricos, para uma parte pode corresponder a *direito* e, para a outra, *não direito*.

O código binário é neutro, requerendo um complemento, um conteúdo, a fim de que seja possível identificar-se o que corresponde ao valor positivo – *direito* – e o que corresponde ao negativo – *não direito*. Este complemento é o que Luhmann denomina *programa*[102].

No sistema jurídico, o programa corresponde às normas, as quais estabelecem o que é lícito e o que é ilícito. As normas são o conteúdo do código direito/não direito, sendo o programa do sistema jurídico, pois, condicional, na medida em que a aplicação do código em causa dá-se ante a ocorrência de um determinado fato e do tipo decisório, e respaldado pela força física[103]. Portanto, o valor positivo *direito* é aplicado se um fato se conforma ao programa do sistema e o valor negativo *não direito*, se um fato viola o programa do sistema.

Finalmente, enquanto o código do Direito assegura sua unidade e inva-riabilidade, as normas, por serem mutáveis, asseguram a adaptabilidade do sistema às demandas sobre este.

---

[100] "Por meio do código nós queremos dizer que o direito utilize um esquema binário de forma a estruturar suas próprias operações e distingui-las de outros fatos". LUHMANN, Niklas. *"Law..."*, cit., p. 182 – tradução livre do autor. *"By code we mean that law uses a binary scheme in order to structure its own operations and to distinguish them from other facts"*. (texto original na língua inglesa).

[101] LUHMANN, Niklas. *"Sociologia..."*, cit., p. 140.

[102] LUHMANN, Niklas. *"Law..."*, cit., p. 180.

[103] "Se a qualidade da expectativa enquanto direito não deve ser de todo perdida, não pode permanecer em aberto para quais das diferentes expectativas pressupõe-se o consenso. Por isso é necessário dispor de um modo de processamento das frustrações que apresente resultados tão inequívocos que permitam o encadeamento direto da suposição do consenso, ou até do próprio consenso. Isso é produzido pela força física". LUHMANN, Niklas. *"Sociologia..."*, cit., p. 124 – grifamos.

2.2.5.4 Relação entre sistema jurídico e ambiente – abertura cognitiva e irritação ao ambiente (acoplamento estrutural)

A existência de um sistema, conforme asseveramos linhas atrás, sempre pressupõe a existência de um meio, de modo que seja possível identificar aquele dentro do todo, podendo o meio ser representado por outros sistemas, sociais ou naturais.

A caracterização de um sistema dá-se mediante seu modo de operação, que deve diferenciar-se da do meio, inclusive dos demais sistemas. O código binário, como quer Luhmann[104], é um único em cada sistema e não admite interferência do ambiente em sua operação, que é o que justamente permite ao sistema com este relacionar-se.

Em sua operação, o sistema não interage com o meio, portanto, não reage a este. Utilizando-se da figura de linguagem empregada por Celso Campilongo, é como se o sistema fosse uma "caixa preta" para os sistemas que compõem o seu ambiente[105].

O paradoxo representado pela abertura do sistema possibilitada por seu fechamento é, para nós, o ponto mais fascinante da teoria dos sistemas de Luhmann. Esta proposta permite a identificação dos sistemas enquanto unidades, sem, ao mesmo tempo, ignorar o que se passa em seu meio[106], e que a seleção de comunicação seja extremamente rigorosa, contribuindo para que a redução de complexidade dê-se em elevado grau qualitativo[107].

Não há dúvidas de que o sistema jurídico está aberto a fatos do ambiente. Todavia, os considerará como comunicação jurídica, ou melhor, conforme Gunther Teubner "(...) o direito regula a sociedade regulando-se a si mesmo (...)"[108]. Inexiste intervalo entre o fato do ambiente e o fato reproduzido no sistema jurídico. Cuida-se apenas de que o sistema jurídico nunca considerará o fato como advindo do ambiente, mas sempre como

---

[104] LUHMANN, Niklas. "*Law...*", cit., p. 186.

[105] CAMPILONGO, Celso Fernandes. *Ob. cit.*, p. 157.

[106] "Fechamento operacional não é sinônimo de irrelevância do ambiente ou de isolamento causal. Por isso, paradoxalmente, o fechamento operativo de um sistema é condição para sua própria abertura". CAMPILONGO, Celso Fernandes. *Ob. cit*, p. 67.

[107] NEVES, Marcelo. "*A constitucionalização...*", cit., p. 115.

[108] TEUBNER, Gunther. "*O direito...*", cit., p. 130.

TRIBUTAÇÃO E CONTABILIDADE

um fato próprio, um fato produzido em seu interior[109]. O desabamento de um prédio, as razões disto, as condições em que se deu, serão sempre tratadas como problemas exclusivamente jurídicos[110].

Segundo Luhmann[111] [112]: "Um 'fato' aqui é uma construção do sistema. O sistema não tem conhecimento de qualquer instância externa que possa lhe determinar o que é um fato, mesmo se o termo 'fato' puder ser verificado tanto no fenômeno interno quanto no externo."

A abertura cognitiva dos sistemas pode dar-se de forma a simplesmente selecionar fatos e regulá-los, com vistas à estabilização de expectativas normativas, podendo tais fatos representar fatos do ambiente, ou não. Queremos dizer, os fatos podem ser verificados unicamente no sistema, sem correspondência no ambiente[113].

Pode acontecer de haver sistemas que se relacionem constantemente, de forma até interdependente, conforme se verifica entre os sistemas jurídico, político e econômico, mediante informações comuns, mas que cada

---

[109] "(...) de um ponto de vista construtivista, as intervenções do direito na economia devem ser entendidas como observações recíprocas entre dois sistemas de comunicação hermeticamente fechados e autônomos. O direito inventa uma imagem da economia, formulando as respectivas normas com referência a tal imagem. A economia inventa uma imagem do direito, processando os actos de pagamento também com referência a tal imagem". TEUBNER, Gunther. "O direito...", cit., pp. 172-173.

[110] LUHMANN, Niklas. "Law...", cit., pp. 112-113. De alguma forma tal posicionamento é convergente com o de Paulo de Barros Carvalho, quando este trata da linguagem competente como dado constitutivo da realidade jurídica: "Com efeito, se as mutações que se derem entre os objetos da experiência vierem a ser contadas em linguagem social, teremos os fatos, no seu sentido mais largo e abrangente. Aquelas mutações, além de meros 'eventos', assumem a condição de 'fatos'. Da mesma forma, para o ponto de vista do direito, os fatos da chamada realidade social serão simples eventos, enquanto não forem constituídos em linguagem jurídica própria". CARVALHO, Paulo de Barros. "Direito tributário...", cit., p. 89.

[111] LUHMANN, Niklas. "Law...", cit., p. 183 – tradução livre do autor. "A 'fact' here is a construction of the system. The system does not acknowledge any external instance that could dictate to it what a fact is, even if the term 'fact' can apply to both internal and external phenomena". (texto original na língua inglesa).

[112] É importante deixar anotado que não concordamos com a separação que Luhmann faz entre fato jurídico e norma. O fato jurídico somente adquire tal condição pela razão de assim ser qualificado pela norma jurídica. Nestes termos, fato e valor integram a composição da norma jurídica. No mesmo sentido, ver: CARVALHO, Paulo de Barros. "Direito tributário...", cit., p. 93; VILANOVA, Lourival. "As estruturas...", cit., p. 217. Sobre a separação entre fato e norma, ver: LUHMANN, Niklas. "Law...", cit., p. 113.

[113] CAMPILONGO, Celso Fernandes. Ob. cit., p. 89.

SISTEMA JURÍDICO E TEORIA DOS SISTEMAS

sistema identifica como própria. Tais informações comuns são capazes de gerar irritações recíprocas nos sistemas, que podem dar lugar a mudanças nos programas correspondentes. A este relacionamento mediante informações comuns que geram irritações nos sistemas dá-se o nome de *acoplamento estrutural*, conforme asseveramos linhas atrás[114].

O acoplamento estrutural é que permite ao sistema jurídico alterar seu programa ante as pressões e demandas do ambiente, sem que isto resulte na sua desfiguração. Conforme ensina-nos Celso Campilongo[115]:

> As transformações que ocorrem na sociedade têm uma relevância fundamental para o sistema jurídico. É a partir delas que se pode compreender a forma de variação das estruturas jurídicas, de mudanças no código do direito (o não direito que passa a ser direito e vice-versa) e nos programas decisionais do sistema jurídico.

Como dissemos anteriormente, uma mudança na opinião pública sobre um determinado assunto pode resultar numa mudança no sistema jurídico. Contudo, por conta de uma autoirritação do sistema jurídico decorrente do seu acoplamento com o sistema social, este se reproduz, alterando seu programa decisório[116]. A mudança da opinião pública num determinado tema, no sistema jurídico, é tratada como um problema jurídico, mediante as operações dele próprio.

Sistemas econômico e jurídico, por exemplo, têm como informações comuns a propriedade e o contrato. A celebração de um negócio de uma determinada forma sob o ponto de vista econômico pode causar irritações no sistema jurídico, causando mudanças em seu programa. É o caso da majoração do Imposto sobre Operações Relativas a Títulos ou Valores Mobiliários ("IOF/Títulos") sobre negócios com "derivativos cambiais", uma informação do sistema econômico que causou irritação no sistema

---

[114] É importante mencionarmos que as irritações podem não decorrer somente de acoplamentos estruturais, mas também por condições internas do sistema. CAMPILONGO, Celso Fernandes. *Ob. cit.*, p. 61.

[115] CAMPILONGO, Celso Fernandes. *Ob. cit.*, p. 66.

[116] "Não importa quanto a complexidade possa ser aumentada, as normas do ambiente nunca ingressam no sistema jurídico pelo acoplamento estrutural. Elas apenas irritam". LUHMANN, Niklas. *"Law..."*, cit., p. 385 – tradução livre do autor. *"No matter which way complexity can be increased, the norms of the environment are never delivered to the legal system by structural coupling. They only irritate"*. (texto original na língua inglesa).

TRIBUTAÇÃO E CONTABILIDADE

jurídico brasileiro, consistente no aumento da alíquota daquele imposto de zero para 1% sobre a aquisição, venda ou vencimento do contrato correspondente[117].

O acoplamento estrutural entre os sistemas é constante e inevitável. Contudo, a sua realização pode chegar a um ponto tão elevado e resultar na descaracterização do fechamento do sistema, por força da "corrupção" de seu código[118], risco que se corre, por exemplo, tornando o programa do direito eminentemente finalístico, no lugar de condicional.

[117] Vide Decreto n.º 7.536, de 26 de julho de 2011, e Decreto n.º 7.563, de 15 de setembro de 2011.
[118] CAMPILONGO, Celso Fernandes. *Ob. cit.*, p. 61.

3.
Abertura Cognitiva e Princípios Constitucionais Tributários

Sumário: 3.1 Considerações iniciais – 3.2 Sistema constitucional tributário brasileiro – características marcantes – 3.3 Princípios constitucionais – valores e limites objetivos: 3.3.1 Princípio enquanto categoria de norma jurídica; 3.3.2 Abertura cognitiva do sistema jurídico, acoplamento estrutural e princípios constitucionais – 3.4 Princípio da segurança jurídica: 3.4.1 Eficácia do princípio da segurança jurídica, mormente em matéria tributária – alguns apontamentos; 3.4.2 Princípio da legalidade; 3.4.2.1 Aspectos gerais, preeminência de lei e acepção formal; 3.4.2.2 Acepção material; 3.4.2.2.1 Legalidade material e lei complementar; 3.4.2.3 Competência regulamentar; 3.4.3 Princípio da anterioridade; 3.4.4 Princípio da irretroatividade; 3.4.5 Medidas provisórias em matéria tributária – 3.5 Princípios relacionados à segurança jurídica, abertura cognitiva do sistema jurídico e acoplamento estrutural – 3.6 Princípio da igualdade: 3.6.1 Princípio da igualdade em matéria tributária – 3.7 Princípios da capacidade econômica e da capacidade contributiva: 3.7.1 Capacidade econômica *versus* capacidade contributiva; 3.7.2 Sobre o princípio da capacidade contributiva; 3.7.3 Eficácia do princípio da capacidade contributiva; 3.7.3.1 Mínimo existencial e vedação ao confisco e o princípio da capacidade contributiva; 3.7.3.2 Princípio da capacidade contributiva e o conteúdo da norma tributária; 3.7.4 Princípio da capacidade contributiva e princípio da igualdade – convergências e distanciamentos – 3.8 Princípios da igualdade, da capacidade econômica e da capacidade contributiva, abertura cognitiva do sistema jurídico e acoplamento estrutural.

3.1 Considerações iniciais

Conforme analisamos no capítulo anterior, o Direito consiste num sistema fechado, que opera mediante a autorreprodução das normas jurídicas que o integram, através da aplicação do código binário direito/não direito.

Em sua operação, apesar de o sistema jurídico reconhecer as informações do ambiente exclusivamente como sendo próprias, isto não significa afirmar que seja fechado cognitivamente, isto é, que ignore as informações do ambiente. Nestes termos o sistema jurídico pode constituir fatos correspondentes aos do ambiente e também se modificar em função de irritações provocadas por este. Mas o faz segundo critérios por ele próprio previstos, notadamente de procedimento e conteúdo.

Já registramos anteriormente uma discordância a respeito do pensamento de Luhmann, referente à organização do sistema jurídico, pois este autor defende a ideia de que o sistema, seja de qual espécie for, é organizado da periferia para o centro. Em nosso entender, tal visão não prospera, tendo em conta a própria função do sistema jurídico defendida por Luhmann, qual seja, a *estabilização de expectativas normativas*, que seria assegurada pela coercibilidade. Este processo e a forma de assegurá-lo, a nosso ver, reclama a noção de hierarquia, sob pena de as operações do sistema tornarem-se desordenadas, reinando o arbítrio[119], o que impossibilitaria o exercício de sua função.

Segundo Marcelo Neves[120]:

> A uma legislação ilimitada, que tem como consequência a quebra da autopoiese do sistema jurídico, isto é, a alopoiese da reprodução da comunicação jurídica, opõe-se a forma interna de hierarquização através da validade supralegal do Direito Constitucional.

Por isso, entendemos que o programa do Direito, isto é, suas normas e as relações entre estas (estruturas), é organizado de forma escalonada, constituindo uma norma fundamento da outra, até chegar-se a uma norma

---

[119] CARRAZZA, Roque Antonio. *Curso de direito constitucional tributário*, 27ª ed. São Paulo: Malheiros, 2011, p. 48; FERRAZ JÚNIOR, Tércio Sampaio. ICMS – não-cumulatividade e suas exceções constitucionais. In: *Interpretação e estudos da Constituição de 1988*. São Paulo: Atlas, 1990, pp. 59-60.

[120] NEVES, Marcelo. *"A constitucionalização..."*, cit., p. 66.

3.
Abertura Cognitiva e Princípios Constitucionais Tributários

Sumário: 3.1 Considerações iniciais – 3.2 Sistema constitucional tributário brasileiro – características marcantes – 3.3 Princípios constitucionais – valores e limites objetivos: 3.3.1 Princípio enquanto categoria de norma jurídica; 3.3.2 Abertura cognitiva do sistema jurídico, acoplamento estrutural e princípios constitucionais – 3.4 Princípio da segurança jurídica: 3.4.1 Eficácia do princípio da segurança jurídica, mormente em matéria tributária – alguns apontamentos; 3.4.2 Princípio da legalidade; 3.4.2.1 Aspectos gerais, preeminência de lei e acepção formal; 3.4.2.2 Acepção material; 3.4.2.2.1 Legalidade material e lei complementar; 3.4.2.3 Competência regulamentar; 3.4.3 Princípio da anterioridade; 3.4.4 Princípio da irretroatividade; 3.4.5 Medidas provisórias em matéria tributária – 3.5 Princípios relacionados à segurança jurídica, abertura cognitiva do sistema jurídico e acoplamento estrutural – 3.6 Princípio da igualdade: 3.6.1 Princípio da igualdade em matéria tributária – 3.7 Princípios da capacidade econômica e da capacidade contributiva: 3.7.1 Capacidade econômica *versus* capacidade contributiva; 3.7.2 Sobre o princípio da capacidade contributiva; 3.7.3 Eficácia do princípio da capacidade contributiva; 3.7.3.1 Mínimo existencial e vedação ao confisco e o princípio da capacidade contributiva; 3.7.3.2 Princípio da capacidade contributiva e o conteúdo da norma tributária; 3.7.4 Princípio da capacidade contributiva e princípio da igualdade – convergências e distanciamentos – 3.8 Princípios da igualdade, da capacidade econômica e da capacidade contributiva, abertura cognitiva do sistema jurídico e acoplamento estrutural.

3.1 Considerações iniciais

Conforme analisamos no capítulo anterior, o Direito consiste num sistema fechado, que opera mediante a autorreprodução das normas jurídicas que o integram, através da aplicação do código binário direito/não direito.

Em sua operação, apesar de o sistema jurídico reconhecer as informações do ambiente exclusivamente como sendo próprias, isto não significa afirmar que seja fechado cognitivamente, isto é, que ignore as informações do ambiente. Nestes termos o sistema jurídico pode constituir fatos correspondentes aos do ambiente e também se modificar em função de irritações provocadas por este. Mas o faz segundo critérios por ele próprio previstos, notadamente de procedimento e conteúdo.

Já registramos anteriormente uma discordância a respeito do pensamento de Luhmann, referente à organização do sistema jurídico, pois este autor defende a ideia de que o sistema, seja de qual espécie for, é organizado da periferia para o centro. Em nosso entender, tal visão não prospera, tendo em conta a própria função do sistema jurídico defendida por Luhmann, qual seja, a *estabilização de expectativas normativas*, que seria assegurada pela coercibilidade. Este processo e a forma de assegurá-lo, a nosso ver, reclama a noção de hierarquia, sob pena de as operações do sistema tornarem-se desordenadas, reinando o arbítrio[119], o que impossibilitaria o exercício de sua função.

Segundo Marcelo Neves[120]:

> A uma legislação ilimitada, que tem como consequência a quebra da autopoiese do sistema jurídico, isto é, a alopoiese da reprodução da comunicação jurídica, opõe-se a forma interna de hierarquização através da validade supra-legal do Direito Constitucional.

Por isso, entendemos que o programa do Direito, isto é, suas normas e as relações entre estas (estruturas), é organizado de forma escalonada, constituindo uma norma fundamento da outra, até chegar-se a uma norma

---

[119] CARRAZZA, Roque Antonio. *Curso de direito constitucional tributário*, 27ª ed. São Paulo: Malheiros, 2011, p. 48; FERRAZ JÚNIOR, Tércio Sampaio. ICMS – não-cumulatividade e suas exceções constitucionais. In: *Interpretação e estudos da Constituição de 1988*. São Paulo: Atlas, 1990, pp. 59-60.

[120] NEVES, Marcelo. *"A constitucionalização..."*, cit., p. 66.

ABERTURA COGNITIVA E PRINCÍPIOS CONSTITUCIONAIS TRIBUTÁRIOS

máxima dentro da hierarquia normativa, que recebe a denominação de *Constituição*. Conforme ensina-nos Celso Ribeiro Bastos[121]:

> (...) as normas componentes de um ordenamento jurídico encontram-se dispostas segundo uma hierarquia e formando uma espécie de pirâmide, sendo que a Constituição ocupa o ponto mais alto, o ápice da pirâmide legal, fazendo com que todas as demais normas que lhe vêm abaixo a ela se encontrem subordinadas.

Todo sistema jurídico referente a um Estado de Direito possui uma Constituição, escrita ou não[122], a qual, no mínimo, regula o procedimento de formação de outras normas[123]. Segundo Canotilho[124]: "O estado de direito é estado constitucional. Pressupõe a existência de uma constituição normativa estruturante de uma ordem jurídico-normativa fundamental vinculativa de todos os poderes públicos".

Atualmente, nos países em geral, as Constituições, além de regular o procedimento de produção de normas jurídicas, contêm uma série de dispositivos veiculando valores e limites objetivos reputados de importância maior pela sociedade (regime de governo, tripartição de poderes, direitos e garantias fundamentais etc.)[125] e são marcadas por ser rígido o processo de alteração de suas normas, assegurando-lhes supremacia sobre as introduzidas por outros veículos[126].

Verificamos, pois, que a relação do sistema com o seu ambiente, seja sob a forma de constituição de fatos que encontrem correspondência naquele,

---

[121] BASTOS, Celso Ribeiro. *Curso de direito constitucional*, 19ª ed. São Paulo: Saraiva, 1998, pp. 46-47.

[122] SILVA, José Afonso da. *Aplicabilidade das normas constitucionais*, 3ª ed. São Paulo: Malheiros, 1999, p. 40.

[123] "Mesmo nos sistemas carentes de Constituição em sentido formal, há um núcleo normativo regulador do processo de produção das normas jurídicas gerais, caracterizado como Constituição em sentido material estrito, cujo conteúdo tem uma supremacia jurídica intrínseca (...)". NEVES, Marcelo. *Teoria da inconstitucionalidade das leis*. São Paulo: Saraiva, 1988, p. 65 – grifamos.

[124] CANOTILHO, José Joaquim Gomes. *Direito constitucional*, 7ª ed. Coimbra: Almedina, 2003, p. 245.

[125] ATALIBA, Geraldo. *Sistema constitucional tributário brasileiro*. São Paulo: RT, 1968, p. 9.

[126] COSTA, Regina Helena. *Imunidades tributárias – teoria e análise da jurisprudência do STF*. São Paulo: Malheiros, 2001, p. 68.

TRIBUTAÇÃO E CONTABILIDADE

seja por força de efeitos de acoplamentos estruturais, é, em última análise, regulada pela Constituição[127]. Isso pode ser verificado sem maiores dificuldades nos países de Constituição com abundante regulação de assuntos, tal como ocorre no Brasil. Da análise do sistema jurídico brasileiro, que de alguma forma acompanha, desde o século XIX, a evolução dos sistemas jurídicos dos países europeus continentais, é possível verificarmos que a acentuação da institucionalização do Direito deu-se mediante Constituições escritas, que, em substituição ao monarca, tornaram-se a fonte primária do poder, regulando a forma de produção de normas jurídicas e marcando a popularização[128] da concepção de *Estado de Direito[129]*. Ao lado disso, ao longo do século XIX, as Constituições visaram proteger, sobretudo, os direitos de liberdade e propriedade[130], passando, a partir da segunda metade do século em causa, a incorporar diversos direitos e garantias com vistas a assegurar a dignidade humana, tais como a proteção à família, valorização do trabalho, o que se acentuou significativamente durante o século XX e segue evoluindo até os dias de hoje[131] [132].

Neste sentido, seguindo as ainda atuais lições de Oswaldo Aranha Bandeira de Mello[133], temos que as Constituições em geral estruturam-se em 03 (três) ordens de regulações: as estruturais, atinentes basicamente à forma de Estado e regime de governo, as definidoras de competências dos órgãos de governo e as que amparam os direitos fundamentais. Tais regulações, segundo este Professor[134]: "Delimitam, portanto, a órbita de ação

[127] BARROSO, Luís Roberto. O novo direito constitucional e a constitucionalização do direito. In: *Temas de direito constitucional*, 2ª ed. Rio de Janeiro: Renovar, t. III, 2005, pp. 509-510.

[128] Santi Romano nos dá conta de que, apesar de a concepção de Estado de Direito ter ganhado impulso com a Independência Norte-Americana e a Revolução Francesa, foi na Inglaterra que teve nascimento e lá já há séculos vigorava. Sobre o assunto, ver: ROMANO, Santi. *Princípios de direito constitucional geral*. São Paulo: RT, 1977, pp. 42 e seguintes.

[129] JUSTEN FILHO, Marçal. *Curso de direito administrativo*. São Paulo: Saraiva, 2005, p. 9.

[130] MENDES, Gilmar Ferreira; COELHO, Inocêncio Mártires; BRANCO, Paulo Gustavo Gonet. *Curso de direito constitucional*, 2ª ed. São Paulo: Saraiva, 2008, p. 46.

[131] DERZI, Misabel de Abreu Machado. *Direito tributário, direito penal e tipo*, 2ª ed. São Paulo: RT, 2007, p. 117.

[132] Sobre um histórico acerca da incorporação, pelo Direito, de direitos humanos, ver: COMPARATO, Fábio Konder. "*A afirmação...*", cit., pp. 53 e seguintes.

[133] BANDEIRA DE MELLO, Oswaldo Aranha. *A natureza jurídica do Estado Federal*. São Paulo: Prefeitura do Município de São Paulo, 1948, p. 75.

[134] BANDEIRA DE MELLO, Oswaldo Aranha. "*A natureza...*", cit., p. 75.

dos órgãos governamentais, impedindo transgressões, e ainda proclamam os direitos que devem ser absolutamente respeitados, e que não podem, por uma simples manifestação da vontade de alguns cidadãos titulares do poder, deixar de ser reconhecidos".

Pode-se dizer que a Independência norte-americana e a Revolução Francesa constituíram eventos que impulsionaram definitivamente a concepção do Estado de Direito[135] [136], tendo por base fundamental o constitucionalismo, noção esta que, ante as transformações sociais e pressão da sociedade[137], caminhou para a concepção do *Estado Social de Direito*, que encontrou sua representação máxima no regime de governo democrático, conforme expõe Misabel Derzi[138]:

> Estado Democrático de Direito é Estado que mantém clássicas instituições governamentais e princípios como o da separação de poderes e da segurança jurídica. Erige-se sob o império da lei, a qual deve resultar da reflexão e codecisão de todos. Mas não é forma oca de governo, na qual possam conviver privilégios, desigualdades e oligocracias. Nele, há compromisso incindível com a liberdade e a igualdade, concretamente concebidas, com a evolução qualitativa da democracia e com a erradicação daquilo que o grande Pontes de Miranda chamou de o 'ser oligárquico' subsistente em quase todas as democracias.

O Direito brasileiro está claramente organizado de forma hierárquica; ou seja, há nele um escalonamento em graus de produção normativa que impõe, de maneira evidente, categórica e cabal, a supremacia da Constituição. Além disso, como resultado de uma evolução histórica, as Constituições brasileiras vêm incorporando em seus textos cada vez mais

---

[135] BANDEIRA DE MELLO, Oswaldo Aranha. *Teoria das constituições rígidas*, 2ª ed. São Paulo: José Bushatsky, 1980, pp. 21-22.

[136] Ricardo Lobo Torres lembra-nos que Portugal e Espanha foram bastante precoces na criação de limites ao poder do rei: "Seja como for, deve ser assinalada a extraordinária precocidade de Portugal e Espanha ao criar os mecanismos jurídicos de limitação do poder fiscal do rei, nem sempre devidamente enfatizada entre nós, que ainda nos deslumbramos diante da história contada pelos povos de língua inglesa (...)". LOBO TORRES, Ricardo. *Tratado de direito constitucional financeiro e tributário – valores e princípios constitucionais tributários*. Rio de Janeiro: Renovar, vol. II, 2005, p. 403.

[137] BOBBIO, Norberto. *A era dos direitos*. Rio de Janeiro: Campus, 1992, p. 5.

[138] DERZI, Misabel de Abreu Machado. In: BALEEIRO, Aliomar, *Limitações constitucionais ao poder de tributar*, 7ª ed. Rio de Janeiro: Forense, 2001, p. 11.

TRIBUTAÇÃO E CONTABILIDADE

regulações tendentes a prestigiar a dignidade humana, notadamente sob a forma de direitos e garantias fundamentais[139].

Cremos que esta nossa conclusão ganha maior coloração ainda no estudo das relações entre sistema jurídico e ambiente em matéria tributária, tendo em vista que a instituição, arrecadação e cobrança do tributo são atividades pormenorizadamente reguladas pela Constituição brasileira[140]. Todo e qualquer estudo de cunho tributário no Brasil, portanto, deve ser iniciado e ter como maior fundamento os dispositivos constitucionais que tratem do tema, porquanto o Direito Tributário posto na Constituição, parafraseando Sacha Calmon[141] "(...) é o texto fundante da ordem jurídico-tributária (...)".

Por tudo isso, reputamos essencial para o estudo da relação entre os sistemas jurídico e contábil, sob a ótica da tributação do lucro e da receita, a análise das características mais marcantes do sistema tributário brasileiro, assim como dos princípios e limites objetivos veiculados que regulem diretamente a constituição de fatos jurídicos que possuam fatos contábeis correspondentes, e as possibilidades de irritação provocadas pelo sistema contábil no sistema jurídico. Em relação a limites objetivos e princípios, nossa análise ficará circunscrita ao princípio da legalidade, nas suas acepções formal e material, aos princípios da anterioridade e da irretroatividade, ao princípio da igualdade e aos princípios da capacidade econômica e da capacidade contributiva, quer objetiva, quer subjetiva. Nesse aspecto, vislumbraremos o sistema sob um ponto de vista estático[142], estudando o conteúdo propriamente dito do Direito brasileiro, mais especificamente o voltado à ação de tributar.

---

[139] É certo também que, no afã de se atender aos mais diversos interesses, a Constituição de 1988 terminou por incorporar em seu texto inúmeras disposições, perdendo-se no "varejo das miudezas", parafraseando Luís Roberto Barroso. Sobre o assunto, ver, dentre outros: BARROSO, Luís Roberto. Doze anos da Constituição Brasileira de 1988. In: *Temas de direito constitucional*, 2ª ed. Rio de Janeiro: Renovar, t. I, 2006, p. 13.

[140] BALEEIRO, Aliomar. *Limitações constitucionais ao poder de tributar*, 7ª ed., anotado por Misabel de Abreu Machado Derzi. Rio de Janeiro: Forense, 2001, p. 02.

[141] COÊLHO, Sacha Calmon Navarro. *Comentários à Constituição de 1988 – sistema tributário*, 8ª ed. Rio de Janeiro: Forense, 1999, p. 02.

[142] KELSEN, Hans. *"Teoria pura..."*, cit., p. 207.

3.2 Sistema constitucional tributário brasileiro – características marcantes

O tributo, representando uma obrigação compulsória de se entregar moeda aos cofres públicos, sempre teve uma conotação negativa na sociedade em geral, inclusive na brasileira. Basta lembrarmos as revoltas e insurreições motivadas por questões de índole fiscal, dentre as quais a Inconfidência Mineira e a Revolução Farroupilha, o que resultou na previsão de limitações ao poder de tributar desde os tempos do Império[143]. Com o advento da Revolução Francesa, surge a necessidade de garantir-se a liberdade individual em face do Estado e, com isso, a ideia do tributo como sendo "parcela da liberdade", isto é, parcela do patrimônio destinada a um "administrador", que teria o dever de geri-lo em prol daquele que contribui, passando, Estado e contribuinte, então, a sujeitarem-se à Constituição, à lei e à jurisdição[144]. É neste contexto que nasce a concepção do tributo como *norma*, cujo sentido deve ser construído a partir dos valores protegidos pela Constituição – liberdade, igualdade, vida, propriedade etc.[145]

No Brasil, desde o Império, a matéria tributária recebeu tratamento constitucional, ainda que tímido[146], o que foi se intensificando nas Constituições que sucederam a imperial, tendo ganhado grande destaque com a Constituição de 1946[147], conforme relatado por Aliomar Baleeiro[148].

Acompanhando a evolução de uma concepção de *Estado de Direito* para uma noção de *Estado Social de Direito*, a regulação constitucional sobre matéria tributária partiu de uma ênfase à proteção da propriedade e da liberdade[149], passando ao reforço da previsibilidade da ação estatal e,

---

[143] GRECO, Marco Aurélio. *Planejamento tributário*, 2ª ed. São Paulo: Dialética, 2008, p. 27.

[144] TÔRRES, Heleno Taveira. *Direito constitucional tributário e segurança jurídica – metódica da segurança jurídica do sistema constitucional tributário.* São Paulo: RT, 2011, p. 307.

[145] BORGES, José Souto Maior. *Teoria geral da isenção tributária*, 3ª ed. São Paulo: Malheiros, 2001, p. 25.

[146] Artigos 171 e 172 da Constituição de 1824.

[147] Um bom histórico do tema é relatado por Geraldo Ataliba, em seu clássico "Sistema Constitucional Tributário Brasileiro": ATALIBA, Geraldo. *"Sistema..."*, cit., pp. 40 e seguintes.

[148] BALEEIRO, Aliomar. *"Limitações..."*, cit., p. 11.

[149] Já escrevemos anteriormente que a tributação consiste em transferência compulsória de parcela da riqueza individual para os cofres públicos, daí sua relação com a propriedade. Consiste, também, em estímulo ou desestímulo de comportamentos, quando não praticamente compulsão, pelo que surte efeitos na esfera de liberdade das pessoas. NUNES, Renato. *Imposto sobre a renda devido por não residentes no Brasil – regime analítico e critérios de conexão.* São Paulo: Quartier Latin, 2010, p. 49.

TRIBUTAÇÃO E CONTABILIDADE

finalmente, a aliar a tais temas outros direitos e garantias, sobretudo de cunho social e econômico.

Passou o regime constitucional tributário, neste aspecto, a regular não somente a proteção do contribuinte, mas também a estabelecer obrigações de o Estado, mediante instrumentos tributários, assegurar a plenitude dos direitos fundamentais[150], representada por uma ordem social e econômica cada vez mais justa e menos desigual (proteção da saúde, direito à moradia, direito à educação, manutenção da concorrência etc.).

Some-se a tal evolução a forma federal do Estado brasileiro, formado, atualmente, por três espécies de pessoas políticas, designadamente, União, Estados e Municípios[151], todas com competência fundamentada na própria Constituição[152], que reforça a irradiação dos ideais republicanos por todo sistema jurídico, consoante as lições de Geraldo Ataliba[153].

Juntando-se tais ingredientes, quais sejam, incorporação de uma série de direitos como fundamentais pela Constituição e a forma federativa do Estado brasileiro, tem-se como desdobramento uma regulação constitucional minuciosa do fenômeno da tributação, desde a instituição dos tributos, até a sua cobrança e fiscalização, marcada pela previsibilidade quanto à ação estatal, rígida repartição de competências entre as pessoas políticas, atribuídas a cada uma em caráter exclusivo, proteção da liberdade, da propriedade e da família, sendo possível vislumbrarmos o capítulo *Do Sistema*

---

[150] José Casalta Nabais alerta, com propriedade, que a contrapartida dos direitos fundamentais constitui em deveres fundamentais, dentre os quais o de pagar tributos: "Por fim, menciona-se que os deveres fundamentais, para além de constituírem pressuposto geral da existência e funcionamento do estado e do consequente reconhecimento e garantia dos direitos fundamentais no seu conjunto, se apresentam, singularmente considerados, como específicos pressupostos da protecção da vida, da liberdade e da propriedade dos indivíduos. Prova disso temo-la, por exemplo, no dever que é objecto do presente estudo: efectivamente, o dever de pagar impostos é pressuposto necessário da garantia do direito de propriedade, na medida em que esta é de todo incompatível com um estado proprietário e implica inevitavelmente um estado fiscal". NABAIS, José. *O dever fundamental de pagar impostos*. Coimbra: Almedina, 2004, pp. 59-60 – grifamos.

[151] Não fizemos menção ao Distrito Federal, por este incorporar os conceitos de Estado e Município.

[152] BORGES, José Souto Maior. *Lei complementar tributária*. São Paulo: RT EDUC, 1975, p. 10.

[153] Ataliba asseverava com brilhantismo que a federação decorre da necessidade de melhor representatividade e possibilidade de exercício, pelo povo, de suas prerrogativas de cidadania e autogoverno. ATALIBA, Geraldo. *República e Constituição*, 2ª ed. São Paulo: Malheiros, 1998, pp. 43 e seguintes.

Tributário Nacional como mera decorrência do rol de direitos fundamentais previstos ao longo do texto constitucional[154].

Neste sentido, são esclarecedoras as lições de Heleno Tôrres[155]:

> Em verdade, as competências tributárias são limitações constitucionais aos direitos e liberdades fundamentais e aquelas 'limitações constitucionais ao poder de tributar' típicas garantias desses direitos e liberdades de proteção ante o exercício das competências assinaladas, como também de todas as 'restrições' infraconstitucionais instituídas por leis dos legisladores do federalismo.

O simples fato de constarem do texto constitucional faz com que as regulações voltadas à ação de tributar sujeitem-se à rigidez própria da Constituição. Mas, mais do que isso, no caso das regulações tributárias previstas na Constituição relacionadas ou à forma do Estado brasileiro ou aos direitos fundamentais, estas possuem *status* de cláusula pétrea, sujeitando-se, pois, a uma super rigidez[156], que impede que a sua supressão ou modificação possam sequer ser objeto de proposta de emenda constitucional, conforme expressamente previsto pelo artigo 60, § 4º, daquele Diploma. Significa dizer que é absolutamente vedado qualquer tipo de limitação às regulações tributárias veiculadas pela Constituição voltadas à previsibilidade da ação estatal, proteção da liberdade, da propriedade e de outros direitos sociais, assim como a repartição das competências tributárias, por se tratarem de *cláusulas pétreas*.

O capítulo da Constituição denominado *Do Sistema Tributário Nacional* é composto por 12 (doze) artigos e diversos parágrafos, incisos e alíneas, que veiculam valores e limites objetivos, expressos e implícitos[157], e simples

---

[154] LOBO TORRES, Ricardo. *Tratado de direito constitucional financeiro e tributário – os direitos humanos e a tributação: imunidades e isonomia.* Rio de Janeiro: Renovar, vol. III, 1999, p. 20.

[155] TÔRRES, Heleno Taveira. *"Direito constitucional..."*, cit., pp. 336-337. Ver também: BORGES, José Souto Maior. Princípio da segurança jurídica na criação e aplicação do tributo. *Revista de direito tributário.* São Paulo: Malheiros, vol. 61, 1994, p. 208.

[156] A expressão é utilizada por Ataliba, ao tratar da super rigidez em torno dos princípios do republicano e do federativo. Sobre o assunto, ver: ATALIBA, Geraldo. *"República..."*, cit., p. 38.

[157] "O princípio implícito não difere senão formalmente do expresso. Têm ambos o mesmo grau de positividade. Não há uma positividade 'forte' (a expressa) e outra 'fraca' (a implícita). Um princípio implícito pode muito bem ter eficácia (= produzir efeitos) muito mais acentuada do que um princípio expresso". BORGES, José Souto Maior. Princípio da segurança jurídica na criação e aplicação do tributo. *Revista de direito tributário*, cit., p. 207.

TRIBUTAÇÃO E CONTABILIDADE

normas que cuidam do fenômeno da tributação, o qual se mostra o mais extenso rol de regulações tributárias constantes de um texto constitucional que se tem notícia no mundo[158]. Apesar da extensão do capítulo *Do Sistema Tributário Nacional*, cabe lembrarmos que há, ainda, outras regulações direta ou indiretamente, expressa ou implicitamente, referentes à tributação. Queremos dizer, os valores, limites objetivos e normas relacionadas ao fenômeno da tributação não se esgotam no capítulo da Constituição que mencionamos[159].

De todas estas regulações, para a análise da relação entre os sistemas jurídico e contábil sob a ótica da tributação, as mais pertinentes, a nosso ver, são os valores e limites objetivos que constituem as garantias dos direitos fundamentais dos contribuintes. Nada obstante diversos princípios influenciarem tal relação entre sistemas sob a ótica tributária, pensamos que os de maior peso neste tocante são princípios relacionados à segurança jurídica e à justiça, fazendo uso, aqui, de interessante técnica empregada por Ricardo Lobo Torres[160], os quais serão objeto de subtópicos próprios mais adiante. No tocante à *segurança jurídica*, analisaremos os princípios da legalidade, da anterioridade e da irretroatividade. Em relação à justiça, trataremos dos princípios da igualdade, da capacidade econômica e da capacidade contributiva. Antes de procedermos à análise de tais itens, julgamos de fundamental importância fixar algumas premissas pertinentes aos princípios constitucionais tributários, mais especificamente a classificação destes em valores e limites objetivos, utilizando a terminologia empregada por Paulo de Barros Carvalho no trato do tema[161].

---

[158] Tal disciplina pormenorizada, muitas vezes criticada, é fruto da insegurança e descontentamento da sociedade com o tratamento dado à matéria pelo Poder Público. Conforme ensinam Gilmar Mendes, Inocêncio Coelho e Paulo Branco: "Louvores e censuras à parte, convém não perdermos de vista que as constituições – assim como o direito, em geral, e as demais coisas do espírito – refletem as crenças e as tradições de cada povo, valores que não podem ser trocados por modelos alienígenas". MENDES, Gilmar Ferreira; COELHO, Inocêncio Mártires; BRANCO, Paulo Gustavo Gonet. *"Curso..."*, cit., p. 16.

[159] AMARO, Luciano. *Direito tributário brasileiro*, 17ª ed. São Paulo: Saraiva, 2011, p. 128.

[160] LOBO TORRES, Ricardo. *"Tratado de direito constitucional financeiro e tributário – valores..."*, cit., vol. II, pp.287 e 399.

[161] CARVALHO, Paulo de Barros. *"Curso..."*, cit., pp. 141 e seguintes.

3.3 Princípios constitucionais – valores e limites objetivos

O Direito, conforme vimos consignando, é um sistema, cujos elementos são normas jurídicas e as relações entre estas, estruturado de forma hierarquizada, derivando o fundamento de validade de uma norma da que lhe seja superior.

O sistema jurídico constitui meio para que outros subsistemas sociais e outros sistemas cumpram suas funções, incorporando, o Direito, em seu programa, normas que permitam que tais objetivos sejam atingidos[162]. Temas tidos, pelo sistema social, como de fundamental importância, terminam gerando *comunicação jurídica* que atenda a tais anseios[163]. Ainda, seguindo a proposta de fechamento operacional do sistema jurídico, é sempre este que contempla em seu programa comunicações com vistas a atender a tais objetivos. Numa perspectiva de hierarquização material[164] (vislumbrando-se o sistema sob um ponto de vista estático), a era Moderna é marcada pelo fato de o Direito contemplar regulações tendentes a assegurar o bem-estar dos homens, criando, para tanto, uma série de direitos e garantias fundamentais, que contêm fortíssima carga axiológica e que determinam as características de todo o sistema jurídico. Deste fenômeno resulta que tais regulações localizem-se no topo da hierarquia do sistema jurídico, sendo veiculadas no mesmo nível das que cuidam das condições formais de produção de outras normas. Constam, tanto uma quanto a outra categoria, das *Constituições* dos sistemas jurídicos[165].

Um ponto que merece atenção é o fato de o sistema jurídico ser fechado operacionalmente. As pressões e demandas de outros sistemas e subsistemas geram irritações no sistema jurídico, que, as respondendo, incorpora em seu programa valores correspondentes aos verificados no ambiente. Não se trata, por exemplo, de absorção de preceitos do sistema moral pelo sistema jurídico. É este, mediante irritação àquele, que cria seu próprio conteúdo, sua própria comunicação (jurídica), que pode terminar guardando correspondência com a comunicação do sistema moral.

---

[162] COSTA, Regina Helena. *"Imunidades..."*, cit., p. 70.

[163] CAMPILONGO, Celso Fernandes. *Ob. cit.*, p. 89.

[164] GRAU, Eros Roberto. *A ordem econômica na Constituição de 1988*, 5ª ed. São Paulo: Malheiros, 2000, p. 81.

[165] NEVES, Marcelo. *"Teoria da..."*, cit., p. 62.

TRIBUTAÇÃO E CONTABILIDADE

Todas as normas do sistema jurídico, de alguma forma, incorporam valores com correspondência, ou não, no ambiente (outros subsistemas sociais ou até mesmo outros sistemas), mas os valores de maior relevância terminam sendo incorporados em normas localizadas no topo da hierarquia do sistema, surtindo efeitos na produção e interpretação de todas as normas deste. A este tipo de regulação dá-se a denominação de *princípio*.

Os princípios são regulações normativas que veiculam valores de maior relevância e que podem referir-se a situações abstratas, não passíveis de uma objetivação que permita uma solução do tipo "tudo ou nada"[166], ou a situações marcadas por maior objetividade, em que não restem maiores dúvidas sobre a ordem emanada.

Pensamos que ambas as categorias de regulações que mencionamos coadunam-se com a noção de princípio, em função de sua alta carga valorativa e de sua influência que se espalha por todo o sistema, razão pela qual estamos de pleno acordo com as lições de Paulo de Barros Carvalho sobre o assunto[167]:

> Sendo objeto do mundo da cultura, o direito e, mais particularmente, as normas jurídicas estão sempre impregnadas de valor. Esse componente axiológico, invariavelmente presente na comunicação normativa, experimenta variações de intensidade de norma para norma, de tal sorte que existem preceitos fortemente carregados de valor e que, em função do seu papel sintático no conjunto, acabam exercendo significativa influência sobre grandes porções do ordenamento, informando o *vector* de compreensão de múltiplos segmentos. Em Direito, utiliza-se o termo 'princípio' para denotar as regras de que falamos, mas também se emprega a palavra para apontar normas que fixam importantes critérios objetivos, além de ser usada, igualmente, para significar o próprio valor, independentemente da estrutura a que está agregado e, do mesmo modo, o limite objetivo sem a consideração da norma.

Em ambos os casos, valor e limite objetivo, têm-se um grau elevado de carga axiológica, sendo que, no valor, prepondera o estabelecimento de fins a serem perseguidos, enquanto que, na regulação objetiva, esta serve de meio ao atendimento dos fins proclamados por aquele. Por

---

[166] DWORKIN, Ronald. *Ob. cit.*, p. 39.
[167] CARVALHO, Paulo de Barros. *"Curso..."*, cit., pp. 141 e 142.

tudo isso, entendemos ser precisa a tão citada noção de princípio de Celso Antonio Bandeira de Mello, que serve tanto a uma quanto à outra acepção deste[168]:

> Princípio é, por definição, mandamento nuclear de um sistema, verdadeiro alicerce dele, disposição fundamental que se irradia sobre diferentes normas compondo-lhes o espírito e servindo de critério para sua exata compreensão e inteligência exatamente por definir a lógica e a racionalidade do sistema normativo, no que lhe confere a tônica e lhe dá sentido harmônico.

3.3.1 Princípio enquanto categoria de norma jurídica

Com respeito à estrutura dos princípios, não vemos como esta não ser a de uma norma jurídica, como outras integrantes do sistema jurídico[169]. Queremos dizer, o princípio também possui estrutura condicional baseada no "dever-ser", independentemente de assumir a feição de "valor" ou "limite objetivo", porquanto, para nós, o que o caracteriza é o elevado grau de carga axiológica que veicula[170]. Conquanto o sistema tenha como elementos normas jurídicas e as relações entre estas, não haveria sentido a existência de um terceiro elemento, que não se coadunasse com a noção nem de um nem de outro. As relações entre normas não possuem conteúdo, não ordenam nada, de modo que só há meios de o princípio acomodar-se na noção de norma jurídica[171]. O fechamento operacional do Direito atribui-lhe unidade e, esta, por sua vez, imprime homogeneidade sintática às normas jurídicas, estejam estas saturadas com alto grau valorativo, ou

---

[168] BANDEIRA DE MELLO, Celso Antônio. *Curso de direito administrativo*, 8ª ed. São Paulo: Malheiros, 1996, pp. 544-545.

[169] CARVALHO, Paulo de Barros. O princípio da segurança jurídica em matéria tributária. In: MOREIRA FILHO, Aristóteles e LÔBO, Marcelo Jatobá (Coords.), *Questões controvertidas em matéria tributária – uma homenagem ao Professor Paulo de Barros Carvalho*. Belo Horizonte: Fórum, 2004, p. 42.

[170] CARRAZZA, Roque Antonio. *Ob.cit.*, p. 59.

[171] "A teoria da metodologia jurídica tradicional distinguia entre normas e princípios (Norm-prinzip, Principles-rules, Norm and Grundsatz). Abandonar-se-á aqui essa distinção para, em sua substituição, se sugerir: (1) as regras e princípios são duas espécies de normas; (2) a distinção entre regras e princípios é uma distinção entre duas espécies de normas". CANOTILHO, José Joaquim Gomes. *Ob. cit.*, p. 1160.

TRIBUTAÇÃO E CONTABILIDADE

não, refiram-se estas a situações indeterminadas, indecisas, ou a situações limitadas e rigidamente delineadas[172].

Argumenta-se que o princípio na acepção *valor* não reveste a estrutura de norma jurídica, uma vez que, na hipótese de colisão com outro ou outros princípios, isso se resolveria não pela negação, afastamento de um dos princípios colididos, mas sim mediante ponderação, balanceamento, ao passo que, no caso de colisão entre normas, pela invalidade de uma delas[173]. No entanto, nada impede que o conflito entre normas seja também resolvido por ponderação, sopesamento[174]. Sobre isso, basta fazermos referência às sanções penais e administrativas para afastar tal critério de classificação.

Numa outra proposta, aduz-se que os princípios, diferentemente das normas, não estabelecem diretamente a conduta a ser seguida, mas fins a serem perseguidos, cuja concretização dependeria de um ato institucional de aplicação[175]. Ora, os fins estabelecidos regulam diretamente a conduta, sim, mas daqueles que tenham competência para a produção de outras normas, numa dinâmica que não se altera em função do destinatário do comando[176], conforme demonstra Roque Carrazza[177]: "As normas constitucionais, além de ocuparem a cúspide da 'pirâmide jurídica', caracterizam-se pela <u>imperatividade</u> de seus comandos, que obrigam – reiteramos – não só as pessoas físicas ou jurídicas, de direito público ou de direito privado, como o próprio Estado".

---

[172] CARVALHO, Paulo de Barros. O princípio da segurança jurídica em matéria tributária. In: MOREIRA FILHO, Aristóteles e LÔBO, Marcelo Jatobá (Coords.), "*Questões...*", cit., p. 44.

[173] DWORKIN, Ronald. *Ob. cit.*, pp. 39 e seguintes. No Brasil, tal noção vem sendo difundida por diversos autores. Dentre outros, ver: BARROSO, Luís Roberto. *Interpretação e aplicação da Constituição*, 7ª ed. São Paulo: Saraiva, 2009, pp. 353 e seguintes; ÁVILA, Humberto. *Teoria dos princípios – da definição à aplicação dos princípios jurídicos*, 5ª ed. São Paulo: Malheiros, 2006, pp.78 e seguintes; GRAU, Eros Roberto. "*A ordem...*", cit., pp. 91 e seguintes; LÔBO TORRES, Ricardo. "*Tratado de direito constitucional financeiro e tributário – valores...*", cit., vol. II, p. 10.

[174] ÁVILA, Humberto. "*Teoria...*", cit., p. 88; TÔRRES, Heleno Taveira. "*Direito constitucional...*", cit., p. 525.

[175] Neste sentido, ver: ÁVILA, Humberto. "*Teoria...*", cit., pp. 59-61.

[176] Apesar de não concordarmos com Humberto Ávila quanto às conclusões, merece destaque a seguinte passagem de sua autoria: "(...) a existência de uma hipótese de incidência é questão de formulação linguística e, por isso, não pode ser elemento distintivo de uma espécie normativa". ÁVILA, Humberto. "*Teoria...*", cit., p. 41.

[177] CARRAZZA, Roque Antonio. *Ob. cit.*, p. 59.

Tércio Sampaio Ferraz Júnior, apoiado na doutrina de José Afonso da Silva sobre eficácia e aplicabilidade das normas constitucionais[178], apresenta uma proposta bastante elucidativa sobre o grau de eficácia dos princípios em função de sua abstração.

Confiramos, então, as lições de José Afonso da Silva, para depois passarmos às de Tércio Sampaio Ferraz Júnior. Numa síntese apertada, podemos dizer que eficácia corresponde a atributo da norma que se refere à possibilidade de produção concreta de efeitos por esta, porque estão presentes as condições técnico-normativas exigíveis para sua aplicação[179]. Sobre as normas que têm presentes todos os requisitos para sua aplicabilidade, estas teriam *eficácia plena*. Quando a norma possua todas as condições técnicas para ser aplicada, mas prevê meios ou conceitos que permitem manter sua eficácia contida em certos limites, seria de *eficácia contida*. E, por fim, no caso de normas que não possuam todas as condições para serem aplicáveis com a sua simples entrada em vigor, porque o legislador constituinte, por qualquer motivo, não estabeleceu, sobre a matéria, uma normatividade para isso bastante, deixando essa tarefa ao legislador ordinário ou a outro órgão do Estado, estas seriam de *eficácia limitada*.

Ao lado da classificação de autoria de José Afonso da Silva, Tércio Sampaio Ferraz Júnior propõe outras 03 (três) categorias de eficácia das normas constitucionais, tomando em conta a sua função[180]. Tércio Sampaio identificou nos chamados limites objetivos uma norma com função eficacial de bloqueio, isto é, de imposição de limites claros ao exercício de competências e de capacidades[181]. Norma com tal função eficacial seria de eficácia plena e aplicabilidade imediata. Com relação a princípios da espécie valor, há previsões constitucionais que estabelecem um fim e obrigatoriedade de se instituir um meio para o seu atingimento, havendo solidariedade entre um e outro (meio e fim). Tércio assevera que a função

---

[178] SILVA, José Afonso da. *"Aplicabilidade..."*, cit., p. 82-83.

[179] CARVALHO, Paulo de Barros. *"Direito tributário..."*, cit., p. 49 e seguintes; FERRAZ JÚNIOR, Tércio Sampaio. *"Introdução..."*, cit., p. 196 e seguintes.

[180] FERRAZ JÚNIOR, Tércio Sampaio. Aplicação e interpretação das normas constitucionais. In: *Interpretação e estudos da Constituição de 1988*. São Paulo: Atlas, 1990, p. 16.

[181] FERRAZ JÚNIOR, Tércio Sampaio. Aplicação e interpretação das normas constitucionais. In: *"Interpretação..."*, cit., p. 17.

eficacial desta categoria de norma seria de resguardo[182], situação em que os fins preencheriam todas as condições para serem observados, ainda que os meios não os tenham, razão pela qual princípios com tais características seriam de eficácia contida e aplicabilidade restrita. Por fim, também quanto a princípio da espécie valor, há normas que não estabelecem a obrigatoriedade de instituição de meios para o seu atingimento, mas que vedam que o legislador aja contrariamente ao seu sentido[183]. O legislador não pode agir contrariamente ao valor, mas também não pode ser obrigado a estabelecer o meio para seu atingimento. Princípios com tais características seriam de eficácia limitada e aplicabilidade dependente.

Os princípios, portanto, assumam estes a forma de limites objetivos ou de valores, são normas jurídicas, que se diferenciam das demais pela elevada carga axiológica que veiculam, sendo que a sua classificação na primeira ou na segunda espécie variará em função de sua eficácia e aplicabilidade[184].

Em virtude de veicularem os valores de maior importância do sistema jurídico, a não observância de um princípio, seja a espécie valor[185], seja a espécie limite objetivo, é muito mais grave[186], pois coloca em xeque a estrutura do sistema jurídico e, por consequência, o seu próprio fechamento, tendo em vista o risco de corrupção de seu código binário direito/não direito. E tanto mais grave será a ofensa, quanto maior a carga axiológica contida no princípio[187]. O que queremos dizer é que todo o sistema volta-se

---

[182] FERRAZ JÚNIOR, Tércio Sampaio. Aplicação e interpretação das normas constitucionais. In: "Interpretação...", cit., p. 17.

[183] FERRAZ JÚNIOR, Tércio Sampaio. Aplicação e interpretação das normas constitucionais. In: "Interpretação...", cit., p. 18.

[184] COSTA, Regina Helena. Princípio da capacidade contributiva, 3ª ed. São Paulo: Malheiros, 2003, pp. 46-49.

[185] Em sentido contrário, ver Humberto Ávila, para quem a transgressão de uma "regra" é mais reprovável do que a de um valor, opinião com a qual não compartilhamos. ÁVILA, Humberto. "Teoria...", cit., p. 104.

[186] CARRAZZA, Roque Antonio. Ob. cit., p. 37; COSTA, Regina Helena. Praticabilidade e justiça tributária – exequibilidade de lei tributária e direitos do contribuinte. São Paulo: Malheiros, 2007, p. 78.

[187] O que nos permite afirmar existir uma hierarquia material inclusive dentre os princípios. Aqueles dotados de maior carga axiológica, assegurada por cláusulas de eternidade e integrantes de disposições fundamentais da Constituição sobressaem-se sobre os demais. Sobre o assunto, ver: TÔRRES, Heleno Taveira. "Direito constitucional...", cit., p. 529.

ABERTURA COGNITIVA E PRINCÍPIOS CONSTITUCIONAIS TRIBUTÁRIOS

para os seus princípios, que ditam, em última instância, o conteúdo do código direito/não direito. Portanto, a se transgredir um princípio jurídico, abre-se espaço para operar-se o código do sistema jurídico com programa de outro sistema, e a intensidade com que isto ocorra termina por corromper o código direito/não direito e, consequentemente, a clausura operacional do Direito, desfazendo-o enquanto sistema.

3.3.2 Abertura cognitiva do sistema jurídico, acoplamento estrutural e princípios constitucionais

Em termos de abertura cognitiva do sistema jurídico, os princípios são de importância vital, porquanto correspondem aos mais importantes mecanismos de "filtragem" de informações do ambiente[188].

Enquanto valores, por terem textura aberta, marcada por vagueza, estes têm a compreensão de seu conteúdo mais facilmente modificável em resposta às pressões do ambiente ocasionadas pelas mudanças nos valores externos prestigiados[189], sem que se faça necessária uma mudança formal no programa do sistema jurídico. São instrumentos eficazes à adaptação do sistema jurídico às necessidades do ambiente, quer porque dispensam modificações formais no programa daquele, quer porque terminam por influenciar todas as demais normas do sistema a partir da mudança de sua compreensão[190][191], pois, segundo Eros Grau[192]: "A Constituição é um dinamismo. É do presente, na vida real, que se toma as forças que conferem vida ao direito – e à Constituição. Assim, o significado válido dos princípios é variável no tempo e no espaço, histórica e culturalmente".

Na forma de "limites objetivos", por estabelecerem como e em que condições podem ser criadas normas em resposta à pressão do ambiente ou constituídos fatos (jurídicos) representativos de fatos deste último.

---

[188] NEVES, Marcelo. *"A constitucionalização..."*, cit., pp. 150-151.

[189] CANOTILHO, José Joaquim Gomes. *Ob. cit.*, p. 1159.

[190] PEREZ, Jesús González. *El principio general de la buena fé em el derecho administrativo*. Madri: Real academia de ciências morales y políticas, 1983, pp. 45-46.

[191] "Uma lei, em face de redefinições de seus termos ou de termos da Constituição, pode passar do 'estado' de constitucionalidade ao 'estado' de inconstitucionalidade, ou vice-versa". NEVES, Marcelo. *"Teoria da..."*, cit., p. 140. Sobre o tema, ver também: WARAT, Luis Alberto. *Mitos e teorias na interpretação da lei*. Porto Alegre: Síntese, 1979, p. 95.

[192] GRAU, Eros Roberto. *"A ordem..."*, cit., p. 81.

TRIBUTAÇÃO E CONTABILIDADE

A abertura cognitiva do sistema jurídico e os efeitos de acoplamentos estruturais com outros sistemas são absolutamente condicionados aos seus princípios, o que, em última análise, assegura o não comprometimento de seu fechamento operacional e unidade.

3.4 Princípio da segurança jurídica

A segurança jurídica, especialmente quando expressada pela exigência de lei para a criação de deveres e obrigações, é noção mais antiga do que a própria ideia de *Estado de Direito*, segundo observamos linhas atrás. Com o advento desta ideia (*Estado de Direito*), baseada no primado de que *todo poder emana do povo e em benefício deste deve ser exercido*, a carga axiológica do princípio da segurança jurídica acentuou-se significativamente, requerendo, nos ordenamentos jurídicos em geral (dentre os quais se inclui o brasileiro), mais do que a simples previsibilidade da ação estatal relativamente às fontes de produção de deveres e obrigações e estabilidade das relações, assegurada, sobretudo, mediante a irretroatividade das leis (vedação representada notadamente pela prescrição de que *a lei não prejudicará o direito adquirido, o ato jurídico perfeito e a coisa julgada* – Constituição Federal, artigo 5º, XXXVI), mas também a coerência do ordenamento jurídico, obtida por meio da estruturação hierárquica deste. O princípio da segurança jurídica impõe também a previsibilidade quanto ao conteúdo das normas jurídicas, serve à proteção e efetividade da igualdade e de todos os outros direitos fundamentais, assim como da confiança e da boa-fé.

A teoria de Luhmann sobre o nascimento e evolução do sistema jurídico elucida bem a relação entre segurança e este, na medida em que, para tal autor, o Direito é fruto essencialmente da necessidade de estabilização da expectativa que se tenha sobre a expectativa de outrem. É dizer, o surgimento do Direito tem como raiz a necessidade de instrumental que outorgasse previsibilidade quanto à ação de um terceiro diante de uma determinada situação, o que se acentuou ao se estabelecer a possibilidade de emprego da força física com vistas a assegurar a estabilidade do que se pode esperar da expectativa de alguém numa determinada situação. Por tal razão, o Direito teria como função justamente a estabilização disto que Luhmann denomina *expectativa normativa*. Ao lado da possibilidade de emprego da força física, de maneira regulada pelo próprio Direito, a institucionalização do sistema jurídico, com a regulação das fontes produtoras de normas jurídicas, deslocando-se a confiança sobre as pessoas para

ABERTURA COGNITIVA E PRINCÍPIOS CONSTITUCIONAIS TRIBUTÁRIOS

sobre o sistema (de expectativas cognitivas para expectativas normativas), tem-se mais uma vez a segurança jurídica como pano de fundo, ditando os rumos da evolução do Direito. Seria possível até afirmar-se a segurança jurídica constituir uma tautologia, na medida em que Direito e segurança andam juntos[193].

Acompanhando os comentários que tecemos acima, a segurança jurídica teve como características mínimas iniciais o requerimento de certeza, calculabilidade, previsibilidade e objetividade das relações privadas e com o Estado (públicas), evoluindo para uma garantia da propriedade, seguindo nos dias atuais como exigência de certeza, igualdade, justiça e proteção da confiança e da boa-fé e a todo o conjunto de direitos fundamentais, abrangendo a elaboração, a aplicação e a interpretação do Direito[194].

Constituem garantias essenciais, mediante as quais a segurança jurídica se concretiza, a repartição de poderes – em termos institucionais – e o seu controle jurisdicional, que abrange os instrumentos processuais para a defesa dos direitos fundamentais, tais como o mandado de segurança, o mandado de injunção, a ação declaratória de inconstitucionalidade das leis, e também os administrativos, representados pelos procedimentos e processos desta natureza[195].

No ordenamento brasileiro, tradicionalmente, depreende-se o princípio da segurança jurídica de normas explícitas e implícitas, veiculadas no preâmbulo e no *caput* do artigo 5º da Constituição e por meio de diversos outros princípios e direitos e garantias fundamentais, que não somente o da legalidade, mas também da irretroatividade da lei em relação à coisa julgada, o ato jurídico perfeito, direito de liberdade, direito de propriedade e tantos outros[196], sendo que, nos dias de hoje, por força da Emenda Constitucional n.º 45, de 30 de dezembro de 2004, o princípio da segurança

---

[193] ROCHA, Cármen Lúcia Antunes. O princípio da coisa julgada e o vício de inconstitucionalidade. In: ROCHA, Cármen Lúcia Antunes (Coord.), *Constituição e segurança jurídica – direito adquirido, ato jurídico perfeito e coisa julgada – estudos em homenagem a José Paulo Sepúlveda Pertence.* Belo Horizonte: Fórum, 2004, p. 168.

[194] NOVOA, César García. *El principio de seguridad jurídica en materia tributaria.* Madrid: Marcial Pons, 2000, pp. 27-29.

[195] LOBO TORRES, Ricardo. *"Tratado de direito constitucional financeiro e tributário – valores...",* cit., vol. II, p. 172.

[196] BORGES, José Souto Maior. Princípio da segurança jurídica na criação e aplicação do tributo. *Revista de direito tributário,* cit., p. 206.

TRIBUTAÇÃO E CONTABILIDADE

jurídica tornou-se explícito, conforme podemos observar do conteúdo do § 1º do artigo 103-A da Constituição Federal, ao estabelecer os requisitos da *súmula vinculante*.

A classificação de princípios que propusemos, dividindo estes em referentes à segurança jurídica e de justiça fiscal, não pode ser entendida como absoluta, tendo em vista os princípios que classificarmos numa ou noutra categoria se interpenetrarem, de modo que, por exemplo, o princípio da legalidade, apesar de seu acentuado traço de segurança, também constituir um instrumento de justiça, seja enquanto morada da isonomia, seja por predeterminar, em algumas matérias, o conteúdo de normas jurídicas individuais e concretas, sobretudo quando a fonte destas seja a administração pública, com vistas à concretização dos direitos fundamentais.

Heleno Tôrres[197], tratando da relação entre Estado de Direito e segurança jurídica, tece elucidativos comentários sobre a relação entre esta e a justiça:

> Sem negar a íntima conexão entre estes, porquanto toda a segurança jurídica formal reconduz-se aos elementos estruturais do Estado de Direito (tripartição de poderes, certeza da legalidade, irretroatividade, etc.), firma-se aqui o entendimento de que a Constituição de um Estado Democrático de Direito incorpora o princípio da segurança jurídica material, com força vinculante e autoaplicabilidade (*e.g.*, nosso art. 5º, parágrafo segundo, da CF), com funções de garantia de certeza jurídica, estabilidade sistêmica e confiança legítima tanto para proteção da previsibilidade da legalidade quanto para a concretização dos direitos fundamentais. Em vista disso, antes que simples derivação, a segurança jurídica transmuda-se em 'meio' de efetividade da justiça e de preservação do sistema constitucional, na sua integridade, especializando-se segundo os subsistemas de diferenciação, como é o caso do Sistema Constitucional Tributário, com efeitos inclusive contra a atuação dos órgãos do Estado ou suas competências.

Neste sentido, parece-nos ser aparente a eventual tensão entre o princípio da segurança jurídica e o valor justiça, porquanto, quando se afirma que, em determinadas situações, a segurança deve preponderar sobre a justiça, o que se quer dizer é que a segurança, haja vista as peculiaridades do caso concreto, passou a representar a própria justiça. Queremos dizer,

---

[197] TÔRRES, Heleno Taveira. *"Direito constitucional..."*, cit., p. 128.

seguraņa não é algo que se sobreponha à justiça, ou vice-versa, é a própria justiça[198].

3.4.1 Eficácia do princípio da segurança jurídica, mormente em matéria tributária – alguns apontamentos

A segurança jurídica, pelas características que vimos comentando, pode ser considerada um sobreprincípio, porquanto espraia seus efeitos por todo o ordenamento jurídico, desdobrando-se, inclusive, em outros tantos princípios, seja assegurando uma segurança formal, especialmente quanto às fontes de produção de normas gerais e abstratas, procedimento e produção de efeitos no tempo, ou uma segurança material, positiva ou negativa, isto é, requerendo a predeterminação do conteúdo de deveres e obrigações ou estabelecendo limites materiais para tanto[199].

Como primeiro apontamento da abrangência da segurança jurídica a que nos referimos acima, apesar de este princípio estar normalmente associado aos atos praticados pelos Poderes Legislativo e Executivo, também tem aplicabilidade junto ao Poder Judiciário, conforme bem ilustrado por Misabel Derzi[200], contrapondo o ordenamento jurídico brasileiro com o alemão e o suíço:

> No entanto, o Brasil tem a ordem positiva mais forte em segurança jurídica e em direitos e garantias dos contribuintes. Seria de se esperar que tivesse nascido, entre nós, com mais acento do que alhures, a construção científica (no sentido dogmático, de conformidade com o Direito vigente), dos princípios da irretroatividade, da responsabilidade pela confiança e da boa-fé em relação aos atos de todos os Poderes, mesmo o Poder Judiciário.

E completa esta mesma Professora[201], com a acuidade que lhe é característica: "As reviravoltas jurisprudenciais têm para o cidadão os mesmos efeitos que as modificações legislativas retroativas".

---

[198] COUTO E SILVA, Almiro do. Princípios da legalidade da administração pública e da segurança jurídica no estado de direito contemporâneo. *Revista de direito público*. São Paulo: RT, vol. 84, 1987, pp. 46-47.

[199] CARVALHO, Paulo de Barros. "*Curso...*", cit., p. 147.

[200] DERZI, Misabel Abreu Machado. *Modificações da jurisprudência no direito tributário*. São Paulo: Noeses, 2009, p. 320.

[201] DERZI, Misabel Abreu Machado. "*Modificações...*", cit., p. 382.

TRIBUTAÇÃO E CONTABILIDADE

Além disso, podemos identificar, no âmbito do Direito Privado, uma série de regulações que objetivam conferir segurança jurídica às pessoas em suas relações. Em sede de realização de atos e negócios jurídicos, podemos mencionar o princípio constitucional da autonomia privada, que outorga capacidade aos particulares para, mediante exercício da autonomia da vontade, estabelecer e regular suas relações, fundando direitos subjetivos sobre direitos disponíveis, sob tutela e garantia do Estado[202]. Podemos citar, ainda, as previsões veiculadas no Código Civil que determinam a força obrigatória dos contratos (*pacta sunt servanda*), proteção da boa-fé, proteção do equilíbrio contratual (assegurando, inclusive, proteção contra a imprevisibilidade, no caso de negócios comutativos), assim como as que estabelecem regimes jurídicos para negócios jurídicos (tipos contratuais, societários), regimes matrimoniais e sucessórios etc., tudo de alguma forma voltado à previsibilidade, certeza, igualdade, justiça e proteção da confiança e da boa-fé.

No Direito Público, seara em que o Estado mostra-se naturalmente como parte mais forte nas relações e do qual as pessoas em geral são notoriamente dependentes[203], são em sem número as manifestações da segurança jurídica, que vão desde a imposição do princípio da legalidade à administração pública, vedação de irretroatividade, até a obrigatoriedade de promoção dos direitos fundamentais, proteção da boa-fé dos administrados e estabelecimento de garantias institucionais e processuais com vistas a assegurar tais determinações.

As lições de Geraldo Ataliba permitem uma boa compreensão dos motivos das numerosas manifestações da segurança jurídica nas relações entre Estado e administrados[204]:

> Este conjunto harmônico de princípios é a fiel tradução do significado da segurança jurídica, que tem a sua justificação na circunstância de que não se compreenderia que os cidadãos se reunissem em república, para darem ao Estado a possibilidade de exercitar os poderes que deles mesmos recebeu, usando tais faculdades, instrumentos e meios deslealmente ou surpreendentemente relativamente aos próprios cidadãos.

---

[202] TÔRRES, Heleno Taveira. *Direito tributário e direito privado – autonomia privada, simulação, elusão tributária*. São Paulo: RT, 2003, p. 107.

[203] DERZI, Misabel Abreu Machado. "*Modificações...*", cit., pp. 396-397.

[204] ATALIBA, Geraldo. "*República...*", cit., p. 182.

ABERTURA COGNITIVA E PRINCÍPIOS CONSTITUCIONAIS TRIBUTÁRIOS

O Direito Tributário, ramo que cuida precipuamente da transferência compulsória de recursos em prol dos cofres públicos, em razão da ocorrência de um fato lícito previsto em lei, situação que afeta diretamente os direitos de propriedade e de liberdade das pessoas, ao lado do Direito Penal, talvez seja o mais pródigo dos ramos do Direito em matéria de manifestações da segurança jurídica.

Previsibilidade da ação estatal, tanto em relação à fonte de normas que regulem o assunto em causa e ao conteúdo destas, por meio do princípio da legalidade em suas acepções formal e material, quanto aos seus efeitos no tempo, vedando a retroação normativa, salvo se benéfica e em matéria de penalidades, e assegurando a não surpresa, ao determinar intervalos mínimos de tempo entre a introdução de normas que instituam ou majorem tributos no ordenamento e o termo inicial de sua vigência (princípio da anterioridade), todos estes são temas tratados analítica e expressamente pela Constituição, mormente em seu capítulo *Do Sistema Tributário Nacional*.

Mas os efeitos da segurança jurídica em matéria tributária não se restringem aos ora mencionados, merecendo destaque também a proteção da confiança e da boa-fé dos contribuintes frente à administração pública e a efetividade de outros direitos fundamentais, inclusive os mais afeitos à justiça tributária (isonomia, proteção do mínimo existencial, vedação ao confisco, outorga de tratamento diferenciado e favorecido para as microempresas e para as empresas de pequeno porte etc.)[205].

Todos esses desdobramentos da segurança jurídica em matéria tributária são garantidos por mecanismos institucionais e processuais gerais, assim como pela possibilidade de o sujeito passivo contestar exigências fiscais perante a administração pública, lhe assegurados o contraditório e a ampla defesa, e de provocá-la a manifestar seu posicionamento sobre a interpretação da legislação tributária (processo de consulta) e orientações sobre como proceder em sua rotina de cumprimento de obrigações principais e acessórias.

Sobre a proteção da confiança e da boa-fé do sujeito passivo de obrigações tributárias, 02 (dois) dispositivos do Código Tributário Nacional tratam com detalhes de tal desígnio constitucional, empregando, a nosso ver, excelente técnica, ao aplicá-lo também no âmbito de atos administrativos,

---

[205] TÔRRES, Heleno Taveira. *"Direito constitucional..."*, cit., pp. 34-35.

TRIBUTAÇÃO E CONTABILIDADE

afastando definitivamente a possibilidade de se entender que aquele somente teria como destinatário o legislador.

Primeiramente, ao tratar (Código Tributário Nacional, artigo 100, parágrafo único) dos efeitos do não pagamento de tributo ou pagamento em atraso em razão da observância do que sejam tratadas pelo Diploma em causa como *normas complementares à legislação tributária* (os atos normativos expedidos pelas autoridades administrativas, as decisões não definitivas dos órgãos singulares ou coletivos de jurisdição administrativa, a que a lei atribua eficácia normativa, as práticas reiteradamente observadas pelas autoridades administrativas, os convênios que entre si celebrem a União, os Estados, o Distrito Federal e os Municípios), na situação de a administração pública mudar seu entendimento.

Deveras, estabelece o Código Tributário Nacional, artigo 100, parágrafo único, que, se a observância destas normas, mesmo as que não vinculem diretamente as condutas dos sujeitos passivos (todas têm esta característica, exceto as decisões não definitivas proferidas em sede de processo administrativo quanto aos sujeitos passivos destinatários destas), resultar em não pagamento de tributo, por constituírem um "norte" aos sujeitos passivos sobre como proceder, caso a administração pública mude de orientação, de modo que o tributo passe a ser devido, fica afastada a configuração quer de mora, quer de infração.

Em segundo lugar, delimitando materialmente a competência para revisão de lançamento tributário[206], o Código Tributário Nacional, artigo 146, impõe que, tendo havido lançamento, se ulteriormente a administração pública passar a advogar entendimento diverso do que tenha sido adotado naquele e disso puder resultar aumento do valor do tributo ou caracterização de fatos jurídicos tributários até então inexistentes, o novo *critério jurídico* somente será aplicável a fatos ocorridos ulteriormente à mudança em causa. Note-se que, com relação ao fato jurídico tributário que tenha sido objeto do lançamento, a regulação ora tratada nada mais faz do que atender ao princípio da irretroatividade (também uma manifestação do princípio da segurança jurídica). Contudo, o campo de incidência de tal regulação não se restringe a isso, resguardando também dos efeitos do "novo entendimento" todos os fatos jurídicos tributários relacionados ao mesmo contribuinte, cuja materialidade guarde as mesmas características

[206] Código Tributário Nacional, artigo 149.

80

da do fato que tenha sido objeto de lançamento, ocorridos até a mudança em causa[207], o que representa uma proteção da confiança e da boa-fé em face da administração pública.

Para fins do presente trabalho, consoante fixamos linhas atrás, analisaremos 03 (três) princípios voltados à ação de tributar direta e intensamente relacionados ao da segurança jurídica, designadamente da legalidade, da anterioridade e da irretroatividade, sendo que, pelas questões que o cercam, conforme verificaremos, nos alongaremos mais no primeiro destes.

3.4.2 Princípio da legalidade
3.4.2.1 Aspectos gerais, preeminência de lei e acepção formal

A tributação é relacionada à ideia de "autoconsentimento" [208] muito antes mesmo da consagração da lei como instrumento maior representativo da soberania popular institucionalizada, ideia esta que se acentuou significativamente após a Independência dos Estados Unidos da América e a Revolução Francesa. Com a massificação da noção de que todo poder adviria do povo e a institucionalização deste, mediante a sua tripartição em funções executiva, legislativa e jurisdicional, a lei passou a ser concebida como instrumento representativo da vontade popular, que, enquanto soberana, é quem deveria criar os seus próprios direitos e obrigações, visando ao bem comum[209]. De uma forma ampla, caberia ao Poder Legislativo criar as bases para o estabelecimento de obrigações, ao Poder Executivo aplicá-la e ao Poder Judiciário dar eficácia à vontade do povo, aplicando a lei aos conflitos. Digno de nota neste sentido é o texto do artigo 1º, parágrafo único, da Constituição Federal, que assim prescreve: "Todo o poder emana do povo, que o exerce por meio de representantes eleitos ou diretamente, nos termos desta Constituição".

A matéria tributária, conforme afirmamos linhas atrás, é desde sempre problemática, o que bem se verifica pelo fato de ser secular a exigência de autorização para cobrança de tributos. No Brasil, os direitos de liberdade e propriedade são assegurados desde a Constituição do Império, o que fez com que desde este Diploma a regulação de questões penais e tributárias

---

[207] AMARO, Luciano. *"Direito tributário..."*, cit., p. 378.
[208] LOBO TORRES, Ricardo. *"Tratado de direito constitucional financeiro e tributário – valores..."*, cit., vol. II, pp. 402-403.
[209] ATALIBA, Geraldo. *"República..."*, cit., p. 125.

TRIBUTAÇÃO E CONTABILIDADE

fosse privativa de lei, o que se acentuou com o passar do tempo, sobretudo com a difusão do regime democrático[210].

A exigência de lei para o estabelecimento de obrigações, na forma do artigo 5º, II, da Constituição Federal, é aplicável, de igual modo, tanto para atos e negócios praticados sob regime privado quanto sob regime de Direito Público. Ou seja, de algum modo, a instauração de deveres e obrigações deve encontrar amparo legal, ao que se denomina ser esta uma exigência de cunho formal. É importante mencionarmos que a Constituição, neste aspecto, requer da lei que se atribua competência ou capacidade para a realização de atos ou negócios, sem exigir que o instrumento em causa estabeleça, predetermine o conteúdo destes[211].

No âmbito da administração pública, em primeiro lugar, devemos ressaltar que, independentemente de seus atos serem em benefício dos particulares ou resultarem em deveres e obrigações para estes, a preeminência de lei é sempre requerida (Constituição Federal, artigo 37), pois, consoante lição de Geraldo Ataliba[212]: "(...) o governo, como mero administrador, há de realizar a vontade do povo (...)".

Quando se tratar de criação de deveres, positivos ou negativos, isto é, de se fazer ou deixar de fazer algo (artigo 5º, II, da Constituição Federal), aí sim a atividade administrativa requer fundamento específico em lei, ainda que a vinculação daquela a esta não seja absoluta, de modo que reste ao agente público avaliar as condições de conveniência e oportunidade para a prática de atos (poder discricionário). Nesse sentido, mesmo na hipótese de criação de deveres aos administrados, a lei não precisa necessariamente prever as notas que darão lugar ao conteúdo do dever ou obrigação, podendo estabelecer unicamente limites a serem observados pelo agente administrativo no exercício de sua função. Nada impede que a lei reduza a margem de avaliação do agente público quanto às condições de conveniência e oportunidade da prática de ato, estabelecendo os critérios de decisão e eventualmente predeterminando aquilo que será o conteúdo

---

[210] "Na república democrática, a liberdade é compreendida como autodeterminação, ou seja, o indivíduo é submetido a um ordenamento jurídico que ele quer, porque partilha de sua criação". DERZI, Misabel de Abreu Machado. *"Direito..."*, cit., p. 116.

[211] XAVIER, Alberto. *Os princípios da legalidade e da tipicidade da tributação.* São Paulo: RT, 1978, p. 39.

[212] ATALIBA, Geraldo. *"República..."*, cit., p. 122.

ABERTURA COGNITIVA E PRINCÍPIOS CONSTITUCIONAIS TRIBUTÁRIOS

desse (*legalidade material*[213]), mas esta nem sempre é uma imposição constitucional. Caberá ao legislador, pois, aferir em que situações é cabível a simplificação da atividade administrativa, estabelecendo previamente o conteúdo do ato, e as que, nas palavras de Celso Antônio Bandeira de Mello[214], "(...) seja impossível reconhecer de maneira pacífica e incontrovertível qual a solução idônea para cumprir excelentemente a finalidade legal (...)", reservando à primeira um tratamento absolutamente vinculado à letra da lei e à outra uma esfera de liberdade quanto à conveniência e oportunidade do ato, *a fim de satisfazer no caso concreto a finalidade da lei*[215].

Alberto Xavier[216] resume bem as feições do princípio da legalidade em matéria administrativa, que nos serão úteis quando procedermos à análise desse princípio em matéria tributária:

> O Direito Administrativo brasileiro apenas parece exigir uma reserva de lei no que diga respeito à criação de deveres – de conteúdo positivo ou negativo, isto é, à 'obrigação de fazer ou deixar de fazer alguma coisa' a que se refere o § 2º do art. 153 da Constituição. Donde se pode inferir que também entre nós a atividade administrativa que não se traduza na criação de limites à liberdade pessoal ou patrimonial dos súditos apenas se encontra submetida à regra da preeminência da lei.

Seja na acepção formal, seja na de preeminência, a legalidade veicula valores de altíssima relevância, pois constitui expressão máxima da vontade popular, notadamente em regimes democráticos, e representa instrumento de maior expressão para o atendimento do princípio valor da segurança jurídica, o que nos permite afirmar que a exigência de lei fundamentando obrigações públicas ou privadas constitui um *princípio* na acepção *limite objetivo*, dotado de eficácia plena e aplicabilidade imediata e com função de bloqueio, utilizando-se da terminologia de Tércio Sampaio Ferraz

---

[213] Atentos às precisas lições de Misabel Derzi, preferimos denominar este princípio de *legalidade material*, ao invés de tipicidade, em razão de esta expressão vir sendo erroneamente associada à ideia de conceito determinado e fechado. Sobre o assunto, ver: DERZI, Misabel de Abreu Machado. *"Direito..."*, cit., pp. 125-127.

[214] BANDEIRA DE MELLO, Celso Antônio. *"Curso..."*, cit., p. 551.

[215] BANDEIRA DE MELLO, Celso Antônio. *"Curso..."*, cit., p. 548.

[216] XAVIER, Alberto. *"Os princípios..."*, cit., p. 16.

Júnior[217], o qual, para o desempenho pleno de seu mister, requer que a lei seja abstrata, isonômica, impessoal, genérica e irretroativa, na hipótese de criar ou agravar ônus ou encargos[218].

Em matéria tributária, no que diga respeito à instituição e majoração de tributos, o princípio da legalidade, que é tratado também no artigo 150, I, da Constituição, vigora não só na *acepção formal* e enquanto requerimento de *preeminência da lei*, mas também numa *acepção material*, conforme analisaremos com maior acuidade no tópico abaixo.

3.4.2.2 Acepção material

A Constituição brasileira, já dissemos anteriormente, num nítido processo de evolução histórica, incorporou ao seu texto inúmeros direitos fundamentais dos cidadãos, sobretudo, e não somente, os de previsibilidade quanto à ação estatal e de proteção da liberdade, da propriedade e da família, os quais limitam o fenômeno da tributação em todas as suas fases, conforme podemos verificar mediante análise dos dispositivos constantes do capítulo *Do Sistema Tributário Nacional, Título Tributação e Orçamento*.

Ao lado disso, conforme já escrevemos em outra oportunidade[219], conquanto coexistam na federação competências partilhadas entre ordens jurídicas parciais, estas são caracterizadas pela incomunicabilidade das áreas respectivas, de tal sorte que, a rigor, a outorga de competência tributária a uma ou outra pessoa política inibe, por conseguinte, o exercício, por outra, da nomeação àquela atribuída, salvo nos casos expressamente indicados no próprio texto constitucional. Portanto, são exclusivas[220], via de regra[221], as competências tributárias.

---

[217] FERRAZ JÚNIOR, Tércio Sampaio. Aplicação e interpretação das normas constitucionais. In: *"Interpretação..."*, cit., p. 17.

[218] ATALIBA, Geraldo. *"República..."*, cit., p. 123.

[219] NUNES, Renato. *"Imposto..."*, cit., pp. 75 e seguintes.

[220] SILVA, José Afonso da. *Curso de direito constitucional positivo*, 30ª ed. São Paulo: Malheiros, 2008, p. 496.

[221] Dizemos *via de regra*, pois esse não pode ser um atributo considerado universal, ao menos quanto às materialidades dos impostos, pois somente a competência tributária da União é absolutamente exclusiva, haja vista a Constituição Federal, artigo 154, II, outorgar à União competência para instituir essa espécie de exação, inclusive sobre materialidades reservadas às outras pessoas políticas, na iminência ou no caso de guerra externa. Sobre o assunto, ver: CARVALHO, Paulo de Barros. *"Curso..."*, cit., p. 217.

ABERTURA COGNITIVA E PRINCÍPIOS CONSTITUCIONAIS TRIBUTÁRIOS

Quer em função da forma do Estado Brasileiro, quer porque a Constituição incorporou uma série de direitos fundamentais em seu texto, que definem como e em que medida pode dar-se o exercício da competência tributária, em matéria de instituição ou majoração de tributos, o princípio da legalidade, tal qual previsto no artigo 150, I, da Constituição Federal, também vigora sob uma acepção material, que requer que as notas mínimas necessárias à identificação do fato jurídico tributário (fato gerador), ao nascimento da obrigação tributária e à constituição do crédito tributário, sejam veiculadas por lei.

Queremos dizer, em razão de a pessoa ter o direito de conhecer, com antecedência e máximo de segurança que seja possível, os fatos que poderão dar origem à obrigação de pagar tributo, em virtude de a tributação afetar o seu patrimônio (propriedade) e a sua liberdade, e da circunstância de que, a rigor, um determinado fato jurídico tributário somente pode ser tributado por uma única pessoa política, a norma geral e abstrata veiculada por lei deve predeterminar o conteúdo de eventuais normas individuais e concretas instituidoras de obrigações tributárias, não detendo, a autoridade administrativa, "(...) o poder de decidir, no caso concreto, se o tributo é devido ou quanto é devido (...)", na lição de Luciano Amaro[222].

Mesmo nas aparentes hipóteses de "relativização" da legalidade, em que é autorizado ao Chefe do Poder Executivo reduzir ou aumentar as alíquotas dos impostos previstos no artigo 153, I, II, IV e V, da Constituição Federal e da CIDE Combustíveis prevista em seu artigo 177, este mesmo Diploma, por meio de seu artigo 153, § 1º, determina que os limites em que as alíquotas possam ser alteradas sejam estabelecidos em lei[223].

O princípio da legalidade material, ao estabelecer que a lei deve prever as informações mínimas para a identificação do fato jurídico tributário, nascimento da obrigação tributária e constituição do crédito tributário, predeterminando, pois, o conteúdo da norma individual e concreta que veicule a obrigação tributária e o respectivo crédito, tem como desdobra-

---

[222] AMARO, Luciano. *"Direito tributário..."*, cit., p. 134.

[223] Apesar de não constar expressamente previsão de competência outorgada ao Chefe do Poder Executivo pelo artigo 177, § 4º, I, "b", da Constituição Federal (introduzido pela Emenda Constitucional n.º 33, de 11 de dezembro de 2001 – para majorar ou reduzir a alíquota da Contribuição de Intervenção no Domínio Econômico relativa à importação e comercialização de combustíveis – "CIDE Combustíveis"), entendemos que o exercício de tal competência está condicionada à previsão em lei de limites de alíquotas.

TRIBUTAÇÃO E CONTABILIDADE

mento o condicionamento do nascimento de tal obrigação a que as notas do fato jurídico tributário correspondam fielmente às notas previstas na hipótese da norma geral e abstrata de incidência tributária (subsunção do fato à hipótese da norma). De igual forma, as notas da obrigação tributária e respectivo crédito deverão estar em estrita consonância com as notas previstas na tese da norma geral e abstrata, o que acaba impedindo o emprego da *analogia* nesta seara, conforme didaticamente prescrito pelo Código Tributário Nacional, artigo 108, § 1º.

Sem prejuízo das considerações acima, fato é que a constatação de que a linguagem é o meio de existência do ordenamento jurídico representou um enorme avanço à hermenêutica jurídica, mas cercou de incertezas os destinatários e aplicadores do Direito, porquanto, sem contar a vaguidade e ambiguidade que lhe são inerentes, os conteúdos de significação são depreendidos pelos intérpretes[224], cabendo a última palavra ao Poder Judiciário[225], o que evidencia que a segurança jurídica não tem o caráter absoluto[226] que tantas vezes a sociedade anseia. É impossível, portanto, "fechar" absolutamente os conceitos empregados pela norma de incidência tributária[227], pois, conforme bem lecionam Klaus Tipke e Joachim Lang[228]: "Um Direito Tributário que até mesmo ao leigo possibilite 'calcular de antemão' sua carga tributária não é 'factível', nem existe em parte alguma do mundo. Um nível maior ou menor de abstração é inevitável".

Por fim, cabe-nos destacar que, além da impossibilidade de se especificar com absoluta precisão os conceitos utilizados pelas normas de incidência tributária, conforme nos ensina Regina Helena Costa[229], baseada

---

[224] "É o ser humano que, em contacto com as manifestações expressas do direito positivo, vai produzindo as respectivas significações". CARVALHO, Paulo de Barros. *"Direito tributário..."*, cit., p. 69.

[225] FERRAZ JÚNIOR, Tércio Sampaio. *"Introdução..."*, cit., p. 261.

[226] WARAT, Luis Alberto. *Ob. cit*, p. 95.

[227] "Do princípio da tipicidade não emana, como imagina o positivismo ingênuo, a possibilidade do total fechamento das normas tributárias e da adoção de enumerações casuísticas e exaustivas dos fatos geradores. A norma de Direito Tributário não pode deixar de conter alguma indeterminação e imprecisão, posto que se utiliza também das cláusulas gerais e dos tipos, que são abertos por definição". LOBO TORRES, Ricardo. *Curso de direito financeiro e tributário*, 7ª ed. Rio de Janeiro: Renovar, 2000, p. 141.

[228] TIPKE, Klaus; LANG, Joachim. *Direito tributário*. Porto Alegre: Sergio Antonio Fabris, 2008, p. 246.

[229] COSTA, Regina Helena. *"Praticabilidade..."*, cit., p. 144.

nas lições de Casalta Nabais, atualmente vem diminuindo o rigor com o qual a doutrina enxerga tal exigência, posto que tornaria impraticável a aplicação da lei.

3.4.2.2.1 Legalidade material e lei complementar

Conforme já anotamos em outra oportunidade[230], a análise do regime jurídico da lei complementar em matéria tributária é um tema de extrema complexidade, antes de mais nada, em razão de esta ter mais de uma função em tal seara do Direito. O tema é de dificílimo trato, como bem registrou Sacha Calmon[231], face à estrutura do Estado Brasileiro, em que há três espécies de pessoas políticas, cada qual, obviamente, autônoma política e financeiramente, e ao fato de a Constituição, ao mesmo tempo, prever uma série de matérias a serem cuidadas pela União, em âmbito nacional.

A lei complementar caracteriza-se por possuir pressupostos materiais e formais diversos dos demais veículos introdutores de normas no ordenamento jurídico[232]. Pressupostos materiais (competência), pois lhe cabe regular apenas matérias delimitadas previamente pela Constituição. Pressupostos formais, à medida que deve ser observado *quorum* específico para sua aprovação (Constituição Federal, artigo 69).

Como função precípua, à lei complementar compete integrar e conter a eficácia de dispositivos constitucionais – lei complementar nacional. Mas além dessa função, serve a lei complementar de instrumento para o exercício de competências da União – lei complementar federal[233] –, o que não corresponde à integração ou contenção de eficácia de dispositivos constitucionais (instituição de empréstimo compulsório, por exemplo – Constituição Federal, artigo 148).

É conhecida a divergência na doutrina brasileira (já histórica, podemos dizer), que, no tocante à função integrativa da lei complementar tributária, mais especificamente quanto à veiculação de normas gerais de direito tributário, nos termos do artigo 146 da Constituição Federal, se divide basicamente em 02 (duas) correntes. Uma primeira, denominada

---

[230] NUNES, Renato. *"Imposto..."*, cit., pp. 81-82.

[231] COÊLHO, Sacha Calmon Navarro. *"Comentários..."*, cit., p. 67.

[232] BORGES, José Souto Maior. *"Lei..."*, cit., p. 54.

[233] Por determinação constitucional, possui o Congresso Nacional três funções: i) constituinte derivado; ii) legislador nacional; iii) legislador federal.

TRIBUTAÇÃO E CONTABILIDADE

dicotômica[234], para a qual as normas veiculadas por lei complementar somente têm caráter nacional – isto é, União, Estados e Municípios como destinatários de seus comandos – quando disponham sobre conflitos de competência ou quando regulem limitações constitucionais ao poder de tributar. Para uma segunda, denominada tricotômica[235], as normas gerais têm função integrativa, pouco importando se isso diga respeito ou não, quer a conflitos de competência, quer a limitações constitucionais ao poder de tributar, defendendo-se, nesta, uma necessidade de harmonia de definição das matérias atinentes à instituição, arrecadação e fiscalização dos tributos, sob pena de instauração do caos.

Conforme já concluímos em outra oportunidade[236], se é certo ser necessário atribuir aos dispositivos constitucionais um mínimo significado normativo, por outro lado, nunca pode se perder de vista o pacto federativo na interpretação das prerrogativas das normas gerais de direito tributário.

A Constituição brasileira, em matéria tributária, assegura o pacto federativo e também a previsibilidade quanto à ação estatal, seja quanto ao conteúdo das normas – instituição de tributos –, ou no que tange ao procedimento de concretização do Direito Tributário (fiscalização e arrecadação)[237].

No caso específico das normas atinentes ao conteúdo de normas instituidoras de tributos, à lei complementar que oriente essa atividade mediante a definição de tributo e suas espécies não é permitido qualificar particularizadamente específicas situações com exclusões de outras; ou que se afaste dos aspectos fundamentais ou básicos, descendo a pormenores ou detalhes e que impliquem interferências nas competências alheias[238]. Apesar disso, fato é que a lei complementar exerce um papel relevantíssimo, eis que contribui com subsídios para uma maior efetividade do *princípio*

---

[234] Liderada por Geraldo Ataliba. Ver, dentre outros: ATALIBA, Geraldo. Lei complementar em matéria tributária. *Revista de direito tributário*. São Paulo: Malheiros, vol. 48, 1989, p. 84-106.

[235] Ver, dentre outros: ULHÔA CANTO, Gilberto de. Lei complementar tributária. *Caderno de pesquisas tributárias*. São Paulo: Resenha Tributária, 1990, pp.7-8.

[236] NUNES, Renato. "*Imposto...*", cit., p. 85.

[237] FERRAZ JÚNIOR, Tércio Sampaio. Segurança jurídica – normas gerais tributárias. *Revista de direito tributário*. São Paulo: RT, vol. 17-18, 1981, p. 52.

[238] TÔRRES, Heleno Taveira. Código tributário nacional: teoria da codificação, funções das leis complementares e posição hierárquica no sistema. *Revista dialética de direito tributário*. São Paulo: Dialética, vol. 71, 2001, p. 98.

da legalidade material, quando da instituição de tributos, elegendo critério para prevenir conflitos de competência entre pessoas políticas da mesma natureza (conflitos entre Municípios ou conflitos entre Estados) dentre as opções determinadas no texto constitucional ou aclarando eventuais *zonas cinzentas* entre materialidades intituladas por pessoas políticas de natureza diversa (conflitos entre União e Estados, por exemplo).

3.4.2.3 Competência regulamentar

Nada obstante as construções teóricas contemporâneas, cujo propósito evidente é atenuar a rigidez da noção original do princípio da legalidade em matéria administrativa, mesmo nesta continua válida a concepção tradicional de que é vedada a delegação de funções de um Poder a outro fora das hipóteses constitucionais, como se observa do Ato das Disposições Constitucionais Transitórias ("ADCT"), artigo 25. A tripartição de poderes corresponde à forma institucionalizada da soberania, conforme estabelecido no artigo 2º da Constituição Federal. O poder é exercido por "delegação" do soberano (povo), portanto, segundo nos ensina Carlos Velloso[239]: "(...) quem age por delegação não pode delegar o que não lhe pertence (...)". Trata-se de exigência básica da separação de poderes, que um Poder não concentre competências – as suas próprias e mais as que eventualmente receba de outro Poder –, salvo nas hipóteses expressamente previstas pela Constituição, dentre as quais se destacam a previsão de lei delegada – de possibilidades restritas, diga-se, de acordo com o artigo 68 da Constituição Federal – e a possibilidade de o Presidente da República, mediante decreto, aumentar ou reduzir as alíquotas do Imposto de Importação, Imposto de Exportação, Imposto sobre Produtos Industrializados ("IPI"), Imposto sobre Operações de Crédito, Câmbio, Seguro e relativas a Títulos ou Valores Mobiliários ("IOF") e da CIDE Combustíveis, dentro de limites estabelecidos em lei, conforme mencionamos anteriormente.

A nosso ver, é vedado ao Presidente da República e aos Ministros de Estado, assim como aos chefes dos poderes executivos das outras pessoas políticas e respectivos secretários, inovar em matéria de criação de direitos e obrigações sem o devido amparo legal, pois, conforme as lições de

---

[239] VELLOSO, Carlos Mario da Silva. Delegação legislativa – a legislação por associações. *Revista de direito público.* São Paulo: RT, vol. 90, 1989, p. 180.

TRIBUTAÇÃO E CONTABILIDADE

Geraldo Ataliba[240]: "Não tolera a nossa Constituição, em princípio, que o Executivo exerça qualquer tipo de competência normativa inaugural, nem mesmo em matéria administrativa".

Nestes termos, a competência regulamentar do Presidente da República e dos Ministros de Estado, prevista pelo artigo 84, IV, e pelo artigo 87, parágrafo único, II, da Constituição Federal, para garantir a fiel execução das leis e dos regulamentos, respectivamente, tem por função primordial regular a aplicação das leis quando isto compita à administração pública.

Já assinalamos anteriormente que todo ato que interfira com os direitos de liberdade e propriedade das pessoas depende de prévia lei dispondo sobre o assunto. Entendemos que a lei, neste particular, salvo quando a Constituição impuser também observância ao *princípio da legalidade material*, tal como o faz em matéria tributária, não precisa necessariamente predeterminar taxativamente o conteúdo do regulamento administrativo, mesmo porque o contrário equivaleria a esvaziar[241] quase que por completo o conteúdo do comando veiculado pelo artigo 84, IV, da Constituição Federal. Em nosso pensar, o *princípio da legalidade formal* impõe que a lei fixe diretrizes e parâmetros claros e obrigatórios ("standards") à atuação administrativa[242], sendo possível, pois, que o regulamento estabeleça concretamente deveres e obrigações aos administrados dentro dos limites (diretrizes e parâmetros) veiculados pela lei regulamentada, não sendo limitado, o seu âmbito de incidência, à conduta dos agentes públicos[243].

Em matéria tributária, não difere as características da competência regulamentar a que aludimos acima, ao menos quanto às atividades de fiscalização e cobrança de tributos. Queremos dizer, quanto a estas não incide o princípio da legalidade material, bastando que o legislador fixe as diretrizes e os parâmetros aplicáveis, podendo, por exemplo, haver a

[240] ATALIBA, Geraldo. *"República..."*, cit., p.133.

[241] "Aliás, o argumento de mera reiteração dos termos da lei conduz à inutilidade da regra constitucional. Excluindo-se a possibilidade de o regulamento produzir qualquer inovação em face da lei, o resultado seria sua inutilidade". JUSTEN FILHO, Marçal. *"Curso..."*, cit., p. 147.

[242] BARROSO, Luís Roberto. O novo direito constitucional e a constitucionalização do direito. In: *"Temas..."*, cit., t. I, pp. 165 e seguintes.

[243] Ousamos divergir, neste ponto, das opiniões de Geraldo Ataliba e Celso Antônio Bandeira de Mello, para quem os regulamentos devem referir-se exclusivamente à conduta dos agentes públicos, seja determinando os ditames burocráticos para tanto, seja uniformizando-a. Sobre o assunto, ver: ATALIBA, Geraldo. *"República..."*, cit., pp.135 e seguintes; BANDEIRA DE MELLO, Celso Antônio. *"Curso..."*, cit., p. 191.

instituição de obrigações acessórias por meio de ato infralegal[244]. Aliás, neste tocante, o Código Tributário Nacional, artigo 113, § 2º, confirma tal assertiva[245], ao prever didaticamente que a *obrigação acessória decorre da legislação tributária*, cujo conceito, na forma do artigo 96 desse mesmo Diploma, *compreende as leis, os tratados e as convenções internacionais, os decretos e as normas complementares que versem, no todo ou em parte, sobre tributos e relações jurídicas a eles pertinentes.*

Por outro lado, no que diga respeito à incidência tributária propriamente dita, o conteúdo da norma tributária individual e concreta deve corresponder estritamente ao quanto previsto na norma geral e abstrata, por força do *princípio da legalidade material*; aí sim é terminantemente vedado, em sede de regulamentação, inovar. Se, por exemplo, a lei não veicula uma informação essencial à incidência tributária (alíquota, por exemplo), não se pode fazê-lo mediante regulamento. Neste aspecto, estamos com Celso Antônio Bandeira de Mello[246], isto é, de que cabe ao regulamento "(...) decompor analiticamente o conteúdo de conceitos sintéticos, mediante simples discriminação integral do que neles se contém", reduzindo o grau de generalidade e abstração da regra-matriz de incidência tributária, e tornar público e uniforme o entendimento da administração a respeito do conteúdo desta. Em tal situação, o destinatário das normas veiculadas pelo regulamento serão unicamente os integrantes da administração pública, cujo conteúdo repercutirá efeitos junto aos sujeitos passivos somente de forma indireta[247]. Queremos dizer, as normas regulamentares, neste aspecto, não vinculam outras pessoas que não os membros da administração pública, nada obstante, segundo Klaus Tipke e Joachim Lang, o fato de que tais normas "(...) formam faticamente, em verdade, uma base de confiança para os sujeitos passivos e seus consultores"[248].

---

[244] "A lei cria os deveres acessórios, em seus contornos básicos, e remete ao regulamento a pormenorização de tais deveres. Mas eles são e devem estar plasmados, modelados e informados na própria lei". DERZI, Misabel de Abreu Machado. In: BALEEIRO, Aliomar, *Direito tributário brasileiro*, 7ª ed. Rio de Janeiro: Forense, 2003, pp. 709-710 – grifamos.

[245] MACHADO, Hugo de Brito. Obrigação tributária acessória e abuso do poder-dever de fiscalizar. *Revista dialética de direito tributário*. São Paulo: Dialética, vol. 96, 2003, pp. 61-67.

[246] BANDEIRA DE MELLO, Celso Antônio. *"Curso..."*, cit., p. 204.

[247] CARRAZZA, Roque Antonio. *Ob. cit.*, pp. 397-398.

[248] TIPKE, Klaus; LANG, Joachim. *Ob. cit.*, pp. 257-258.

TRIBUTAÇÃO E CONTABILIDADE

3.4.3 Princípio da anterioridade

Para fins do presente trabalho, cujo objeto é a análise da relação entre os sistemas jurídico e contábil, parece-nos salutar tecermos comentários, mesmo que breves, acerca de 02 (dois) outros princípios constitucionais, designadamente da anterioridade e da irretroatividade, que, juntamente com o da legalidade, constituem uma fundamental tríade assecuratória da segurança jurídica.

Determina a Constituição, como regra geral, os tributos não poderem ser cobrados no mesmo exercício no qual houver sido instituídos ou majorados, nem antes de noventa dias da publicação da respectiva lei, de modo a evitar "surpresas" aos contribuintes. Para esta última prescrição (anterioridade nonagesimal), entendemos que, editada a lei antes do fim do exercício financeiro, isto já é suficiente, contando-se os noventa dias do momento da publicação, mesmo que ingressando no exercício seguinte. Significa dizer que o início de vigência (força para produzir efeitos, isto é, regular condutas intersubjetivas) de uma norma que institua ou aumente um tributo dá-se somente após cumprido o requisito de ordem temporal em causa.

O ordenamento jurídico brasileiro contempla, atualmente, quatro regimes de vigência para as leis tributárias que instituam ou majorem tributos: (i) regime geral para todos os tributos, inclusive a Contribuição de Iluminação Pública, salvo as exceções adiante referidas (Constituição Federal, artigo 150, III, "b" e "c"); (ii) não se sujeitam quer à anterioridade, quer ao prazo nonagesimal – Empréstimo Compulsório Extraordinário (Constituição Federal, artigo 148, I), Impostos de Importação, Exportação, IOF (Constituição Federal, artigo 153, I, II e V) e impostos extraordinários (Constituição Federal, artigo 154, II); (iii) aplica-se apenas a anterioridade sem o prazo nonagesimal – IR e a fixação da base de cálculo dos impostos previstos nos artigos 155, III, e 156, I, da Constituição Federal (Imposto sobre a Propriedade de Veículos Automotores – "IPVA" – e IPTU); (iv) aplica-se apenas o prazo nonagesimal – IPI, Contribuições do artigo 195 da Constituição Federal e CIDE *Combustíveis* regulada pelo seu artigo 177, § 4º.

3.4.4 Princípio da irretroatividade

É princípio presente nos ordenamentos jurídicos em geral – enquanto resultado do primado da segurança jurídica – de que uma norma geral e abstrata, pouco importando seu veículo introdutor (emenda constitucional, lei, decreto etc.), incide somente sobre fatos ocorridos após seu termo inicial de vigência, o que não é diferente no Direito brasileiro[249], consoante o artigo 5º, XXXVI, da Constituição Federal. Em matéria tributária, há determinação constitucional específica regulando a matéria, estabelecendo ser vedado à União, aos Estados, ao Distrito Federal e aos Municípios cobrar tributos em relação a fatos jurídicos tributários (fatos geradores) ocorridos antes do início da vigência da lei que os houver instituído ou aumentado (artigo 150, III, "a", da Constituição Federal), limite objetivo este denominado *princípio da irretroatividade*.

O princípio da irretroatividade também é tratado de forma bastante apropriada pelo Código Tributário Nacional, artigo 144, que estabelece didaticamente, quanto à constituição de créditos tributários, que o *lançamento reporta-se à data da ocorrência do fato gerador da obrigação e rege-se pela lei então vigente, ainda que posteriormente modificada ou revogada.*

Os princípios da anterioridade e irretroatividade, aliados ao da legalidade, contribuem decisivamente com a segurança jurídica, aumentando o grau da previsibilidade com relação às possibilidades e limites da tributação, porquanto estabelecem quais os focos ejetores de normas de incidência tributária, o momento de seu início de vigência e que fatos a estas subsumir-se-ão.

3.4.5 Medidas provisórias em matéria tributária

Medidas provisórias são veículos introdutores de normas jurídicas que têm a mesma força das introduzidas por meio de lei, cuja competência de edição é exclusiva do Presidente da República e condicionada a que seja urgente e relevante a regulação da matéria objeto, nos termos do artigo 62 da Constituição Federal. A validade da medida provisória está sujeita a uma condição resolutiva, consistente na sua não aprovação pelo Congresso Nacional no prazo de até 60 (sessenta) dias[250], prorrogáveis por igual período. Queremos dizer, na hipótese de a medida provisória

---

[249] Tal como esse princípio, também é disposição presente nos ordenamentos em geral, sobretudo em matéria criminal, de a norma geral abstrata poder retroagir quando estabeleça tratamento mais brando ao infrator da norma. A Constituição Federal prevê expressamente tal hipótese, determinando que "a lei penal não retroagirá, salvo para beneficiar o réu" (art. 5º, XL, da CF), o que é didaticamente previsto pelo Código Tributário Nacional, artigo 106.

[250] Prazo este que fica suspenso durante os períodos de recesso do Congresso Nacional, nos termos do artigo 62, § 4º, da Constituição Federal.

TRIBUTAÇÃO E CONTABILIDADE

não ser aprovada pelo Congresso Nacional dentro do prazo em causa, esta perderá sua validade, com efeitos retroativos, desde a sua edição, situação em que o Congresso Nacional deverá disciplinar, por decreto legislativo, as relações jurídicas delas decorrentes, tudo de acordo com o artigo 62, § 3º, da Constituição Federal.

A medida provisória, cuja previsão constitucional teve por motivação assegurar que regulações urgentes e relevantes pudessem ser efetuadas sem submeter-se ao rígido (e normalmente lento) procedimento de propositura e aprovação de leis, sem que isso constituísse ofensa à tripartição de poderes, representada notadamente pelo princípio da legalidade, porquanto em lei deve ser convertida segundo os prazos previstos constitucionalmente, foi uma solução[251] concebida em substituição aos antigos "decretos-leis", cuja competência de edição também era do Presidente da República, mas que, na hipótese de não apreciação pelo Congresso, eram considerados aprovados[252].

Fato é que, desde que entrou em vigor a Constituição Federal de 1988, o Poder Executivo (com todos os seus chefes) sempre deturpou o instituto, utilizando-o com intensidade maior do que se fazia com os "decretos-leis". As medidas provisórias raramente eram convertidas em lei, mas simplesmente reeditadas, conforme relata Roque Carrazza[253]. Com isso, o que se tinha eram medidas provisórias com mais de 50 reedições, numa nítida afronta aos requisitos constitucionais estabelecidos para tanto (relevância e urgência), à tripartição de poderes e ao princípio da legalidade[254].

As medidas provisórias, desde a autorização para sua edição, sempre foram utilizadas pelo Poder Executivo em matéria tributária, inclusive para criar e majorar tributos, o que foi e continua sendo duramente criticado

[251] COÊLHO, Sacha Calmon Navarro. *"Comentários..."*, cit., pp. 220 e seguintes.

[252] Artigo 55, § 1º, da Constituição Federal de 1967, com a Emenda Constitucional n.º 01, de 17 de outubro de 1969.

[253] CARRAZZA, Roque Antonio. *Ob. cit.*, p. 294.

[254] O Supremo Tribunal Federal, instado por diversas vezes a se pronunciar sobre o tema, terminou firmando entendimento não somente de que medida provisória poderia instituir ou majorar tributo, mas também de que a avaliação de cumprimento, ou não, dos requisitos de relevância e urgência eram de competência exclusiva do Presidente da República, de tal sorte que o Poder Judiciário não poderia decidir sobre a legitimidade da avaliação presidencial, o que teve como desdobramento a validação do procedimento de sucessivas reedições de medidas provisórias. Ver, dentre outros: ADI n.º 1667 MC/DF, Tribunal Pleno, rel. Min. Ilmar Galvão, julgamento em 25.09.1997, publicado no DJ de 21.11.1997.

pela doutrina brasileira[255], tendo em vista a absoluta incompatibilidade das condições que devem ser preenchidas para a sua edição (relevância e urgência) com o caráter de previsibilidade da tributação, firmemente estabelecido pela própria Constituição, não só ao determinar que a instituição de tributos deve dar-se mediante lei, mas sobretudo por condicionar o início de vigência de norma que institua ou majore tributo ao princípio da anterioridade[256]. Para situações de relevância e urgência, a Constituição já teria previsto instrumentos para atender às necessidades decorrentes destas, quais sejam, a dispensa de observância do princípio da anterioridade, na forma que mencionamos linhas atrás, razão pela qual somente nesta situação (com exceção do empréstimo compulsório, cuja criação deve dar-se por lei complementar, nos termos do artigo 148 da Constituição Federal) seria aceitável a utilização de medidas provisórias.

As duras críticas da doutrina e da sociedade à utilização desenfreada de medidas provisórias para a instituição e majoração de toda sorte de tributos federais resultaram na Emenda Constitucional n.º 32, de 11 de setembro de 2001, que efetuou uma série de alterações e inclusões no artigo 62 da Constituição Federal, dentre as quais se destacam o aumento do prazo para a conversão das medidas provisórias em lei de 30 (trinta) para 60 (sessenta) dias, a vedação expressa à reedição e a inclusão de uma série de matérias que não podem ser objeto destes instrumentos. Ao lado de tais restrições, foi introduzido um parágrafo no mencionado artigo 62, autorizando expressamente a utilização de medida provisória para a instituição ou majoração de impostos, estabelecendo que esta, exceto quanto ao Imposto de Importação, Imposto de Exportação, IPI, IOF e Impostos Extraordinários, só produzirá efeitos no exercício financeiro seguinte se houver sido convertida em lei até o último dia daquele em que foi editada.

Apesar de a Constituição, atualmente, prever expressamente a possibilidade de instituição ou majoração de tributos por meio de medidas

---

[255] Ver, dentre outros: ATALIBA, Geraldo. *"República..."*, cit., p. 128; CARRAZZA, Roque Antonio. *Ob. cit.*, p. 297.

[256] É possível que o Supremo Tribunal Federal venha a mudar seu entendimento acerca da competência para avaliação da presença dos requisitos de relevância e urgência para edição de medidas provisórias em matéria tributária, pois tal Tribunal julgou – em sede cautelar – que não seria urgente a edição de medida provisória com vistas a se alterar a lei orçamentária, pela ausência daqueles requisitos. Ver: ADI 4049 MC/DF, Tribunal Pleno, rel. Min. Carlos Britto, julgado em 05.11.2008, publicado no DJe de 08.05.2009.

TRIBUTAÇÃO E CONTABILIDADE

provisórias, entendemos que, por força da própria previsão constitucional, isto somente se restringe a impostos[257], pois cuida-se da solução que representa exceção menos gravosa à previsibilidade (direito fundamental dos contribuintes) requerida pela Constituição nessa matéria, fazendo uso, aqui, do que Humberto Ávila denomina *postulado da proporcionalidade*[258].

3.5 Princípios relacionados à segurança jurídica, abertura cognitiva do sistema jurídico e acoplamento estrutural

Voltando às temáticas da abertura cognitiva do sistema jurídica face ao seu ambiente e dos acoplamentos estruturais com outros sistemas, pudemos verificar ao longo da exposição acima que, seja mediante constituição de fatos representativos de fatos verificados no ambiente, seja mediante irritação, isto se dá sempre na forma e limites estabelecidos pelos princípios constitucionais.

Dos comentários que tecemos acima sobre o princípio da legalidade, verificamos que a lei é o instrumento mediante o qual o sistema jurídico reage a irritações ao ambiente e o "filtro" por excelência de fatos ocorridos neste, especialmente em matéria de instituição e majoração de tributos. Neste tocante, tal papel é exercido também pela lei complementar, ao veicular normas gerais de direito tributário, tendentes a esclarecer o conteúdo da discriminação de competências efetuada pela Constituição, com vistas a evitar conflitos entre pessoas políticas e assegurar uma maior certeza acerca dos conteúdos das normas constitucionais.

Em matéria de instituição ou majoração de tributos, no sistema jurídico brasileiro, a irritação deste que tenha como resultado um destes 02 (dois) fenômenos deve dar-se por lei, não cabendo, a rigor, que isso se dê por ato infralegal, notadamente, decreto do Chefe do Poder Executivo.

Além disso, a constituição, pelo sistema jurídico, de fatos que tenham correspondência no ambiente e que correspondam a fatos jurídicos tributários somente pode ocorrer segundo as notas previstas em normas gerais e abstratas veiculadas por lei, observando-se, além disso, o quanto dispõem os princípios da anterioridade e da irretroatividade.

---

[257] Mesmo a Constituição impondo, desde setembro de 2001, tal restrição, fato é que o Supremo Tribunal Federal continua entendendo que a instituição ou majoração de qualquer tributo federal – não somente impostos – pode ser efetuada por medida provisória.
[258] ÁVILA, Humberto. *"Teoria..."*, cit., pp. 148 e seguintes.

Finalmente, é possível que a abertura cognitiva do sistema jurídico relacionada à instituição e majoração de tributos dê-se por meio e nos termos de medida provisória, consoante firme jurisprudência do Supremo Tribunal Federal, nada obstante discordarmos em grande medida de tal orientação.

3.6 Princípio da igualdade

Ao lado do princípio da legalidade, temos que o princípio da igualdade – erigido ao longo de diversos dispositivos constitucionais, dentre os quais se destaca o artigo 5º da Constituição – é decorrência imediata do fato de o Brasil constituir uma República Democrática ou um Estado Democrático de Direito, em que o poder emana do povo, o qual se auto-assegurou como mandamento maior do sistema jurídico uma série de direitos fundamentais, dentre os quais o de se submeter a deveres e obrigações somente quando estas decorrerem, direta ou indiretamente, de lei e de que todas as pessoas, inclusive os não cidadãos (estrangeiros residentes no País) são iguais não somente perante a lei, mas na própria lei[259]. Nesta perspectiva, a igualdade, diz Souto Maior Borges[260], parafraseando Francisco Campos "(...) não é um princípio constitucional como qualquer outro, ela condiciona da eficácia à aplicação de todos os demais princípios constitucionais".

A igualdade requerida pela Constituição não prescreve somente uma isonomia das pessoas perante a lei (primeira parte do artigo 5º, *caput*, da Constituição Federal) – *igualdade formal* –, isto é, uma *generalidade* de tratamento, em que ao aplicador do Direito é vedado tomar em consideração distinções não estabelecidas pelas próprias normas jurídicas, mas também uma isonomia no próprio seio destas – *igualdade material* –, em que as normas devem dispensar (ex: artigo 5º, I, da Constituição Federal) o mesmo tratamento às pessoas que se encontrem em situação similar ou idêntica e diferente para os que se encontrem em situações distintas,

---

[259] Geraldo Ataliba é certeiro ao comentar tal circunstância: "Não teria sentido que os cidadãos se reunissem em *república*, erigissem um Estado, outorgassem a si mesmos uma Constituição, em termos republicanos, para consagrar instituições que tolerassem ou permitissem – seja de modo direto, seja indireto – a violação da igualdade fundamental, que foi o próprio postulado básico, condicional da ereção do regime. (...) A *res publica* é de todos e para todos". ATALIBA, Geraldo. "*República...*", cit., p. 160 – destaques do autor.

[260] BORGES, José Souto Maior. A isonomia tributária na Constituição Federal de 1988. *Revista de direito tributário*. São Paulo: Malheiros, vol. 64, 1995, p. 14.

TRIBUTAÇÃO E CONTABILIDADE

não similares, com vistas sempre a assegurar a efetividade dos direitos fundamentais. A *igualdade material*, então, requer, além de isonomia no conteúdo das normas jurídicas, também que este conteúdo vise à redução das desigualdades sociais, buscando sempre o máximo, o melhor possível para se assegurar a *dignidade humana*.

Seja na acepção formal, seja na material, a igualdade é dotada de fortíssima carga axiológica, porquanto corresponde à aspiração maior do ordenamento jurídico brasileiro, pois, como bem destacado por Souto Maior Borges[261] "é a própria Constituição", o que nos permite afirmar que a exigência de igualdade perante e na lei constitui um *princípio*.

O princípio da igualdade pode ser entendido tanto como um "valor" quanto um "limite objetivo", dependendo da referência mediante a qual seja analisado. Na primeira noção[262], estabelece o *dever de buscar um ideal de igualdade, equidade, generalidade, impessoalidade, objetividade, legitimidade, pluralidade* etc. Nesta acepção do princípio da igualdade, o aplicador do Direito não pode agir contrariamente a este, mas também o legislador não pode ser obrigado a estabelecer o meio para o seu atingimento, tendo o princípio em causa, neste aspecto, eficácia limitada e aplicabilidade dependente. Por outro giro, o princípio da igualdade, quer no âmbito da constituição de normas individuais e concretas, quer de normas gerais e abstratas, assume a forma de limite objetivo, porquanto veda discriminações desarrazoadas ou sem observar aos requisitos tratados logo abaixo. Com tal conotação, tem o princípio da igualdade eficácia plena e aplicabilidade imediata.

Bem, mas fato é que a dispensa de tratamento isonômico aos iguais e desigual aos desiguais, na medida de suas desigualdades, não representa a extensão do quanto realmente prescreve o princípio da igualdade. Pelo contrário, conforme nos ensina Celso Antônio Bandeira de Mello[263], "(...) deve-se negar-lhe o caráter de termo de chegada, pois entre um e outro extremo serpeia um fosso de incertezas cavado sobre a intuitiva pergunta que aflora o espírito: Quem são os iguais e quem são os desiguais?"

---

[261] BORGES, José Souto Maior. A isonomia tributária na Constituição Federal de 1988. *Revista de direito tributário*, cit., p. 14.

[262] ÁVILA, Humberto. "*Sistema...*", cit., pp. 334-335.

[263] BANDEIRA DE MELLO, Celso Antônio. *O conteúdo jurídico do princípio da igualdade*, 3ª ed. São Paulo: Malheiros, 1999, p. 11.

ABERTURA COGNITIVA E PRINCÍPIOS CONSTITUCIONAIS TRIBUTÁRIOS

As normas jurídicas em geral, inclusive as veiculadas por lei, ao regularem as condutas intersubjetivas, nada mais fazem do que instituir diferenciações entre os sujeitos que tiveram as condutas reguladas e os que não tiveram, independentemente da natureza da regulação, se instituidora de obrigações, concedente de benefícios etc.

Neste sentido, o princípio da igualdade não prescreve propriamente uma proibição de discriminação, mas uma vedação de discriminação que não encontre respaldo na Constituição. Mesmo porque, seria um contra-senso admitir-se a vedação de discriminações, posto que o Direito faz exatamente isso o tempo todo. A aplicação do princípio da igualdade consiste em, por meio de comparações entre pessoas discriminadas, verificar se há fundamento para a diferenciação, ou, melhor dizendo, se é legítimo o critério de comparação.

Seguindo as lições de Celso Antônio Bandeira de Mello[264], a legitimidade do critério de comparação pode ser medida mediante a investigação de três fatores: i) critério discriminatório; ii) relação entre este e a discriminação – justificativa; iii) fundamento da justificativa em valores constitucionalmente protegidos. Além disso, segundo bem resume Regina Helena Costa[265], baseada nas lições dele, Celso Antônio, a discriminação não deverá atingir de modo atual e absoluto um só indivíduo e o critério de discriminação deverá consistir num traço diferencial residente nas pessoas ou situações.

Além dos elementos e requisitos que mencionamos, entendemos que a observância à igualdade requer um sopesamento entre o valor que fundamente uma discriminação e a igualdade que seria assegurada caso não fosse introduzido um critério de discriminação ou houvesse outra discriminação, já devidamente fundamentada, a ser substituída por aquela. Neste sentido, deve haver um sopesamento entre o "novo" fundamento constitucional para a discriminação e o que podemos denominar "direito à igualdade", por meio da aplicação do postulado da proporcionalidade, com vistas a se verificar qual a alternativa menos lesiva ao *direito à igualdade*[266], seguindo o que nos ensina Pedro Manuel Herrera Molina.

---

[264] BANDEIRA DE MELLO, Celso Antônio. "*O conteúdo...*", cit., pp. 18-22.

[265] COSTA, Regina Helena. "*Princípio...*", cit., p. 39.

[266] MOLINA, Pedro Manuel Herrera. *Capacidad económica y sistema fiscal – análisis del ordenamiento español a la luz del derecho alemán*. Madri: Marcial Pons, 1998, p. 87.

TRIBUTAÇÃO E CONTABILIDADE

Em nosso pensar, são acertadas as lições do Professor espanhol, tendo em vista que, com a providência por ele proposta, minimiza-se significativamente o espaço para prática de arbítrios utilizando-se valores constitucionais como "álibis"[267].

Nada obstante o princípio da igualdade requerer a presença dos elementos a que aludimos algumas linhas atrás para o seu atendimento, sem os quais fica "oco"[268], é importante dizermos que tais elementos não são fornecidos pelo próprio princípio em causa[269].

A Constituição, em muitas passagens, implícita ou explicitamente, positiva ou negativamente, indica itens que podem servir como critério de discriminação, mas não o faz de maneira taxativa, de modo que os elementos necessários ao "teste" da igualdade muitas vezes são aferidos em cada caso de discriminação.

Finalmente, devemos ressaltar que os princípios da legalidade e da igualdade relacionam-se reciprocamente, porquanto a lei constitui instrumento de maior importância ao atendimento da igualdade, quer sob o ponto de vista formal (perante a lei), quer sob o material (na lei), ao passo que a igualdade constitui valor fundamental (princípio) na orientação das regulações a serem procedidas pela lei. É correta e precisa, pois, a colocação de Souto Maior Borges[270], no sentido de que "(...) a legalidade é a morada da isonomia".

Quanto ao destinatário do princípio da igualdade, este não se restringe ao legislador, apesar de ser o primeiro intérprete da Constituição. O Direito, conforme nos ensina Souto Maior Borges[271], não está todo na legalidade; "(...) a legalidade tem que ser consorciada, para a sua eficácia com o ato administrativo e judicial; ou seja, as sentenças administrativas, os acórdãos administrativos e os atos judiciais (colegiais ou singulares)". Por isso, estão da mesma forma sujeitos a tal princípio o Poder Judiciário, o Poder Executivo e, acrescentamos às lições de Souto, também os próprios particulares[272].

---

[267] NEVES, Marcelo. "A constitucionalização...", cit., pp. 78 e seguintes.

[268] ÁVILA, Humberto. Teoria da igualdade tributária, 3ª ed. São Paulo: Malheiros, 2009, p. 42.

[269] TIPKE, Klaus; LANG, Joachim. Ob. cit., p. 195.

[270] BORGES, José Souto Maior. A isonomia tributária na Constituição Federal de 1988. Revista de direito tributário, cit., p. 13.

[271] BORGES, José Souto Maior. A isonomia tributária na Constituição Federal de 1988. Revista de direito tributário, cit., p. 15.

[272] LIMA GONÇALVES, José Artur. Isonomia na norma tributária. São Paulo: Malheiros, 1993, p. 21.

3.6.1 Princípio da igualdade em matéria tributária

Em matéria tributária, o princípio da igualdade volta a encontrar previsão no artigo 150, II, da Constituição Federal, prescrevendo ser vedado à União, aos Estados, ao Distrito Federal e aos Municípios *instituir tratamento desigual entre contribuintes que se encontrem em situação equivalente, proibida qualquer distinção em razão de ocupação profissional ou função por eles exercida, independentemente da denominação jurídica dos rendimentos, títulos ou direitos.*

A previsão em causa não estabelece expressamente quais os critérios de discriminação que podem ser adotados para diferenciar contribuintes, mas determina alguns que não podem ser utilizados neste mister, designadamente ocupação profissional ou função dos contribuintes.

Além disso, podemos verificar que o âmbito de incidência pessoal do princípio da igualdade tributária, tal como previsto pelo artigo 150, II, da Constituição Federal, é até maior do que o contemplado no artigo 5º deste mesmo Diploma, pois veda a discriminação inclusive entre contribuintes residentes e não residentes no País, o que não verificamos neste último dispositivo[273].

Em matéria tributária, é possível constatarmos, desta forma, que o princípio da isonomia veiculado pelo artigo 150, II, da Constituição Federal, impede a concessão de benefícios e a imposição de ônus mais gravosos a quaisquer contribuintes numa mesma situação.

A pretensão de eficácia do princípio da igualdade tributária tem como desdobramento a *universalidade* e a *generalidade* como diretrizes da tributação, isto é, de que devem submeter-se a esta todos os fatos qualificáveis como fatos jurídicos tributários e compor o polo passivo da obrigação tributária todas as pessoas direta e pessoalmente relacionadas com tais fatos – contribuintes[274], na forma do princípio orientador do tributo correspondente.

---

[273] "Ao partirmos da premissa, falsa, por evidência, de que todo e qualquer 'não residente' não está em situação 'equivalente' em relação a todo e qualquer 'residente', caímos numa generalidade fácil de argumentar, mas nunca nos domínios do direito tributário". TÔRRES, Heleno Taveira. Capital estrangeiro e princípio da não discriminação tributária no direito interno e nas convenções internacionais. *Revista dialética de direito tributário*. São Paulo: Dialética, vol. 87, 2003, p. 37.

[274] Código Tributário Nacional, artigo 121, parágrafo único, I.

TRIBUTAÇÃO E CONTABILIDADE

Sobre o tema, Heleno Tôrres[275] discorre com propriedade:

> Da combinação entre o princípio da não discriminação e o princípio de vedação de privilégios decorrem, como princípios derivados, tanto o da generalidade quanto aquele da universalidade, dado que todos os sujeitos que possam realizar os fatos jurídicos previstos em lei serão sujeitos passivos de obrigação tributária (generalidade), sem qualquer distinção quanto à materialidade dos tributos (universalidade), exceto aquelas previstas na Constituição ou nas leis dos distintos tributos. Todos corolários do princípio da igualdade e aplicáveis a qualquer espécie de tributo, sem exceção. E ainda que a Constituição relacione os princípios de generalidade e universalidade ao imposto sobre a renda (art. 153, § 3º.), estes têm alcance sobre todos os tipos de tributo, sejam impostos, taxas ou contribuições.

Em matéria de incidência tributária, a própria Constituição define os "critérios de comparação" que permitem diferençar quem são os "semelhantes" e quem são os "diferentes", por meio da repartição de competências, que trazem em seu bojo os arquétipos constitucionais dos tributos.

Como bem pontua José Artur Lima Gonçalves[276], na seara tributária, as discriminações sempre consistem, invariavelmente, em "dever de pagar ou não um tributo" ou "dever de pagar mais ou menos um tributo", uma vez que:

> (...) o conteúdo da obrigação jurídico-tributária – nascida em consequência do fato ocorrido (fato imponível) ao antecedente normativo – consiste sempre no dever do sujeito passivo de entregar certa porção de dinheiro ao sujeito ativo, o tratamento diferenciado que possa ser criado entre os sujeitos passivos consistirá sempre na alteração desse conteúdo, agravando-o, suavizando-o ou, até mesmo, extinguindo-o.

Nós acrescentaríamos à proposta de José Artur Lima Gonçalves a discriminação referente à apuração do tributo segundo este ou aquele regime, que não necessariamente resulta em "pagar ou não pagar" ou "pagar menos ou mais", mas tão somente apurar de forma distinta, quer a base de calculada ou a alíquota, quer o valor devido (mediante a compensação de

---

[275] TÔRRES, Heleno Taveira. *"Direito constitucional..."*, cit., pp. 595-596.
[276] LIMA GONÇALVES, José Artur. *"Isonomia..."*, cit., pp. 48-49.

102

ABERTURA COGNITIVA E PRINCÍPIOS CONSTITUCIONAIS TRIBUTÁRIOS

créditos, por exemplo), o que podemos verificar no sistema simplificado de apuração de tributos ("Simples"), regulado pela Lei Complementar n.º 123, de 14 de dezembro de 2006, na apuração da Contribuição ao PIS e da COFINS, para as quais há diversos regimes, dentre os quais se destacam os denominados "cumulativo" e "não cumulativo"[277].

Sendo assim, mais uma vez seguindo as lições de José Artur Lima Gonçalves[278], temos que o critério de discriminação, por dever sempre guardar relação com as pessoas ou situações (o que, consoante Celso Antonio Bandeira de Mello[279], resulta, em última instância, na discriminação de pessoas) constantes da regra-matriz de incidência tributária, hospedar-se-á necessariamente num dos critérios da hipótese (material, espacial, temporal e pessoal) ou da tese (pessoal – sujeito ativo e sujeito passivo – e quantitativo – base de cálculo, alíquota e outras notas pertinentes à apuração do valor devido – créditos calculados sobre operações anteriores, por exemplo) desta norma geral e abstrata.

O critério de discriminação mais elementar de todos seria a própria materialidade do tributo, de modo que a primeira diferenciação feita pela sua norma instituidora seria entre a pessoa que possa relacionar-se pessoal e diretamente (contribuinte) com o fato de possível ocorrência que deflagra a obrigação tributária e a que não possa. Imaginemos o caso do Imposto sobre Produtos Industrializados, cuja materialidade consiste na prática de operações com tal espécie de produtos. Neste caso, a norma já está operando uma discriminação entre os que praticam tais operações e, portanto, devem pagar o Imposto em causa e os que não praticam, porque simplesmente inexistem meios de a norma incidir, independentemente de qualquer técnica de exoneração. Está aí a discriminação, um vai ter a obrigação de pagar o Imposto, o outro, não.

Mas a mesma discriminação poderia dar-se por força do local de ocorrência do fato jurídico tributário, hospedando-se o *discrímen* no critério

---

[277] É importante anotarmos, acompanhando Sacha Calmon, que as notas pertinentes à apuração do tributo sempre se localizam na norma de incidência tributária, mais especificamente em sua tese (ou mandamento, como se refere Sacha Calmon), mesmo quando não se esteja tratando propriamente de alíquota ou base de cálculo. COÊLHO, Sacha Calmon Navarro. *Teoria geral do tributo, da interpretação e da exoneração tributária – o significado do art. 116, parágrafo único, do CTN*, 3ª ed. São Paulo: Dialética, 2003, pp. 219 e seguintes.

[278] LIMA GONÇALVES, José Artur. *"Isonomia..."*, cit., p. 50.

[279] BANDEIRA DE MELLO, Celso Antônio. *"O conteúdo..."*, cit., p. 29.

TRIBUTAÇÃO E CONTABILIDADE

espacial da hipótese da regra-matriz de incidência, eis que poderia restar estabelecido que as pessoas jurídicas com domicílio numa determinada localidade não pagariam Contribuição ao PIS e COFINS sobre as suas receitas por força de isenção[280]. Ou, ainda, acrescentar a este *discrímen* um outro, pertinente ao montante do tributo objeto da obrigação tributária, determinando que pessoas jurídicas localizadas numa outra localidade apurarão tais Contribuições com base em alíquotas reduzidas.

O atendimento ao princípio da igualdade, contudo, não se dá mediante a simples eleição de um critério de comparação. Mais do que isso, deve haver uma justificativa para o *discrímen*, isto é, uma correlação lógica entre este e a situação discriminada e, finalmente, uma fundamentação constitucional para tal justificativa.

Nos tributos em geral, a discriminação básica consiste em ter ou não a obrigação de pagá-los.

Os critérios de comparação, por sua vez, são aferíveis primeiramente a partir da materialidade de cada tributo, mais especificamente em função da circunstância de esta ser, ou não, vinculada a uma atuação estatal referida, imediata e diretamente ou mediata e indiretamente, ao sujeito discriminado.

Tratando-se de exações vinculadas, isto é, taxas e contribuições de melhoria e de iluminação pública, o critério de comparação consiste na previsão de um fato jurídico tributário correspondente a uma atuação estatal com as características a que nos referimos logo acima.

Na hipótese de a materialidade não ser vinculada a uma atuação estatal, caso dos impostos, o critério de comparação é a capacidade contributiva representada por um determinado fato jurídico tributário de possível ocorrência, correspondente a um *signo presuntivo de riqueza*[281].

Quanto aos tributos em que a Constituição condicione o exercício da competência a uma motivação constitucional (finalidade), que tenha o condão de estabelecer os limites desta (empréstimo compulsório, contribuições que não a de melhoria e a de iluminação pública, impostos com

---

[280] Técnica de exoneração fiscal que opera preventivamente à ocorrência do fato jurídico tributário, impedindo a incidência da norma geral e abstrata tributária, por comprometer a sua eficácia técnica relativamente a um grupo de fatos, por razões pessoais, temporais, espaciais ou quantitativas. CARVALHO, Paulo de Barros. *"Curso..."*, cit., pp. 483-484.

[281] BECKER, Alfredo Augusto. *Teoria geral do direito tributário*, 3ª ed. São Paulo: Lejus, 1998, p. 133.

ABERTURA COGNITIVA E PRINCÍPIOS CONSTITUCIONAIS TRIBUTÁRIOS

finalidades "extrafiscais", impostos extraordinários)[282], ao lado do critério de comparação aferível a partir da norma de incidência tributária (atuação estatal ou capacidade contributiva), deve ser verificado outro critério de comparação, concomitantemente àquele, aferível a partir da mencionada motivação, finalidade. Por exemplo, no caso da Contribuição de Intervenção no Domínio Econômico incidente sobre a disponibilização de *royalties* a beneficiário não residente no Brasil – "CIDE *Royalties*" – devem ser verificados, em conjunto, os critérios de comparação "ser possível ou não importar tecnologia do exterior" e "pagar ou não pagar *royalties* ao exterior" – capacidade contributiva –, o mesmo se dando nos impostos vulgarmente denominados "extrafiscais". Quanto a estes últimos, veja-se a recente instituição do IOF/Títulos sobre operações referentes a derivativos cambiais; os critérios de comparação seriam o aferível com base na finalidade motivadora do exercício da competência tributária correspondente (finalidade: desfavorecer a valorização do Real frente ao dólar norte-americano; critério de comparação – trabalhar, ou não, no mercado de derivativos cambiais) e a capacidade contributiva representada pelo fato de possível ocorrência "praticar operações com derivativos cambiais".

O fundamento constitucional da "justificativa/correlação lógica" para se estabelecer a discriminação entre quem poderá e quem não poderá compor obrigações tributárias consiste, a rigor, na norma de outorga de competência para sua instituição. E nos tributos para os quais a Constituição preveja uma motivação, finalidade para o exercício da competência, além dela própria (competência), também esta motivação, finalidade (financiamento da seguridade social – Constituição Federal, artigo 195 –, preservação da livre concorrência – Constituição Federal, artigo 170, IV –, incentivo à pesquisa e à tecnologia – Constituição Federal, artigo 187, III –, etc.)[283].

---

[282] O que termina delineando, ainda que implicitamente, os limites dessa competência, quando a Constituição não o faça expressamente, como no caso das contribuições sociais previstas em seu artigo 195. Conforme leciona Humberto Ávila, lição esta, a nosso ver, que se aplica a todos os tributos com tal característica: "A Constituição, ao contrário do que estabelece para outras espécies tributárias, não indica textualmente os fatos que compõem o âmbito de incidência das contribuições. Isso não quer dizer que a relação entre os dispositivos, e as implicações dela decorrentes, não possa parcialmente delimitar, com maior ou menor amplitude, quais os fatos que podem e quais os que não podem compor esse âmbito de incidência". ÁVILA, Humberto. *Sistema constitucional tributário*. São Paulo: Saraiva, 2004, p. 260.

[283] NABAIS, José. *"O dever fundamental..."*, cit., p. 478.

TRIBUTAÇÃO E CONTABILIDADE

É interessante notarmos, por exemplo, numa contribuição de intervenção no domínio econômico, cuja hipótese da regra-matriz de incidência tenha como materialidade a previsão de um fato não vinculado a uma atuação estatal, a capacidade contributiva não é um critério absoluto de comparação[284], tal como seria fosse a exação um imposto, tendo em vista atuar, ao lado daquela, outro critério de comparação (trabalhar com determinado tipo de produto – combustível, por exemplo). Veja-se que neste tipo de tributo pode haver uma discriminação entre pessoas que manifestem capacidades contributivas equivalentes por estarem pessoal e diretamente relacionadas a fatos *signos presuntivos de riqueza* semelhantes, mas estas serem discriminadas por outro critério, o que é autorizado pela Constituição, na medida em que isto se fundamente em outra exigência constitucional.

Na hipótese de concessão de isenções, reduções de tributos e outros benefícios fiscais, isto, por óbvio, está sujeito à observância do princípio da igualdade. Em tal situação, em atendimento a este princípio, conforme comentamos anteriormente, o novo *critério de discriminação* (localização nesta ou naquela região do País) deve dizer respeito a um traço distintivo da pessoa ou situação discriminada, guardar relação com a discriminação – justificativa – e esta relação deverá restar fundamentada num valor constitucionalmente protegido – desenvolvimento regional, por exemplo.

Em discriminações tal como a acima, diferentes da discriminação própria da tributação (baseada na capacidade contributiva, por exemplo), acompanhando o que fixamos anteriormente, deve haver um sopesamento, mediante aplicação do postulado da proporcionalidade, entre o novo fundamento constitucional para a discriminação e o *direito à igualdade*, tomando-se por base a norma de outorga de competência de um determinado tributo, não bastando simplesmente a invocação daquele novo fundamento para se criar uma nova discriminação, visando a se verificar qual a alternativa menos lesiva ao *direito à igualdade*.

---

[284] ÁVILA, Humberto. A hipótese de incidência do imposto sobre a renda construída a partir da Constituição. *Revista de direito tributário*. São Paulo: Malheiros, vol. 77, 2000, pp. 110-111.

ABERTURA COGNITIVA E PRINCÍPIOS CONSTITUCIONAIS TRIBUTÁRIOS

3.7 Princípios da capacidade econômica e da capacidade contributiva
3.7.1 Capacidade econômica versus capacidade contributiva

O fenômeno da tributação em sentido estrito, como vimos mencionando, consiste, *grosso modo*, na ocorrência de um determinado fato previsto em lei, que dá ensejo ao nascimento de uma obrigação, mediante a qual o sujeito passivo tem o dever de entregar ao sujeito ativo uma dada quantia a título de tributo.

Neste sentido, tendo em vista os direitos e garantias fundamentais que delimitam como, quanto e em que medida pode dar-se a incidência e exigência dos tributos, temos que, pelo fato de a obrigação tributária ter como objeto uma *prestação pecuniária*, isto é, dever de entregar moeda, o sujeito passivo da relação em causa deve denotar *capacidade econômica* para fazer frente a tal dever, independentemente da espécie tributária correspondente (*e.g.*, imposto, taxa, contribuição de melhoria, contribuições ou empréstimo compulsório), noção já bastante antiga, aliás, difundida sobretudo após a publicação da obra *A riqueza das nações*[285], de autoria de Adam Smith, em 1776[286].

A aferição desta capacidade econômica a que aludimos está condicionada por 02 (dois) limites quantitativos verticais.

No caso de o sujeito passivo da obrigação tributária ser uma pessoa física, somente haverá manifestação de capacidade econômica após restarem-lhe (a si próprio ou à sua família, se for o caso) reservados bens e direitos que lhe permitam ter acesso a recursos materiais mínimos necessários a uma existência digna, o que, ressaltamos, constitui fundamento máximo do ordenamento jurídico brasileiro, conforme expressado em diversas passagens da Constituição Federal, dentre as quais se destaca o artigo 1º, III, deste Diploma[287]. Por sua vez, quando o sujeito passivo for

---

[285] SMITH, Adam. *A riqueza das nações*. São Paulo: Martins Fontes, vol. 02, 2003, pp. 1046-1049.

[286] É interessante observarmos que o Direito brasileiro nunca foi alheio a tal circunstância, que já encontrava regulação explícita na Constituição do Império, de 1824: "XV. Ninguém será exempto de contribuir para as despesas do Estado em proporção dos seus haveres".

[287] "Art. 1º A República Federativa do Brasil, formada pela união indissolúvel dos Estados e Municípios e do Distrito Federal, constitui-se em Estado Democrático de Direito e tem como fundamentos:

(...)

III – a dignidade da pessoa humana;

(...)".

TRIBUTAÇÃO E CONTABILIDADE

uma pessoa jurídica ou uma universalidade de fato[288], tal manifestação somente poderá ocorrer após lhe restarem reservados recursos para o atendimento das despesas essenciais à sua existência, tendo em vista os direitos fundamentais de livre iniciativa e liberdade de associação expressados ao longo da Constituição, merecendo destaque as previsões do artigo 5º, XIII e XVII, deste Diploma[289]. Estes limites constituiriam o "ponto de partida" para aferição de capacidade econômica.

Ainda, a tributação não pode ser tão gravosa a ponto de toda ou parcela substancial da capacidade econômica ser comprometida com o pagamento de tributos, sob pena de caracterização de efeito confiscatório, o que é terminantemente vedado pela Constituição Federal, artigo 150, IV, independentemente da forma que assuma o sujeito passivo[290].

É importante mencionarmos que, em nosso pensar, a aplicação das condições em causa na medição de capacidade econômica deve dar-se tomando em conta a totalidade dos tributos incidentes, e não isoladamente, o que requer uma harmonização destes, nada obstante a repartição das competências tributárias entre pessoas políticas distintas e que não são superiores umas às outras, pois, ainda que haja tributos cujos fatos jurídicos tributários representem, de diferentes maneiras, diversas manifestações de riqueza, a fonte impositiva sempre será uma só[291] [292].

---

[288] Código Tributário Nacional, artigo 126, III. Vide como exemplos: empresas individuais, espólio etc.

[289] "Art. 5º Todos são iguais perante a lei, sem distinção de qualquer natureza, garantindo-se aos brasileiros e aos estrangeiros residentes no País a inviolabilidade do direito à vida, à liberdade, à igualdade, à segurança e à propriedade, nos termos seguintes:

(...)

XIII – é livre o exercício de qualquer trabalho, ofício ou profissão, atendidas as qualificações profissionais que a lei estabelecer;

(...)

XVII – é plena a liberdade de associação para fins lícitos, vedada a de caráter paramilitar;

(...)".

[290] HORVATH, Estevão. O princípio do não-confisco no direito tributário. São Paulo: Dialética, 2002, pp. 74-75.

[291] MOLINA, Pedro Manuel Herrera. Ob. cit., p. 109.

[292] Sobre a complexidade de tal tarefa e asseverando esta ter cunho mais político do que jurídico, ver os interessantes comentários de Estevão Horvath. HORVATH, Estevão. Ob. cit., pp. 81-87.

ABERTURA COGNITIVA E PRINCÍPIOS CONSTITUCIONAIS TRIBUTÁRIOS

A capacidade econômica universal das pessoas pode influir no conteúdo das normas de incidência tributária dos tributos em geral, sendo determinante no caso de tributos incidentes sobre fatos jurídicos tributários não vinculados a uma atuação estatal (impostos e, dependendo, contribuições, que não a de melhoria e de iluminação pública, e empréstimo compulsório), conforme veremos a seguir. Contudo, não queremos dizer com isso que, no caso dos tributos vinculados a uma atuação estatal, designadamente, taxas e contribuições de melhoria e de iluminação pública, a capacidade econômica poderá ser denotada pelos respectivos fatos jurídicos tributários ou ser representada na base calculada destes[293]. Poderá, isto sim, a capacidade econômica, mesmo nessas exações, servir como critério de discriminação, a fim de se instituírem atenuações quanto ao montante do tributo devido ou até mesmo exonerações fiscais.

Nestes termos, parece-nos inadequado confundir-se a exigência constitucional de capacidade econômica para a imposição tributária em geral – que constitui, em última análise, unicamente uma limitação à tributação – com o princípio da capacidade contributiva, regulado no artigo 145, § 1º, da Constituição Federal, orientador da instituição e da incidência de tributos incidentes sobre fatos jurídicos tributários não vinculados a uma atuação estatal. A capacidade econômica é um universo do qual faz parte a capacidade contributiva[294] requerida pela Constituição para a instituição e incidência de exações com a característica que ora mencionamos.

A doutrina brasileira, de uma maneira geral[295], não dispensa maiores comentários quanto à distinção que propusemos entre a exigência constitucional de capacidade econômica para a instituição de tributos em geral e o princípio da capacidade contributiva, normalmente tratando somente deste último e, quando muito, estendendo a sua aplicação a outras espécies tributárias que não somente impostos e outras exações cuja hipótese da norma de incidência não se refira a uma atividade estatal, para fins de

---

[293] Tal como proposto, por exemplo, por Sampaio Dória. DÓRIA, Antonio Roberto Sampaio. *Direito constitucional tributário e due process of law*, 2ª ed. Rio de Janeiro: Forense, 1986, p. 152.

[294] TÔRRES, Heleno Taveira. "*Direito constitucional...*", cit., p. 600.

[295] Regina Helena Costa é uma das poucas autoras no Brasil que sustenta a diferenciação que ora propusemos. Ver: COSTA, Regina Helena. "*Imunidades...*", cit., pp. 86-89.

TRIBUTAÇÃO E CONTABILIDADE

promoção de discriminações (cujo exemplo maior é a redução ou a própria supressão do tributo) [296].

Na Espanha, possivelmente porque a sua Constituição, artigo 31, estabelece o princípio da capacidade econômica como critério de distribuição de todos os tributos, a doutrina[297] costuma estabelecer a diferença entre uma e outra coisa, distinguindo entre *capacidade econômica* e *capacidade contributiva*, identificando os seus efeitos nas espécies tributárias e estabelecendo uma delimitação negativa quanto à exigência geral de capacidade econômica e uma delimitação negativa e positiva quanto à capacidade contributiva referente a cada imposto ou espécie tributária cuja hipótese da norma de incidência não se refira a uma atuação estatal.

A diferenciação, a nosso ver, é necessária, tendo em vista serem distintas as exigências constitucionais em causa, o que é absolutamente verificável quando da análise de seus efeitos quanto ao controle de preservação do mínimo vital e da aplicação da vedação ao confisco. Isto sem falar na influência no conteúdo da norma tributária, em que a exigência de capacidade econômica refere-se somente a atributos do contribuinte, enquanto o princípio da capacidade contributiva surte efeitos não somente quanto a este, mas também em relação à materialidade da hipótese/antecedente, à base de cálculo/base calculada e à alíquota, conforme comentaremos com maior profundidade adiante.

3.7.2 Sobre o princípio da capacidade contributiva

No caso das taxas e das contribuições de melhoria e de iluminação pública, tributos cuja hipótese da norma de incidência tributária refere-se a uma atuação estatal, esta consiste no critério que determinará a obrigação de pagar tais exações, seja por força de retributividade (taxas e contribuição

---

[296] Apesar de não trabalharem com a distinção que propomos, alguns autores elucidam com clareza a possibilidade de a capacidade econômica servir como critério de discriminação nos tributos vinculados. Ver: BARRETO, Aires Fernandino. *Base de cálculo, alíquota e princípios constitucionais*, 2ª ed. São Paulo: Max Limonad, 1998, pp. 135-136; COÊLHO, Sacha Calmon Navarro. *"Comentários..."*, cit., pp. 46-47; LIMA GONÇALVES, José Artur. *"Isonomia..."*, cit., p. 66; OLIVEIRA, José Marcos Domingues de. *Direito tributário – capacidade contributiva*, 2ª ed. Rio de Janeiro: Renovar, 1998, p. 91.

[297] Ver, dentre outros: LAPATZA, José Juan Ferreiro. *Curso de derecho financiero español – instituciones*, 25ª ed. Madrid: Marcial Pons, 2006, pp. 282-283; MOLINA, Pedro Manuel Herrera. *Ob. cit.*, pp. 115-117.

de iluminação pública), seja em razão de mais valia imobiliária decorrente de obra pública (contribuição de melhoria).

Por outro lado, no caso dos tributos cujas hipóteses das normas de incidência consistam em previsões desvinculadas de uma atuação estatal, em razão de a obrigação tributária ter por objeto o dever de entrega de dinheiro aos cofres públicos, é necessário um critério previsto (explícita ou implicitamente) na Constituição para a qualificação de fatos cuja ocorrência dará lugar a obrigações tributárias. Dado que a obrigação em causa tem por objeto a entrega de moeda pelo sujeito passivo em favor do sujeito ativo, o fato jurídico que resultará naquela deverá consistir num *signo presuntivo de riqueza* que represente capacidade do primeiro sujeito para cumprir seu dever[298]. Sem isso, salvo se a exação cuidar-se de preço, sanção ou indenização[299], a sua exigência carecerá de fundamento constitucional, afrontando os direitos fundamentais de liberdade e de propriedade[300].

No caso de exações cuja materialidade da hipótese da norma de incidência correspondente não seja vinculada a uma atuação estatal, portanto, a Constituição estabelece um princípio que determina que a discriminação entre quem deverá pagá-las ou não se fundamente necessariamente na capacidade contributiva, manifestável quando da ocorrência do fato jurídico tributário da respectiva obrigação. Conforme demonstraremos adiante, o princípio da capacidade contributiva determina que o *indício de riqueza* poderá ter ao seu lado outro ou outros critérios de discriminação (casos dos impostos extrafiscais, das contribuições de intervenção no domínio econômico etc.), mas sempre que se tratar de exação cuja materialidade da hipótese da norma de incidência tributária seja não vinculada a uma atuação estatal, a sua presença será mandatória[301].

É importante registrarmos que quando fazemos menção a tributos cuja materialidade da hipótese da norma de incidência correspondente não seja vinculada a uma atuação estatal, não estamos somente nos referindo aos

---

[298] FALCÃO, Amílcar de Araújo. *Fato gerador da obrigação tributária*, 6ª ed. São Paulo: Forense, 1997, p. 31.

[299] ATALIBA, Geraldo. *Hipótese de incidência tributária*, 5ª ed. São Paulo: Malheiros, 1998, p. 34.

[300] Segundo Francesco Moschetti, em lições que são absolutamente aplicáveis mesmo tendo por base o ordenamento jurídico brasileiro, a capacidade contributiva constitui um limite à discricionariedade do legislador. MOSCHETTI, Francesco. *Il principio della capacità contributiva*. Padova: Cedam, 1973, p. 23.

[301] MOLINA, Pedro Manuel Herrera. *Ob. cit.*, p. 103.

impostos, mas também a outras espécies tributárias que adotam aquela, mas que nem por isso confundem-se com estes, enquanto espécie, por possuírem regime constitucional próprio que permite diferençá-las[302]. Além dos impostos, em que necessariamente a materialidade da hipótese de sua norma de incidência não deve referir-se a uma atuação estatal, também podem assumir tal característica os empréstimos compulsórios, contribuições sociais, de intervenção no domínio econômico e de interesse de categoria profissional ou econômica[303].

A Constituição brasileira não se restringiu a cuidar do princípio da capacidade contributiva enquanto desdobramento do princípio da igualdade, isto é, de limite ao estabelecimento de discriminações (pagar ou não pagar tributo) tomando-se por base fatos não vinculados a uma atuação estatal. Fez mais do que isso. Tal Diploma consagrou expressamente o aludido princípio em seu artigo 145, § 1º, realçando a necessidade de individualização dos impostos (e, implicitamente, outras exações não vinculadas) em função da capacidade contributiva do contribuinte, sempre que isso seja possível, e de a tributação pautar-se pela generalidade, isto é, de exigência das exações não vinculadas de todos aqueles que a manifestarem, assegurando à administração pública, para tanto, a prerrogativa de *identificar, respeitados os direitos individuais e nos termos da lei, o patrimônio, os rendimentos e as atividades econômicas do contribuinte*. Além disso, o princípio da capacidade contributiva possibilita uma verificação própria da vedação ao confisco com relação aos tributos cuja hipótese da norma de incidência não se refira a uma atuação estatal, vedando que estes não excedam à força econômica manifestada quando da ocorrência do fato jurídico tributário correspondente[304].

Nada obstante o princípio da capacidade contributiva ter um âmbito de incidência mais restrito do que a exigência de capacidade econômica para o pagamento de tributos em geral, a regulação expressa daquele promovida pela Constituição constituiu uma evolução, na medida em que tornou claro o seu campo de incidência, assegurando-lhe, pois, maior efetividade, e destacou notas importantíssimas que lhe integram, como a

---

[302] MELO, José Eduardo Soares de. *Curso de direito tributário*. São Paulo: Dialética, 1997, pp. 64 e seguintes.

[303] GRECO, Marco Aurélio. COFINS na Lei n.º 9.718/98 – variações cambiais e regime da alíquota acrescida. *Revista dialética de direito tributário*. São Paulo: Dialética, vol. 50, 1999, p. 119.

[304] DERZI, Misabel de Abreu Machado. In: BALEEIRO, Aliomar, "*Limitações...*", cit., p. 697.

exigência de pessoalidade da tributação, na medida do possível, e assegurando à administração pública o *poder-dever* de, com vistas ao atendimento da exigência da generalidade de tal fenômeno, identificar manifestações de riqueza, observados para tanto os direitos e garantias individuais dos contribuintes. Por tal razão, ousamos discordar de Alfredo Augusto Becker quanto à sua afirmação[305] de que a previsão expressa do princípio da capacidade contributiva na Constituição representa a *constitucionalização do equívoco*, por conta de este, enquanto norma jurídica, passar a sofrer uma extrema pressão constritora, reduzindo-se a uma norma muito simples e de eficácia jurídica muito restrita. Com todo respeito ao notável legado deixado por esse jurista, entendemos que não é o que se passa. A nosso ver, a regulação constitucional expressa do princípio ora tratado representa uma evolução (para melhor) do ordenamento jurídico, pois possibilita a efetiva incidência deste, conforme expusemos.

No plano legislativo, o princípio da capacidade contributiva serve como limite e diretriz da escolha da matéria factual para compor a hipótese da norma geral e abstrata de incidência tributária (acepção objetiva). Neste aspecto, em relação aos tributos cuja incidência não se relacione a uma atuação estatal e que a Constituição Federal tenha previsto a competência para sua instituição por meio de previsão de suas materialidades, havendo observância de tal mandamento, via de regra, estará atendido o princípio da capacidade contributiva na acepção objetiva[306].

No plano da incidência, funciona como critério para caracterização de um *fato signo presuntivo de riqueza* e de graduação individual do quanto pode o contribuinte suportar em termos de carga fiscal e de mandamento para que o Estado exija os tributos de todos os que manifestarem capacidade contributiva *in concreto* (acepção subjetiva)[307].

Sobre a nossa afirmação quanto ao fato constituir um *signo presuntivo*, devemos registrar que esta presunção diz respeito à riqueza, capacidade contributiva, e não ao fato jurídico que corresponde a um indício disto, <u>que deve ser efetivo</u>. Queremos dizer, a norma geral e abstrata de incidência

---

[305] BECKER, Alfredo Augusto. *Ob. cit.*, pp. 484-496.

[306] ATALIBA, Geraldo. *"Hipótese..."*, cit. p. 121.

[307] GIARDINA, Emilio. *Le basi teoriche del principio della capacità contributiva*. Milão: Giuffrè, 1961, pp. 439 e seguintes. Tratando do tema na literatura brasileira, ver, dentre outros: COSTA, Regina Helena. *"Princípio..."*, cit., pp. 27 e seguintes; TÔRRES, Heleno Taveira. *"Direito Tributário e direito privado..."*, cit., p. 262.

TRIBUTAÇÃO E CONTABILIDADE

tributária deve prever um *fato signo presuntivo de riqueza* de possível ocorrência e a norma individual e concreta que veicula a obrigação tributária deve contemplar fato de tal natureza efetivamente ocorrido, o que é expressamente estabelecido pela Constituição Federal, artigo 150, § 7º, que regula a possibilidade de antecipação do valor de tributos cuja obrigação tributária ainda não haja sido deflagrada, na medida em que assegura *a imediata e preferencial restituição da quantia paga*, caso não se realize o fato jurídico tributário correspondente[308].

O princípio da capacidade contributiva, enquanto comando que estabelece o critério discriminatório por excelência dos tributos cujas hipóteses das normas de incidência não se refiram a uma atuação estatal e critério para a incidência da vedação ao confisco, constitui um limite objetivo, com função de bloqueio, de eficácia plena e aplicabilidade imediata. Por outro giro, ao estabelecer que a incidência daqueles tributos deve ser *individualizada*, na medida do possível, em função da capacidade contributiva do contribuinte, e *geral*[309], isto é, recair sobre todos que manifestem tal capacidade, o princípio aqui tratado revela-se um valor de eficácia limitada e aplicabilidade dependente.

3.7.3 Eficácia do princípio da capacidade contributiva

A capacidade contributiva, quer por força do princípio em sua acepção objetiva, quer subjetiva, não deve ser considerada globalmente, tendo em conta todo o patrimônio do contribuinte, diferentemente da exigência constitucional de existência de capacidade econômica para suportar os tributos em geral[310]. Deve, isto sim, ser verificada em função de cada tributo cuja hipótese da norma de incidência não se refira a uma atuação estatal, conforme leciona Alfredo Augusto Becker[311]: "No plano jurídico, a relação

---

[308] ÁVILA, Humberto. "*Sistema...*", cit., pp. 362-363.

[309] Com base nas lições de Tércio Sampaio Ferraz Júnior, temos que a generalidade da tributação constitui, além de desdobramento do princípio da igualdade tributária, requerimento de justiça tributária em favor de toda a sociedade, e não somente dos contribuintes, com vistas à minimização das disparidades sociais e econômicas. FERRAZ JÚNIOR, Tércio Sampaio. Princípio da capacidade contributiva e a Constituição brasileira de 1988. In: "*Interpretação...*", cit., pp. 57-58. Sobre o assunto, ver também: COSTA, Regina Helena. "*Princípio...*", cit., pp. 26-27.

[310] COSTA, Alcides Jorge. Capacidade contributiva. *Revista de direito tributário*. São Paulo: Malheiros, vol. 55, 1991, p. 300.

[311] BECKER, Alfredo Augusto. *Ob. cit.*, p. 497.

114

ABERTURA COGNITIVA E PRINCÍPIOS CONSTITUCIONAIS TRIBUTÁRIOS

entre a carga tributária e o montante da riqueza do contribuinte é feita sempre e exclusivamente em relação a cada tributo tomado isoladamente dos demais".

Significa dizer que a capacidade contributiva do contribuinte, para fins de instituição e incidência de tributos cujas hipóteses das normas de incidência não se refiram a uma atuação estatal, não é medida globalmente, mas *presumindo-se* que existirá (acepção objetiva) ou existe (acepção subjetiva) *riqueza*, em função, respectivamente, da previsão ou ocorrência de fatos jurídicos desencadeadores de obrigações tributárias.

Esta é uma conclusão importante, na medida em que impede que o legislador ou a administração pública "passe por cima" da matéria tributável, alegando, em cumprimento ao princípio da igualdade, a necessidade de exigência de tributo, mesmo na hipótese de não ocorrência de um fato jurídico tributário, sob a justificativa de ainda assim existir capacidade contributiva[312].

O que Becker entendeu como uma limitação no sentido negativo, conforme registramos no tópico antecedente, na verdade, para nós, parece extremamente positivo, pois a Constituição cuida de estabelecer que somente haverá capacidade contributiva mediante a ocorrência de fato jurídico tributário em consonância com a norma veiculada em lei. Com isso, reforça-se a observância ao princípio da legalidade material, a segurança jurídica e coíbe-se a utilização de expedientes arbitrários. A administração pública não pode, por exemplo, invocar a analogia para exigir tributo em situação não prevista em lei, determinação constitucional didaticamente repetida pelo Código Tributário Nacional, artigo 108, § 1º.

Em linhas gerais, os fatos que podem representar a existência de riqueza e, por consequência, desencadear obrigações tributárias referem-se sempre ao patrimônio[313], seja este enxergado sob um ponto de vista *dinâmico*, isto é, vislumbrando-se as mutações e transferências dos bens, direitos e obrigações que o integram, ou sob uma perspectiva *estática*, em que resta observada somente a sua titularidade num dado átimo temporal. Os tributos têm a sua base, então, em fatos representativos de incremento patrimonial, existência de patrimônio e utilização/consumo deste, o que, aliás, é facilmente identificável nas exações em que a Constituição procedeu à

---

[312] AMARO, Luciano. *"Direito tributário..."*, cit. p. 160.
[313] TIPKE, Klaus; LANG, Joachim. *Ob. cit.*, p. 210.

repartição de competências mediante indicação de materialidades não relacionadas a uma atuação estatal.

O princípio da capacidade contributiva é voltado a <u>todos</u> os tributos cuja hipótese da norma de incidência não se refira a uma atuação estatal, o que não equivale a dizer que o princípio incide de forma uniforme em todos os tributos com tal característica, tendo em vista as particularidades de cada um[314]. Sob uma perspectiva de intensidade, o princípio em causa tem maior expressão nos tributos sobre incremento patrimonial, uma expressão de segundo grau nos tributos sobre o patrimônio e uma expressão de terceiro grau na utilização/consumo deste[315]. É neste contexto que identificamos o comando constitucional contido no artigo 145, § 1º, da Constituição, que estabelece que os impostos devem ser, na medida do possível, personalizados segundo a capacidade contributiva do contribuinte. Quanto menos intensa for a denotação de riqueza por um determinado fato, menor ou inexistente será a pessoalidade do tributo correspondente.

De toda forma, mesmo nos tributos sobre consumo em que o contribuinte seja o fornecedor dos bens ou serviços, mas para os quais a Constituição estabeleça que sejam suportados pelo consumidor final[316] – Imposto sobre Operações relativas à Circulação de Mercadorias e sobre a Prestação de Serviços ("ICMS") e IPI –, o princípio da capacidade contributiva incide, o que se atesta quando a Constituição Federal prescreve que tais tributos sejam seletivos em função do item objeto das operações que constituem seus fatos jurídicos tributários. Neste caso, a Constituição, usando de boa técnica, determina a observância da capacidade contributiva daquele que consome, substituindo a *pessoalidade* pela *seletividade*[317].

3.7.3.1 Mínimo existencial e vedação ao confisco e o princípio da capacidade contributiva

É quase que uníssona a assertiva de que a tributação deve resguardar o mínimo indispensável a uma existência digna, com pequenas divergências somente quanto a se o *mínimo existencial* constitui uma capacidade

---

[314] LOBO TORRES, Ricardo. *"Curso..."*, cit., p. 85.

[315] NABAIS, José. *"O dever fundamental..."*, cit., p. 481.

[316] COÊLHO, Sacha Calmon Navarro; DERZI, Misabel Abreu Machado. Direito à compensação de créditos no ICMS. *Revista dialética de direito tributário*. São Paulo: Dialética, vol. 27, 1997, p. 98.

[317] CARRAZZA, Roque Antonio. *Ob. cit.*, pp. 105 e seguintes.

contributiva intributável ou se esta somente se dá acima do referencial em causa. Bem, como já dissemos, os direitos fundamentais da dignidade humana, da livre iniciativa e da liberdade de associação deixam de fora da tributação os recursos materiais mínimos para o gozo destes, de modo que é fácil verificar que a capacidade econômica que pode ser voltada ao pagamento de tributos somente é a verificada quando excedido o parâmetro mínimo em causa.

Contudo, não nos soa tão óbvio, como parece querer a doutrina em geral, que o princípio da capacidade contributiva, regulador dos tributos cuja hipótese da norma de incidência não se refira a uma atuação estatal, assegure o mínimo existencial em todas as situações sob a sua regulação. Em nosso entendimento, o princípio da capacidade contributiva somente resguarda o mínimo existencial com relação a cada tributo individualmente nos casos em que tenha expressão intensa, de primeiro grau, ou, mais especificamente, nos tributos sobre fatos representativos de acréscimos ao patrimônio. A aferição do *mínimo existencial* está intimamente ligada à capacidade econômica de cada pessoa, daí porque somente atua como limite à tributação nos tributos fortemente afetados pela exigência de pessoalidade.

Situação distinta passa-se com a aferição de efeitos confiscatórios deste ou daquele tributo em função da capacidade contributiva correspondente. Deveras, o efeito confiscatório, neste particular, não é aferido tendo em vista a capacidade econômica global do contribuinte, como se passa com a carga tributária geral. Além disso, tal aferição não está adstrita aos tributos cuja incidência seja norteada pela pessoalidade, ficando afastada somente nos casos em que haja motivação constitucional para tanto (tributação gravosa sobre o comércio de cigarros, por exemplo).

Outra particularidade quanto a efeitos confiscatórios que merece ser comentada é o fato de o princípio da capacidade contributiva constituir limite ao confisco com relação ao fato jurídico descrito por cada norma de incidência tributária. Em outras palavras, no IPTU, por exemplo, este imposto terá efeito confiscatório na hipótese de representar tamanha carga tributária que, num curto período de tempo, o seu valor equivalha ou exceda ao do imóvel cuja propriedade constitua o fato jurídico tributário, ainda que o seu titular seja pessoa notoriamente abastada.

3.7.3.2 Princípio da capacidade contributiva e o conteúdo da norma tributária

Conforme já mencionamos em outra oportunidade[318], Paulo de Barros Carvalho analisou e dissecou os elementos mínimos formadores da norma-padrão de incidência tributária, convencionando denominá-la "regra-matriz de incidência tributária", assim como da norma tributária individual e concreta, que alberga o fato jurídico tributário ocorrido e veicula a obrigação tributária.

Em sua análise[319], Paulo de Barros Carvalho identificou que a norma geral e abstrata, de qualquer tributo que seja, possui a estrutura adiante comentada.

A *hipótese* corresponde a notas mínimas, mediante as quais se descreve um fato de possível ocorrência, que, se ocorrido, resultará numa consequência – obrigação tributária. Para Paulo de Barros Carvalho, as notas mínimas para identificação de um fato ocorrido concretamente referem-se ao comportamento ou estado de uma pessoa, condicionado no tempo e no espaço, e podem ser agrupadas em classes, ou melhor, critérios, designadamente material, temporal e espacial.

Já a *tese* corresponde a notas mínimas que, mediante a subsunção de um dado fato à hipótese, permitirão o nascimento da relação jurídica pela qual o sujeito ativo terá o direito subjetivo público de exigir do sujeito passivo uma dada quantia a título de tributo – obrigação tributária. Para tanto, segundo Paulo de Barros Carvalho, as notas devem permitir pelo menos a identificação dos sujeitos (ativo e passivo) da relação em causa, bem como a apuração do montante da dívida (base de cálculo e alíquota), e podem ser acomodadas em critérios, nomeadamente pessoal e quantitativo.

No âmbito da norma individual e concreta, o ilustre Professor faz menção às mesmas informações, mas referentes a um fato ocorrido concretamente e a uma obrigação já instaurada, denominando o conjunto de informações referentes ao fato de *antecedente* e à obrigação, *consequente*, em ambos com as informações agrupadas em *aspectos* denominados com as mesmas características dos critérios da norma geral e abstrata (material, temporal etc.).

---

[318] NUNES, Renato. *"Imposto..."*, cit., pp. 63 e seguintes.
[319] CARVALHO, Paulo de Barros. *Teoria da norma tributária*. São Paulo: Max Limonad, 1998, pp. 124 a 171.

Em diversas situações, os atributos ou qualificações da pessoa direta e pessoalmente relacionada ao fato jurídico tributário são determinantes para a delimitação da norma tributária, tanto a geral e abstrata quanto a individual e concreta, como no caso de tributação de rendas auferidas por não residentes ou no de enunciados que compõem negativamente a norma de incidência tributária, especialmente aqueles resultados da projeção de imunidades e isenções, quando se dirigem a determinada classe de pessoas (*v.g.*, entidades assistenciais)[320], razão pela qual entendemos existirem, seja na hipótese da norma tributária geral e abstrata, seja no antecedente da individual, informações pertinentes ao contribuinte, agrupáveis em torno de um critério ou aspecto pessoal, respectivamente[321].

O princípio da capacidade contributiva, como vimos afirmando, informa o conteúdo da norma tributária, quer a geral e abstrata, quer a individual e concreta, quanto à descrição e constituição do fato jurídico que dá lugar à obrigação tributária, no sentido que este deve representar um *signo presuntivo de riqueza*; mas não se restringe isso.

No âmbito da hipótese da norma tributária geral e abstrata ou no do antecedente da individual e concreta, o princípio da capacidade contributiva, por exigir um *fato signo presuntivo de riqueza* efetivamente deflagrado, e não somente uma possibilidade, estabelece parâmetros mínimos para o estabelecimento das notas que regulam o momento possível de ocorrência do fato jurídico tributário, assim como em que instante este poderá ser reputado ocorrido. Tomemos como exemplo o imposto sobre a renda. Pois bem, neste tributo, a capacidade contributiva resta exteriorizada quando da aquisição de disponibilidade de acréscimo patrimonial, conforme esclarecido pelo artigo 43 do Código Tributário Nacional. Nestes termos, o legislador não pode indicar na norma de incidência correspondente que o fato jurídico tributário auferir renda dá-se antes de o seu titular deter a sua disponibilidade. A lei pode até estabelecer um momento posterior como desencadeador desse fato, como o faz em

---

[320] MOREIRA FILHO, Aristóteles. Os critérios de conexão na estrutura da norma tributária. In: TÔRRES, Heleno Taveira (Coord.), *Direito tributário internacional aplicado*. São Paulo: Quartier Latin, 2003, pp. 337-339.

[321] COÊLHO, Sacha Calmon Navarro. *Curso de direito tributário brasileiro*, 4ª ed. Rio de Janeiro: Forense, 1999, pp. 382-385.

TRIBUTAÇÃO E CONTABILIDADE

diversas vezes em matéria de tributação de rendas auferidas por não residentes, mas jamais antes[322].

O princípio da capacidade contributiva, ainda no próprio âmbito constitucional, também informa as possíveis pessoas que poderão ser designadas pelo legislador a suportarem em definitivo – contribuintes – a carga de tributos cujas hipóteses das normas de incidência não se refiram a uma atuação estatal, indicando, ainda que implicitamente, quem poderá ter a relação pessoal e direta com o fato jurídico tributário, aludida pelo Código Tributário Nacional, artigo 121, parágrafo único, I. Em outras palavras, o princípio da capacidade contributiva informa quem poderá ser eleito o *destinatário legal tributário*[323], utilizando-se da expressão consagrada por Héctor Villegas.

Neste tocante, dado o nosso entendimento de que tanto a hipótese quanto a tese da norma tributária geral e abstrata, assim como o antecedente e o consequente da individual e concreta, contêm informações relativas ao contribuinte, o princípio da capacidade contributiva condicionaria tais informações em ambas as situações.

Finalmente, quanto à quantificação da obrigação tributária, seja na tese da norma geral e abstrata, seja no consequente da individual e concreta, o princípio da capacidade contributiva condiciona tanto as notas que permitirão apurar a base de cálculo do tributo ou a própria base calculada[324] quanto a fixação da alíquota.

No âmbito da norma tributária geral e abstrata, o princípio da capacidade contributiva atua como limite à atuação do legislador, prescrevendo que as notas da base de cálculo deverão permitir a apuração da base calculada de tal modo que, ocorrido o fato jurídico tributário, esta corresponda a uma *perspectiva dimensível*[325] deste. Na norma individual e concreta,

---

[322] Pode até a lei, com base no artigo 150, § 7º, Constituição Federal, prever a antecipação do imposto, mas conquanto assegure a restituição do montante pago na hipótese de não ocorrência do fato jurídico tributário.

[323] *Apud* COSTA, Regina Helena. *"Princípio..."*, cit., p. 60.

[324] Quando mencionamos "base de cálculo", fazemos referência à classe de notas que permitem apurar a base de cálculo na norma individual e concreta. Acompanhamos, neste ponto, Aires Fernandino Barreto, que denomina a classe de notas contida na regra-matriz de "base de cálculo" e a expressão numérica contida na norma individual e concreta, sobre a qual é aplicada a alíquota, de "base calculada". Ver: BARRETO, Aires Fernandido. *Ob. cit.*, pp. 53 e 127.

[325] ATALIBA, Geraldo. *"Hipótese..."*, cit., p. 97.

o princípio da capacidade contributiva estabelece que a base calculada constitua uma grandeza mensurável do fato jurídico tributário e que, na medida do possível, assegure a pessoalidade da tributação, funcionando como critério de graduação individual do quanto pode o contribuinte suportar em termos de carga fiscal.

Quanto à alíquota, o princípio da capacidade contributiva constitui instrumento de controle de efeitos confiscatórios, constituindo critério a ser observado na fixação daquela.

Além disso, com vistas a dar-se maior efetividade ao princípio da igualdade nas situações em que a pessoalidade da tributação seja mais marcante, no sentido de que aqueles que manifestem maior capacidade contributiva não somente arquem proporcionalmente com um valor maior de tributos, mas que tenham sua riqueza mais intensamente gravada por tais exações, o princípio da capacidade contributiva, em hipóteses previstas pela Constituição, sofre um *refinamento*, exigindo-se a progressividade de alíquotas tanto quanto maior seja a base de cálculo correspondente[326].

3.7.4 Princípio da capacidade contributiva e princípio da igualdade – convergências e distanciamentos

Em matéria de tributos cuja hipótese da norma de incidência não se refira a uma atuação estatal, a capacidade contributiva é o critério de discriminação por excelência requerido pelo princípio da igualdade em matéria tributária. Contudo, isso não equivale a afirmar que, em tal seara, a observância do princípio da igualdade se esgota[327] na observância do princípio da capacidade contributiva e nem muito menos que a função deste último resuma-se a isto[328].

Primeiramente, a igualdade em matéria tributária requer outros critérios de discriminação adicionais, além da capacidade contributiva, nos tributos cuja hipótese da norma de incidência não se refira a uma atuação

---

[326] Neste aspecto, estamos com Heleno Tôrres, para quem a progressividade é um corolário do princípio da capacidade contributiva, mas que somente é aplicável nos casos expressamente previstos pela Constituição, por tratar-se de mecanismo excepcional de proporcionalidade, que visa a garantir o que ele denomina *igualdade vertical* entre contribuintes. TÔRRES, Heleno Taveira. *"Direito constitucional..."*, cit., p. 603.

[327] ÁVILA, Humberto. *"Sistema..."*, cit., pp. 356-357.

[328] DERZI, Misabel de Abreu Machado. In: BALEEIRO, Aliomar, *"Limitações..."*, cit., pp. 697-698.

estatal, para os quais a Constituição preveja outras motivações constitucionais para o exercício da competência, que não somente o angariar recursos para integrar o orçamento público. É o caso das contribuições sociais, de interesse de categorias profissionais ou econômicas, de intervenção no domínio econômico ou dos empréstimos compulsórios, quando a sua materialidade não se refira a uma atuação estatal. O princípio da capacidade contributiva continua atuando como critério de discriminação, mas não de maneira exclusiva, compartilhando tal mister com outros devidamente fundamentados constitucionalmente. Além disso, o princípio da capacidade contributiva continua a informar o conteúdo da norma tributária, notadamente quanto à determinação do contribuinte, da base de cálculo e da base calculada.

O mesmo se dá no caso dos impostos "extrafiscais", em que a discriminação deixa de operar-se exclusivamente com base na capacidade contributiva do contribuinte, passando a ser acompanhada de outros critérios, com vistas a se atingir objetivos constitucionalmente prestigiados. Desta forma, é errôneo, em nosso pensar, afirmar-se que o princípio da capacidade contributiva não tem lugar no domínio em causa, porquanto a tributação, mesmo nos impostos "extrafiscais", deverá recair sobre riqueza manifestada pelo contribuinte[329], resguardar o mínimo existencial (dentro das limitações contextuais de que tratamos linhas atrás, no item 3.7.3) e não ter efeito confiscatório[330].

O princípio da igualdade em matéria tributária pode até prescindir da capacidade contributiva, como de fato acontece nas exonerações fiscais (imunidades, isenções, alíquota zero, remissões etc.), em que se ignora a capacidade contributiva de um determinado sujeito em função de circunstâncias pessoais ou objetivas, com vistas a se atender finalidades constitucionalmente consagradas (diminuição das desigualdades regionais, amparo à velhice, objetivos da política monetária do país etc.), o que de nenhuma forma representa ofensa àquele. Representará afronta ao princípio da igualdade a concessão de exoneração fiscal, pelo legislador infraconstitucional, que exclua pessoas que dela poderiam gozar por estarem em igualdade de condições[331].

---

[329] GIARDINA, Emilio. *Ob. cit.*, pp. 150-154.

[330] COSTA, Regina Helena. *"Princípio..."*, cit., p. 73.

[331] DERZI, Misabel de Abreu Machado. In: BALEEIRO, Aliomar, *"Limitações..."*, cit., p. 548.

O princípio da capacidade contributiva também não esgota sua função estabelecendo as condições para discriminação em matéria de tributos cuja hipótese da norma de incidência não se refira a uma atuação estatal. Como asseveramos linhas atrás, o princípio em causa também constitui instrumento para a aferição de efeitos confiscatórios na mencionada modalidade de tributos, viabilizando a vedação ao confisco expressamente estabelecida pela Constituição Federal, artigo 150, IV.

3.8 Princípios da igualdade, da capacidade econômica e da capacidade contributiva, a abertura cognitiva do sistema jurídico e acoplamento estrutural

Já cuidamos de algumas questões formais relacionadas à abertura cognitiva do sistema jurídico e aos efeitos dos acoplamentos estruturais deste com outros sistemas, especialmente quanto à instituição, majoração e exigência de tributos, registrando que a lei é o "filtro" por excelência, quer na irritação do sistema jurídico ao seu ambiente, que provoca mudanças em seu programa (normas jurídicas), quer na constituição de fatos jurídicos com correspondência no ambiente (sistema econômico, sistema político, sistema contábil etc.).

A abertura cognitiva do sistema jurídico ao seu ambiente e os efeitos dos acoplamentos estruturais com outros sistemas também estão sujeitos a limitações materiais, sendo a primeira de todas, independentemente do ramo do Direito que se cuide, a estabelecida pelo princípio da igualdade. Queremos dizer, a alteração em seu programa por força de irritação ao ambiente ou por constituição de fatos com correspondência neste deve sempre respeitar o princípio da igualdade nas acepções formal e material.

Em setembro de 2011, mediante o Decreto n.º 7.567, a Chefe do Poder Executivo aumentou em 30 (trinta) pontos percentuais a alíquota do IPI incidente na importação de veículos automotores do exterior (aumento este válido para as operações praticadas até 31 de dezembro de 2012), o que nos parece constituir uma irritação do sistema jurídico a uma demanda do sistema econômico, provocada pelos impactos de negócios daquela natureza na indústria nacional. Bem, o veículo introdutor de normas adotado para a majoração em causa atende às exigências constitucionais, nada obstante parecer-nos não ter sido observada a anterioridade nonagesimal requerida pela Constituição, artigo 150, III, "c" e § 1º, para o aumento do

TRIBUTAÇÃO E CONTABILIDADE

IPI[332]. Neste caso, além da investigação de vícios formais, é necessário verificar se: (i) o critério de discriminação refere-se a um traço diferencial das pessoas ou situações discriminadas – indústria automobilística localizada alhures; (ii) a discriminação não atinge de modo atual e absoluto um só indivíduo; (iii) há justificativa, isto é, correlação lógica entre a discriminação e o critério eleito para tanto – domicílio do estabelecimento fabril; (iv) a justificativa eleita tem fundamento em valores constitucionalmente protegidos; (v) sopesando-se o fundamento constitucional da discriminação procedida e o *direito à igualdade*, qual a alternativa menos lesiva a este. Entendemos não ser este espaço adequado para a referida análise, mas o que queremos deixar registrado é que os efeitos do acoplamento estrutural do Direito com outros sistemas (Economia no caso ilustrado) sempre estarão sujeitos ao "teste" do princípio da igualdade. Apesar de o exemplo referir-se a efeitos do acoplamento estrutural entre sistema jurídico e sistema econômico, a exigência se aplicaria com igual rigor caso tivéssemos mencionado a constituição de um fato nesse sistema com correspondência no ambiente, por força de abertura cognitiva.

Na seara tributária, designadamente em sede instituição, majoração e exigência de tributos, os efeitos de acoplamentos estruturais do Direito com outros sistemas e a abertura cognitiva do sistema jurídico ao seu ambiente também se sujeitam à observância da capacidade econômica do contribuinte, com vistas a verificar, levando em conta a totalidade da carga tributária que sobre este se imponha, se está sendo assegurado seu direito a um *mínimo existencial* em matéria de bens e direitos economicamente apreciáveis, bem como se o resultado dos mencionados fenômenos não resultará ou resulta em efeitos confiscatórios.

Em sede de tributos cuja hipótese da norma de incidência não se refira a uma atividade estatal (impostos, contribuições, que não a de melhoria e a de iluminação pública, e empréstimos compulsórios), a instituição ou majoração decorrente de irritação do sistema jurídico ao ambiente está sujeita à observância do princípio da capacidade contributiva em todos os seus efeitos.

---

[332] O que foi reconhecido pelo Supremo Tribunal Federal, conforme decisão proferida em sede cautelar, na ADIN n.º 4.661, Tribunal Pleno, rel. Min. Marco Aurélio, julgamento em 20.10.2011, publicada no DJ de 23.03.2012.

ABERTURA COGNITIVA E PRINCÍPIOS CONSTITUCIONAIS TRIBUTÁRIOS

Queremos dizer, tratando-se de instituição de tributo, o fato eleito como apto a desencadear o nascimento da obrigação tributária deverá constituir um *signo presuntivo de riqueza*. Nós voltaremos a tratar com maior detalhamento sobre este aspecto quando comentarmos sobre as relações entre o sistema jurídico e o sistema contábil sob o ponto de vista da tributação, especialmente na análise da tributação do lucro e de receitas, mas sem prejuízo disto, poderíamos já lançar um exemplo dos efeitos do princípio da capacidade contributiva em tal fenômeno, na situação em que haja o reconhecimento de uma receita contábil sem que ao menos haja possibilidade de nascimento do direito ao recebimento do valor correspondente. É o que ocorre no caso de investimentos em projetos de infraestrutura efetuados na fase pré-operacional, em que as normas contábeis orientam no sentido de que, sobre os custos incorridos, seja reconhecida uma receita financeira[333], mesmo que isso não haja sido pactuado com a parte contratante. Neste caso, por tratar-se de um valor que, a menos se acordado entre as partes, jamais será recebido, é nítido que a receita correspondente não representa um signo presuntivo de riqueza, de tal sorte que o princípio da capacidade contributiva veda a sua inclusão na apuração das bases calculadas de tributos sobre o lucro e receitas.

Além do quanto expusemos acima, o sujeito eleito como contribuinte é que deverá ser o titular ou beneficiário dessa riqueza, a base de cálculo deverá consistir em notas que permitam que a base calculada corresponda a uma perspectiva dimensível do fato jurídico tributário e a fixação da alíquota deverá dar-se de modo que o tributo correspondente não tenha efeito confiscatório.

Finalmente, tratando-se de tributo marcado por maior pessoalidade quanto à capacidade contributiva do contribuinte, deverá ser resguardado o *mínimo existencial* deste quanto a bens e direitos economicamente apreciáveis.

---

[333] Para maiores informações, vide Interpretação do CPC n.º 01, aprovada pela Resolução CFC n.º 1.261, de 10 de dezembro de 2009, e pela Deliberação CVM n.º 611, de 22 de dezembro de 2009.

4.

Contabilidade e Sistema: Noções Essenciais

SUMÁRIO: 4.1 Considerações iniciais – 4.2 Sobre a Contabilidade: 4.2.1 Contabilidade enquanto sistema científico; 4.2.1.1 Correntes de pensamento; 4.2.1.2 Contabilidade e ciência – corrente adotada; 4.2.1.2.1 Aspectos gerais; 4.2.1.2.2 Teoria contábil e Contabilidade – sistemas científicos com objetos distintos; 4.2.1.2.3 Contabilidade, regras técnicas e uniformidade sintática; 4.2.1.2.4 Escrituração contábil; 4.2.2 Contabilidade à luz da teoria dos sistemas; 4.2.2.1 Código e programa do sistema contábil – 4.3 Postulados, princípios e convenções que regem a Contabilidade brasileira: 4.3.1 Postulados da entidade e da continuidade; 4.3.2 Postulado da essência econômica; 4.3.3 Princípio do custo como base do valor; 4.3.4 Princípio da realização da receita e da confrontação com as despesas (competência); 4.3.4.1 Exemplos de reconhecimento da receita em situações que não a transferência de produtos ou serviços ao cliente; 4.3.5 Princípio do denominador comum monetário; 4.3.6 Convenção da objetividade; 4.3.7 Convenção da materialidade; 4.3.8 Convenção do conservadorismo; 4.3.9 Convenção da uniformidade/consistência – 4.4 Elementos das demonstrações financeiras: 4.4.1 Ativo; 4.4.2 Passivo; 4.4.3 Patrimônio líquido; 4.4.4 Receitas; 4.4.4.1 Mensuração de receitas; 4.4.5 Despesas; 4.4.5.1 Reconhecimento de despesas; 4.4.5.2 Mensuração de despesas; 4.4.6 Demonstração de resultados.

4.1 Considerações iniciais

A chamada "prática contábil" é milenar, remontando a aproximadamente 2.000 a.C.[334], tendo ganho impulso em função do fervilhante comércio

---

[334] HENDRIKSEN, Eldon S.; BREDA, Michael F. Van. *Teoria da Contabilidade*. São Paulo: Atlas, 2010, pp. 41 e seguintes.

em Gênova e Veneza e da publicação, por Luca Pacioli, no século XV, de estudo difundindo proposta de realização dos lançamentos contábeis por meio da técnica de partidas dobradas, identificando sempre a *origem* e a *aplicação* de cada mutação patrimonial.

O estudo da Contabilidade, contudo, é recente, tendo adquirido foros de ciência somente no século XX[335], daí por que pensarmos ainda não ser tão clara a identificação do objeto da teoria contábil e, de alguma forma, da própria Contabilidade, diferentemente da matéria jurídica, em que tais questões são pesquisadas e testadas há séculos, de modo que atualmente é possível identificar com clareza o que seja a filosofia do direito, a dogmática jurídica e o sistema jurídico.

O presente trabalho não constitui uma teoria contábil (e sequer poderia) e nossa proposta não é analisar criticamente as teorias existentes ou a própria prática contábil. Nosso objetivo é analisar a experiência brasileira, isto é, a atividade de constituição de informações contábeis, e os *postulados, princípios, convenções* e *regras* que a regulam, conjunto este que, a nosso ver, conforme exposto adiante, constitui um *sistema* e que designaremos *Contabilidade* para fins do presente trabalho. Além disso, nossa análise ficará circunscrita ao seu ramo denominado *Contabilidade Societária Financeira*, que é o que nos interessa para fins de desdobramentos no âmbito da tributação, de tal sorte que não teceremos comentários sobre as chamadas *Contabilidade Gerencial* e *Contabilidade de Custos*.

Seja por não constituir objeto do presente trabalho, seja por não termos credenciais para tanto, não apreciaremos as propostas de abordagem da Contabilidade[336], tendo em vista motivos de ordem ética, comportamental, macroeconômica, sociológica etc. Nosso objetivo não é tratar de *teoria contábil*, sobretudo questões epistemológicas, mas sim identificar o que possa ser considerado com um *sistema contábil brasileiro*, constituído por proposições descritivas, veiculadoras do que denominaremos *fatos contábeis*, constituídas segundo determinados postulados, princípios, convenções e regras, pois é fundamentalmente este o conjunto de informações que se relaciona com o sistema jurídico, reagindo a demandas deste ou vice-versa.

---

[335] LOPES, Alexsandro Broedel; MARTINS, Eliseu. *Teoria da Contabilidade – uma nova abordagem*. São Paulo: Atlas, 2005, p. 3.

[336] IUDÍCIBUS, Sérgio de. *Teoria da Contabilidade*, 10ª ed. São Paulo: Atlas, 2010, p. 7-10.

CONTABILIDADE E SISTEMA: NOÇÕES ESSENCIAIS

Nossa pesquisa será direcionada à explicação de fenômenos observados, sem a pretensão de avaliar qual a "melhor" Contabilidade[337].

Nesse diapasão, como um reforço à nossa opção metodológica, há que se destacar que a Contabilidade no Brasil é, senão toda, fortemente disciplinada por lei (notadamente a Lei n.º 6.404/76) e por atos de autarquias (CFC, CVM, Banco Central, Superintendência de Seguros Privados – "Susep" – e agências reguladoras), estas últimas, atualmente e em grande medida, referendando os pronunciamentos, interpretações e orientações emitidos pelo CPC.

Em nossos comentários sobre a Contabilidade brasileira, nos basearemos, portanto, nas regulações de ordem contábil que mencionamos acima.

Nossa única proposta crítica consistirá em caracterizar a Contabilidade pátria como um sistema e as implicações disto à luz da teoria Niklas Luhmann, já que não identificamos nenhuma tentativa neste sentido na doutrina contábil brasileira ou alienígena, e também porque, sem esse esforço, não seria possível efetuarmos nossa análise sobre a relação entre o sistema jurídico e o sistema contábil, sob a ótica da tributação, na forma que ora propomos.

As nossas *constatações* sobre a Contabilidade versarão mais intensamente sobre questões pertinentes ao reconhecimento e mensuração de ativos, passivos, receitas, ganhos, despesas e perdas, itens que, a nosso ver, são os que mais surtem efeitos no sistema jurídico em sede de tributação, seja causando irritações neste, ou ensejando a constituição de fatos jurídicos representativos de fatos contábeis, bem como a respeito de sua caracterização como um sistema científico, distinto da teoria que o tem como objeto – teoria contábil.

4.2 Sobre a Contabilidade

A escassez de literatura definindo o que constitua a Contabilidade é inversamente proporcional ao número de manifestações doutrinárias e orientações versando sobre os objetivos e o objeto daquela. Por tal razão, com vistas a depreender o que seja Contabilidade, vamos realizar tal empreitada analisando primeiramente quais são os seus objetivos e objeto.

---

[337] LOPES, Alexsandro Broedel; MARTINS, Eliseu. *"Teoria..."*, cit., p. 14.

129

TRIBUTAÇÃO E CONTABILIDADE

Tratando dos objetivos da Contabilidade, Sérgio de Iudícibus[338] assim discorre: "O objetivo básico da Contabilidade, portanto, pode ser resumido no fornecimento de informações econômicas para os vários usuários, de forma que propiciem decisões racionais".

Neste mesmo sentido estabelece o Pronunciamento Conceitual Básico do CPC, que trata da estrutura conceitual para a elaboração e apresentação das demonstrações financeiras:

12. O objetivo das demonstrações contábeis é fornecer informações sobre a posição patrimonial e financeira, o desempenho e as mudanças na posição financeira da entidade, que sejam úteis a um grande número de usuários em suas avaliações e tomadas de decisão econômica.

Dada a impossibilidade de se atender às necessidades específicas de cada usuário, temos que o objetivo Contabilidade é constituir um arquivo básico de informações sobre a posição patrimonial e financeira de uma entidade, o desempenho e as mudanças na posição financeira – vertidas sob a forma de proposições descritivas, veiculadoras de fatos contábeis – capaz de atender ao maior público possível, tendo em vista as suas necessidades comuns[339].

Poderíamos indicar como principais categorias de usuários e respectivas necessidades os seguintes[340]:

– *Investidores*. Os provedores de capital de risco e seus analistas que se preocupam com o risco inerente ao investimento e o retorno que ele produz. Eles necessitam de informações para ajudá-los a decidir se devem adquirir, manter ou alienar investimentos. Os provedores de capital também estão interessados em informações que os habilitem a avaliar se a entidade[341] tem capacidade de gerar lucros.

– *Empregados*. Os empregados e seus representantes estão interessados em informações sobre a estabilidade e a lucratividade de seus empregadores. Também se interessam por informações que lhes permitam

---

[338] IUDÍCIBUS, Sérgio de. *"Teoria..."*, cit., p. 7.

[339] IUDÍCIBUS, Sérgio de. *"Teoria..."*, cit., p. 7.

[340] Pronunciamento Conceitual Básico do CPC, item 09.

[341] Unidade econômica geradora de riqueza que possa ser identificada separadamente de seu titular, associados, sócios ou acionistas.

130

CONTABILIDADE E SISTEMA: NOÇÕES ESSENCIAIS

avaliar a capacidade que tem a entidade de prover sua remuneração, seus benefícios de aposentadoria e suas oportunidades de emprego.

– *Credores por empréstimos.* Estes estão interessados em informações que lhes permitam determinar a capacidade de a entidade pagar empréstimos e os correspondentes juros no vencimento.

– *Fornecedores e outros credores comerciais.* Os fornecedores e outros credores estão interessados em informações que lhes permitam avaliar se as importâncias que lhes são devidas serão pagas nos respectivos vencimentos. Os credores comerciais provavelmente estarão interessados em uma entidade por um período menor do que os credores por empréstimos, a não ser que dependam da continuidade da entidade em razão de esta ser um cliente importante.

– *Clientes.* Os clientes têm interesse em informações sobre a continuidade operacional da entidade, especialmente quando têm um relacionamento de longo prazo com ela, ou dela dependem por ser um fornecedor importante.

– *Governo e agências.* Os governos e agências estão interessados na destinação de recursos e, portanto, nas atividades das entidades. Necessitam também de informações a fim de disciplinar as atividades das entidades, estabelecer políticas fiscais e servir de base para determinar a renda nacional e estatísticas semelhantes.

– *Público.* As entidades afetam o público de diversas maneiras. Elas podem, por exemplo, fazer contribuição substancial à economia local de vários modos, inclusive empregando pessoas e utilizando fornecedores locais. As demonstrações contábeis podem ajudar o público fornecendo informações sobre a evolução do desempenho da entidade e os desenvolvimentos recentes.

Nos dias de hoje, pode ser identificado como um interesse comum a todas as categorias de público acima mencionadas que a Contabilidade tenha um caráter *preditivo,* de *informar sobre o futuro esperado à luz do passado realizado,* parafraseando Nelson Carvalho[342]. Queremos dizer, o que o público em geral anseia é que, com as informações veiculadas no sistema

---

[342] CARVALHO, L. Nelson. Essência *x* forma na Contabilidade. In: MOSQUERA, Roberto Quiroga e LOPES, Alexsandro Broedel (Coords.), *Controvérsias jurídico-contábeis (aproximações e distanciamentos).* São Paulo: Dialética, 2010, p. 374.

TRIBUTAÇÃO E CONTABILIDADE

contábil – por meio de proposições descritivas versando sobre o sistema econômico –, seja possível prever a capacidade de geração de fluxos de caixas futuros[343].

Tendo em vista que o objetivo da Contabilidade consiste fundamentalmente na prestação de informações econômico-financeiras mediante proposições descritivas veiculadoras de fatos contábeis, temos que o *objeto* daquela versa sobre uma determinada posição patrimonial e financeira, assim como suas variações quantitativas e qualitativas (desempenho e mudanças na posição financeira), com vistas a possibilitar a projeção de fluxos de caixas futuros e a avaliação e tomada de decisões por um grande número de usuários (que ilustramos de forma exemplificativa acima)[344].

Apesar de tratarmos especificamente de postulados contábeis logo adiante, de modo a concluirmos nosso raciocínio, faz-se necessário tratarmos antecipadamente de um desses (aliás, dos mais importantes), para melhor demarcarmos o que seja o objeto da Contabilidade.

Neste diapasão, tem-se que o objeto da Contabilidade não versa sobre qualquer informação econômico-financeira. Constitui *postulado ambiental*[345] dessa a determinação – que muitos autores chegam até a classificar como um axioma[346] – de que a informação em causa deve referir-se ao que se denomina *entidade*, isto é, uma unidade econômica que exerce controle sobre bens e direitos que possam lhe propiciar benefícios econômicos. Independentemente da forma jurídica ou até mesmo existência de personalidade jurídica, a Contabilidade necessariamente vai referir-se a uma entidade na forma que apontamos e cuja caracterização vai depender fundamentalmente da necessidade dos usuários que tenham interesse nessa[347].

---

[343] Conforme enfaticamente afirmado por Alexsandro Broedel e Eliseu Martins e que, de resto, é expressamente previsto pelo Pronunciamento Conceitual Básico do CPC, item 16. Sobre a lição dos citados autores, ver: LOPES, Alexsandro Broedel; MARTINS, Eliseu. *"Teoria..."*, cit., p. 65.

[344] IUDÍCIBUS, Sérgio de; MARTINS, Eliseu; CARVALHO, L. Nelson. Contabilidade: aspectos relevantes da epopeia de sua evolução. *Revista contabilidade e finanças*. São Paulo: USP, vol. 38, 2005, p. 12.

[345] LOPES, Alexsandro Broedel; MARTINS, Eliseu. *"Teoria..."*, cit., pp. 127-128.

[346] IUDÍCIBUS, Sérgio de. *"Teoria..."*, cit., pp. 32-34.

[347] HENDRIKSEN, Eldon S.; BREDA, Michael F. Van. *Ob. cit.*, p. 104.

CONTABILIDADE E SISTEMA: NOÇÕES ESSENCIAIS

Sobre o assunto, são bastante elucidativas as lições de Sérgio de Iudícibus[348]:

> Para nossa finalidade, poderíamos afirmar que, para a Contabilidade, qualquer indivíduo, empresa, grupo de empresas ou entidades, setor ou divisão, desde que efetue atividade econômica, e que seja tão importante, a critério dos stakeholders (segmentos de pessoas interessadas, como acionistas, donos, credores, empregados etc.), que justifique um relatório separado e individualizado de receitas e despesas, de investimentos e de retornos, de metas e de realizações, pode tornar-se uma entidade contábil.

No Brasil, país de Contabilidade fortemente regulada, seja pela lei, seja por atos de autarquias (que, atualmente e em grande maioria, consistem em referendos dos pronunciamentos, interpretações e orientações do CPC), há previsão do que obrigatoriamente se caracteriza como entidade para fins de constituição de fatos contábeis, quer por exigência da legislação de Direito Privado (Código Civil, Lei das Sociedades Anônimas etc.), quer da legislação de Direito Público, notadamente a tributária. Neste sentido, podemos indicar, exemplificativamente, que intitulam ou constituem entidades para fins contábeis no Brasil[349]:

– as pessoas jurídicas em geral, independentemente de sua forma (sociedade, associação ou fundação)[350] [351];
– os grupos societários, constituídos na forma do artigo 265 da Lei n.º 6.404/76 ou não[352];
– o empresário[353];

---

[348] IUDÍCIBUS, Sérgio de. "*Teoria...*", cit., p. 33 – grifamos.

[349] Cuida-se de rol exemplificativo, tendo em vista a possibilidade de agências reguladoras e outras autarquias, notadamente o Banco Central, estabelecerem previsões além das aqui arroladas.

[350] Código Civil, artigo 1.179.

[351] Apesar de inexistir obrigatoriedade para que as associações e fundações elaborem demonstrações contábeis, a fim de que estas figuras possam gozar de exonerações (imunidades e isenções) voltadas sobretudo a impostos sobre renda, serviços e patrimônio, a legislação as obriga a elaborarem tais demonstrações – vide, como exemplo, Código Tributário Nacional, artigo 14, e Lei n.º 9.532, de 10 de dezembro de 1997, artigos 12 e 15.

[352] Lei n.º 6.404/76, artigo 249, Pronunciamento CPC n.º 36.

[353] Código Civil, artigo 1.179.

TRIBUTAÇÃO E CONTABILIDADE

– as filiais, sucursais, agências ou representações no Brasil de pessoas jurídicas domiciliadas no exterior[354];

– os comitentes ou mandantes no exterior, quanto aos resultados das operações realizadas por seus comissários ou mandatários no Brasil[355];

– as sociedades em conta de participação[356];

– os prestadores de serviços intelectuais, inclusive os de natureza científica, artística ou cultural, em caráter personalíssimo ou não[357];

– os negócios controlados em conjunto por duas ou mais entidades que não constituam uma pessoa jurídica, mas possam ser caracterizados como uma unidade econômica[358] (*joint ventures*, por exemplo[359]).

As proposições descritivas formadoras da Contabilidade – que versam sobre informações econômico-financeiras referentes a uma entidade – são constituídas mediante um procedimento específico, que a doutrina[360] denomina *processo contábil*, consistente, essencialmente, em 03 (três) medidas, quais sejam, *reconhecimento*, *mensuração* e *evidenciação*, segundo uma determinada técnica e de acordo com uma dada disciplina.

É de fundamental importância o bom entendimento desse processo a que aludimos para os fins deste trabalho, porquanto as medidas *reconhecimento* e *mensuração*, integrantes do processo de constituição das proposições contábeis, costumam consistir nos pontos mais problemáticos na relação entre o sistema jurídico e o sistema contábil sob o ponto de vista da tributação.

Na etapa de reconhecimento, tem-se a constituição do *núcleo* do fato veiculado pela proposição, que corresponde a um dado econômico-

---

[354] Lei n.º 3.470, de 28 de novembro de 1958, artigo 76; Lei n.º 4.131, de 03 de setembro de 1962, artigo 42; Decreto-Lei n.º 1.598/77, artigo 7º; Regulamento do Imposto sobre a Renda ("RIR"), aprovado pelo Decreto n.º 3.000, de 26 de março de 1999, artigos 147, II, e 251.

[355] Lei n.º 3.470/58, artigo 76; RIR/99, artigos 147, III, e 251.

[356] Decreto-Lei n.º 2.303, de 21 de novembro de 1986, artigo 7º; RIR/99, artigo 148; Pronunciamento CPC n.º 19.

[357] Lei n.º 11.196, de 21 de novembro de 2005, artigo 129.

[358] Pronunciamento CPC n.º 19.

[359] Sobre a escrituração contábil de operações praticadas em consórcio, ver também a Instrução Normativa ("IN") da Secretaria da Receita Federal do Brasil ("RFB") n.º 1.199, de 14 de outubro de 2011.

[360] Por todos, ver: LOPES, Alexsandro Broedel; MARTINS, Eliseu. "*Teoria...*", cit., pp. 51-52.

CONTABILIDADE E SISTEMA: NOÇÕES ESSENCIAIS

-financeiro referente a uma entidade, e a classificação deste em função de suas características (ativo, passivo, receita, despesa etc.).

Uma vez definido o núcleo do fato contábil integrante da proposição e realizada a classificação da informação correspondente, faz-se necessário estabelecer qual a sua base de mensuração e mensurá-lo.

Na constituição da proposição contábil pertinente ao ramo da Contabilidade denominado *Contabilidade Financeira* (que, de longe, representa a porção do sistema contábil que mais se relaciona com o sistema jurídico), por exemplo, o reconhecimento e a mensuração do fato contábil que esta veicula dão-se mediante a técnica secular denominada *partidas dobradas*, difundida pela obra de Luca Pacioli, conforme mencionamos anteriormente. Este método consiste na realização de lançamentos, representados em moeda, da *origem* e do *destino* da posição patrimonial ou financeira refletida na proposição contábil, sendo os lançamentos referentes ao destino denominados *débitos* e os referentes à origem, *créditos*.

Sendo destino e origem, isto é, *lançamento a crédito* e *lançamento a débito* elementos do mesmo fato contábil, inexoravelmente débitos e créditos, em magnitude numérica, são iguais[361]. Por exemplo, o fato contábil que tenha como objeto a tomada de recursos financeiros em empréstimo, e que deva ser adimplido até o exercício seguinte ao de sua contratação, deve ser representado mediante um lançamento a débito em valor correspondente aos recursos em causa em conta do ativo *caixa/bancos* e um lançamento a crédito em conta do passivo *contas a pagar*, no mesmo valor do lançamento a débito procedido.

Finalmente, dado que o objetivo da Contabilidade é prover informações a usuários que possibilitem a estes a tomada de decisões econômicas, tem-se que compõe o processo de constituição do fato contábil a sua evidenciação, ou seja, a demonstração para os usuários externos à entidade das etapas de seu reconhecimento e mensuração.

A evidenciação das proposições contábeis é feita de forma estruturada nas *demonstrações financeiras*, iniciando-se com a representação daquelas em

---

[361] A lógica do método de partidas dobradas costuma induzir ao entendimento errôneo de que os fatos contábeis constituem "dados exatos". Tanto o reconhecimento quanto a mensuração do fato contábil resultam de julgamento do profissional habilitado à sua constituição, julgamento este que, por força da necessidade de o fato contábil retratar da melhor forma possível o seu objeto, é impregnado de forte subjetividade. Sobre o assunto, ver: CARVALHO, L. Nelson. Essência *x* forma na Contabilidade. In: MOSQUERA, Roberto Quiroga e LOPES, Alexsandro Broedel (Coords.), "*Controvérsias...*", cit., pp. 374-375.

TRIBUTAÇÃO E CONTABILIDADE

forma de lançamentos a crédito e a débito, escriturados nos chamados *livro diário* e *livro razão*, e seguindo nas outras abaixo referidas[362]:

- balanço patrimonial;
- demonstração do resultado;
- demonstração do resultado abrangente;
- demonstração das mutações do patrimônio líquido;
- demonstração dos fluxos de caixa;
- demonstração do valor adicionado[363];
- notas explicativas, compreendendo um resumo das políticas contábeis significativas e outras informações explanatórias.

O balanço patrimonial constitui a principal fonte de informações sobre a posição patrimonial e financeira da entidade. Por sua vez, informações sobre o desempenho constam essencialmente da demonstração de resultado. E, finalmente, as informações sobre as mutações na posição financeira podem ser verificadas por meio de demonstrações em separado, tal como a de fluxos de caixa[364].

4.2.1 Contabilidade enquanto sistema científico
4.2.1.1 Correntes de pensamento
A doutrina contábil[365] aponta que a Contabilidade tem origem remota, originada com a inscrição de elementos de riqueza patrimonial e que foi ganhando em qualidade e complexidade com o passar do tempo, a fim de atender melhor aos interesses de seus usuários[366].

---

[362] Lei n.º 6.404/76, artigo 176; Pronunciamento CPC n.º 26, item 10.

[363] Esta somente é obrigatória para companhias abertas, conforme determina a Lei n.º 6.404/76, artigo 176, V.

[364] Para fins do presente trabalho, dado que à tributação interessam mais de perto as informações sobre a posição patrimonial e financeira da entidade, assim como de seu desempenho, conforme verificaremos mais a frente, centraremos nossa análise no balanço patrimonial e na demonstração de resultado.

[365] Dentre outros, ver a exposição bastante didática de Antônio Lopes de Sá: SÁ, Antonio Lopes de. *Teoria da Contabilidade*, 5ª ed. São Paulo: Atlas, 2010, pp. 23 e seguintes.

[366] Vernom Kam atribui a evolução do "espírito capitalista" a condição de grande propulsor da evolução da Contabilidade: *Apud* IUDÍCIBUS, Sérgio de; MARTINS, Eliseu; CARVALHO, L. Nelson. Contabilidade: aspectos relevantes da epopeia de sua evolução. *Revista contabilidade e finanças*, cit., p. 10.

CONTABILIDADE E SISTEMA: NOÇÕES ESSENCIAIS

Perdurou durante muito tempo a noção restrita de Contabilidade como registro, manutenção de livros de escrituração de contas, divulgação de saldos de contas e informações sobre os negócios e empresários, noção esta que somente foi sofrer uma mudança mais acentuada ao longo do século XIX, em que se incluiu no objeto de análise, ao lado das *contas*, os *fenômenos* (isto é, os eventos retratados por aquelas, as necessidades dos usuários etc.)[367]. É nesse período também, sobretudo na Itália, que se começa a conceber a Contabilidade como *ciência*.

Sobre o assunto, é bastante elucidativa a passagem abaixo transcrita, de artigo de autoria dos professores Sérgio de Iudícibus, Eliseu Martins e Nelson Carvalho[368]:

> Sem dúvida, o que se conhece da evolução da Contabilidade, primeiro como sistema de escrituração, evoluindo, lentamente, para o estado de ciência, faz meditar que o impulso inicial para seu surgimento tenha sido (1) de natureza sócio-econômica ampla, ou seja, o surgimento, conforme Kam, já citado, do **'espírito capitalista'**, espírito esse que se traduzia em necessidades prementes de acompanhar a evolução da riqueza patrimonial das entidades, a partir, principalmente, do Século XII, fortalecendo-se no XIII (já com as partidas dobradas) indo até inícios do Século XIX, aperfeiçoando-se em suas técnicas escriturais. Praticamente, é no século XIX que a Contabilidade, através de autores talentosos de vários países, não sem predecessores em épocas anteriores, assume vestimenta científica, saindo do estreito âmbito da escrituração para as especulações sobre avaliação, enquadramento da Contabilidade entre as ciências, introdução dos raciocínios sobre custos de oportunidade, riscos e juros; (...)

Analisando diversas manifestações da doutrina contábil, brasileira e estrangeira, parece-nos ser majoritário o entendimento de que a Contabilidade constitui uma *ciência*[369].

---

[367] CHAVES DA SILVA, Rodrigo Antônio. *Evolução doutrinária da Contabilidade – epistemologia do princípio patrimonial*. Curitiba: Juruá, 2010, pp. 24-25.

[368] IUDÍCIBUS, Sérgio de; MARTINS, Eliseu; CARVALHO, L. Nelson. Contabilidade: aspectos relevantes da epopeia de sua evolução. *Revista contabilidade e finanças*, cit., p. 10 – destaques dos autores.

[369] Alguns autores indicam que, no passado, a Contabilidade era considerada uma arte, uma arte de registrar. Ver: BELKAQUI, Ahmed Riahi. *Accounting theory*, 5ª ed. Andover: Cengage, 2004, p. 41.

Nada obstante, identificamos que não há uma uniformidade sobre o que constitua a Contabilidade.

Existem autores que entendem ser a ciência aquilo que analisa e estuda o processo contábil e fornece contribuições para o seu aperfeiçoamento e melhora, não incluindo este último em tal acepção (ciência), como podemos observar da seguinte passagem, extraída de obra de autoria de Antonio Lopes de Sá[370]: "Variadas, pois, têm sido as formas de definir ou delimitar a área contábil e não são raras as vezes que se tem confundido o exercício profissional com a doutrina, com o corpo de verdades que forma a ciência contábil".

Outros que incluem ambos os itens ora referidos sob o conceito de Contabilidade, como Harry Wolk, James Dodd e John Rozycki[371]:

> O termo teoria contábil é na verdade um tanto quanto misterioso. Há muitas definições através das quais a literatura contábil procura esclarecer esta algo elusiva expressão. Teoria contábil é definida como as premissas básicas, definições, princípios, e conceitos – e como nós os derivamos – que subsidiam a produção de normas por um corpo legislativo. Teoria contábil também inclui a divulgação da Contabilidade e de informação financeira.

E, finalmente, aqueles que vislumbram a Contabilidade como uma ciência que observa, analisa, registra e expõe informações econômico-financeiras, mediante a observância de uma dada disciplina. Nesse sentido, podemos citar as lições de Frederico Herrman Júnior[372], bem como – na sequência – as de Eliseu Martins e Alexsandro Broedel Lopes[373]:

> Contabilidade é a ciência que estuda o patrimônio à disposição das aziendas, em seus aspectos estático e dinâmico e em suas variações, para enunciar, por

---

[370] SÁ, Antônio Lopes de. *Ob. cit.*, p. 47.

[371] "The term accounting theory is actually quite mysterious. There are many definitions throughout the accounting literature of this somewhat elusive term. Accounting is defined here as the basic assumptions, definitions, principles, and concepts – and how we derive them – that underlie accounting rule making by a legislative body. Accounting theory also includes the reporting of accounting and financial information". (texto original na língua inglesa) WOLK, Harry I.; DODD, James L.; ROZYCKI, John. *Accounting theory*, 7th. Thousand Oaks: Sage, 2008, pp. 02-03 – tradução livre do autor.

[372] HERRMAN JÚNIOR, Frederico. *Contabilidade superior*, 10ª ed. São Paulo: Atlas, 1978, p. 58.

[373] LOPES, Alexsandro Broedel; MARTINS, Eliseu. *"Teoria..."*, cit., p. 126.

CONTABILIDADE E SISTEMA: NOÇÕES ESSENCIAIS

meio de fórmulas racionalmente deduzidas, os efeitos da administração sobre a formação e a distribuição dos réditos.

***

A Contabilidade é uma ciência social, na medida em que fornece insumos para o comportamento humano frente a organizações dinâmicas inseridas na sociedade. A Contabilidade retrata obras humanas, as entidades, para que outras pessoas possam tomar as decisões adequadas relacionadas a elas. No entanto, a Contabilidade utiliza-se de uma metodologia qualitativa e quantitativa para realizar seus objetivos, pois atribui conceitos, muitas vezes arbitrários, para caracterizar os elementos patrimoniais, em seguida cuidando de sua mensuração por intermédio de técnicas quantitativas. O mecanismo de débito e crédito é um exemplo dessa metodologia quantitativa da Contabilidade.

Esta última corrente de pensamento a que aludimos acima parece-nos ser a preponderante no Brasil, uma vez que adotada pelo próprio órgão regulador da profissão contábil, o CFC, ao tratar dos princípios contábeis:

Art. 2º Os Princípios de Contabilidade representam a essência das doutrinas e teorias relativas à Ciência da Contabilidade, consoante o entendimento predominante nos universos científico e profissional de nosso País. Concernem, pois, à Contabilidade no seu sentido mais amplo de ciência social, cujo objeto é o patrimônio das entidades.

Feita a exposição das principais vertentes acerca do que corresponda a Contabilidade enquanto ciência, passaremos, a seguir, a tratar de cada uma criticamente, indicando a que adotaremos para fins do presente trabalho e as respectivas razões para tanto.

4.2.1.2 Contabilidade e ciência – corrente adotada
4.2.1.2.1 Aspectos gerais

A ciência é um conjunto de proposições descritivas que versam sobre um determinado objeto, metodicamente fundado, demonstrado e existente sob a forma de sistema[374]. Difere-se, a ciência, do "conhecimento vulgar", pois este carece de método, é fragmentado e assistemático, não contando, portanto, com "garantia da verdade", sendo, quando muito, geralmente aceito[375].

---

[374] FERRAZ JÚNIOR, Tércio Sampaio. *A ciência do direito*. São Paulo: Atlas, 1977, pp. 10-11.
[375] LIARD, Louis. *Lógica*. Buenos Aires: Araujo, 1943, p. 269.

TRIBUTAÇÃO E CONTABILIDADE

As proposições integrantes de um sistema científico, por serem descritivas, estão sujeitas à verificação mediante os valores verdadeiro/falso e aos ditames da chamada lógica apofântica e são isentas de contradição[376]. Não há espaço, numa ciência, para duas proposições que descrevam um mesmo objeto de forma contraditória, de modo que somente uma destas poderá ser verdadeira e, portanto, integrante daquela. Sem confundir-se com seu objeto, a ciência o reconstrói mediante proposições, segundo um método e técnicas que lhe sejam próprias[377].

Os sistemas podem ser classificados em função de seu objeto, a teor da proposta de Marcelo Neves[378], que os divide em *reais* e *proposicionais*; os primeiros formados por itens tanto do mundo físico ou natural como do social, e os segundos por proposições[379]. No âmbito dos sistemas proposicionais, o Professor pernambucano ilustra que estes podem ser formados por entidades ideais, não tendo relevância os dados da experiência, tal como ocorre na matemática (*sistemas nomológicos*), ou que guardem referência – genérica ou individual, direta ou indireta – a objetos reais (*sistemas nomoempíricos*)[380]. Finalmente, o citado Professor procede a uma subclassificação dos sistemas nomoempíricos, dividindo-os em *prescritivos* e *descritivos*, assim conceituando-os[381]:

> Os sistemas nomoempíricos descritivos (teoréticos) têm função gnosiológica, pois pretendem representar proposicionalmente as diversas maneiras em que se relacionam ou se devem relacionar os dados reais. Ou seja, pretendem descrever relações reais ou proposições prescritivas.
> (...)
> Os sistemas nomoempíricos prescritivos (ou normativos) têm a função de direcionar a conduta humana em um determinado sentido, incluindo-se no 'mundo' da praxis. Não se destinam a representar gnosiologicamente a conduta, (...) mas sim a controlá-las e dirigi-las, dentro de um certo espaço de liberdade e possibilidades.

[376] VILANOVA, Lourival. *"As estruturas..."*, cit., pp. 185-187.

[377] ALCHOURRON, Carlos E.; BULYGIN, Eugenio. *Introducción a la metodologia de las ciências jurídicas y sociales*. Buenos Aires: Astrea de Alfredo y Ricardo Depalma, 1993, pp. 29-31; POPPER, Karl. *A lógica da pesquisa científica*. São Paulo: Cultrix, 2007, pp. 40-41.

[378] NEVES, Marcelo. *"Teoria da..."*, cit., pp. 03 e seguintes.

[379] CARVALHO, Paulo de Barros. *"Direito tributário..."*, cit., pp. 41-42.

[380] NEVES, Marcelo. *"Teoria da..."*, cit., pp. 04-06.

[381] NEVES, Marcelo. *"Teoria da..."*, cit., pp. 06-07.

CONTABILIDADE E SISTEMA: NOÇÕES ESSENCIAIS

A ciência, na proposta de Marcelo Neves, constituiria um sistema nomoempírico descritivo, pois fundada na descrição de um determinado objeto, com vistas à produção de conhecimento.

4.2.1.2.2 Teoria contábil e Contabilidade – sistemas científicos com objetos distintos

Não temos dúvidas de que a teoria contábil, isto é, o processo de produção conhecimento voltado à análise do processo contábil e da sua disciplina, é dotada das características para ser considerada uma ciência, uma vez que possui objeto delimitado, unidade metodológica e teoriticidade, assim como constitui uma estrutura formal de proposições de conhecimento articuladas. A teoria contábil é um sistema nomoempírico descritivo que representa sistematicamente o que denominamos *Contabilidade*, cuja linguagem na qual se reveste sobrepõe-se à desta última.

Parece-nos que o grande dilema que cerca a doutrina é a caracterização da Contabilidade na forma que propusemos como uma ciência. Como observamos linhas atrás, há divergências acerca do assunto. Há autores que defendem que o predicado *científico* seria aplicável unicamente à teoria, outros que tanto o processo contábil e a disciplina que o orienta quanto à produção de conhecimento sobre estes constituiriam um sistema científico e outros que consideram cada um uma ciência distinta, com objetos próprios; a teoria contábil, que representaria a Contabilidade, e esta última, que teria por objeto o sistema econômico, mais especificamente as informações de índole patrimonial pertinentes a uma entidade.

Analisando cada uma das correntes de pensamento que indicamos linhas atrás, parece-nos mais adequada a que concebe como ciência também a Contabilidade, por conta das características desta.

A despeito de entendermos que há uma corrente doutrinária que caracteriza a Contabilidade da forma como vimos propondo no presente trabalho, devemos deixar registrado que, mesmo os autores dessa corrente, não efetuam expressamente uma distinção entre aquela e o que denominamos *teoria contábil*. A identificação dessa distinção termina sendo efetuada de forma implícita, tendo em vista a conceituação que se atribui à Contabilidade. Por exemplo, a proposta que transcrevemos linhas atrás, de autoria de Eliseu Martins e Alexsandro Broedel, a nosso ver, trabalha com a diferenciação a que aludimos, ao estabelecer um objeto para a Contabilidade distinto do da teoria contábil.

TRIBUTAÇÃO E CONTABILIDADE

A Contabilidade, já dissemos, tem como finalidade precípua o fornecimento de informações econômico-financeiras pertinentes a uma dada entidade que sejam úteis à tomada de decisões por parte de seus usuários (titular da entidade, administradores, investidores, credores, governo). Pode-se dizer que esta aspiração dos usuários em relação à Contabilidade constitui um dos principais motivos para que esta deixasse a condição de mera técnica de registros informativos de saldos de contas e assumisse caráter científico.

O fato de ser um instrumento de informação descritiva de dados econômicos não faz, por si só, da Contabilidade uma ciência. E deixou de ser simplesmente isto, sobretudo a partir do século XVIII, na Itália, passando para Holanda, Alemanha, Escócia, Inglaterra e, dali, para os Estados Unidos[382], onde, no século XX, assumiu definitivamente a condição científica, em grande medida pelo impulso provocado pela crise de 1929.

Conforme Hilário Franco, citado por Renald Camargo[383]:

> (...) o desenvolvimento econômico e, consequentemente, da profissão contábil, nos Estados Unidos, aliado aos problemas surgidos no mercado de capitais americano, com a quebra da Bolsa de Valores de Nova Iorque, determinaram a preocupação da profissão contábil americana em encontrar meios de estabelecer normas padronizadas de proceder aos registros contábeis, para que todos os balanços falassem a mesma linguagem, pois a Contabilidade deve ser o idioma comum dos negócios. As entidades americanas de classe contábil estimulavam estudos no sentido de identificar conceitos básicos que levassem a fixar postulados e princípios em que se assentassem as normas que já vinham sendo adotadas na profissão.

Deixou de ser suficiente simplesmente informar o lucro de uma determinada entidade, por exemplo. Passou a ser necessário uniformizar os critérios para a demonstração deste, de modo a permitir a comparação de desempenho entre entidades. Tornou-se fundamental uma adequada interpretação do fenômeno a ser informado, fornecer material de melhor qualidade e confiabilidade aos usuários.

---

[382] CAMARGO, Renald Antonio Franco de. *A influência e contribuição da legislação tributária na Contabilidade no Brasil*. Dissertação de mestrado. São Paulo: PUC/SP, 1997, p. 13.

[383] *Apud* CAMARGO, Renald Antonio Franco de. *Ob. cit.*, p. 17.

CONTABILIDADE E SISTEMA: NOÇÕES ESSENCIAIS

Isto posto, temos que a *Contabilidade é um sistema científico formado por proposições descritivas que representam, mediante fatos contábeis, informações originárias do sistema econômico pertinentes a uma entidade, constituídas segundo uma dada disciplina.* Tal como a linguagem constituinte da ciência do direito corresponde a um corpo de linguagem de sobrenível para o direito positivo[384], representando-o sistematicamente mediante proposições descritivas, de igual forma é a linguagem constituinte da Contabilidade em relação à Economia, assim como a da teoria contábil para aquela.

Em virtude de sua finalidade, qual seja, fornecer informações úteis aos seus usuários, subsidiando as ações destes (investidores, credores, Estado etc.), podemos afirmar que a Contabilidade não se restringe à produção de conhecimento, mas também volta-se à orientação de comportamentos, o que permite classificá-la como uma *ciência prática*[385].

4.2.1.2.3 Contabilidade, regras técnicas e uniformidade sintática

Já mencionamos anteriormente, tratando de aspectos do ordenamento jurídico, que as proposições constituintes de um sistema proposicional – tal qual a Contabilidade – gozam de uniformidade sintática. Enquanto sistema científico, temos que as proposições integrantes deste são de cunho descritivo e orientadas pela lógica causal. Isto significa dizer que as proposições contábeis possuem a mesma estrutura, consistente na descrição de um determinado fato, acompanhada de uma dada consequência; *se "p" então "q"*, em linguagem formalizada, ou, saturando a proposição de significação, *se uma pessoa jurídica toma recursos em empréstimo, então possui obrigação de restituí-los.* Há uma diferença latente entre a proposição contábil e a proposição jurídica versando sobre esta mesma situação, porquanto esta consistiria no que segue, *se uma pessoa jurídica toma recursos em empréstimo, então dever-ser a obrigação de restituí-los*[386].

A linguagem mediante a qual se materializam os enunciados formadores das proposições contábeis muitas vezes assume forma prescritiva, o que de nenhum modo faz com que esta passe a ter tal cunho. Da mesma forma que se dá com o Direito, repleto de enunciados vertidos sob a forma

[384] CARVALHO, Paulo de Barros. *"Curso..."*, cit., pp. 03-05.
[385] IPPOLITO, Marcelo Baeta. *A linguagem contábil e a hipótese de incidência e base de cálculo do imposto de renda das pessoas jurídicas tributadas pelo lucro real.* Dissertação de mestrado. São Paulo: PUC/SP, 2005, p. 42.
[386] VILANOVA, Lourival. *"Causalidade..."*, cit., p. 99.

TRIBUTAÇÃO E CONTABILIDADE

descritiva (caso das hipóteses/antecedentes das normas jurídicas), em que a função da linguagem constituinte é sempre prescritiva, num sistema científico esta será sempre descritiva[387].

Na Contabilidade, assim como em outras ciências, mormente as que possam ser classificadas como práticas (medicina, engenharia etc.) há sempre uma técnica ou conjunto de técnicas que devem ser observadas para o seu bom desempenho, técnicas estas normalmente desenvolvidas no âmbito das ciências ditas puramente teóricas e absorvidas pelas ciências práticas e até mesmo pela arte[388]. É justamente o caso dos postulados, princípios, convenções e regras, itens normalmente originados no âmbito da teoria contábil e que passam a integrar a Contabilidade, determinando os meios para a formação das proposições descritivas que lhe constituem.

A linguagem constitutiva desses enunciados que mencionamos (postulados, princípios etc.), no mais das vezes, reveste-se da forma prescritiva (*e.g.* na análise da natureza de uma dada transação, é obrigatório que a substância econômica prevaleça – *postulado da essência econômica*). Contudo, dado que estes enunciados, em última instância, compõem as proposições descritivas constituintes da Contabilidade, a linguagem na qual se revestem sempre terá função descritiva[389].

Em países cujo Direito seja de inspiração romano-germânica – caso do Brasil –, é comum que os sistemas jurídicos sejam altamente analíticos,

[387] VILANOVA, Lourival. *"As estruturas..."*, cit., pp. 65-66.

[388] "Daqui surgem, com importância essencial, leis que unem indissoluvelmente cada ciência teórica, ocupada com o conhecimento das leis causais naturais, uma ciência prática, arte, ou Técnica que, com conhecimento das leis causais, indica normativamente, mercê do dito conhecimento, os meios técnicos que devem ser observados para a obtenção de determinados fins. Cada ciência teórica dá lugar, pois, a uma técnica própria, uma ciência prática (medicina, educação, etc.) ou arte correlativas". AFTALIÓN, Enrique R.; OLANO, Fernando García; VILANOVA, José. *Introducción al derecho*, 6ª ed. Buenos Aires: El Ateneo, 1960, pp. 127-128 – tradução livre do autor. "De aquí surgen, con necessidad essencial, leyes que unen indisolublemente a cada ciencia teórica, ocupada con el conocimiento de las leyes causales naturales, una ciencia práctica, arte, o Técnica que, con conocimiento de las leyes causales, indica normativamente, merced a dicho conocimiento, los medios técnicos que deben excogitarse para obtener determinados fines. Cada ciencia teórica suministra, pues, una técnica propia, una ciencia práctica (medicina, educación, etc.) o arte correlativos". (texto original na língua espanhola)

[389] "(...) as chamadas 'regras técnicas', na medida em que indicam as condições e os meios necessários para se alcançar um fim, não têm função prescritiva, mas sim descritivas. Elas apontam um *müssen*, não constituem um *sollen*". NEVES, Marcelo. *"Teoria da..."*, cit., p. 7.

144

CONTABILIDADE E SISTEMA: NOÇÕES ESSENCIAIS

sobretudo naqueles em que o Estado exerça uma intervenção mais acentuada no domínio econômico, e um sem número de normas técnicas possuam *status* de normas jurídicas. Todavia, isto não se dá automaticamente, pois se o Direito não cria uma norma jurídica com mensagem equivalente à de uma norma técnica, a eventual forma prescritiva desta não fará com que alcance tal condição (de norma jurídica).

Giorgio Del Vecchio[390] tece considerações bastante esclarecedoras acerca do tema:

> Por si, as normas técnicas não são propriamente obrigatórias; à face do Direito, nenhuma falta comete o escultor que para si esculpisse uma estátua péssima; ou o engenheiro que construísse para seu uso e sobre curso de água de sua propriedade, ponte insegura; ou o advogado que, fazendo valer em juízo um seu direito de crédito, ignorasse os princípios mais elementares do direito processual. Contudo a obrigatoriedade é elemento das normas técnicas, não pela sua própria natureza, mas quando a atividade correspondente às mesmas se torna conteúdo de uma relação contratual, de modo que outros podem exigir a sua observância.

No Brasil, por exemplo, a existência de enunciados no sistema contábil e no sistema jurídico com conteúdos comuns dá-se em sem número; o que se tem, no sistema contábil, são normas técnicas revestidas em linguagem com função descritiva, e no sistema jurídico, normas jurídicas de igual conteúdo, mas vertidas em linguagem com função prescritiva.

Em suma, o fato de existirem normas técnicas na Contabilidade não compromete sua condição de sistema científico, nem muito menos afeta a uniformidade sintática de suas proposições descritivas. As normas técnicas representam enunciados vertidos em linguagem sob a forma prescritiva, mas com função descritiva, e que terminam por integrar as proposições constituintes da Contabilidade, as quais gozam de absoluta uniformidade sintática.

---

[390] DEL VECCHIO, Giorgio. *Lições de filosofia do direito*. Coimbra: Armênio Amado, 1951, pp. 251-252 – grifamos. A nosso ver, na parte final do trecho *"(...) conteúdo de uma relação contratual (...)"*, talvez tivesse sido mais adequado se Del Vecchio tivesse se referido a conteúdo de norma jurídica. Contudo, esta aparente impropriedade não compromete o acerto de sua lição.

TRIBUTAÇÃO E CONTABILIDADE

4.2.1.2.4 Escrituração contábil

Muitos autores veem a Contabilidade como algo distinto da escrituração contábil, que representaria a prática da Contabilidade, procedida mediante lançamentos, nos livros e demonstrações contábeis (livro caixa, livro razão, balanço patrimonial, demonstração de resultados etc.), das mutações no patrimônio de uma *entidade*[391].

Nada obstante tal entendimento, parece-nos mais acertado considerar a escrituração contábil como algo integrante da Contabilidade.

Na verdade, a expressão escrituração contábil tem ao menos 02 (duas) acepções facilmente identificáveis. Uma, que mencionamos acima, correspondente ao ato de promover lançamentos nos livros e lançamentos contábeis; outra, enquanto os próprios livros e demonstrações. Ou, de uma forma simplista, a primeira acepção poderia ser chamada *escrituração procedimento* e a segunda, *escrituração produto*.

Retomando as lições de Eliseu Martins e Alexsandro Broedel, temos que a escrituração procedimento é parte do que estes autores denominam *processo contábil*, presente mais especificamente na fase *evidenciação*, isto é, a versão, em linguagem competente, dos fatos contábeis ou, melhor, das proposições descritivas constituintes da Contabilidade; e a escrituração produto, o meio através do qual a Contabilidade resta vertida em linguagem competente.

A Contabilidade, enquanto subsistema social, é necessariamente vertida em linguagem. Neste diapasão, sendo a escrituração, quer na acepção procedimento, quer na acepção produto, item fundamental à constituição da linguagem contábil, isto é, das proposições descritivas formadoras da Contabilidade, a nosso ver, aquela faz parte desta.

4.2.2 Contabilidade à luz da teoria dos sistemas

Já tecemos comentários gerais sobre a teoria dos sistemas de Niklas Luhmann, bem como sobre as lições deste autor acerca do sistema jurídico. Não temos notícias de que Luhmann tenha produzido material sobre a Contabilidade à luz de sua proposta teórica, nada obstante a vasta produção bibliográfica deste autor.

---

[391] Como exemplo, ver: MOST, Kenneth S. *Accounting theory*. Columbus: Grid, 1977, p. 13; SÁ, Antônio Lopes de. *Ob. cit.*, p. 43.

CONTABILIDADE E SISTEMA: NOÇÕES ESSENCIAIS

Em que pese a tal ausência de material, tendo em vista a forma como procuramos definir a Contabilidade, isto é, como um sistema científico voltado à representação de informações integrantes do sistema econômico referentes a uma entidade, parece-nos absolutamente plausível aplicar as lições de Luhmann sobre sistemas de tal categoria. Com isso, buscaremos indicar o que constituiriam o código e o programa do sistema contábil, criando, assim, subsídios para nossa análise das relações entre este e o sistema jurídico, especialmente sob o ponto de vista da tributação.

Para Luhmann, a ciência constitui um *sistema observador* integrante do sistema social, cujas operações consistem em observações, que se autorreproduzem mediante mais observações, vertidas em linguagem competente sob a forma de descrições (proposições descritivas):

> Independentemente do que seja a ciência e como se distinga de outras atividades, suas operações são em todo caso uma observação e, quando se elaboram textos, uma descrição. Na visão geral da sociedade e também da ciência, o conhecimento se gera unicamente como resultado de observações. Para isto, o observador e sempre a própria ciência, e a forma da operação realizada pela observação e, portanto, sempre a comunicação.[392]

Fiel à sua premissa de que o sistema social é constituído por comunicações, Luhmann afasta veementemente a possibilidade de o observador ser tido como o ser humano ou o sistema psíquico, afirmando que este tão somente se relaciona com os outros sistemas, sobretudo impulsionando a produção de comunicação[393]. O observador corresponderia ao sistema de comunicações sob a forma de observações.

A se conceber a ciência como um sistema, é necessário aceitar-se que esta se autorreproduz, a partir de suas próprias operações, sendo fechada sob este ponto de vista (operacional). Desta forma, mesmo no caso em que a observação consista na descrição de algo que esteja fora dos domínios

---

[392] LUHMANN, Niklas. *La ciencia de la sociedad*. México: Anthropos, 1996, p. 60. – tradução livre do autor. *"Independientemente de lo que la ciencia sea y cómo se distinga de otras actividades, sus operaciones son en todo caso una observación y, cuando se elaboran textos, una descripción. En el consumo general de la sociedad y también en la ciencia, el conocimiento se genera únicamente como resultado de observaciones. Para eso, el observador es siempre la propia ciencia, y la forma de la operación realizada por la observación es, por lo tanto, siempre la comunicación "*. (texto original na língua espanhola)
[393] LUHMANN, Niklas. *"La ciencia..."*, cit., p. 37.

TRIBUTAÇÃO E CONTABILIDADE

do sistema científico, o dado externo não é incorporado a este. O sistema científico pode representar descritivamente o dado externo, mas este não ingressa no sistema. O que há no interior do sistema científico é uma descrição que pode versar sobre o ambiente – outro sistema, por exemplo –, mas que com este não se confunde[394].

As observações constituintes do sistema científico são do tipo de segunda ordem, isto é, têm como objeto outras observações, o que potencializa sua capacidade de redução de complexidade, pois têm como objeto algo que já procedeu a uma redução desta. Mas juntamente com a redução de complexidade, conforme já assinalamos páginas atrás, o que se tem é a geração de mais diferenciação/contingência e, portanto, mais complexidade.

As observações objeto das operações do sistema científico podem ser integrantes deste próprio (auto-observação) ou observações constantes de outros sistemas, quer auto-observações, quer hetero-observações[395]. Exemplificando tal constatação no âmbito jurídico, a filosofia do direito constituiria um ramo da ciência formado por observações acerca de observações da dogmática – auto-observação – e as observações desta, por sua vez, seriam hetero-observações acerca de observações (auto) constantes do ordenamento jurídico.

Os comentários acima nos remetem a uma outra questão importante, que é o fato de que a realização de observações não é uma prerrogativa da ciência, mesmo as de segundo grau. Luhmann nos dá conta de que observações de tal modalidade podem ser verificadas nos sistemas funcionais em geral:

> O produto central da operação dos sistemas de funções da sociedade moderna está baseado fundamentalmente nesse tipo de observação: conforme já mencionado, a pedagogia, ao observar como as crianças observam. Sempre se soube que os educandos observam se são observados (ainda que por medo); mas, agora, são os pedagogos que têm de observar dessa maneira especializada, que converte no perfil de sua profissão.
>
> Não somente a pedagogia opera nesse nível de observação, como também a política, por exemplo.[396]

---

[394] LUHMANN, Niklas. "*La ciencia...*", cit., pp. 208-209.
[395] LUHMANN, Niklas. "*Introdução...*", cit., p. 163.
[396] LUHMANN, Niklas. "*Introdução...*", cit., p. 172.

CONTABILIDADE E SISTEMA: NOÇÕES ESSENCIAIS

O que caracteriza o sistema científico, portanto, não é simplesmente este produzir observações, mas sim estas se darem mediante a aplicação de um código que lhe é próprio, qual seja, verdadeiro/falso, que permite àquele autorreproduzir-se e diferençar-se de seu entorno, sobre o que voltaremos a tratar no tópico seguinte.

Sobre a função da ciência, esta consiste na produção de novos conhecimentos, que podem ser considerados utilidades, *serviços a outros sistemas funcionais ou à vida cotidiana de seu entorno social*, parafraseando Luhmann[397].

A Contabilidade, neste contexto, é um ramo do sistema científico formado por proposições descritivas decorrentes de observações que tenham como objeto observações integrantes do sistema econômico pertinentes a uma entidade (hetero-observação) ou que versem sobre aquelas (auto--observação).

4.2.2.1 Código e programa do sistema contábil

Conforme assinalamos anteriormente, é o código do sistema que permite o seu fechamento operacional e lhe assegura unidade e cada código somente é verificado num único sistema.

No âmbito da ciência, o código mediante o qual se realizam suas operações (observações) é o verdadeiro/falso. A ciência, ao observar (operar), diferencia e indica as observações verdadeiras e as observações falsas, o que vale tanto para as hetero-observações quanto para as auto-observações.

A Contabilidade, em regra, trabalha no sistema de hetero-observação, pois se volta às observações integrantes do sistema econômico que versem sobre uma entidade, descrevendo-as mediante a indicação de quais são verdadeiras e quais são falsas. É possível também identificar a auto-observação em tal campo, especialmente no caso de "revisões" de proposições descritivas integrantes da Contabilidade. Neste caso, tem-se uma observação sobre o sistema econômico, mas feita através de uma observação da Contabilidade, indicando se esta é verdadeira ou falsa[398].

---

[397] LUHMANN, Niklas. "*La ciencia...*", cit., p. 257.

[398] "O balanço, como de resto toda a contabilidade, não pode jamais ser um simples reflexo de fatos econômicos, porque se trata de uma interpretação simbólica e, portanto, convencional da realidade. Os fatos econômicos não passam para os livros contábeis no estado bruto, mas são traduzidos, simbolicamente, em conceitos e valores; ou seja, são previamente estimados e valorados, segundo um critério determinado e em função de uma finalidade específica". COMPARATO. Fábio Konder. Natureza jurídica do balanço. In: *Ensaios e pareceres de direito empresarial*. Rio de Janeiro: Forense, 1978, pp. 31-32 – grifamos.

TRIBUTAÇÃO E CONTABILIDADE

Mas, como dissemos anteriormente, o código, por si só, é neutro, não representa nada, daí por que é fundamental associar-lhe um conteúdo, de modo que seja possível aplicar este ou aquele "lado" – positivo ou negativo. Este conteúdo corresponde ao *programa* do sistema, sobre o qual já tratamos páginas atrás, e que, na ciência, permite identificar qual "lado" do código verdadeiro/falso há de ser aplicado nas operações daquele. Sobre o assunto, assim discorre Luhmann[399]: "Da mesma forma, o código como diferenciação deve ser diferenciado num outro sentido: o dos programas do sistema que especificam sob que condições é correto ou incorreto determinar algo como verdadeiro ou não verdadeiro".

No caso da Contabilidade, temos que o seu programa corresponde aos postulados, princípios, convenções e regras que indicam como as suas operações devem se desenrolar, isto é, sob que condições as proposições descritivas se referirão a uma situação verdadeira ou falsa. O programa da Contabilidade, conforme relatamos anteriormente, consiste nas denominadas *normas técnicas*.

4.3 Postulados, princípios e convenções que regem a Contabilidade brasileira

A doutrina[400] costuma classificar as normas técnico-contábeis em função de seu grau de influência, estruturando-as de forma hierárquica.

Neste sentido, são classificadas como postulados as normas técnicas não sujeitas à verificação, por terem cunho axiomático, as quais, em razão disto, terminam por impor as situações básicas nas quais a Contabilidade se aplica e o seu espaço de atuação, espraiando seus efeitos sobre todas as demais regulações, independentemente de que espécie sejam. Ou seja, encontram-se no topo da hierarquia da Contabilidade, definindo os seus âmbitos subjetivo, temporal e material.

Os princípios contábeis, apesar de surtirem efeitos na Contabilidade também de forma bastante abrangente, não têm o caráter axiomático dos postulados, sendo erigidos em função dos objetivos e necessidades que

---

[399] LUHMANN, Niklas. *"La ciencia..."*, cit., p. 137 – tradução livre do autor. *"Por lo mismo, el código como diferenciación debe ser diferenciado aún en otro sentido: el de los programas del sistema que especifican bajo qué condiciones es correcto o incorrecto determinar algo como verdadero o no verdadero".* (texto original na língua espanhola)

[400] Sobre o assunto, ver ilustrativo quadro elaborado por Hendriksen e Breda. HENDRIKSEN, Eldon S.; BREDA, Michael F. Van. *Ob. cit.*, p. 91.

fundamentam a existência daquela. Numa estrutura hierarquizada, estariam, os princípios, abaixo dos postulados, mas acima das demais normas técnico-contábeis.

Relacionando-se diretamente com os princípios contábeis, há as convenções, que constituem orientações sobre a aplicação dos princípios, delimitando as situações nas quais as escolhas devem ser feitas quando houver mais de um resultado possível, visando sempre à melhor aplicação dos princípios, tendo em vista os interesses dos usuários. As convenções, por estarem diretamente vinculadas ao conteúdo dos princípios sob uma perspectiva hierárquica, estariam abaixo destes, mas ainda assim numa posição de destaque na Contabilidade.

Finalmente, há as regras técnico-contábeis que cuidam com maior especificidade das diversas situações em que se constituam fatos contábeis, fornecendo ao profissional competente maiores subsídios para tratar das situações no plano concreto.

4.3.1 Postulados da entidade e da continuidade

Já tratamos linhas atrás do postulado da entidade, que circunscreve as informações patrimoniais financeiras a que devem referir-se os fatos contábeis. A Contabilidade não tem por objeto qualquer informação patrimonial financeira, mas unicamente a que guarde relação com uma unidade econômica geradora de riqueza, que possa ser identificada separadamente de seus titulares, associados, sócios ou acionistas. Desta forma, o postulado da entidade constitui uma demarcação subjetiva dos limites da Contabilidade e, por consequência, do próprio processo contábil, o qual sempre se referirá à unidade a que aludimos.

A caracterização da entidade independe de esta possuir forma jurídica que a torne capaz de direitos e obrigações e, pois, de intitular patrimônio próprio, sendo requerido para tanto apenas a reunião de um grupo de pessoas e recursos capaz de gerar informação patrimonial financeira. Eliseu Martins[401], a respeito disto, menciona que a dissociação das notas do conceito de *entidade contábil* e de *entidade jurídica* iniciou-se com o advento da figura das demonstrações financeiras consolidadas, em que

---

[401] Notas taquigráficas da palestra sobre o tema *Evolução do regime contábil tributário no Brasil*, proferida na terceira edição do evento "Controvérsias Jurídico-Contábeis (aproximações e distanciamentos), realizado em 25 de maio de 2012.

TRIBUTAÇÃO E CONTABILIDADE

ativos e passivos agrupam-se em torno do controle[402] que alguém exerça sobre uma pessoa jurídica, nada obstante a propriedade e a posse serem intituladas por esta última.

A figura da entidade tem importância ímpar não somente na Contabilidade, mas também no relacionamento entre esta e o Direito, uma vez que é por meio daquela que se dá o acoplamento estrutural entre tais sistemas. Neste aspecto, antecipando os comentários que dispensaremos acerca do tema no próximo capítulo, salientamos que a figura do patrimônio na Contabilidade, e em grande medida também no Direito Societário e no Direito Tributário, não se refere a sujeitos de direito – apesar de sempre ser intitulado por estes, em última instância –, mas a unidades econômicas[403].

Para efeitos da Contabilidade, segundo as lições de Sérgio de Iudícibus[404], as entidades são consideradas como empreendimentos em andamento, isto é, como um meio para continuamente adicionar valor aos recursos de que se utiliza, até que se tenha uma forte evidência em sentido contrário (de desfazimento da entidade). Disso decorre o postulado da continuidade, que estabelece que o processo contábil dá-se continuamente, isto é, sem um limite temporal predeterminado. Justamente por este motivo, para fins de prestação de informações aos usuários, usualmente convenciona-se o estabelecimento de períodos para avaliação do patrimônio e do desempenho da entidade, pois, do contrário, tal prestação somente seria possível quando do encerramento desta.

Caso o postulado da continuidade não tenha lugar, na hipótese de haver fortes evidências de descontinuação de um empreendimento ou prazo definido para este, eventualmente se faz até necessária a mudança da política contábil adotada, de modo a refletir este novo contexto[405] (deixando, por exemplo, de mensurar um ativo pelo custo histórico e passando a fazê-lo pelo seu valor provável de realização).

---

[402] Segundo a definição de Fábio Konder Comparato: "O controle é, pois, o direito de dispor dos bens alheios como um proprietário. Controlar uma empresa significa poder dispor dos bens que lhe são destinados, de tal arte que o controlador se torna senhor de sua atividade econômica". COMPARATO, Fábio Konder. *O poder de controle na sociedade anônima*, 4ª ed., atualizado por Calixto Salomão Filho. Rio de Janeiro: Forense, 2005, p. 124.

[403] PEDREIRA, José Luiz Bulhões. *Finanças e demonstrações financeiras da companhia – conceitos fundamentais*, 2ª ed. Rio de Janeiro: Forense, 1989, p. 549.

[404] IUDÍCIBUS, Sérgio de. *"Teoria..."*, cit., p. 34.

[405] Pronunciamento Conceitual Básico do CPC, item 23.

CONTABILIDADE E SISTEMA: NOÇÕES ESSENCIAIS

Em resumo, os postulados ora mencionados, analisados em conjunto, nos levam ao entendimento de que as informações patrimoniais financeiras somente constituem objeto da Contabilidade se referidas a uma entidade, uma unidade econômica geradora de riqueza (definição de âmbito subjetivo), informações estas que, via de regra, são geradas continuamente (definição de âmbito temporal).

4.3.2 Postulado da essência econômica

Na linha de raciocínio que vimos desenvolvendo, pudemos observar que a Contabilidade, mediante linguagem e método próprios, constitui proposições descritivas de eventos do sistema econômico pertinentes a uma entidade. Conforme verificamos anteriormente, a Contabilidade não é parte do sistema econômico, muito embora tenha por objeto as informações deste, tendo, materialmente, seu âmbito de operação voltado à representação de eventos ocorridos no referido sistema.

Bem, o sistema econômico é acoplado ao sistema jurídico por meio dos contratos e dos elementos formadores do direito propriedade, bem como ele próprio, de modo que muitas situações ocorridas naquele são frutos de reação ao último ou resultam na constituição de fatos econômicos com correspondência no sistema jurídico e vice-versa. Ou seja, sistema econômico e sistema jurídico interagem incessantemente. Nada obstante tal constatação, um fato jurídico não é considerado pelo sistema econômico como tal, mas sim um fato econômico, que pode, ou não, guardar correspondência com aquele. Queremos dizer, um negócio jurídico de compra e venda de bem fungível com cláusula de recompra pode representar, no sistema econômico, um empréstimo, e cada sistema constituirá fatos segundo seu código e programa, ainda que estes porventura guardem correspondência com outros integrantes de outro ou outros sistemas.

Ora, se a Contabilidade tem por objetivo primordial fornecer informações acerca de eventos ocorridos no sistema econômico, mediante linguagem e método próprios, é óbvio que a proposição contábil deverá veicular uma descrição do evento tal como ocorrido no sistema econômico, pouco importando que este evento tenha sido originalmente desencadeado por um fato jurídico. Em outras palavras, fazendo uso do exemplo da compra e venda com cláusula de recompra, se, sob o ponto de vista do sistema econômico, isto representar um empréstimo, esta será a informação a ser descrita pela Contabilidade.

153

TRIBUTAÇÃO E CONTABILIDADE

Por isso, repetimos, a Contabilidade é necessariamente voltada ao sistema econômico, não importando que eventualmente as informações deste – a serem representadas por meio de proposições descritivas – tenham sido constituídas em função de informações de outros sistemas. Não constitui objeto da Contabilidade outras informações que não as integrantes do sistema econômico, sendo absolutamente irrelevante que aquelas tenham sido motivadas por ocorrências em outros sistemas (jurídico, político, psíquico, mecânico etc.). A Contabilidade reporta-se sempre a uma informação econômica, devendo representar na melhor medida do possível a essência desta, e, é claro, esta essência deve prevalecer sobre qualquer outra coisa, inclusive sobre a forma jurídica de um negócio que tenha resultado num fato econômico, que, por sua vez, constitua uma informação representada por um fato contábil. A se proceder de forma distinta, corrompida estará a Contabilidade, que passará a ser uma técnica de registros de informações que não econômicas.

Cuida-se, portanto, a necessidade de observância da essência econômica, de um postulado contábil ambiental[406], que define o objeto da Contabilidade.

Confiramos as lições de Nelson Carvalho[407] sobre o tema:

Leis contêm o poderoso ingrediente de representarem a consecução de vontades no contrato social estabelecendo limites e condições; no plano da sociedade e da vida empresarial, leis não criam verdades: a depreciação não é necessariamente o valor contabilizado, a PDD não está necessariamente bem mensurada, o capital regulatório determinado pela autoridade, as provisões chamadas 'anticíclicas' (feitas com mais agressividade em tempos de bonança) – tudo isto estabelecido por leis ou normativos infralegais –, não criam verdades econômicas; são, antes, interferências regulatórias que no mais das vezes corrompem o intuito de bem informar os fluxos de caixa futuros esperados a partir de fundamentos econômicos sólidos.

Cremos que o sentimento de revolta dos teóricos da Contabilidade relativamente às regulações do Direito em tal matéria, sobretudo por parte das normas voltadas à tributação do lucro e das receitas, é que tenha

---

[406] IUDÍCIBUS, Sérgio de. *"Teoria..."*, cit., p. 66.
[407] CARVALHO, L. Nelson. Essência *x* forma na Contabilidade. In: MOSQUERA, Roberto Quiroga e LOPES, Alexsandro Broedel (Coords.), *"Controvérsias..."*, cit., p. 376 – grifamos.

154

CONTABILIDADE E SISTEMA: NOÇÕES ESSENCIAIS

resultado na nomeação do postulado aqui tratado como da *prevalência da essência sobre a forma*, ou mais especificamente da *prevalência econômica sobre a forma jurídica*. Parece-nos que tal denominação não representa a verdadeira amplitude do postulado em causa, que não se refere ao Direito somente, mas a quaisquer outros sistemas. Vejamos, como exemplo, o caso de um país em que a Contabilidade seja fortemente regulada pelo Estado ou pela administração pública indireta (como no Brasil) e que o governo divulgue índices de inflação. Caso os índices de inflação oficiais sejam manipulados, não refletindo a efetiva corrosão do poder de compra da moeda, a Contabilidade deverá retratar a inflação captada no sistema econômico, e não a informação veiculada no âmbito do sistema político. Por tal razão, preferimos denominar o postulado aqui analisado simplesmente como da *essência econômica*.

Ao menos na relação entre sistema jurídico e Contabilidade, a discussão sobre prevalência da essência econômica sobre a natureza jurídica (expressão que nos parece mais adequada) é de longa data e não se restringe ao Brasil, conforme relatam Alexsandro Broedel e Eliseu Martins[408], mas que nos dias de hoje pensamos ter perdido o sentido nesse País, tendo em vista a nítida "blindagem" da Contabilidade promovida pela Lei n.º 11.638/07 e pela Lei n.º 11.941/09, que instituíram mecanismos voltados a assegurar a pureza da Contabilidade, e as novas regulações contábeis baseadas nos pronunciamentos, interpretações e orientações do CPC, que se pautam – todos, sem exceção – no postulado da essência econômica. Isso tudo sem falar na previsão expressa veiculada pelo Pronunciamento Conceitual Básico desse Órgão, item 35[409].

Por derradeiro, devemos mencionar, ainda que brevemente, que é errôneo afirmar-se que no Direito a forma prevalece sobre a essência. A forma é tão somente um meio de constituição de fatos jurídicos, a qual, por princípio, representa a essência destes. Havendo elementos que demonstrem o contrário, isto é, de que a forma jurídica não retrata a essência (do negócio jurídico, por exemplo), é lição secular que esta prevalece sobre aquela

---

[408] LOPES, Alexsandro Broedel; MARTINS, Eliseu. *"Teoria..."*, cit., p. 53.

[409] "Para que a informação represente adequadamente as transações e outros eventos que ela se propõe a representar, é necessário que essas transações e eventos sejam contabilizados e apresentados de acordo com a sua substância e realidade econômica, e não meramente sua forma legal. A essência das transações ou outros eventos nem sempre é consistente com o que aparenta ser com base na sua forma legal ou artificialmente produzida". (grifamos)

na identificação da natureza do fato jurídico, o que, de resto, é expressa e didaticamente previsto, por exemplo, pelo Código Civil, artigos 112 e 170. O que prevalece no Direito, contudo, é a *substância jurídica*, a qual, muitas vezes, pode não guardar correspondência com a *substância econômica*. Na investigação da essência de um negócio jurídico, por exemplo, o que importa é a real manifestação de vontade das partes, pouco importando a roupagem que aquele receberá no sistema econômico e que será relatada pela Contabilidade, de tal sorte que é absolutamente factível a existência de um negócio de compra e venda de bem fungível com cláusula de recompra, mas que, no sistema econômico, corresponda a um empréstimo e assim seja descrito pela Contabilidade, inexistindo qualquer anomalia numa situação como esta[410]. É fato que a Contabilidade pode representar um poderoso meio de prova da substância jurídica, especialmente de negócios cuja causa jurídica guarde correspondência com razões de cunho eminentemente econômico financeiro. Contudo, o que não pode ser feito é pretender transformar o meio de prova no próprio objeto desta, isto é, na própria situação a ser provada.

4.3.3 Princípio do custo como base de valor

O princípio do custo como base de valor é voltado à mensuração de fatos contábeis que se refiram ao reconhecimento de ativos – direitos do(s) titular(es) da entidade, normalmente correspondentes à propriedade ou posse, como resultado de eventos passados e dos quais se espere que resultem futuros benefícios econômicos para aquela[411].

Conforme podemos verificar de textos de teoria da Contabilidade, há um intenso debate sobre a melhor forma de mensuração do custo de ativo, especialmente se de acordo com o *custo histórico* ou o *valor justo* ("fair value"), contrapondo a objetividade da informação patrimonial financeira com a sua utilidade para o usuário[412].

---

[410] A respeito deste tema, vale indicar os comentários tecidos por Edison Carlos Fernandes. FERNANDES, Edison Carlos. *Direito contábil (fundamentos, conceito, fontes e relação com outros "ramos" jurídicos)*. São Paulo: Dialética, 2013, pp. 69 e seguintes.

[411] Pronunciamento Conceitual Básico do CPC, item 49, "a".

[412] A regulação contábil Brasileira, de um modo geral, consagra somente estes dois métodos de mensuração de custo, daí porque não teceremos comentários sobre outros anunciados pelos teóricos da Contabilidade.

No regime de mensuração de acordo com o custo histórico, esta se dá segundo o sacrifício patrimonial financeiro incorrido para se intitular um ativo. Apesar da aparente simplicidade, não se pode perder de vista que, muitas vezes, o sacrifício não é representado por um único item, mas diversos dispêndios de recursos necessários para obter o ativo na forma, no local e no momento em que pode ser útil para as operações da entidade, o que pode constituir uma tarefa extremamente difícil numa atividade complexa[413].

Já no regime de mensuração segundo valor justo, o que deve ser verificado para este fim é, segundo as lições de Alexsandro Broedel e Eliseu Martins[414], "o valor que seria obtido caso esse ativo fosse negociado, em condições justas, em mercados organizados sem características impositivas como a liquidação da empresa, por exemplo". Na hipótese de existir mercado minimamente organizado para negociação do ativo (*e.g.* bolsa de valores), o valor justo corresponderá fundamentalmente ao seu valor de mercado. Na ausência do mercado em causa, então, faz-se necessário mensurar o ativo com base nos fluxos futuros de caixa que se estime serão gerados por aquele.

A se adotar o custo histórico, ganha-se em objetividade e segurança, porquanto os reconhecimentos (aquisição e realização) estão diretamente relacionados ao caixa correspondente, mas perde-se em qualidade da informação quando o objetivo é a previsão de fluxos de caixa futuros. Por outro lado, se na adoção do valor justo a qualidade da informação é elevada sobremaneira, privilegia-se o subjetivismo dos responsáveis pela mensuração, o que em muitos países, notadamente os que têm sistema jurídico baseado no que se denomina "Civil Law", costuma representar uma questão bastante delicada.

Mas o fato é que, idealmente, no longo prazo, a tendência é que não haja diferença de "caixa" na adoção de um método ou outro de mensuração, porquanto, a rigor, o que se espera é que todos os ativos, direta ou indiretamente, sejam convertidos nisso. Havendo, portanto, uma adequada mensuração do valor justo, o desdobramento natural é que o montante do benefício gerado pelo ativo ao longo do tempo corresponda a "caixa". O que queremos dizer é que, quantitativamente, no longo prazo, custo histórico

---

[413] HENDRIKSEN, Eldon S.; BREDA, Michael F. Van. *Ob. cit.*, p. 306.
[414] LOPES, Alexsandro Broedel; MARTINS, Eliseu. "*Teoria...*", cit., p. 66.

TRIBUTAÇÃO E CONTABILIDADE

e valor justo vão se equivaler, de modo que a diferença fundamental na adoção de um ou outro método não é de valor, mas sim de momento de <u>reconhecimento das receitas</u> oriundas dos benefícios que se espera que o ativo gere[415]. Com efeito, no método do custo histórico as receitas são reconhecidas na medida da realização dos benefícios, ao passo que, no do valor justo, pode haver uma antecipação do momento de reconhecimento daquelas.

Na Contabilidade brasileira, analisando-se os Pronunciamentos do CPC, a Lei n.º 6.404/76 e o Código Civil, tanto o valor justo como o custo histórico são métodos previstos para a mensuração dos ativos, com uma nítida preponderância deste último.

Mesmo quando o critério adotado seja o do custo histórico, este não costuma ser absoluto, vindo acompanhado, via de regra, da obrigatoriedade de ajuste, a menor, quando[416]:

– o valor provável de realização do ativo for inferior ao custo histórico;
– o valor de recuperação do valor registrado do ativo (*impairment*) for inferior ao custo histórico; ou
– restarem constatadas perdas permanentes.

Devemos mencionar que, no Brasil, o custo histórico de itens integrantes do grupo de contas denominado "ativo não circulante", os quais os gestores da entidade não esperem ver negociados no exercício subsequente ao que esta tenha se tornado seu titular, normalmente é distorcido por conta da vedação (estabelecida pela Lei n.º 9.249, de 26 de dezembro de 1995, artigo 4º) de se corrigir o seu valor, com vistas a repor o valor da moeda corroído pelos efeitos da inflação, situação esta extremamente criticada por contabilistas e usuários das informações contábeis, em função da queda da qualidade destas[417].

Há 03 (três) previsões para adoção deste ou daquele método de mensuração, veiculadas pelos Pronunciamentos do CPC, pela Lei n.º 6.404/76

---

[415] LOPES, Alexsandro Broedel; MARTINS, Eliseu. *"Teoria..."*, cit., pp. 150-153.

[416] A aplicação de um ou outro método acima variará em função da natureza do ativo, conforme verificaremos no quadro logo abaixo exposto.

[417] Além disso, merece menção a extinção, como regra geral, da possibilidade de se reavaliar espontaneamente o valor de ativos (para maior) mensurados segundo custo histórico, procedida pela Lei n.º 11.638/07, artigos 1º e 6º.

e pelo Código Civil, o que constitui um grave problema, pois impede uma uniformização da política contábil das entidades em geral, porquanto, para as sociedades anônimas, de comandita por ações e de grande porte, assim como para os empresários e sociedades empresárias em geral (independentemente da forma de constituição ou de seu porte), a Lei n.º 6.404/76 e o Código Civil prevalecem sobre os Pronunciamentos do CPC, mesmo quando referendados por atos administrativos (do CFC, da CVM etc.).

Neste sentido, veja-se o quadro comparativo abaixo em relação aos grupos de contas mais comuns de ativos[418]:

ATIVO	PRONUNCIAMENTOS DO CPC	LEI N.º 6.404/76, artigo 183	CÓDIGO CIVIL, artigo 1.187
Contas a receber	O valor do crédito menos estimativas de perdas para reduzi-los ao valor provável de realização.	Idem.	Idem.
Aplicações em instrumentos financeiros e em direitos e títulos de crédito (temporários)	Pelo valor justo, se destinados à negociação, ou, se não, pelo custo amortizado (valor inicial acrescido sistematicamente dos juros e outros rendimentos cabíveis), neste caso ajustado ao valor provável de realização.	Idem.	Idem.
Estoques	Ao custo de aquisição ou de fabricação, reduzido por estimativas de perdas para ajustá-los a o preço de mercado, quando este for inferior. Nos produtos agrícolas e em certas *commodities*, ao valor justo.	Idem. No caso de mensuração de produtos agrícolas e *commodities* ao valor justo, a Lei 6.404/76, artigo 183, § 4º, dá fundamento a isso, na medida em que prevê que: "Os estoques de mercadorias fungíveis destinadas à venda poderão ser avaliados pelo valor de mercado, quando esse for o costume mercantil aceito pela técnica contábil".	Idem aos Pronunciamentos do CPC, permitindo a adoção de valor de mercado para reposição, mesmo na hipótese de este ser superior ao custo histórico. Somente é aceita a adoção de valor justo se houver valor de mercado para o ativo, inexistindo previsão para sua verificação segundo fluxos de caixa futuros.

[418] A parte do conteúdo do quadro referente aos Pronunciamentos do CPC corresponde, em grande medida, a uma transcrição de informações constantes da obra: IUDÍCIBUS, Sérgio de; MARTINS, Eliseu; GELBECKE, Ernesto Rubens; SANTOS, Ariovaldo dos. *"Manual..."*, cit., p. 03.

TRIBUTAÇÃO E CONTABILIDADE

ATIVO	PRONUNCIAMENTOS DO CPC	LEI N.º 6.404/76, artigo 183	CÓDIGO CIVIL, artigo 1.187
Ativo imobilizado	Ao custo de aquisição deduzido da depreciação, pelo desgaste ou perda de utilidade ou amortização ou exaustão, e sujeito a teste periódico de *impairment*. Os ativos biológicos, ao valor justo.	Idem, exceto quanto à mensuração de ativos biológicos ao valor justo, que não é prevista pela Lei.	Idem, exceto quanto à mensuração de ativos biológicos ao valor justo e ao teste de *impairment*, que não são previstos pelo Código Civil.
Investimentos relevantes em coligadas e controladas	Pelo método de equivalência patrimonial.	Idem.	Não regula. Contudo, é obrigatório para as entidades que sejam contribuintes do IRPJ apurado com base no lucro real, independentemente da forma que revistam, nos termos do Decreto-Lei n.º 1.598/77, artigo 21.
Outros investimentos societários	Pelo valor justo, se destinados à negociação, ou pelo custo amortizado (valor inicial acrescido sistematicamente dos rendimentos cabíveis), neste caso ajustado ao valor provável de realização.	Idem.	Idem aos Pronunciamentos do CPC, permitido a adoção de valor de mercado, mesmo na hipótese de este ser superior ao custo histórico e se referir a investimento não destinado à negociação. Somente é aceita a adoção de valor justo se houver valor de mercado para o ativo, inexistindo previsão para sua verificação segundo fluxos de caixa futuros.
Outros investimentos	Ao custo menos estimativas para reconhecimento de perdas permanentes. Se propriedade para investimento, pode ser ao valor justo.	Idem, exceto quanto à mensuração por valor justo das propriedades para investimento, que não é prevista pela Lei.	Permite a adoção de valor de mercado, mesmo na hipótese de este ser superior ao custo histórico e se referir a itens outros que não propriedades para investimento. Somente é aceita a adoção de valor justo se houver valor de mercado para o ativo, inexistindo previsão para sua verificação segundo fluxos de caixa futuros
Intangível	Pelo custo incorrido na aquisição deduzido do saldo da respectiva conta de amortização, quando aplicável, ajustado ao valor recuperável, se este for menor (teste de *impairment*)	Idem.	Idem, exceto quanto ao teste de *impairment*, que não é previsto pelo Código Civil.

CONTABILIDADE E SISTEMA: NOÇÕES ESSENCIAIS

Para fins do presente trabalho, em que propomos analisar a relação entre o sistema jurídico e o sistema contábil no âmbito da tributação, sempre que houver conflito entre uma previsão veiculada por Pronunciamentos do CPC (ainda que referendados por atos administrativos do CFC, da CVM etc.) e outra veiculada por lei, nos ateremos a esta, em razão de as normas veiculadas por meio deste último instrumento prevalecerem sobre as introduzidas no sistema jurídico por atos administrativos – caso daqueles Pronunciamentos. Neste sentido, por mais que as previsões constantes de Pronunciamentos do CPC permitam a produção de informação de qualidade superior ao usuário da informação contábil, mesmo que representadas no sistema jurídico por meio de atos administrativos, o princípio da hierarquia das normas impede que se sobreponham às prescrições veiculadas por lei.

4.3.4 Princípio da realização da receita e da confrontação com as despesas (competência)

O princípio da realização da receita e da confrontação com as despesas é o que fundamenta o denominado regime de competência, mediante o qual o reconhecimento dos fatos contábeis deve dar-se independentemente dos fluxos de caixa correspondentes que venham a ocorrer, representados em moeda ou qualquer outro bem ou direito.

Segundo o princípio aqui analisado, as receitas devem ser reconhecidas quando "ganhas" pela entidade, circunstância esta que, para fins econômicos e contábeis, sobretudo após a convergência dos padrões contábeis brasileiros aos propostos pelo IASB, pode não coincidir com o que o Direito prescreve para tal fim (ganho de receitas), especialmente em matéria de tributação.

O reconhecimento de receita está umbilicalmente relacionado à apropriação das despesas associadas, direta ou indiretamente[419], àquela, razão pela qual, a se tratar do primeiro tema, estar-se-á também tratando do segundo. Desta forma, da mesma maneira que o reconhecimento de receita, por força do regime de competência, não está necessariamente associado ao fluxo de caixa correspondente – podendo, aliás, haver

---

[419] Este "emparelhamento" pode não ser absoluto em relação às despesas indiretamente associadas às receitas. Segundo Bulhões Pedreira, estas são reconhecidas quando "(...) ocorre o fato de que nasce (ou provavelmente nascerá no futuro) a obrigação de pagar, ou de que provavelmente decorrerá a perda ou diminuição do valor de bem, ou o aumento de valor de obrigação". PEDREIRA, José Luiz Bulhões. "*Finanças...*", cit., p. 491.

TRIBUTAÇÃO E CONTABILIDADE

intervalo de tempo significativo entre um momento e outro – o mesmo se dá quanto à apropriação da despesa associada à receita, cujo reconhecimento não necessariamente coincide com o dispêndio de recursos financeiros ou outros bens e direitos referentes a esta.

O regime de competência tem importância central na Contabilidade, pois constitui uma das principais ferramentas para o atendimento de sua função maior, qual seja, possibilitar a previsão de fluxos de caixa futuros[420]. E isso mesmo se considerarmos uma disciplina contábil – tal qual a brasileira – que estabeleça como regra que a mensuração de ativos e passivos dê-se segundo método de custo histórico, em que, em grande medida, as receitas e despesas referir-se-ão a fluxos de caixa já ocorridos, porquanto tais itens também representarão expectativas de recebimento ou de saídas.

Sobre o assunto, vejam-se as lições de Alexsandro Broedel e Eliseu Martins[421]:

> Na mensuração do resultado pelo custo histórico o que se tem é, na aplicação da competência, a pura e simples redistribuição dos fluxos de caixa a que se referem as receitas e as despesas (para um mais completo detalhamento, ver Eliseu Martins, 1999).
> As receitas apropriadas dentro dos princípios contábeis tradicionais são derivadas de caixa já recebido ou expectativas de recebimento de caixa relativas a transações ou eventos ocorridos; (...)
> As despesas também são alocações de saídas de caixa já ocorridas ou a incorrer, vinculadas à obtenção das receitas e também vinculadas a transações ou eventos originadores de fatos contábeis já ocorridos.

Usualmente, o ponto ideal de reconhecimento da receita (e da apropriação da despesa) corresponde ao momento de transferência do produto, serviço ou benefício ao "cliente", e isto se dá por 03 (três) razões, conforme ensina Sérgio de Iudícibus:

> 1. o ponto em que ocorre a transferência é, usualmente, aquele em que a maior parte do esforço em obter a receita já foi desenvolvida;
> 2. o ponto de transferência é o ideal para estabelecer um valor objetivo de mercado para a transação; e

---

[420] LOPES, Alexsandro Broedel; MARTINS, Eliseu. *"Teoria..."*, cit., p. 69.
[421] LOPES, Alexsandro Broedel; MARTINS, Eliseu. *"Teoria..."*, cit., p. 142.

CONTABILIDADE E SISTEMA: NOÇÕES ESSENCIAIS

3. no ponto de transferência, normalmente se conhece todo o custo de produção do produto ou serviço vendido e outras despesas diretamente associáveis, embora os desembolsos com tais despesas possam ocorrer após a venda (como, por exemplo, devedores duvidosos, comissão sobre a venda, gastos com consertos derivados de concessão de garantia etc.). É possível, pelo menos em um bom número de casos, prever razoavelmente tais encargos no ato da venda.

Mesmo na hipótese de o recebimento do recurso correspondente à receita dar-se a longo prazo, extravasando o exercício financeiro da transferência acima tratada, isto por si só não autoriza, para fins contábeis, o diferimento no reconhecimento dessa, sendo cabível, se for o caso, unicamente a realização de ajuste do montante do negócio a valor presente, de modo a evidenciar a remuneração financeira "embutida".

Há outras situações que não necessariamente correspondem à transferência de produtos ou serviços aos clientes, mas que as notas acima transcritas restam caracterizadas, podendo haver o reconhecimento da receita tanto antes quanto depois da situação em causa, sobre o que teceremos comentários no subtópico abaixo.

4.3.4.1 Exemplos de reconhecimento da receita em situações que não a transferência de produtos ou serviços ao cliente

No caso de negócios continuados no tempo e cuja remuneração não seja aleatória, isto é, sujeita a risco, é possível presumir que uma parcela da receita possa ser reconhecida em função do decurso do tempo, mesmo que antes da conclusão daqueles[422]. O reconhecimento da receita neste caso não toma por base o efetivo esforço ou custo incorrido para a realização do negócio, que podem ser determinados segundo o mesmo critério da receita, isto é, o prazo transcorrido (horário, diário, mensal, semestral etc.)[423]. Como exemplo, podemos citar um contrato de aluguel por um período de 12 (doze) meses, situação na qual normalmente se procede ao reconhecimento da receita proporcionalmente a cada mês decorrido. Apesar de ser comum haver correspondência entre vencimento da remuneração e reconhecimento da receita, isto não é mandatório, de tal sorte

---

[422] HENDRIKSEN, Eldon S.; BREDA, Michael F. Van. *Ob. cit.*, p. 230.

[423] É o que determinam, por exemplo: (i) o Pronunciamento CPC n.º 06, item 40, quanto ao reconhecimento de receitas no arrendamento mercantil financeiro; (ii) o Pronunciamento CPC n.º 30, item 25, quanto à prestação de serviços em caráter continuado.

TRIBUTAÇÃO E CONTABILIDADE

que inexiste impropriedade no fato de a periodicidade daquele ser, por hipótese, superior à deste (*e.g.* vencimento de remuneração trimestral e reconhecimento mensal de receita).

Uma segunda hipótese em que o reconhecimento da receita pode dar-se antes da entrega do bem ao "cliente" ocorre nos casos de produtos em que se possa mensurar objetivamente um valor de mercado em estágios distintos de sua maturação (ativos biológicos e produtos agrícolas[424]) e de metais preciosos com valor de mercado estável, que, tão logo extraídos, podem ser considerados em fase final de produção[425].

Em tais situações, o reconhecimento da receita dá-se independentemente da venda. No caso de ativos biológicos e produtos agrícolas, quando encerrada cada etapa de seu desenvolvimento, maturação, e no de metais preciosos, no momento de sua extração. Ao se reconhecer a receita, por óbvio, devem ser registradas as despesas associadas, assim como provisionadas as despesas que se estime serão incorridas até o momento da venda dos produtos ora mencionados.

Há uma terceira possibilidade de reconhecimento de receita antes da entrega do bem ou serviço ao "cliente", que se refere aos contratos de longo prazo de produção ou de prestação de serviços, isto é, que ultrapassem o exercício financeiro, método este aplicável quando se conheça de antemão o preço total a ser recebido ou se possua elementos para determiná-lo, seja possível prever com razoável segurança as despesas associadas e a incerteza de seu recebimento normalmente não seja muito grande, o que ocorre particularmente quando o comprador é um órgão do governo ou uma grande empresa muito sólida[426], conforme ilustram Eldon S. Hendriksen e Michael F. Van Breda[427].

O método aqui tratado está condicionado a que a receita seja previamente conhecida ou determinável, sendo que o seu reconhecimento costuma dar-se na proporção do custo incorrido no tempo frente ao custo total estimado da produção ou serviço.

---

[424] Sobre o assunto, ver Pronunciamento CPC n.º 29.

[425] IUDÍCIBUS, Sérgio de. "*Teoria...*", cit., p. 49.

[426] Na Contabilidade brasileira, este é o método aplicável nos chamados contratos de infraestrutura, quando o agente pagador seja exclusivamente o Poder Público, conforme prevê a Interpretação CPC n.º 01.

[427] HENDRIKSEN, Eldon S.; BREDA, Michael F. Van. *Ob. cit.*, p. 230.

CONTABILIDADE E SISTEMA: NOÇÕES ESSENCIAIS

Na Contabilidade brasileira, a prestação de serviços, especificamente, está sujeita ao método de reconhecimento linear das receitas ou na medida em que forem realizados os esforços necessários ao desempenho da atividade. A adoção de uma ou outra técnica dependerá de ser possível presumir, ou não, uma linearidade das receitas e esforços ao longo do tempo[428]. Em caso afirmativo, a receita poderá ser reconhecida na proporção do decurso do tempo; do contrário, deverá ser em função dos esforços empreendidos.

Finalmente, há a possibilidade de reconhecimento da receita após o momento de transferência do produto, serviço ou benefício ao "cliente", no caso de se esperar despesas adicionais relevantes após tal marco temporal, que não possam ser mensuradas com bom grau de segurança, ou por haver uma forte incerteza com relação ao recebimento do preço.

O Pronunciamento CPC n.º 30, item 16, ilustra algumas situações em que isto pode ocorrer, conforme segue:

- quando a entidade retém uma obrigação em decorrência de desempenho insatisfatório que não esteja coberto por cláusulas normais de garantia;
- nos casos em que o recebimento da receita é dependente da venda dos bens pelo comprador (genuína consignação);
- quando os bens expedidos estão sujeitos a instalação, sendo esta uma parte significativa do contrato e ainda não tenha sido completada pela entidade;
- quando o adquirente/contratante tem o direito de terminar o negócio por uma razão especificada no respectivo contrato e a entidade contratada não está segura acerca da probabilidade de devolução.

4.3.5 Princípio do denominador comum monetário

O princípio do denominador comum monetário estabelece que os fatos contábeis devem ser expressos segundo a moeda oficial do país onde se localize a entidade (no caso do Brasil, o Real)[429], a chamada *moeda funcional*, de acordo com o Pronunciamento CPC n.º 02, itens 09 e seguintes. Tal

---

[428] Sobre o assunto, ver Pronunciamento CPC n.º 30, itens 26 e seguintes, e Pronunciamento n.º 17 (sobre contratos de construção), itens 22 e seguintes.

[429] O Código Civil, artigo 1.183, prevê expressamente tal princípio.

TRIBUTAÇÃO E CONTABILIDADE

princípio tem por finalidade a homogeinização da composição patrimonial da entidade, de modo que a informação contábil seja inteligível para o usuário e descreva adequadamente a realidade econômica objeto.

4.3.6 Convenção da objetividade

A convenção da objetividade aplica-se às etapas de reconhecimento e mensuração do processo contábil e estabelece que, na medida do possível, os julgamentos procedidos pela constituição dos fatos contábeis fundamentem-se em dados objetivos.

Tendo em vista o postulado da essência econômica, é ínsito ao processo contábil que o seu agente efetue os julgamentos impregnados de subjetividade, com vistas a representar a realidade econômica da melhor forma possível. Neste sentido, o que requer a convenção da objetividade é que tal subjetividade seja empregada de modo "responsável" e seja amplamente fundamentada, preferencialmente em dados objetivos (documentos, informações de mercado amplamente divulgadas etc.).

4.3.7 Convenção da materialidade

A Contabilidade tem por finalidade a prestação de informações patrimoniais financeiras que sejam úteis para o maior número possível de usuários tomarem decisões de cunho econômico. Somente se a informação for relevante é que será útil para o usuário e, portanto, passível de descrição pela Contabilidade, relevância esta determinada pela sua materialidade e natureza[430].

Em alguns casos, somente a natureza da informação já é capaz de tornar a informação relevante e, portanto, objeto da Contabilidade, como, por exemplo, uma crise de solvência bancária que possa comprometer as operações da entidade, independentemente do quanto isto possa efetivamente representar.

No entanto, na maioria dos casos, a análise da natureza da informação deve ser acompanhada de avaliação do benefício *versus* o custo para a Contabilidade descrevê-la. Quando a informação for de pequeno valor monetário frente ao quanto movimentado pela entidade, por exemplo, pode ser imaterial, tendo em vista o processo contábil ser mais custoso do que aquele próprio valor, sendo aplicável, então, um tratamento mais simplificado.

---

[430] Pronunciamento Conceitual Básico do CPC, item 29.

CONTABILIDADE E SISTEMA: NOÇÕES ESSENCIAIS

Se por um acaso a soma de diversas informações irrelevantes venha a se tornar material, então um tratamento mais rigoroso deverá ser adotado[431].

4.3.8 Convenção do conservadorismo

Normalmente, a expressão conservadorismo em Contabilidade é utilizada com o significado de que devem ser divulgados os menores valores possíveis para ativos e receitas e o maior dos possíveis de passivos e despesas[432]. Também costuma significar que, havendo possibilidade de um dispêndio dar lugar a um ativo ou afetar o patrimônio líquido, na dúvida, deve priorizar-se a segunda alternativa[433]. Ou seja, assume-se que, na constituição do fato contábil, em termos de utilidade da informação para o usuário, o pessimismo seja melhor que o otimismo.

A doutrina contábil procura delinear com maior precisão o que realmente determina a convenção do conservadorismo[434], pois, a se aplicá-la sem critério, corre-se o sério risco de ultrapassar a fronteira da prudência, caminhando para a distorção da informação econômica descrita pelo fato contábil.

Segundo as lições de Sérgio de Iudícibus[435]:

> O grande problema da aplicação ilógica e extremada do conservadorismo é que existe uma tendência natural entre os profissionais em considerá-lo como liberdade de apresentar aos usuários, sempre, a informação ou variante que apresentar o menor lucro e ativo ou maior o passivo.
>
> Se limites bastante explícitos não forem adotados para a regra, fica muito difícil avaliar os efeitos de sua aplicação. Na verdade, somente podemos utilizar a mais conservadora das avaliações quando todas as alternativas forem igualmente válidas, do ponto de vista dos princípios, que são o geral, ao qual as convenções devem referir-se.

---

[431] MARTINS, Eliseu. *Contabilidade de custos*, 10ª ed. São Paulo: Atlas, 2010, p. 37.

[432] HENDRIKSEN, Eldon S.; BREDA, Michael F. Van. *Ob. cit.*, p. 105.

[433] MARTINS, Eliseu. *"Contabilidade..."*, cit., p. 36.

[434] O que, de alguma forma, foi contemplado pela disciplina contábil, conforme podemos verificar do Pronunciamento Conceitual Básico do CPC, item 37, parte final: "Entretanto, o exercício da prudência não permite, por exemplo, a criação de reservas ocultas ou provisões excessivas, a subavaliação deliberada de ativos ou receitas, a superavaliação deliberada de passivos ou despesas, pois as demonstrações contábeis deixariam de ser neutras e, portanto, não seriam confiáveis".

[435] IUDÍCIBUS, Sérgio de. *"Teoria..."*, cit., p. 63.

TRIBUTAÇÃO E CONTABILIDADE

A convenção do conservadorismo somente tem lugar, portanto, quando haja duas ou mais alternativas igualmente relevantes para os usuários, hipótese em que deverá ser adotada a que represente menor valor monetário para o ativo ou o lucro ou maior para o passivo.

4.3.9 Convenção da uniformidade/consistência

A utilidade da informação descrita pela proposição contábil é condicionada, dentre outros motivos, pela possibilidade de o usuário poder comparar uma entidade com outra e com ela própria, em períodos distintos. Queremos dizer, a comparabilidade é um dos atributos que tornam útil ao usuário a informação descrita no fato contábil.

Em tal mister, faz-se necessário que a política contábil seguida pela entidade seja uniforme e consistente ao longo do tempo e que seja, em sua essência, semelhante à observada por outras entidades.

Tal determinação, no Brasil, é bastante rígida, quer em razão de a política contábil brasileira ser fortemente regulada, quer por ser imposto às entidades que evidenciem com muita clareza e de modo bem fundamentado os motivos de não se adotar um procedimento veiculado por meio de manifestações do CPC (pronunciamentos, interpretações ou orientações) ou o porquê de se mudar um procedimento de um exercício para outro, quando houver mais de um que possa ser adotado[436] (*e.g.* mudança do critério de avaliação de propriedades de investimento de *valor justo* para *custo histórico*[437]). Além disso, é requerido que a entidade reporte eventuais diferenças no resultado em relação ao que seria obtido, caso não houvesse alteração na política contábil.

A exigência de uniformidade e consistência, contudo, não é um fim em si, mas sim meio para contribuir com a qualidade da informação patrimonial financeira[438], de modo que, se restar demonstrado que a mudança de procedimento resultará numa melhor descrição desta pelo fato contábil, então, não só é autorizada, como é mandatória.

---

[436] Pronunciamento CPC n.º 23, itens 13 e seguintes.
[437] Pronunciamento CPC n.º 28.
[438] HENDRIKSEN, Eldon S.; BREDA, Michael F. Van. *Ob. cit.*, p. 103.

4.4 Elementos das demonstrações contábeis

Neste subtópico analisaremos as principais categorias de informações contábeis, que constituem o que se denomina estrutura conceitual básica da Contabilidade, cuja organização permite ao usuário apreender a *posição patrimonial e financeira* de uma entidade, assim como o seu *desempenho* (vide comentários constantes do tópico 4.2 "Sobre a Contabilidade").

Os elementos que analisaremos serão os seguintes:

- ativo;
- passivo;
- patrimônio líquido;
- receita;
- despesa.

4.4.1 Ativo

Tradicionalmente[439], no Brasil, era classificado como ativo um *bem* ou *direito* intitulado por uma entidade, pouco importando se o item correspondente seria ou não capaz de lhe gerar benefícios futuros. Apesar de identificarmos na doutrina contábil[440] o entendimento de que tal capacidade era ínsita ao conceito de ativo, parece-nos que a interpretação que à época se fazia da regulamentação competente não chegava a tal conclusão.

Com o processo de convergência da Contabilidade brasileira às práticas veiculadas pelo IASB, a disciplina contábil[441] passou a adotar um conceito de ativo mais próximo daquele proposto pela doutrina, conceituando-o como o "(...) recurso controlado pela entidade como resultado de eventos passados e do qual se espera que resultem futuros benefícios econômicos para entidade".

O benefício econômico esperado de um ativo é essencialmente que este contribua com o fluxo de caixa da entidade, incrementando-o ou impedindo a sua redução, o que permite classificar como ativo o recurso controlado por aquela, que, de alguma maneira, possa contribuir com a geração de receitas.

---

[439] IUDÍCIBUS, Sérgio de; MARTINS, Eliseu; GELBCKE, Ernesto Rubens. *Manual de Contabilidade das sociedades por ações – aplicável também às demais sociedades*, 4ª ed. São Paulo: Atlas, 1995, p. 34.

[440] Conforme tese de doutoramento de Eliseu Martins intitulada "Contribuição à avaliação do ativo intangível. *Apud* IUDÍCIBUS, Sérgio de. "*Teoria...*", cit., p. 124.

[441] Pronunciamento Conceitual Básico do CPC, item 49, "a".

TRIBUTAÇÃO E CONTABILIDADE

O ativo sempre representa um direito do(s) titular(es) da entidade em relação a um determinado recurso e que não necessariamente corresponde à propriedade ou à posse. O que a doutrina e a regulamentação denominam controle, nada mais é do que um direito de dispor como proprietário de um determinado recurso, ainda que alheio, ponto este que não escapou à análise de Eldon S. Hendriksen e Michael F. Van Breda[442]:

> Deve existir um poder legalmente respeitável sobre os direitos ou serviços, ou alguma outra evidência de que o recebimento dos benefícios futuros é provável. Serviços que podem ser retirados livremente por alguma outra empresa ou algum indivíduo, ou pelo governo, sem indenização, não devem ser considerados como ativos.

Os ativos necessariamente resultam de eventos passados, de modo que as expectativas de recursos que possam gerar benefícios futuros, mesmo que dotadas de alta probabilidade de concretização, não podem ser classificadas como tais. O firmamento de um grande contrato, por exemplo, não pode dar lugar ao registro de um ativo, senão a partir do momento em que as partes contratantes passarem a cumprir as suas obrigações.

Um ponto importante a ser observado é a recente mudança na prática contábil brasileira. Até pouco tempo atrás, um recurso era registrado como ativo, mesmo que seus benefícios futuros fossem esperados para exercício ou exercícios sociais posteriores ao de seu reconhecimento (na conta de ativo diferido). Atualmente, somente pode ser registrado como ativo um recurso detido pelo titular da entidade que se espere gerará benefícios já a partir do exercício em que tenha sido adquirido, conforme podemos depreender da análise do Pronunciamento Conceitual Básico do CPC, item 90[443]:

> Um ativo não é reconhecido no balanço patrimonial quando desembolsos tiverem sido incorridos ou comprometidos, dos quais seja improvável a geração de benefícios econômicos para a entidade após o período contábil corrente. Ao invés, tal transação é reconhecida como despesa na demonstração do

---

[442] HENDRIKSEN, Eldon S.; BREDA, Michael F. Van. *Ob. cit.*, p. 285.

[443] Alie-se a tal previsão a revogação da possibilidade de existência de conta do balanço patrimonial denominada *ativo diferido*, procedida pela Lei n.º 11.941/09, artigo 79, X, que servia justamente para agrupar as aplicações de recursos em despesas que contribuíssem para a formação do resultado de mais de um exercício social.

resultado. Esse tratamento não implica dizer que a intenção da Administração ao incorrer na despesa não tenha sido a de gerar benefícios econômicos futuros para a entidade ou que a Administração tenha sido mal conduzida. A única implicação é que o grau de certeza quanto à geração de benefícios econômicos para a entidade, após o período contábil corrente, é insuficiente para justificar o reconhecimento de um ativo.

Tecidos os comentários pertinentes à conceituação e reconhecimento de ativos, em relação à sua mensuração, remetemos ao quadro sinótico constante do item *4.3.3 Princípio do custo como base de valor*, em que tratamos detalhadamente de tal ponto.

No balanço patrimonial, a apresentação dos ativos deve dar-se em contas, em função de suas características, contas estas que são dispostas conforme o grau de liquidez dos elementos que as compõem e divididas nos grupos *ativo circulante* e *ativo não circulante*, este formado por ativo realizável a longo prazo, investimentos, imobilizado e intangível[444].

Deverão ser classificadas no ativo circulante as disponibilidades, os direitos realizáveis no curso do exercício social subsequente e as aplicações de recursos que venham a dar lugar a despesas no exercício seguinte[445].

No ativo realizável a longo prazo, deverão ser classificados aqueles direitos realizáveis após o término do exercício seguinte[446], assim como os derivados de vendas, adiantamentos ou empréstimos a sociedades coligadas ou controladas, diretores, titulares, associados, sócios ou acionistas ou participantes no resultado da entidade, que não constituírem negócios usuais nas atividades desta.

Já em investimentos deverão ser classificadas as participações permanentes em outras entidades e os direitos de qualquer natureza, não classificáveis no ativo circulante, e que não se destinem à manutenção das atividades da entidade.

---

[444] Apesar de tal informação constar somente da Lei n.º 6.404/76, que, neste aspecto, tem seu âmbito subjetivo de incidência restrito às sociedades anônimas e as de grande porte (independentemente da forma que revistam), entendemos que pode ser aplicada, por analogia, a todas as categorias de entidade.

[445] Caso o ciclo operacional da entidade tenha duração maior do que o exercício social, a classificação em causa terá por base o prazo desse ciclo.

[446] Caso o ciclo operacional da entidade tenha duração maior que o exercício social, a classificação em causa terá por base o prazo desse ciclo.

Deverão ser classificados no ativo imobilizado os direitos que tenham por objeto bens corpóreos destinados à manutenção das atividades da entidade ou exercidos com esta finalidade.

E, finalmente, como ativo intangível deverão ser classificados os direitos que tenham por objeto bens incorpóreos destinados à manutenção da entidade ou exercidos com esta finalidade.

Conjugando-se as exigências acima com os grupos mínimos de contas previstos pelo Pronunciamento CPC n.º 26, item 54, os ativos, no balanço patrimonial, devem ser classificados como segue:

ATIVO CIRCULANTE
Caixa e equivalentes de caixa
Clientes e outros recebíveis
Estoques
Ativos financeiros
Ativos disponíveis para venda (vide Pronunciamentos CPC n.ᵒˢ 31 e 38)
Ativos biológicos
ATIVO NÃO CIRCULANTE

Investimentos
    investimentos avaliados pelo método da equivalência patrimonial
    propriedades para investimento

Imobilizado
Intangível

4.4.2 Passivo

Passivo constitui uma exigibilidade da entidade perante terceiros, a ser cumprida em data futura, decorrente de um evento passado e em relação à qual não exista nenhuma liberdade para evitar o seu acontecimento[447]. Não é necessário, para o reconhecimento de um passivo, que o seu valor, vencimento ou beneficiário sejam previamente determinados, mas que ao menos sejam determináveis quando do efetivo adimplemento.

A caracterização de algo como passivo não está vinculada à existência de uma obrigação jurídica líquida e certa, mas muito mais à probabilidade de que esta surja, em função de eventos ocorridos no passado. Tendo em vista o caráter preditivo da Contabilidade, em termos de utilidade da informação

---

[447] HENDRIKSEN, Eldon S.; BREDA, Michael F. Van. *Ob. cit.*, p. 410.

CONTABILIDADE E SISTEMA: NOÇÕES ESSENCIAIS

para o usuário, devem também ser consideradas exigibilidades, <u>ao menos para efeito de quantificação do patrimônio</u>, as contingências da entidade, isto é, as obrigações jurídicas que provavelmente surgirão em função da ocorrência de eventos ocorridos no passado. Neste tocante, é importante que sublinhemos que é condição inexorável para o reconhecimento do passivo que este se refira a evento já ocorrido. Queremos dizer, não basta haver uma grande probabilidade de realização de um sacrifício futuro, mas que se refira a um evento não ocorrido (pagar empregados por serviços a serem prestados); é preciso que seja fruto de um evento passado, para que possa dar lugar a um passivo.

Além disso, mesmo na hipótese de inexistir obrigação jurídica nos termos que ora referimos ou probabilidade de esta surgir, haverá um passivo, ao menos para fins de quantificação do patrimônio, se houver uma prática da entidade de realizar sacrifícios aos quais não esteja obrigada, isto é, por liberalidade, como, por exemplo, reparar produtos defeituosos, mesmo após expirada a garantia correspondente. Mais uma vez, o passivo, das duas uma, se não representar uma obrigação jurídica, constituirá elemento de quantificação do patrimônio, seja deste como um todo, ou de algum ativo específico.

Os passivos devem ser mensurados pelo valor dos "sacrifícios futuros" da entidade, em conformidade com os critérios abaixo[448]:

- as obrigações, encargos e riscos, conhecidos ou calculáveis, inclusive IRPJ e CSL a pagar com base no resultado do exercício, pelo valor atualizado até a data de encerramento do balanço;
- as obrigações em moeda estrangeira, com cláusula de paridade cambial, deverão ser convertidas em moeda nacional à taxa de câmbio em vigor na data de encerramento do balanço;
- as obrigações, os encargos e os riscos classificados no passivo não circulante deverão ser, quando reconhecidos, ajustados ao seu valor presente, de modo a evidenciar a remuneração financeira "embutida".

---

[448] Apesar de tal informação constar somente da Lei n.º 6.404/76, que, neste aspecto, tem seu âmbito subjetivo de incidência restrito às sociedades anônimas, às de comandita por ações e às de grande porte (independentemente da forma que revistam), entendemos que pode ser aplicada, por analogia, às demais espécies de entidades.

TRIBUTAÇÃO E CONTABILIDADE

No balanço patrimonial, a apresentação dos passivos deve dar-se em contas, em função do prazo que se espera que as exigibilidades serão adimplidas, as quais são dispostas conforme o vencimento (certo ou esperado) deste e divididas nos grupos *passivo circulante* e *passivo não circulante*[449].

Deverão ser classificadas no passivo circulante as exigibilidades cuja liquidação se espera que ocorra até o final do exercício social seguinte ao de seu reconhecimento, ou de acordo com o ciclo operacional da entidade, se este for superior a tal período. Adicionalmente, as parcelas de exigibilidades de longo prazo, vencíveis dentro do período de 12 (doze) meses da data de encerramento do balanço, devem ser classificadas como passivo circulante[450].

No passivo não circulante, devem ser registradas as exigibilidades da entidade cuja liquidação deverá ocorrer após o término do exercício seguinte ao do encerramento do balanço, ou de acordo com o ciclo operacional da entidade, se este for superior a tal período.

Conjugando-se as exigências acima com os grupos mínimos de contas previstos pelo Pronunciamento CPC n.º 26, item 54, os passivos, no balanço patrimonial, devem ser classificados como segue:

PASSIVO CIRCULANTE
Contas a pagar comerciais e outras
Provisões
Obrigações financeiras
Obrigações fiscais
Obrigações associadas a ativos à disposição para venda
Outras exigibilidades
PASSIVO NÃO CIRCULANTE
Provisões
Obrigações financeiras
Tributos sobre o lucro diferidos
Outras exigibilidades

[449] Idem ao quanto indicamos na nota imediatamente anterior.
[450] IUDÍCIBUS, Sérgio de; MARTINS, Eliseu; GELBECKE, Ernesto Rubens; SANTOS, Ariovaldo dos. *"Manual..."*, cit., p. 279.

CONTABILIDADE E SISTEMA: NOÇÕES ESSENCIAIS

4.4.3 Patrimônio líquido

Analisando-se estaticamente o balanço patrimonial, o patrimônio líquido corresponde à diferença entre o valor do ativo e do passivo da entidade. Embora seja definido como algo residual, fato é que a Contabilidade brasileira classifica o patrimônio líquido como passivo, diferenciando-o daquilo que se considera passivo em sentido estrito pela circunstância de não ser *exigível*. Quanto a este último item, Sergio de Iudícibus[451] lista 03 (três) aspectos que permitem a sua melhor identificação:

> (1) os graus de prioridade atribuídos aos vários participantes no fornecimento de recursos à empresa (próprio e de terceiros); (2) o grau de certeza na determinação dos montantes a serem recebidos pelo participante; e (3) as datas de vencimento dos pagamentos dos direitos finais.
> Com relação ao item 1, normalmente os credores têm prioridade sobre os acionistas para o recebimento de juros e amortizações do principal. (...). No que se refere ao 2, normalmente os valores a serem pagos a credores são determináveis objetiva e antecipadamente. (...). Os pagamentos de dividendos aos acionistas, por sua vez, geralmente dependem da existência de lucro, das possibilidades financeiras e de uma declaração formal quanto à distribuição. Com referência ao 3, a data de vencimento de obrigações é geralmente fixa ou determinável, enquanto o patrimônio líquido não é uma obrigação legal para a entidade na continuidade.

O patrimônio líquido possui elementos constitutivos que o caracterizam, conforme prevê o artigo 178, § 2º, da Lei n.º 6.404/76 (aplicável, em nosso pensar, a todas as categorias de entidade):

- capital;
- reservas de capital;
- ajustes de avaliação patrimonial;
- reservas de lucros/superávit;
- ações/quotas em tesouraria;
- prejuízos acumulados/déficit.

O capital representa o investimento do titular da entidade ou dos sócios, acionistas ou associados e, no caso de sociedades, é dividido em quotas ou

---

[451] IUDÍCIBUS, Sérgio de. *"Teoria..."*, cit., p. 167.

TRIBUTAÇÃO E CONTABILIDADE

ações, dependendo do tipo societário a que se refira. O capital costuma ser a primeira fonte (origem) de ativos de uma entidade e é sempre o último item a ser liquidado, na hipótese de sua extinção.

As reservas de capital constituem fruto de transferências recebidas pela entidade que não constituem receitas (em sentido amplo), promovidas pelo titular da entidade, sócio, acionista ou associado ou até mesmo por terceiros não relacionados. São exemplos de transferência destinada às reservas de capital os valores obtidos por sociedades quando da emissão de ações que não forem destinados ao capital (*e.g.* ágio na emissão de ações com valor nominal), da alienação de partes beneficiárias, emissão de bônus de subscrição etc.

Têm aproveitamento restrito, as reservas de capital, que somente podem ser utilizadas para[452]:

- absorção de prejuízos/déficit que ultrapassarem os saldos de lucros/superávit;
- resgate, reembolso ou compra de ações ou quotas;
- resgate de partes beneficiárias;
- incorporação ao capital social;
- pagamento de dividendo a ações preferenciais, quando essa vantagem lhes for assegurada[453] (artigo 17, § 5º, da Lei n.º 6.404/76).

Os ajustes de avaliação patrimonial correspondem às contrapartidas de aumentos ou diminuições de valor atribuídos a elementos do ativo e do passivo, em decorrência da sua avaliação a valor justo. Em alguns casos, sob o ponto de vista de boa técnica contábil, tais contrapartidas até poderiam ser registradas como receita ou despesa (caso, por exemplo, das variações no valor de propriedades para investimento avaliadas segundo o mencionado método), mas que a disciplina contábil terminou postergando para o momento de realização do ativo ou passivo correspondente.

As reservas de lucros/superávit, como indica a própria denominação, equivalem aos lucros/superávit apropriados pela entidade, seja por força

---

[452] Lei n.º 6.404/76, artigo 200, aplicável, por analogia, a todas as espécies de entidade (empresário, sociedade, associação etc.), exceto naquilo que for incompatível.
[453] Lei n.º 6.404/76, artigo 17, § 5º.

176

CONTABILIDADE E SISTEMA: NOÇÕES ESSENCIAIS

de lei, seja em razão de deliberação do titular da entidade, associados, sócios ou acionistas, previsão contratual ou estatutária.

As ações ou quotas em tesouraria são os títulos representativos do capital de sociedade, adquiridos por ela própria e não retirados de circulação, passíveis de alienação, observadas as prescrições legais, contratuais ou estatutárias porventura aplicáveis.

Finalmente, os prejuízos acumulados/déficit correspondem aos prejuízos/déficit incorridos pela entidade em exercícios financeiros já encerrados.

4.4.4 Receitas

A compreensão do que seja receita, em nosso pensar, constitui tema de importância ímpar na análise das conexões entre o sistema contábil e o sistema jurídico, sobretudo sob o ponto de vista da tributação. À guisa de exemplo desta problemática, podemos mencionar a Contribuição ao PIS e a COFINS, que têm como base de cálculo as *receitas* auferidas pela pessoa jurídica.

Receita, nos termos do Pronunciamento CPC n.º 30, item 7, "(...) é o ingresso bruto de benefícios econômicos durante o período proveniente das atividades ordinárias da entidade que resultam no aumento do seu patrimônio líquido, exceto as contribuições dos proprietários".

Em outras palavras, as receitas correspondem a um aumento no patrimônio da entidade, por força do acréscimo no ativo ou baixa no passivo, decorrente do exercício de atividades que constituam o seu objeto (venda de mercadorias, prestação de serviços, aluguel de bens, empréstimo de recursos financeiros etc.).

Os ganhos, por outro lado, segundo as lições de Eliseu Martins e Alexsandro Broedel[454], teriam um caráter residual, sendo assim definidos por estes autores:

> Aumentos no patrimônio de uma entidade advindos de atividades periféricas ou incidentes, durante determinado período de tempo, e também por todos os outros eventos, transações e circunstâncias que afetam a entidade e diferentes das receitas e dos investimentos pelos proprietários.

---

[454] LOPES, Alexsandro Broedel; MARTINS, Eliseu. *"Teoria..."*, cit., p. 146.

TRIBUTAÇÃO E CONTABILIDADE

Nada obstante a diferenciação entre receita e ganho promovida quer pela doutrina, quer pela disciplina contábil brasileira, fato é que esta última termina por tratar ambos os itens sob a rubrica *receita*, conforme podemos verificar do item 74 do Pronunciamento Conceitual Básico do CPC: "74. A definição de receita <u>abrange tanto receitas propriamente ditas como ganhos.(...)</u>". (grifamos)

A doutrina contábil, de uma maneira geral, não caracteriza como receita as transferências que resultem em aumento do patrimônio da entidade, recebidas sem que a entidade tenha a obrigação de transferir a titularidade de algo ou realizar atividade que lhe seja típica, do que talvez os exemplos mais elucidativos sejam a *doação* e a *subvenção para investimento*.

Atualmente, contudo, na Contabilidade brasileira, as transferências recebidas na forma acima são consideradas receitas, conforme podemos verificar, por exemplo, no Pronunciamento CPC n.º 7, item 12:

> <u>Uma subvenção governamental deve ser reconhecida como receita</u> ao longo do período e confrontada com as despesas que pretende compensar, em base sistemática, desde que atendidas as condições deste Pronunciamento. <u>A subvenção governamental não pode ser creditada diretamente no patrimônio líquido.</u> (grifamos)

Assim, tem-se uma noção estrita de receita, entendida como aumentos no patrimônio decorrentes do exercício das atividades típicas da entidade, e uma outra ampla, que compreende tanto esta que mencionamos quanto os ganhos e os valores recebidos a título gratuito.

Não se coadunam com o conceito de receita, seja na acepção estrita, seja na ampla, os aumentos de patrimônio decorrentes de transferências promovidas pelo titular da entidade ou pelos sócios, acionistas ou associados, mormente a título de realização de capital[455].

A reavaliação ou a atualização de ativos e passivos dão margem a aumentos ou a diminuições do patrimônio líquido. Embora tais aumentos possam se enquadrar na definição de receitas, sob certos conceitos de manutenção de capital estes não são incluídos na demonstração do resultado. Em vez disso, tais itens por vezes são incluídos no patrimônio líquido, como

---

[455] Ver Pronunciamento CPC n.º 30, item 7.

ajustes de avaliação patrimonial, em conformidade com o que prescreva a regulação correspondente.

Quanto ao reconhecimento da receita, remetemos aos comentários que tecemos nos itens 4.3.4 e 4.3.4.1, versando sobre o princípio da realização da receita e da confrontação com as despesas (competência), oportunidade em que tratamos detalhadamente do assunto.

4.4.4.1 Mensuração de receitas

Atualmente, como já verificamos, prepondera a ideia de que a Contabilidade tem como função primordial constituir instrumento para tomada de decisões econômicas, mediante a previsão de fluxos de caixas futuros.

Todas as informações veiculadas pela Contabilidade de alguma forma estão voltadas ao atendimento da função em causa, mas quer nos parecer que a *receita* exerce um papel especial, porquanto a entidade, via de regra, é concebida para geração de lucro e a verificação deste, por sua vez, é totalmente dependente da existência daquela (receita). Consoante Eldon S. Hendriksen e Michael F. Van Breda[456]: "As receitas são o fluido vital da empresa. Sem receitas, não haveria lucros. Sem lucros, não haveria empresa".

Fundamentalmente, a quantificação da receita deve basear-se pelo valor de "troca" do produto ou serviço da empresa, medido no momento de sua realização, ou pelo valor justo da contraprestação recebida ou a receber[457], que, conforme asseveramos anteriormente, no item 4.3.3 e didaticamente previsto no Pronunciamento CPC n.º 30, item 7, é aquele "(...) pelo qual um ativo pode ser pode ser negociado ou um passivo liquidado, entre partes interessadas, conhecedoras do negócio e independentes entre si, com a ausência de fatores que pressionem para a liquidação da transação ou que caracterizem uma transação compulsória".

A forma de mensuração acima indicada é aplicável a todas as categorias de receita, coadunem-se estas com a sua acepção estrita ou ampla, devendo-se apenas atentar para a circunstância de que, na espécie *ganho*, os custos diretamente relacionados devem ser subtraídos, de modo a se obter um resultado líquido (*e.g.* preço de venda menos custo)[458].

---

[456] HENDRIKSEN, Eldon S.; BREDA, Michael F. Van. *Ob. cit.*, p. 224.

[457] Pronunciamento CPC n.º 30, item 9.

[458] Pronunciamento Conceitual Básico do CPC, item 4.31.

TRIBUTAÇÃO E CONTABILIDADE

A mensuração da receita, isto é, a quantificação de seu valor justo, está intimamente ligada ao evento crítico que dê lugar à sua realização. Dito de outro modo, haverá tantos meios de mensuração quanto espécies de eventos críticos de realização houver. Comumente, o valor acordado entre as partes num negócio é o que melhor representa o valor justo, mas há outras possibilidades, merecendo destaque aquelas em que o reconhecimento da receita prescinde de um ato ou negócio que a origine. Mais adiante, no tópico versando sobre questões polêmicas no relacionamento entre o sistema contábil e o sistema jurídico, voltaremos a esse ponto, a fim de verificar os seus efeitos em matéria tributária.

4.4.5 Despesas

Antes de iniciarmos a análise do que sejam custos e despesas, parece--nos interessante passarmos pela conceituação de *gastos*, item precedente àqueles, o que contribui bastante em sua elucidação.

Seguindo as lições de Eliseu Martins[459], *gasto* constitui a aquisição de algo (bem ou serviço), "(...) que gera sacrifício financeiro para a entidade (desembolso), sacrifício esse representado por entrega ou promessa de entrega de ativos (normalmente dinheiro)". Ainda segundo esse autor[460], é importante não confundir gasto com *desembolso*, que representa o adimplemento de obrigação oriunda da aquisição de algo e pode ocorrer antes, depois ou durante aquele primeiro.

Despesas correspondem a um decréscimo no patrimônio da entidade, em decorrência do consumo de itens integrantes do ativo, incorridas, direta ou indiretamente, no processo de obtenção de receitas, e que sempre advêm de gastos passados (aquisição de um microcomputador) ou presentes (comissão de vendedor).

A teoria contábil, de uma maneira geral, diferencia despesa de custo e de perda, mas a disciplina atualmente vigente termina denominando algumas espécies de despesa como custo, assim como as perdas em geral, conforme podemos verificar abaixo:

[459] MARTINS, Eliseu. *"Contabilidade..."*, cit., p. 24.
[460] MARTINS, Eliseu. *"Contabilidade..."*, cit., p. 25.

CONTABILIDADE E SISTEMA: NOÇÕES ESSENCIAIS

Pronunciamento CPC n.º 26:

82. A demonstração do resultado do período deve, no mínimo, incluir as seguintes rubricas, obedecidas também as determinações legais:
(a) receitas;
(b) custo dos produtos, das mercadorias ou dos serviços vendidos;
(...)

Pronunciamento Conceitual Básico do CPC:

4.33. A definição de despesas abrange tanto as perdas quanto as despesas propriamente ditas que surgem no curso das atividades usuais da entidade. As despesas que surgem no curso das atividades usuais da entidade incluem, por exemplo, o custo das vendas, salários e depreciação. Geralmente, tomam a forma de desembolso ou redução de ativos como caixa e equivalentes de caixa, estoques e ativo imobilizado. (grifamos)

Custo é definido, pela doutrina contábil[461], como sendo o gasto relativo a algo (normalmente bem ou serviço) utilizado na produção de bens ou serviços, o qual, quando o ativo correspondente é realizado (por venda, por exemplo), termina constituindo uma despesa diretamente relacionada com a receita operacional[462].

No tocante ao que integre o custo, a doutrina e a disciplina contábeis são convergentes, nada obstante esta última adotar tal terminologia para as atividades em geral, não se restringindo ao setor industrial, além de denominar como custo a despesa resultante da realização do ativo correspondente[463].

As despesas caracterizam-se por representarem o consumo de ativos efetuado intencionalmente pelos gestores da entidade com vistas à obtenção de receitas. Podemos afirmar, portanto, que a despesa é algo normal na rotina da entidade e é fruto de ato voluntário dos seus gestores.

Por sua vez, quando o consumo de ativo dá-se de forma anormal e involuntária, isto representa uma *perda*. Despesa e perda assemelham-se pela

---

[461] MARTINS, Eliseu. *"Contabilidade..."*, cit., p. 25.
[462] IUDÍCIBUS, Sérgio de. *"Teoria..."*, cit., p. 156.
[463] No que, aliás, é coincidente com a legislação tributária. Vide RIR/99, artigos 289 e seguintes.

TRIBUTAÇÃO E CONTABILIDADE

circunstância de ambas afetarem negativamente a apuração de resultado da entidade, mas diferenciam-se em função da normalidade e voluntariedade, características presentes no primeiro item e ausentes no segundo.

Mesmo reconhecendo tais diferenças, a regulação vigente trata as 02 (duas) figuras – despesa em sentido estrito e perda – sob a rubrica *despesa*, conforme trecho do Pronunciamento Conceitual Básico do CPC que transcrevemos anteriormente.

Ainda com respeito à demarcação do que constitua despesa, é necessário atentar-se para a distinção entre despesas e consumos de ativos decorrentes de *transações de capital*, que devem ser representados por reduções efetuadas diretamente no patrimônio líquido da entidade (*e.g.* reduções de capital). Segundo as lições de Eldon S. Hendriksen e Michael F. V.an Breda[464]:

> Os vencimentos de ativos e obrigações incorridas em associação com transações de capital não devem ser classificados como despesas, mas apresentados como reduções do capital ou de um de seus componentes. Os custos incorridos na venda de novas ações, por exemplo, não são despesas, mas reduções do volume de capital recebido pela empresa.

Além disso, e conforme já registramos anteriormente, a reavaliação ou a atualização de ativos e passivos dão margem a aumentos ou a diminuições do patrimônio líquido. Embora tais diminuições possam se enquadrar na definição de despesas, sob certos conceitos de manutenção de capital essas não são incluídas na demonstração do resultado, mas sim no patrimônio líquido, como ajustes de avaliação patrimonial, em conformidade com o que prescreva a regulação correspondente.

4.4.5.1 Reconhecimento de despesas

Por representarem algo relacionado à obtenção de receitas, é assente o entendimento de que as despesas em sentido estrito devem ser reconhecidas no exercício que aquelas (receitas) o sejam. Isto se denomina *processo de vinculação*, em que o registro da receita dá-se primeiramente, seguido do registro das despesas correspondentes no mesmo exercício[465].

---

[464] HENDRIKSEN, Eldon S.; BREDA, Michael F. Van. *Ob. cit.*, p. 233.
[465] HENDRIKSEN, Eldon S.; BREDA, Michael F. Van. *Ob. cit.*, p. 236.

CONTABILIDADE E SISTEMA: NOÇÕES ESSENCIAIS

Nada obstante todas as despesas serem incorridas com vistas à obtenção de receitas, não é exatamente simples vincular aquelas a estas últimas, de modo que muitas vezes a vinculação termina sendo presumida.

Numa síntese apertada, adotando a linha proposta por Eldon S. Hendriksen e Michael F. V.an Breda[466], as despesas que podem ser claramente vinculadas às receitas seriam consideradas *diretas*, das quais o maior exemplo seria a espécie *custo* (de que tratamos no item anterior), e aquelas cuja vinculação seja complexa ou até mesmo inviável de ser efetuada, *indiretas* ou de *período*.

As despesas diretas devem ser registradas no exercício em que o forem as receitas correspondentes e as indiretas, no período em que forem incorridas (*e.g.* remuneração de empregados do setor administrativo).

Atualmente, não é permitido registrar como ativo as despesas pré-operacionais, sejam referentes à entidade como um todo (custos iniciais de organização) ou a uma nova linha de negócios, que devem ser alocadas no resultado tão logo incorridas. Tal registro devia dar-se em conta de *ativo diferido*, cuja possibilidade foi revogada pela Lei n.º 11.941/09.

Por fim, em relação às perdas, em razão de estas não serem incorridas com o objetivo de se auferir receitas, não há que se falar em vinculação entre um item e outro, seja efetiva, seja presumidamente. Por tal razão, as perdas devem ser reconhecidas no exercício em que se torne evidente que um ativo não gerará mais benefícios para a entidade ou gerará menos do que se esperava quando de seu registro[467].

4.4.5.2 Mensuração de despesas

As despesas, sejam em sentido estrito, sejam enquanto perdas, representam consumo de ativos. Por esta razão, a sua mensuração está vinculada à aplicável ao ativo correspondente[468].

Conforme registramos linhas atrás, no item *4.3.3 Princípio do custo como base de valor*, a Contabilidade brasileira prevê tanto o valor justo quanto o custo histórico como métodos de mensuração dos ativos, com uma nítida preponderância deste último, constatação esta que termina sendo igualmente aplicável às despesas.

---

[466] HENDRIKSEN, Eldon S.; BREDA, Michael F. Van. *Ob. cit.*, p. 237.

[467] IUDÍCIBUS, Sérgio de. *"Teoria..."*, cit., p. 160.

[468] HENDRIKSEN, Eldon S.; BREDA, Michael F. Van. *Ob. cit.*, p. 234.

TRIBUTAÇÃO E CONTABILIDADE

4.4.6 Demonstração de resultados

As receitas e despesas verificadas pela entidade são confrontadas ao final de cada exercício financeiro, de modo a verificar se houve lucro/superávit ou prejuízo/déficit. A divulgação de tal processo dá-se mediante a chamada demonstração de resultados, em que, além da confrontação em causa, devem ser demonstradas as participações no eventual lucro a que tenham direito pessoas que não o titular da entidade, sócios ou acionistas, conforme segue:

RECEITA OPERACIONAL BRUTA Vendas de Produtos Vendas de Mercadorias Prestação de Serviços
(–) DEDUÇÕES DA RECEITA BRUTA Devoluções de Vendas Abatimentos Impostos e Contribuições Incidentes sobre Vendas
= RECEITA OPERACIONAL LÍQUIDA
(–) CUSTOS DAS VENDAS Custo dos Produtos Vendidos Custo das Mercadorias Custo dos Serviços Prestados
= RESULTADO BRUTO
(–) DESPESAS OPERACIONAIS Despesas Com Vendas Despesas Administrativas Etc. (+) OUTRAS RECEITAS OPERACIONAIS
= RESULTADO ANTES DO RESULTADO FINANCEIRO E DOS TRIBUTOS
(+) ou (–) Receitas e/ou despesas financeiras
= RESULTADO ANTES DO IRPJ E DA CSL
(–) Provisão para Imposto de Renda e Contribuição Social Sobre o Lucro
= RESULTADO ANTES DAS PARTICIPAÇÕES
(–) Participações de Debêntures, Empregados, Administradores, Partes Beneficiárias, Fundos de Assistência e Previdência para Empregados
(=) RESULTADO LÍQUIDO DO EXERCÍCIO

184

5.
Relações entre o Subsistema Jurídico Tributário e a Contabilidade

SUMÁRIO: 5.1 Considerações iniciais: 5.1.1 Patrimônio, suas acepções e o relacionamento entre Direito e Contabilidade; 5.1.1.1 Patrimônio financeiro no sistema jurídico e no sistema contábil; 5.1.1.2 Patrimônio financeiro e a requalificação de conceitos já regulados pelo Direito – 5.2 Relações entre sistema jurídico e sistema contábil – acoplamento estrutural e abertura cognitiva em matéria de incidência tributária: 5.2.1 Possibilidade; 5.2.2 Limites e condições – os princípios constitucionais; 5.2.2.1 Princípio da legalidade; 5.2.2.2 Princípio da anterioridade; 5.2.2.3 Princípio da irretroatividade; 5.2.2.4 Princípio da igualdade; 5.2.2.5 Princípio da capacidade contributiva; 5.2.2.5.1 Princípio da capacidade contributiva e a função preditiva da Contabilidade; 5.2.3 Breve histórico; 5.2.3.1 Primeira fase; 5.2.3.2 Segunda fase; 5.2.4 Quadro atual; 5.2.5 Virada contábil, neutralidade tributária e o real alcance desta última; 5.2.5.1 Concepção inicial da neutralidade tributária; 5.2.5.2 Regime tributário de transição – RTT; 5.2.5.2.1 Controle fiscal contábil de transição – FCONT; 5.2.5.2.2 Remissão aos métodos e critérios contábeis vigentes em 2007 – 5.3 Experiência estrangeira: 5.3.1 Portugal; 5.3.2 Reino Unido; 5.3.3 China; 5.3.4 Coreia do Sul; 5.3.5 Austrália; 5.3.6 África do Sul; 5.3.7 Canadá; 5.3.8 Costa Rica; 5.3.9 Chile

5.1 Considerações iniciais

Sistema jurídico e sistema contábil se relacionam constantemente, seja por conta de serem estruturalmente acoplados, ou porque o Direito, especialmente em matérias tributária e societária, estar constantemente aberto à Contabilidade sob o ponto de vista cognitivo.

TRIBUTAÇÃO E CONTABILIDADE

Direito e Contabilidade, já vimos, constituem sistemas funcionais, o primeiro formado por proposições prescritivas, resultantes da aplicação do código direito/não direito, e o segundo, por proposições descritivas decorrentes da aplicação do código verdadeiro/falso, que representam informações do sistema econômico.

Ambos os sistemas de que tratamos no presente trabalho – jurídico e contábil – são fechados operacionalmente e se autorreproduzem. Significa dizer que a comunicação integrante dum ou doutro é constituída no seu próprio interior, ainda que guarde correspondência com uma comunicação presente no ambiente. Como vimos afirmando ao longo deste trabalho, apesar de estar aberto cognitivamente ao seu ambiente, o sistema não o enxerga, funcionando como uma "caixa de ressonância", que, quando provocada, reverbera internamente seus "sons". Inexistem, pois, *inputs* de um sistema para outro; o que há é a constituição de comunicação dentro de cada sistema, em atendimento às demandas emanadas do ambiente ou dele próprio.

Há uma particularidade do sistema contábil que devemos mencionar, referente à sua abertura cognitiva. Pois bem, diferentemente do sistema jurídico, que é aberto às informações do ambiente em geral, inclusive sistemas que não sejam parte do sistema social (sistema biológico, por exemplo), a abertura cognitiva da Contabilidade restringe-se ao sistema econômico, porquanto as suas proposições descritivas sempre e necessariamente referir-se-ão a este. O que queremos dizer é que uma proposição contábil não representa, em nenhuma hipótese, uma informação do sistema jurídico. Pode até fazê-lo indiretamente, quando esta informação jurídica gere um efeito no sistema econômico em relação a uma entidade, o que termina sendo "captado" pela Contabilidade[469]. Mas, novamente, o objeto da proposição contábil continuará correspondendo à representação de uma informação do sistema econômico.

A instituição de uma limitação à celebração de negócios provoca irritações no sistema econômico, as quais, se surtirem efeitos em relação a entidades, terminará sendo representada descritivamente pela Contabilidade. Da mesma forma, o lucro verificado por uma entidade no âmbito do sistema econômico, é representado pela Contabilidade segundo as normas técnicas que lhe norteiam e, depois, torna-se fato jurídico, que termina integrando a estrutura de normas reguladoras de temas societários e tributários. Finalmente,

---

[469] CAMARGO, Renald Antonio Franco de. *Ob. cit.*, pp. 22-23.

a Contabilidade contém normas técnicas que estabelecem os meios para a constituição das proposições descritivas que a formam, e o Direito, irritando-se ao sistema contábil, pode criar normas jurídicas com conteúdo equivalente, mas, por óbvio, vertidas em linguagem com função prescritiva.

Sob a ótica do sistema jurídico, este pode constituir em seu seio fatos que guardem correspondência com proposições descritivas contábeis e também irritar-se à Contabilidade, mudando o seu programa. Em termos de constituição de fatos com conteúdo equivalente ao de proposições contábeis, temos o campo das *provas*, em que a Contabilidade constitui um poderoso instrumento para o Direito. Basta mencionarmos os resultados de perícias contábeis utilizados na apuração de haveres sociais, de perdas e danos e outras questões objeto de litígios. Além disso, verificamos o Direito constituindo fatos com correspondência no sistema contábil, ilustrando o patrimônio de entidades para efeitos de celebração de instrumentos de dívida, precificação de valores de emissão, resgate, recompra, reembolso ou amortização de títulos representativos do capital de sociedades (quotas, ações etc.), ou indicando o resultado (lucro/superávit ou prejuízo/déficit) apurado num determinado período.

No Brasil, a relação entre Direito e Contabilidade sempre esteve majoritariamente associada à regulação jurídica de questões inerentes ao comerciante/empresário e às sociedades, figuras estas titulares de bens e direitos capazes de gerar riquezas, que, em conjunto, constituam *entidades* para fins contábeis. Segundo doutrinadores brasileiros de Contabilidade, se de um lado isso teve o mérito de instituir a obrigatoriedade de realização da Contabilidade, assim como a uniformização do seu *modus operandi*, por outro, constitui amarra à sua evolução ou até mesmo um fator de risco à sua autonomia, conforme professa Renald Antonio Franco de Camargo[470]:

> A característica básica do desenvolvimento da Contabilidade no Brasil tem sido a constante participação da legislação influenciando as normas e procedimentos contábeis gerando:
>
> – Avanços bruscos, significativos e intermitentes, estagnações e distorções para a disciplina;
> – Normas rígidas que, por vezes, retiraram da Contabilidade a necessária flexibilidade para a adaptação às novas condições econômicas;
>
> (...)

---

[470] CAMARGO, Renald Antonio Franco de. *Ob. cit.*, p. 117.

TRIBUTAÇÃO E CONTABILIDADE

A Contabilidade não é parte do Direito e nem muito menos este é parte da Contabilidade; o que há é uma relação entre estes sistemas em que pode haver equivalência de comunicações. Quando o Direito cria uma norma que possua conteúdo equivalente ao de proposição descritiva contábil, isto não significa que houve um *input* da Contabilidade para este ou vice-versa, isto é, a comunicação jurídica não entra no sistema contábil, assim como a informação contábil não entra no sistema jurídico. Esta é uma situação em que a comunicação jurídica é produzida mediante a aplicação do código direito/não direito e a contábil, verdadeiro/falso. Seguindo a proposta teórica que adotamos, Direito ou Contabilidade reagem um ao outro procedendo a mudanças em seu programa – normas jurídicas no primeiro, normas técnicas no segundo – ou o sistema jurídico constitui em seu seio fatos que guardem correspondência com informações veiculadas pelas proposições descritivas constituintes do sistema contábil.

Neste mesmo sentido, são as lições de Luís Eduardo Schoueri e Vinicius Feliciano Tersi[471]:

> Normas jurídicas incidem sobre normas jurídicas. Assim, é tecnicamente mais correto (e relevante para o propósito desta seção) dizer que o Direito 'traduz' a informação contábil em norma jurídica, sendo que nesse processo pode haver, inclusive, uma alteração no sentido original do termo traduzido, pois a linguagem e o contexto de utilização daquele conceito é diferente (sic).

A constituição de uma norma jurídica individual e concreta que, seja em seu antecedente, seja em seu consequente, ou ambos, veicule informação com equivalência no sistema contábil, é um fenômeno jurídico, ocorrido no interior do Direito e resultante de interpretação jurídica.

---

[471] SCHOUERI, Luís Eduardo; TERSI, Vinicius Feliciano. As inter-relações entre a Contabilidade e Direito: atender ao RTT significa obter neutralidade tributária? In: MOSQUERA, Roberto Quiroga e LOPES, Alexsandro Broedel (Coords.), *Controvérsias jurídico-contábeis (aproximações e distanciamentos)*. São Paulo: Dialética, vol. 02, 2011, p. 126. Sobre o assunto, ver também os comentários bastante precisos de Natanael Martins: MARTINS, Natanael. A realização da renda como pressuposto de sua tributação. Análise sobre a perspectiva da nova contabilidade e do RTT. In: MOSQUERA, Roberto Quiroga e LOPES, Alexsandro Broedel (Coords.), *"Controvérsias..."*, cit., vol. 02, p. 356.

RELAÇÕES ENTRE O SUBSISTEMA JURÍDICO TRIBUTÁRIO E A CONTABILIDADE

Quando um juiz profere uma sentença condenando alguém a reparar danos em função de um erro médico, não se cogita que este esteja a exercer a medicina e nem sequer se exige que o magistrado conheça tal ciência. Baseia-se, o juiz, em laudo proferido por profissional ou entidade médica, documento este veiculador de comunicação jurídica e, aliando à análise os fatos, alegações e circunstâncias pertinentes, profere a sua decisão. Ora, exatamente o mesmo se passa na constituição de uma norma individual e concreta veiculadora de obrigação tributária cujo fato jurídico tributário e/ou base calculada guardem correspondência com informações constantes do sistema contábil. Ainda que se faça necessário uma análise prévia de questões contábeis (apuração de lucro, por exemplo), a constituição da norma jurídica individual e concreta é fenômeno puramente jurídico, ocorrido exclusivamente no interior do Direito.

Em nossa opinião, portanto, é absolutamente impróprio afirmar-se que, na apuração do IRPJ segundo a sistemática do lucro real, cujo "ponto de partida" é o lucro originalmente verificado no âmbito contabilidade, se esteja numa área comum deste e do sistema jurídico ou, pior ainda, que haja comunicação contábil no sistema jurídico[472]. Longe de representarem quebras de paradigmas ou evolução da concepção do que constitua o Direito, propostas como as que ora mencionamos constituem, em nosso pensar, um retrocesso em termos de ciência jurídica.

Por tudo isso, assim como o sistema jurídico está aberto cognitivamente à medicina, à química, à engenharia etc., também está para a contabilidade (à qual se encontra acoplado estruturalmente, inclusive), o que não significa dizer que, quando o Direito produz comunicação que guarde correspondência com comunicação integrante destes outros sistemas, tudo se torne a mesma coisa. Cada sistema é fechado operacionalmente, possui seu próprio código, programa e comunicação, e, cognitivamente, e aberto ao seu ambiente.

---

[472] "Não se deve confundir o Direito Contábil com a Contabilidade, ou considerá-la como subárea da Contabilidade, como alguns autores, geralmente contadores, costumam fazer. O fato de, no Brasil, a técnica contábil estar amplamente juridicizada não a transforma em subárea da Contabilidade". MARTINEZ, Antonio Lopo. *A linguagem contábil no direito tributário*. Dissertação de mestrado. São Paulo: PUC/SP, 2002, p. 42.

Paulo de Barros Carvalho[473] tece comentários esclarecedores sobre o assunto:

> Os assim chamados 'fatos contábeis' são construções de linguagem, governadas pelas diretrizes de um sistema organizado para registrar ocorrências escriturais, articulando-as num todo carregado de sentido objetivo.
> Quando o direito se ocupa dessa trama sígnica, fazendo sobre ela incidir sua linguagem deôntica, temos o jurídico-prescritivo empregado na condição de meta linguagem, isto é, de linguagem de sobrenível, e a Ciência do Direito Tributário operando como meta linguagem, porém de caráter descritivo.

Esquematicamente, poderíamos representar o fenômeno da relação entre Direito e Contabilidade da seguinte forma:

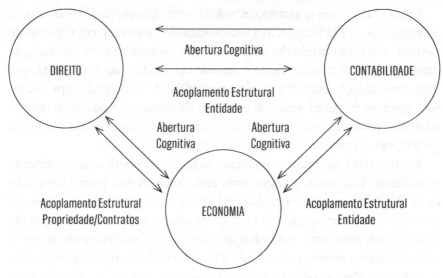

Direito e Contabilidade relacionam-se reciprocamente por meio de acoplamento estrutural verificado na figura da entidade, o que pode provocar irritações no programa dum ou doutro – criação de normas jurídicas e de normas técnicas no segundo –, assim como o sistema jurídico está aberto cognitivamente ao sistema contábil, constituindo fatos que guardem correspondência com fatos contábeis. Direito e Economia relacionam-se

---

[473] CARVALHO, Paulo de Barros. *Direito tributário, linguagem e método*, 3ª ed. São Paulo: Noeses, 2009, p. 663.

reciprocamente em termos de acoplamento estrutural, por meio de direitos pertinentes à propriedade e contratos, sendo cognitivamente abertos um ao outro, o mesmo passando-se entre a Economia e a Contabilidade.

Especificamente com relação ao acoplamento estrutural entre Direito e Contabilidade, faz-se necessário tecermos comentários sobre o meio mediante o qual isto se dá, que é a figura da entidade.

Já mencionamos anteriormente que a entidade corresponde a uma unidade econômica que exerce controle sobre bens e direitos voltados a propiciar benefícios econômicos e que prescinde de uma forma jurídica específica.

A entidade prescinde de personalidade jurídica (fundação, associação ou sociedade), podendo simplesmente decorrer de uma relação contratual (sociedade em conta de participação, por exemplo) ou da forma como uma pessoa natural explore uma determinada atividade, caso do empresário individual. Nada obstante, ainda que não constitua necessariamente um sujeito de direito, a entidade sempre deverá estar referida a um (na sociedade em conta de participação, utilizando novamente esta figura como exemplo, ao sócio ostensivo).

Segundo José Luiz Bulhões Pedreira[474], discorrendo sobre a entidade:

> Essa expressão permite escolher as fronteiras da unidade produtiva que constitui objeto da escrituração e das demonstrações financeiras segundo os objetivos dos relatórios ou o interesse dos usuários das informações: entidade contábil não é conceito que represente gênero de objetos com as mesmas características, mas conjuntos definidos arbitrariamente pelo observador, e tanto pode ser uma organização ou suborganização quanto centro de custos, empresa, sociedade empresária, ou grupo de empresas ou de sociedades empresárias.

Este tema é de profunda importância no trato da relação entre Contabilidade e Direito, uma vez que dá margem a confusões entre o que constitua o patrimônio de um sujeito de direito e o patrimônio referente a uma entidade, pois este último pode ficar aquém daquele em termos de elementos constituintes, bem como ter seus elementos requalificados, assunto de que trataremos com mais profundidade a seguir, no item 5.1.1.

---

[474] PEDREIRA, José Luiz Bulhões. *"Finanças..."*, cit., p. 550.

TRIBUTAÇÃO E CONTABILIDADE

5.1.1 Patrimônio, suas acepções e o relacionamento entre Direito e Contabilidade

A personalidade jurídica surgida por força do nascimento com vida[475] ou em razão do cumprimento das condições impostas pelo Direito[476] para adquiri-la torna aquele que a detém capaz de se tornar parte de relações jurídicas que lhe outorguem direitos e obrigações[477]. Segundo Caio Mário da Silva Pereira[478]:

> (...) todo homem em sociedade efetua negócios e participa de relações jurídicas de expressão econômica, todo indivíduo há de ter patrimônio, que traduz aquelas relações jurídicas. Só em estado de natureza, com abstração da vida social, é possível conceber-se o indivíduo sem patrimônio. Em sociedade, não. Por isso, e em consequência de não se admitir a pessoa sem patrimônio, é que não é possível dissociar as duas ideias, e é neste sentido que ele foi definido como a projeção econômica da personalidade civil.

O patrimônio de uma pessoa constitui uma universalidade formada por todos os direitos[479] e obrigações por ela intitulados. O Código Civil vigente, a nosso ver, dirimiu qualquer dúvida quanto a se as obrigações também constituem, ou não, elementos do patrimônio, ao aludir a este como sendo um complexo de relações jurídicas, sem apontar somente para as que atribuam direitos ao titular daquele.

Ao Direito, por vezes, é relevante o "saldo" patrimonial, em matéria de responsabilidade pelo cumprimento de obrigações, o que não faz com que um patrimônio em que direitos e obrigações somem cifras equivalentes ou mesmo que seja deficitário inexista[480].

Não são todos os direitos e obrigações da pessoa que integram o seu patrimônio, mas unicamente os dotados de valor econômico, isto é, que

---

[475] Código Civil, artigo 2º.

[476] Para as pessoas jurídicas de Direito Privado, ver Código Civil, artigo 45.

[477] Código Civil, artigo 91.

[478] PEREIRA, Caio Mário da Silva. *Instituições de direito civil*, 19ª ed. Rio de Janeiro: Forense, vol. I, 1999, pp. 246-247.

[479] O patrimônio não é composto por um conjunto de coisas e bens materiais e imateriais, mas direitos de direitos que versem sobre estes, conforme destaca enfaticamente Renan Lotufo, citando as lições de Enneccerus. LOTUFO, Renan. *Curso avançado de direito civil*, 2ª ed. São Paulo: RT, 2003, p. 173.

[480] PEREIRA, Caio Mário da Silva. *Ob. cit.*, p. 246.

possam ser representados em pecúnia, seja em razão de serem passíveis de troca, ou por conta de seu uso[481]. Com base nisso, temos condições de assim arrolar as espécies de direitos que não integram o patrimônio e as que deste fazem parte[482]:

Pertencem ao patrimônio:

- os direitos reais, como o de propriedade e o de usufruto;
- os direitos pessoais, como o de crédito;
- os direitos intelectuais, como os direitos autorais e os da propriedade industrial.

Não pertencem:

- os direitos personalíssimos, como a vida, a liberdade, a honra;
- os direitos de poder sem valor econômico, como os do pátrio poder;
- o direito de ação.

Nada obstante a patrimonialidade de um direito ou obrigação estar associada à transferibilidade dum ou doutro item, este não é um requisito para tanto, uma vez que há direitos ou obrigações patrimoniais intransferíveis, tais como, respectivamente, o representado por um bilhete de concerto, se intransferível, ou a decorrente de um contrato para a composição de uma canção firmado por artista de renome[483].

As meras expectativas, ainda que dotadas de alta probabilidade de concretização, isto é, de se tornarem direitos dotados de conteúdo econômico, tais como as oriundas da capacidade de trabalho, não integram o patrimônio, mesmo constituindo interesses protegidos pelo Direito (*e.g.* resguardo da parcela indisponível do patrimônio de pessoa que possua herdeiros necessários – Código Civil, artigo 549). Contudo, isto não impede de se considerar como integrantes do patrimônio direitos que já possuam uma eficácia mínima ou sejam irrevogáveis, mesmo que, porventura, não gozem

---

[481] PONTES DE MIRANDA, Francisco Cavalcanti. *Tratado de direito privado: parte geral.* São Paulo: Bookseller, t. V, 1999, pp. 448-449.

[482] Procedemos à indicação das espécies acompanhando as lições de Orlando Gomes acerca do tema. GOMES, Orlando. *Introdução ao direito civil,* 19ª ed. Rio de Janeiro: Forense, 2000, p. 204.

[483] PONTES DE MIRANDA, Francisco Cavalcanti. *"Tratado..."*, t. V, cit., p. 449.

TRIBUTAÇÃO E CONTABILIDADE

de liquidez e certeza[484] [485], assim como direitos de poder com conteúdo econômico, tal qual o poder de controle a que aludimos no capítulo anterior e de que voltaremos a tratar adiante. Este é um ponto de extrema importância no relacionamento entre o sistema jurídico e o sistema contábil, pois este, em tais situações, mensura o direito por meio de estimativa fundada em dados objetivos e que guardem correlação lógica com o item objeto da mensuração, o que não significa que trate um direito estimado como integrante do patrimônio referente a uma entidade[486].

Mesmo não constituindo objeto de direito de uma forma ampla como a dos elementos que o integram, o patrimônio pode constituir-se como tal em algumas situações, conforme bem demonstra Pontes de Miranda[487] [488]:

> Entre o resíduo realista dos que negam ao patrimônio qualquer possibilidade de ser objeto de direito e o nominalismo dos que o afirmam, há a atitude empírico-criticista, que é a mais acorde com a ciência. Basta pensar-se no usufruto do titular do pátrio poder e no usufruto do patrimônio (art. 714). O que é de repelir-se é a concepção que também vê no patrimônio objeto de direito ou de pretensão executiva ou constritiva cautelar dos credores.

O patrimônio é unido por uma pessoa única (titular), ou pessoas em comum, mas únicas. Isto, contudo, não é suficiente para a caracterização de um conjunto de direitos e obrigações como patrimônio, sendo necessário,

---

[484] PONTES DE MIRANDA, Francisco Cavalcanti. *"Tratado..."*, t. V, cit., p. 420.

[485] É o caso, por exemplo, do exercício da prestação de um serviço em que as partes não tenham acordado uma remuneração, hipótese em que competirá ao Poder Judiciário arbitrá-la, segundo o costume, o tempo de serviço e sua qualidade. Tão logo cumprida sua obrigação, tem o prestador direito ao recebimento do preço, direito este com conteúdo econômico – mesmo sendo ilíquido – e que integra, pois, o seu patrimônio.

[486] Segundo o Pronunciamento CPC n.º 25, itens 31 a 35, as expectativas de direito com alta probabilidade de concretização são tratadas como *ativos contingentes*, os quais não são considerados parte do patrimônio referente a uma entidade e não devem sequer ser reconhecidos nas demonstrações contábeis, sendo passíveis unicamente de divulgação.

[487] PONTES DE MIRANDA, Francisco Cavalcanti. *"Tratado..."*, t. V, cit., p. 425. O artigo mencionado na passagem transcrita corresponde ao artigo 1.390 do Código Civil vigente, sendo idênticas as redações destes dispositivos.

[488] Caio Mário da Silva Pereira alude à possibilidade de o patrimônio também poder ser objeto de transferência *causa mortis*, por força de processos sucessórios decorrentes de incorporação, fusão e cisão de sociedades ou da constituição de sociedade conjugal em regime de comunhão universal. Ver: PEREIRA, Caio Mário da Silva. *Ob.cit.*, pp. 250-251.

para tanto, consoante as lições de Pontes de Miranda[489], "(...) a unidade e pluralidade potencial de elementos 'direitos', 'pretensões', 'ações' e 'exceções'".

Não é por outra razão que, nada obstante a constante mutação do patrimônio, por força de aumento, diminuição ou exclusão de seus elementos, isto não resulta em perda de sua identidade[490].

O patrimônio é um conceito que pode ser dividido em espécies, quer em função do número de titulares, quer de sua destinação, ou da forma de sua abordagem, qualitativa ou quantitativa.

Quanto ao número de titulares, o patrimônio pode ser individual, detido por uma única pessoa, ou comum, intitulado por duas ou mais pessoas, sendo que, neste, cada titular – comuneiro – pode ter uma parte indivisível, mais o seu patrimônio individual, ou caracterizar-se a situação denominada patrimônio comum geral, em que inexiste tal dualidade – como pode ocorrer na sociedade conjugal firmada segundo regime de comunhão universal, conforme prescreve o Código Civil, artigo 1667.

Além do patrimônio geral, que abrange todos os direitos e obrigações dotados de valor econômico intitulados por uma pessoa, norma jurídica veiculada por lei ou por manifestação de vontade pode, tendo em vista um determinado fim, segregar direitos e obrigações já existentes e que lhe sejam afeitos e estabelecer quais se incorporarão ao patrimônio especial, após a sua instituição. A legislação brasileira prevê diversas situações em que é mandatória ou facultativa a constituição de patrimônio especial, dentre as quais se destacam o formado por força de sociedade conjugal regida por regime de comunhão parcial de bens (Código Civil, artigos 1658 e seguintes), de celebração de sociedade em conta de participação (Código Civil, artigo 994), de incorporação imobiliária (Lei n.º 10.931, de 02 de agosto de 2004, artigos 1º a 10º).

Finalmente, temos a possibilidade de dividir o patrimônio em espécies em função de a abordagem na sua análise ser qualitativa ou quantitativa. Quem melhor tratou de tal proposta no Brasil foi Bulhões Pedreira, que despendeu extensos comentários a respeito em sua obra *Finanças e Demonstrações Financeiras da Companhia*. Apesar de nomear uma e outra espécie como jurídica e financeira, não nos parece que o ilustre Professor tenha

---

[489] PONTES DE MIRANDA, Francisco Cavalcanti. *"Tratado..."*, t. V, cit., p. 421.
[490] PEDREIRA, José Luiz Bulhões. *"Finanças..."*, cit., p. 133.

TRIBUTAÇÃO E CONTABILIDADE

considerado esta última como estranha aos domínios do Direito, porquanto ele as diferencia unicamente em função da abordagem empregada em sua análise.

Bulhões Pedreira diferencia o que ele denomina patrimônio jurídico de patrimônio financeiro em função da abordagem empregada na definição de cada modalidade, lecionando que no primeiro emprega-se uma abordagem qualitativa e no segundo, quantitativa.

Sobre a abordagem qualitativa do patrimônio, leciona o mencionado autor[491]:

> O resultado do inventário e análise do patrimônio no seu conceito jurídico é conhecimento qualitativo dos elementos patrimoniais, pois estes, considerados apenas sob o aspecto da natureza jurídica, não se prestam a ser quantificados com base em alguma unidade de medida; (...)

Já a respeito da abordagem quantitativa, assim disserta Bulhões Pedreira[492]:

> A identificação dos elementos ativos do patrimônio financeiro baseia-se na análise dos objetos de direito para verificar quais os que 'contêm' quantidades distintas de valor financeiro, e o conceito financeiro de ativo patrimonial representa o conjunto de objetos de direito considerados sob o aspecto do valor financeiro, e não os próprios direitos.

Baseando-nos em tais lições, temos que a abordagem qualitativa do patrimônio permite a identificação de todos os direitos e obrigações integrantes do patrimônio, possam estes ser mensurados, ou não, em moeda. Sob o ponto de vista quantitativo, são tomados em conta somente os direitos e obrigações avaliáveis em moeda e também o "balanço" destes elementos, isto é, a sua soma.

Tal como as outras acepções do patrimônio, em função de seus titulares ou de seus fins, parece-nos absolutamente factível também analisá-lo sob os pontos de vista propostos por Bulhões Pedreira, com a ressalva de que, em nosso pensar, estaremos sempre a tratar do patrimônio sob a ótica estritamente jurídica. Aliás, a abordagem quantitativa do patrimônio é

---

[491] PEDREIRA, José Luiz Bulhões. *"Finanças..."*, cit., pp. 136-137.
[492] PEDREIRA, José Luiz Bulhões. *"Finanças..."*, cit., pp. 136-137.

de fundamental importância para o Direito, mormente para questões pertinentes à responsabilidade patrimonial, apuração de fraude contra credores etc.

É ao patrimônio dito financeiro a que aludem as normas instituidoras de tributos sobre itens do patrimônio e incrementos patrimoniais, as quais não preveem um único meio de mensuração de elementos daquele, conforme podemos verificar de diversas passagens da legislação competente. No caso do IPTU, estabelece o Código Tributário Nacional, artigo 33, que a base calculada deste Imposto deverá corresponder ao valor venal do imóvel objeto do fato jurídico tributário correspondente, isto é, o valor para venda à vista, segundo condições normais de mercado[493]. Em se tratando de IR devido por pessoa física, determina a legislação[494] que o patrimônio da pessoa seja valorado segundo o custo histórico de aquisição incorrido. Para fins de IRPJ apurado segundo a sistemática denominada *lucro real*, a legislação[495] prevê que a mensuração do patrimônio deva dar-se de modo que este guarde correspondência com o patrimônio medido no âmbito do sistema contábil.

Em matéria de incidência tributária, é justamente no que se refere à mensuração do patrimônio que vislumbramos efeitos mais intensos da abertura cognitiva do Direito à Contabilidade, sobretudo quanto a IRPJ, CSL, Contribuição ao PIS e COFINS.

5.1.1.1 Patrimônio financeiro no sistema jurídico e no sistema contábil

O patrimônio tem importância central na Contabilidade, pois são os elementos deste e as suas mutações as informações econômico-financeiras objeto das proposições descritivas integrantes desse sistema.

Na relação entre Direito e Contabilidade que gere repercussões quanto ao patrimônio das pessoas tem-se uma dinâmica bastante interessante, pois estas dão-se de forma circular. Queremos dizer, o patrimônio, originalmente concebido no seio do sistema jurídico, gera repercussões no sistema econômico, que passa a retratá-lo segundo seu código e seu

---

[493] BALEEIRO, Aliomar. *Direito tributário brasileiro*, 11ª ed., anotado por Misabel de Abreu Machado Derzi. Rio de Janeiro: Forense, 2008, p. 249.

[494] Lei n.º 9.250, de 26 de dezembro de 1995, artigo 25, § 2º; RIR/99, artigo 800.

[495] Decreto-Lei n.º 1.598/77, artigo 7º; Lei n.º 6.404/76, artigo 176; Código Civil, artigos 1.179 e seguintes.

TRIBUTAÇÃO E CONTABILIDADE

programa. Por sua vez, o sistema contábil, ao representar o patrimônio tal como concebido pelo sistema econômico, termina por gerar repercussões no sistema jurídico, especialmente em relação à sua valoração.

A grande diferença entre a demarcação do patrimônio efetuada pelo sistema econômico e pelo contábil e a procedida pelo Direito é que naqueles há uma abstração da realidade jurídica, desvinculando a noção de patrimônio da pessoa e relacionando-a a uma organização produtiva – entidade –, tenha esta personalidade jurídica ou não, enquanto que no sistema jurídico isto é inadmissível. Nada obstante, mesmo que se referindo a uma organização produtiva, de alguma forma o patrimônio retratado nos meios contábil e econômico sempre guardará referência a um sujeito de direito.

Sobre o tema, são as lições de Bulhões Pedreira[496]:

> A exposição dos capítulos anteriores demonstra, além disso, que a noção de patrimônio sem pessoa usada pela Contabilidade é uma abstração que não representa a realidade social, tal como existe: **a função do plano patrimonial é organizar a ação econômica de pessoas concretas, e é fato observável que não existe patrimônio sem pessoa, direito patrimonial sem sujeito ativo, obrigação sem sujeito passivo, objeto de direito sem direito, valor financeiro que não se ache sob poder de uma pessoa, capital financeiro sem proprietário nem renda financeira sem beneficiário.**

Esta noção é compartilhada também por importantes doutrinadores contábeis, como Eldon S. Hendriksen e Michael F. Van Breda[497], que, ao definirem os conceitos de ativo e passivo à luz da Contabilidade, assim discorrem sobre as características essenciais destes itens, sempre relacionando-os a um direito ou a uma obrigação:

> Deve haver algum direito específico a benefícios futuros ou potencial de serviço. Direito e serviços que tenham expirado não podem ser incluídos. Além disso, os direitos devem produzir um benefício positivo; os direitos com benefícios nulos ou negativos em potencial não são ativos.
> (...)
> Os direitos devem pertencer a algum indivíduo ou alguma empresa. O direito ao benefício de dirigir em estradas públicas não resulta num ativo. O direito deve

---

[496] PEDREIRA, José Luiz Bulhões. *"Finanças..."*, cit., p. 553 – negritos nossos.

[497] HENDRIKSEN, Eldon S.; BREDA, Michael F. Van. *Ob. cit.*, pp. 285-287.

RELAÇÕES ENTRE O SUBSISTEMA JURÍDICO TRIBUTÁRIO E A CONTABILIDADE

permitir a exclusão de outras pessoas, embora em alguns casos o direito seja compartilhado com pessoas ou empresas específicas.

(...)

Do ponto de vista interpretativo, os passivos poderiam ser definidos como obrigações ou compromissos de uma pessoa, empresa ou organização externa em alguma data futura.

Desta forma, quando o Pronunciamento Básico do CPC, item 57, prevê que "Embora a capacidade de uma entidade controlar os benefícios econômicos normalmente seja proveniente da existência de direitos legais, um item pode satisfazer a definição de um ativo mesmo quando não há controle legal", na verdade, em nosso pensar, incorre em equívoco ao ignorar as diferentes modalidades e graus de eficácia de um direito, indicando que este somente exista quando seja da espécie patrimonial e, além disso, líquido e certo[498]. O ativo, conforme já mencionamos anteriormente, sempre representa um direito do(s) titular(es) da entidade em relação a um determinado recurso e que não necessariamente já seja líquido e certo ou corresponda à propriedade ou à posse. Digno de nota neste sentido é o fato de que a situação mencionada pelo próprio Pronunciamento Conceitual Básico do CPC, item 57, logo após o trecho que transcrevemos acima, para elucidar a assertiva de que nem todo ativo está relacionado ao controle legal, assim dispõe: "Por exemplo, o know-how obtido por meio de uma atividade de desenvolvimento de produto pode satisfazer a definição de ativo quando, mantendo o know-how em segredo, a entidade controla os benefícios econômicos provenientes desse ativo". Ora, este é um caso em que está claramente configurado um direito com conteúdo econômico passível de cessão e oponível a terceiros[499], tratado pela Constituição como direito fundamental, em seu artigo 5º, XXIX, e extensamente regulado e protegido pela Lei n.º 9.279, de 15 de maio de 1996, e pela Lei n.º 9.610, de 19 de fevereiro de 1998.

Da mesma maneira que se passa com o ativo, os elementos do passivo sempre terão uma conotação jurídica, quer porque associados a uma obrigação – ainda que esta seja dotada de baixo grau de eficácia –, quer porque constituam itens de mensuração de um ativo (*e.g.* provisão), quando

---

[498] PONTES DE MIRANDA, Francisco Cavalcanti. *"Tratado..."*, t. V, cit., p. 420.

[499] PONTES DE MIRANDA, Francisco Cavalcanti. *Tratado de direito privado: parte especial.* Campinas: Bookseller, t. XVI, 2002, pp. 330-331 e p. 362.

TRIBUTAÇÃO E CONTABILIDADE

referirem-se a algum item específico, ou do patrimônio como um todo, caso inexista uma correlação específica.

Quanto ao passivo constituído por uma obrigação, devemos anotar que esta pode ser *ex lege* ou contratual, assim como decorrer de ato unilateral daquele que se compromete, o que, diga-se, é bem anotado pelo Pronunciamento Conceitual Básico do CPC, item 60: "Obrigações surgem também de práticas usuais de negócios, usos e costumes e o desejo de manter boas relações comerciais ou agir de maneira equitativa".

Os ativos e passivos integrantes do patrimônio retratado pela Contabilidade, portanto, sempre se reduzirão a direitos e obrigações, de modo que é perfeitamente admissível que o patrimônio jurídico, vislumbrado sob uma perspectiva quantitativa, possa guardar identidade com aquele, o que, aliás, é previsto quer pela Lei n.º 6.404/76, quer pelo Código Civil, isto sem falar na legislação tributária. Itens constantes do balanço patrimonial que não correspondam a bens, direitos ou obrigações – merecendo destaque as provisões – reduzem-se a estes de alguma forma, enquanto elementos de quantificação especificamente referidos ou do patrimônio como um todo.

O que pode ocorrer é o patrimônio, numa abordagem quantitativa que guarde identidade com o patrimônio retratado no sistema contábil, não contemplar todos os direitos e obrigações de seu titular. Isso porque, sob a ótica quantitativa, tanto na Contabilidade quanto no Direito, somente são retratados os elementos passíveis de mensuração confiável. Sob a ótica quantitativa, não se identificará um direito de marca cujo surgimento tenha se dado por iniciativa de seu próprio titular, porque, sob o ponto de vista contábil, não há meios de se mensurá-lo com segurança, o que não autoriza de modo algum afirmar-se que tal direito não exista ou, pior, que não componha o patrimônio de seu titular.

Quando tratamos de incidência tributária, a abertura cognitiva do Direito face à Contabilidade tem como efeito o patrimônio de pessoas jurídicas e equiparadas, sob o ponto de vista quantitativo, guardar identidade com o retratado pela Contabilidade, o que verificamos também nas searas empresarial e societária.

5.1.1.2 Patrimônio financeiro e a requalificação de conceitos já regulados pelo Direito

Que o Direito possa guardar identidade com a Contabilidade no que tange à acepção quantitativa do patrimônio, isto não é motivo de controvérsias

RELAÇÕES ENTRE O SUBSISTEMA JURÍDICO TRIBUTÁRIO E A CONTABILIDADE

relevantes no meio doutrinário. Este tema é motivo de debates acalorados quando se cuida de representação de um determinado direito pelo sistema contábil de maneira distinta da como o sistema jurídico o conceba. Isso se dá em razão de a Contabilidade, por não se voltar ao Direito, e sim ao sistema econômico, efetuar as suas descrições segundo o quanto identifique neste último, não no primeiro, conforme já comentamos ao tratarmos do postulado contábil da *essência econômica*, no item 4.3.2 do capítulo anterior.

Boa parte das informações integrantes do sistema econômico é fruto de irritações deste ao sistema jurídico ou da abertura cognitiva daquele a este. Isto não significa dizer que uma informação econômica produzida por conta de tal abertura deva guardar perfeita identidade com a informação correspondente no sistema jurídico, a não ser que eventual discrepância possa resultar em ofensa à Constituição[500]. Por outro lado, na hipótese de informação econômica motivada por uma informação jurídica terminarem não guardando correspondência uma com a outra, não significa que a primeira possa sobrepor-se à última. Tais informações, por pertencerem a sistemas distintos, são produzidas de maneiras diferentes, visando a objetivos muitas vezes não coincidentes, daí por que não ser imperativo que guardem identidade entre si. A informação jurídica se sobreporá à econômica, se (e somente se) eventual discrepância constituir ofensa à Constituição, ao passo que a informação econômica poderá servir como meio de prova contra a validade da informação jurídica e vice-versa.

Em meio a isso temos a Contabilidade, um sistema formado por proposições descritivas que representam informações econômicas pertinentes a uma entidade, proposições estas, por sua vez, que motivam a constituição de informações no âmbito do sistema jurídico. Estas informações jurídicas que guardem identidade com informações contábeis, quando se referirem a elementos do patrimônio, constituirão uma representação quantitativa destes. Mais do que isso, a abertura do Direito face à Contabilidade poderá dar lugar a uma qualificação de direitos e obrigações integrantes do patrimônio distinta da originalmente procedida pelo próprio Direito[501], pois o sistema

---

[500] Conforme leciona Heleno Tôrres, na interferência em conceitos já previamente estabelecidos pelo Direito, se há algum primado a ser observado, este há de ser sempre o quanto determine a Constituição. TÔRRES, Heleno Taveira. *Direito Tributário e direito privado...*", cit., p. 83.

[501] "Observa-se, dentro do próprio Direito Privado, mais de uma acepção para o termo 'patrimônio', já que para além do conceito civil, também há aquele adotado pela legislação

TRIBUTAÇÃO E CONTABILIDADE

contábil não produz a informação ulteriormente reproduzida pelo sistema jurídico voltando-se para este, mas sim para o sistema econômico.

De forma análoga ao que se passa quando o Direito Tributário promove mutações nos conceitos de outros ramos do Direito[502], especialmente o Privado, tendo por objeto o mesmo fato material, perdendo, tais conceitos, suas feições originais, para adquirir funcionalidade exclusivamente para fins tributários[503], o mesmo se dá quando o sistema jurídico abre-se cognitivamente ao sistema contábil para fins de representar em seu interior o patrimônio tal qual feito por este. Pode decorrer desta abertura que o sistema jurídico, para determinados fins, acabe qualificando um determinado direito diversamente do que haja feito[504]. Agora, é importante deixarmos registrado que tal qualificação deve ser procedida ou autorizada por meio de lei, especialmente quando se der para fins de incidência tributária, tendo em vista os ditames do princípio da legalidade. Consoante as lições de Heleno Tôrres[505]:

> Quanto à capacidade qualificadora do legislador, não restam dúvidas de que seja possível atribuir qualificações distintas, guardadas as formalidades que o

societária". SCHOUERI, Luís Eduardo. O mito do lucro real na passagem da disponibilidade jurídica para a disponibilidade econômica. In: MOSQUERA, Roberto Quiroga e LOPES, Alexsandro Broedel (Coords.), "Controvérsias...", cit., p. 250.

[502] Conquanto, por óbvio, o conceito não haja sido utilizado pela Constituição na repartição de competências tributárias, consoante didaticamente expressado pelo artigo 110 do Código Tributário Nacional.

[503] Código Tributário Nacional, artigo 109.

[504] Apesar de não concordamos com Fábio Lima da Cunha, para quem o patrimônio, à luz da Contabilidade, não tem como elementos unicamente direitos e obrigações, este autor trata de maneira bastante feliz da diversidade de qualificações a que aludimos: "Formulando de outra maneira, ainda que a contabilidade pudesse ser precisa interpretação da universalidade de relações jurídicas de companhias, os relatórios contábeis podem sim retratar os negócios jurídicos sem captar influências do regime jurídico afetos (sic) a estes, desde que em conformidade com as finalidades da juridicização da contabilidade". CUNHA, Fábio Lima da. A contabilidade juridicizada: a universalidade de relações jurídicas e a perspectiva de patrimônio no novo padrão contábil brasileiro. In: MOSQUERA, Roberto Quiroga e LOPES, Alexsandro Broedel (Coords.), "Controvérsias...", cit., p. 155. No mesmo sentido, ver: MARTINS, Natanael. A realização da renda como pressuposto de sua tributação. Análise sobre a perspectiva da nova contabilidade. In: MOSQUERA, Roberto Quiroga e LOPES, Alexsandro Broedel (Coords.), "Controvérsias...", cit., vol. 02, p. 356.

[505] TÔRRES, Heleno Taveira. Direito Tributário e direito privado...", cit., p. 74.

sistema exige. As propriedades de um mesmo fato da vida podem ser colhidas segundo os diversos interesses.

Nesta situação, não estamos a cogitar em alteração da natureza de um conceito, nem muito menos os seus efeitos e contingências, salvo exclusivamente quanto aos fins para os quais a qualificação haja sido realizada, tal como fazem a Lei n.º 6.404/76 e o Código Civil, com vistas à demonstração do patrimônio do empresário e das sociedades e dos seus incrementos. Queremos dizer, quando, para fins de demonstração do patrimônio de uma pessoa jurídica, um negócio de arrendamento mercantil financeiro seja retratado como um financiamento, não se está a mudar a natureza de tal negócio e nem alterar o regime que o tutela.

Apesar de nossa opinião ser distinta da de Fábio Konder Comparato acerca do tema[506], este notável jurista tem razão quanto a haver um limite para que o Direito possa produzir informações que guardem identidade com informações do sistema contábil. Confiramos as suas lições[507]:

> Sem dúvida, a interpretação da realidade econômica, como toda interpretação, é sempre sujeita a variações de opinião, conforme o intérprete. Há um componente inevitável de subjetividade em todo juízo de avaliação. Mas esse subjetivismo não pode ir ao ponto de se suprimirem ou alterarem, deliberadamente, os fatos objetivos, de acordo com aquilo que o contador considere que deveria ter acontecido.

Em conclusão, é próprio da Contabilidade retratar o patrimônio conforme este se apresenta no sistema econômico, e não no jurídico, o que pode acarretar em emprego de conceitos distintos dos eventualmente

---

[506] "Sem dúvida, pode o contador interpretar juridicamente o fato econômico desta ou daquela maneira, desde que o faça, como é óbvio, com apoio em bases documentais. Mas não pode, de forma nenhuma, afastar a qualificação jurídica que resulta da própria lei, sob o arrogante pretexto de que as exigências da ciência contábil são independentes do ditado legislativo". COMPARATO, Fábio Konder. O irredentismo da "nova contabilidade" e as operações de "leasing". In: *Direito empresarial – estudos e pareceres*. São Paulo: Saraiva, 1995, p. 411. Na doutrina tributária, o maior expoente de tal pensamento é Ricardo Mariz de Oliveira. Ver: OLIVEIRA, Ricardo Mariz. *Fundamentos do imposto de renda*. São Paulo: Quartier Latin, 2008, pp. 1.014 e seguintes.

[507] COMPARATO, Fábio Konder. O irredentismo da "nova contabilidade" e as operações de "leasing". In: *"Direito empresarial..."*, cit., p. 410.

TRIBUTAÇÃO E CONTABILIDADE

regulados pelo Direito. O sistema jurídico pode, abrindo-se cognitivamente ao contábil, qualificar direitos e obrigações integrantes do patrimônio de forma distinta do que haja efetuado, conquanto isto não constitua ofensa à Constituição e seja previsto em lei.

5.2 Relações entre sistema jurídico e sistema contábil – acoplamento estrutural e abertura cognitiva em matéria de incidência tributária

5.2.1 Possibilidade

O fenômeno da tributação tem início na previsão de competência, pela Constituição, para a instituição de tributos, passa pela edição de lei pelas pessoas políticas criando-os, mediante a previsão de todas as informações necessárias à deflagração do fato jurídico tributário, ao nascimento da obrigação tributária e à constituição do crédito correspondente, e finalizando-se com a extinção destes 02 (dois) últimos, via de regra, pelo seu adimplemento.

Tal fenômeno é regulado por uma série de freios e contrapesos que visam, a um só tempo, assegurar a arrecadação dos tributos, item de fundamental importância, pois atualmente estes costumam constituir a principal fonte de recursos financeiros com os quais o Estado desempenha suas funções, bem como que sejam observados os direitos fundamentais e garantias individuais daqueles que têm seu patrimônio onerado por tais exações.

No que tange aos tributos cuja hipótese da norma de incidência não corresponda a uma atuação estatal – dos quais o maior exemplo são os impostos –, o princípio da capacidade contributiva constitui o principal item do rol dos freios e contrapesos constitucionais aplicáveis ao fenômeno da tributação. Tal princípio, conforme afirmamos linhas atrás, requerendo que a lei instituidora de tributo cuja hipótese da norma de incidência não corresponda a uma atuação estatal preveja fato de possível ocorrência capaz de representar manifestação de riqueza da pessoa que lhe seja direta e pessoalmente relacionada, assim como tal fato, para que possa ser qualificado como capaz de dar lugar ao nascimento da obrigação tributária, constitua um *signo presuntivo de riqueza*, representa, sob a ótica do Estado, um limite negativo na instituição e cobrança de um determinado tributo com as características que mencionamos, e, sob a ótica da pessoa que tem o patrimônio onerado, um limite positivo em relação a como e em quanto isto (oneração) pode ocorrer.

Para muitos tributos cuja hipótese da norma de incidência não deva corresponder a uma atividade estatal, a Constituição – acertadamente, diga-se – procedeu à repartição da competência para a instituição destes mediante a indicação de uma materialidade, cuja observância pelo legislador infraconstitucional resulta automaticamente na previsão de fato de possível ocorrência que possa representar manifestação de riqueza.

Em muitos casos, sobretudo quando estabelece uma competência tributária por meio da indicação de institutos já regulados por outras áreas do Direito, a Constituição limita significativamente a margem que tem o legislador infraconstitucional para determinar o conteúdo de uma norma de incidência tributária que se adapte ao arquétipo veiculado por aquela, em especial no que se refira ao critério material da hipótese e à base de cálculo. Podemos citar como exemplo a competência para instituição do Imposto sobre Operações de Crédito ("IOF/Crédito"), cuja hipótese da norma de incidência não pode consistir em outra coisa que não negócio jurídico de crédito (mútuo, financiamento etc.), amplamente regulado pela legislação privada. A Constituição, em situações assim, termina limitando a atividade legiferante ao restringir a manifestação de riqueza tributável a uma única hipótese ou a um rol exaustivo de possibilidades verificadas em outras searas do Direito, o que, de resto, é didaticamente esclarecido pelo artigo 110 do Código Tributário Nacional, quando estabelece que:

> A lei tributária não pode alterar a definição, o conteúdo e o alcance de institutos, conceitos e formas de direito privado, utilizados, expressa ou implicitamente, pela Constituição Federal, pelas Constituições dos Estados, ou pelas Leis Orgânicas do Distrito Federal ou dos Municípios, para definir ou limitar competências tributárias.

Há situações, por outro lado, em que a Constituição atribui a competência tributária mediante indicação de um conceito sem regulação específica no sistema jurídico ou que constitua um gênero de atos e negócios já regulados juridicamente. Em tal hipótese, tem, o legislador, maior liberdade para eleger situações de possível ocorrência que se coadunem com aquele conceito.

Atualmente, no Brasil, é amplamente aceito o entendimento de que a acepção constitucional do que seja renda para fins de tributação corresponde a *acréscimo patrimonial* verificado num determinado intervalo de

TRIBUTAÇÃO E CONTABILIDADE

tempo. É fato que a Constituição não indica as situações que caracterizam este acréscimo, mas unicamente as notas que estas devem conter, quais sejam, aumento patrimonial num determinado período que constitua, por óbvio, um *signo presuntivo de riqueza*. O Código Tributário Nacional, em seu artigo 43, implementando uma concretização *definitória*[508] do que seja renda, no exercício do que denominamos função certeza das normas gerais de direito tributário, torna explícitas notas acerca de tal categoria, mas que mesmo assim não indicam uma única forma fechada de se identificar o que a constitua. Pelo contrário, alude a mais de um método para apuração de sua base de cálculo[509] e o reconhecimento de que o conceito de patrimônio não é unívoco, conforme se verifica das normas civilísticas[510] e das normas de cunho societário[511], que tratam daquele de forma equivalente à feita no âmbito do sistema contábil. Neste sentido, o que importa é que o método eleito pelo legislador seja fiel ao conceito de renda e aos direitos e garantias fundamentais do contribuinte[512].

Pois bem, renda, muito antes de ser um tema objeto do Direito Tributário, constitui objeto do sistema econômico e, enquanto tal, representada pela Contabilidade em uma de suas acepções, o lucro[513], já há alguns bons anos de maneira científica. A Contabilidade tem como finalidade precípua representar descritivamente informações econômico-financeiras referentes a uma entidade, dentre as quais o lucro (desempenho) é das mais importantes para a maioria de seus usuários. Ora, o lucro enquanto resultado positivo da confrontação de receitas, custos e despesas verificados num dado período, quando representado no âmbito do sistema jurídico, é dos itens que melhor denotam manifestação de riqueza, porquanto

---

[508] ÁVILA, Humberto. A hipótese de incidência do imposto sobre a renda construída a partir da Constituição. *Revista de direito tributário*, cit., p. 114.

[509] Código Tributário Nacional, artigo 44.

[510] Código Civil, artigo 91.

[511] Vide Lei n.º 6.404/76, artigos 178 e seguintes; Código Civil, artigo 1.186.

[512] LOBO TORRES, Ricardo. *"Curso..."*, cit., p. 325; SCHOUERI, Luís Eduardo. O mito do lucro real na passagem da disponibilidade jurídica para a disponibilidade econômica. In: MOSQUERA, Roberto Quiroga e LOPES, Alexsandro Broedel (Coords.), *"Controvérsias..."*, cit., pp. 262-263.

[513] SOUSA, Rubens Gomes de. Imposto de renda. Despesas não dedutíveis pelas pessoas jurídicas. Seu tratamento fiscal como "lucros distribuídos" no que se refere à própria sociedade e a seus sócios ou acionistas. In: *Pareceres 1 – imposto de renda*. São Paulo: Resenha Tributária, 1975, p. 66.

RELAÇÕES ENTRE O SUBSISTEMA JURÍDICO TRIBUTÁRIO E A CONTABILIDADE

indica que uma pessoa tinha um determinado patrimônio numa data e, posteriormente, verificou um acréscimo a este.

Portanto, mostra-se absolutamente racional a decisão do legislador brasileiro (datada de décadas atrás, salientamos) de legitimar a abertura cognitiva do Direito à Contabilidade, seja de forma direta, como se fazia até a edição do Decreto-Lei n.º 1.598/77, ou indireta, por meio de remissão à legitimação procedida pela Lei n.º 6.404/76, a fim, por exemplo, de constituir um método de apuração da renda tributável que guarde correspondência com o método eleito por aquela última para a apuração do lucro contábil. Neste aspecto, aliás, salientamos que as tão criticadas "adaptações" que as normas de cunho tributário efetuam no lucro verificado no âmbito do sistema jurídico que guarda correspondência com o lucro contábil não nos parecem simplesmente resultado exclusivo de uma ânsia de aumento incessante de arrecadação tributária; pelo contrário, no mais das vezes constituem intervenções necessárias, a fim de adequar o lucro ao conceito constitucional de renda e de que restem observados os princípios orientadores do fenômeno da tributação (segurança jurídica, igualdade, capacidade econômica, capacidade contributiva etc.)[514]. Conforme as lições de Casalta Nabais[515]:

> Uma não coincidência que bem se compreende, pois, enquanto o lucro contabilístico é determinado com base em princípios, normas e regras do referido direito da contabilidade e tem por destinatários os utentes das demonstrações financeiras das empresas (isto é, os investidores, os trabalhadores, os financiadores, os fornecedores e outros credores comerciais, os clientes, o Governo e seus departamentos e o público em geral), o lucro fiscal guia-se pelos princípios e normas do direito fiscal e tem por destinatário sobretudo o Estado, mais precisamente a administração tributária.

Exemplo do que asseveramos acima é a previsão de se considerar os efeitos da variação cambial de direitos e obrigações em moeda estrangeira para fins de apuração das bases de cálculo do IRPJ, da CSL, da Contribuição

---

[514] O que era criticável, ao menos sob a ótica dos outros usuários da contabilidade que não a administração tributária, é que isso muitas vezes era efetuado com geração de efeitos no programa do sistema contábil, e não mediante um controle paralelo, o que se manteve mesmo após a criação do Livro de Apuração do Lucro Real – LALUR.

[515] NABAIS, José Casalta. *Direito fiscal*, 3ª ed. Coimbra: Almedina, 2005, pp. 576-577.

ao PIS e da COFINS somente quando da liquidação da operação correspondente, em substituição ao reconhecimento periódico daqueles, em conformidade com o regime de competência. Em tal caso, tal previsão alinha a apuração dos tributos em causa com a exigência de manifestação de riqueza requerida pelo princípio da capacidade contributiva, porquanto, a rigor, somente há condições de se aferir com segurança a existência de ganho ou perda "cambial" referente a um direito ou obrigação quando de sua extinção[516].

A abertura cognitiva do Direito à Contabilidade para fins de incidência tributária pode referir-se tanto à produção de informações pertinentes ao fato jurídico tributário quanto à base calculada. Quando a Constituição procede à atribuição de competência mediante a indicação de um ato ou negócio <u>oneroso</u> já regulado pelo Direito (*e.g.* contrato de trabalho), estabelece que o fato jurídico tributário somente corresponderá ao ato ou negócio ocorrido e à base calculada, ao valor deste ato ou negócio, inexistindo margem para a abertura cognitiva que mencionamos, salvo, quanto a este último item (base calculada), em que pese a onerosidade, não houver sido estipulado valor pelas partes. Por outro lado, se a competência é atribuída fazendo-se referência a um ato ou negócio gratuito ou à titularidade de um direito ou conjunto de bens e direitos apreciáveis economicamente, a Constituição veda a possibilidade de abertura cognitiva à Contabilidade quanto à produção de informações integrantes do fato jurídico tributário, mas não o faz em relação à base calculada (*e.g.* doação ou propriedade de bem imóvel). E, finalmente, quando a Constituição, na repartição de competências tributárias, aludir a uma materialidade que já não seja regulada pelo Direito (Privado, Trabalhista, Administrativo etc.), mas que possa corresponder a situações concebidas originalmente em outros sistemas, notadamente o econômico, a nosso ver, autoriza ao legislador editar veículos introdutores de normas de incidência tributária que legitimem a abertura do sistema jurídico a outros sistemas, permitindo, assim, a constituição de comunicação com conteúdo equivalente à da

---

[516] Alberto Xavier faz menção a uma situação semelhante a que ora ilustramos, referente ao tratamento dispensado pelo Decreto-Lei n.º 1.598/77 ao reconhecimento de receitas decorrentes de contratos de empreitada e fornecimento a longo prazo, vendas a prazo de bens e direitos integrantes do ativo permanente e vendas de imóveis a prazo ou em prestações. XAVIER, Alberto. A distinção entre fornecimentos a curto e longo prazo para efeitos de imposto de renda. *Estudos sobre o imposto de renda.* Belém: Cejup, 1988, pp. 80-81.

presente nestes. Este fenômeno pode dar-se de forma direta ou indireta, isto é, a norma tributária fazer uso de comunicação jurídica produzida por outra seara do Direito e que seja fruto de abertura cognitiva deste a outros sistemas, como ocorre, ainda em boa medida, na tributação da renda e do lucro de pessoas sujeitas ao IRPJ e à CSL.

Como vimos afirmando, a Contabilidade é constituída por proposições representativas do sistema econômico referentes a uma entidade, de modo que, ao analisarmos a repartição de competências procedida pela Constituição, verificamos que nos tributos abaixo arrolados a norma de incidência pode legitimar a abertura cognitiva do sistema jurídico frente ao sistema contábil, para fins de constituição das normas individuais e concretas correspondentes:

Abertura cognitiva quanto ao fato jurídico tributário e à base calculada

- imposto sobre a renda (Constituição Federal, artigo 153, III);
- imposto sobre grandes fortunas (Constituição Federal, artigo 153, VII);
- impostos instituídos com base na competência residual (Constituição Federal, artigo 154, I);
- impostos instituídos com base na competência extraordinária (Constituição Federal, artigo 154, II);
- empréstimos compulsórios (Constituição Federal, artigo 148);
- contribuições sociais (Constituição Federal, artigo 149);
- contribuição para financiamento da seguridade social sobre a receita ou o faturamento (Constituição Federal, artigo 195, I, "b");
- contribuição para financiamento da seguridade social sobre o lucro (Constituição Federal, artigo 195, I, "c");
- contribuição para financiamento da seguridade social devida pelo produtor, o parceiro, o meeiro e o arrendatário rurais e o pescador artesanal, bem como pelos respectivos cônjuges, que exerçam suas atividades em regime de economia familiar, sem empregados permanentes, incidente sobre o resultado da comercialização da produção (Constituição Federal, artigo 195, § 8º);
- contribuições para financiamento da seguridade social sobre outras materialidades que não as indicadas nos incisos e parágrafos do artigo 195 da Constituição Federal (Constituição Federal, artigo 195, § 4º);

TRIBUTAÇÃO E CONTABILIDADE

– contribuições de intervenção no domínio econômico (Constituição Federal, artigo 149);
– contribuições de interesse das categorias profissionais ou econômicas (Constituição Federal, artigo 149).

Abertura cognitiva quanto à base calculada

– imposto sobre produtos industrializados, quando não restar definido um valor certo para aquelas (Constituição Federal, artigo 153, IV);
– imposto sobre transmissão "causa mortis" e doação (Constituição Federal, artigo 155, I);
– imposto sobre operações relativas à circulação de mercadorias de sobre prestações de serviços de transporte interestadual e intermunicipal e de comunicação, quando não restar definido um valor certo para aquelas (Constituição Federal, artigo 155, II);
– imposto sobre a propriedade de veículos automotores (Constituição Federal, artigo 155, III);
– imposto sobre a propriedade predial e territorial urbana (Constituição Federal, artigo 156, I);
– imposto sobre a transmissão *inter vivos*, por ato oneroso, de bens imóveis, bem como cessão de direitos a sua aquisição (Constituição Federal, artigo 156 II);
– imposto sobre serviços de qualquer natureza, quando não restar definido um valor certo pelas partes contratantes (Constituição Federal, artigo 156, III).

5.2.2 Limites e condições – os princípios constitucionais
5.2.2.1 Princípio da legalidade

Já discorremos sobre o princípio da legalidade páginas atrás e de sua eficácia em matéria de instituição de tributos, que não se resume a um aspecto formal, mas também exige a predeterminação do conteúdo das normas individuais e concretas veiculadoras de obrigações tributárias.

Para fins de abertura cognitiva do Direito à Contabilidade em matéria de conteúdo de norma individual e concreta veiculadora de obrigação tributária, o princípio da legalidade, especialmente em sua acepção material, tem importância ímpar.

Como já dissemos anteriormente, o princípio da legalidade, em matéria de instituição de tributos, não requer somente que isto se dê mediante lei, mas que esta também preveja as informações mínimas necessárias à identificação do fato jurídico tributário, ao nascimento da obrigação tributária e à constituição do crédito correspondente.

A Constituição, em nosso pensar, na repartição das competências tributárias, em alguns tributos, autoriza, ainda que implicitamente, que a instituição destes dê-se mediante previsão de informações que, verificadas em concreto, guardem correspondência com informações do sistema contábil. Esta autorização, no entanto, está condicionada a que a abertura cognitiva a que nos referimos seja prevista em lei, porquanto a informação gerada com base em tal abertura integrará algum dos elementos da norma tributária individual e concreta, notadamente o aspecto material do antecedente ou a base calculada (item integrante do aspecto quantitativo do consequente daquela).

Tendo em vista a exigência constitucional de se assegurar ao máximo a previsibilidade dos fatos que, quando ocorridos, dão ensejo ao nascimento da obrigação tributária, entendemos que a legitimação da abertura cognitiva do sistema jurídico face ao contábil, para fins de produção de informação integrante da norma tributária individual, há que ser feita expressamente e de forma inequívoca, a fim de que se possa identificar com segurança o meio a ser empregado na constituição da mencionada norma.

Um ponto importante a ser observado é que, ao legitimar a abertura cognitiva do sistema jurídico face ao contábil para efeitos de produção de informações integrantes da norma tributária individual e concreta, isto não significa que o Direito esteja a "congelar" o meio de produção da informação. Em outras palavras, se no âmbito do programa contábil houver alteração que resulte em mudança das características da informação a ser produzida, desnecessário faz-se que o sistema jurídico, mediante lei, proceda a uma nova legitimação da abertura cognitiva. Aliás, isso ocorre inclusive quando a norma geral e abstrata de incidência tributária remete a conceitos regulados por outros ramos do Direito. Se não há uma replicação pela norma de incidência tributária de um conceito de Direito Privado, por exemplo, e este ser alterado em tal seara, então isto repercutirá automaticamente na esfera tributária[517], mesmo que haja sido indicado pela

---

[517] Tratando especificamente de mudanças no programa contábil repercutidas no Direito, inicialmente em matéria societária e, após, tributária, e sobre a não necessidade de promoção de alteração legislativa nesta última para tanto, ver: LATORRACA, Nilton. *Direito tributário – imposto de renda das empresas*, 15ª ed. São Paulo: Atlas, 2000, p. 252.

TRIBUTAÇÃO E CONTABILIDADE

Constituição na repartição de competências, pois o que é vedado neste caso é que se realize a mudança do conceito em causa exclusivamente em relação à incidência tributária[518].

Na hipótese de o próprio meio de produção da informação houver sido objeto de uma norma jurídica de cunho tributário, e não esta última em si – o que, aliás, é bastante comum em matéria de IRPJ, quando o sistema jurídico provoca irritações e mudanças no programa do sistema contábil –, então, havendo mudança do meio (norma técnica) mediante o qual a informação seja produzida, será necessária a edição de lei revogando ou veiculando alterações na norma de incidência tributária. Exemplo de tal situação é o desdobramento do custo de aquisição de investimento societário avaliado segundo equivalência patrimonial em valor patrimonial e ágio ou deságio, dependendo do caso concreto. A Contabilidade, atualmente, prescreve (Pronunciamento CPC n.º 15) uma forma absolutamente distinta da determinada por norma de cunho tributário (veiculada pelo Decreto-Lei n.º 1.598/77, artigo 20) para efetuar-se tal desdobramento. Contudo, dado que não se cuida de simples abertura cognitiva do sistema jurídico face ao contábil, mas disposição, por aquele, da própria forma como operar-se o procedimento em questão, a repercussão da Contabilidade no Direito não é automática, devendo, pois, ser editada lei revogando o meio prescrito por este último ou conformando-o à concepção contábil.

A legitimação da abertura do sistema jurídico face ao contábil na forma que comentamos nos parágrafos anteriores deve ser efetuada, via de regra, por meio de lei ordinária, salvo nos casos dos tributos para os quais a Constituição determine que a sua instituição deva dar-se por meio de lei complementar. Apesar de criticável, conforme comentamos linhas atrás, além da lei ordinária, a medida provisória também constitui instrumento hábil

---

518 Em Portugal há discussão análoga acerca do assunto, sendo interessantes as ponderações de Manuel Duro Teixeira e Alexandre Almeida: "Em nossa opinião, no entanto, não existe inconstitucionalidade a este nível, porque a manutenção da contabilidade elaborada em conformidade com a 'normalização contabilística e demais disposições em vigor para o [sector de actividade em que opera a sociedade]' como o ponto de partida para a determinação do lucro tributável não corresponde a qualquer alteração no nível do IRC. Aquela normalização contabilística constituiu, desde sempre, o ponto de partida para efeitos de determinação do lucro tributável em IRC. O legislador limita-se a afirmar, neste âmbito, que tal continuará a verificar-se". TEIXEIRA, Manuel Duro; ALMEIDA, Alexandre. O impacto fiscal da adopção das normas internacionais de contabilidade no sector financeiro. In: CÂMARA, Francisco de Sousa da; GAMA, João Taborda da; SANCHES, J. L. Saldanha (Orgs.), *ob. cit.*, p. 224.

à veiculação de normas de incidência de tributos federais que legitimem a abertura do Direito face à contabilidade, conforme previsão expressa no que tange a impostos e maciça jurisprudência do Supremo Tribunal Federal quanto a outras espécies tributárias de competência da União.

Quando esteja a exercer função integrativa ou de contenção, a lei complementar, mediante normas gerais de direito tributário, pode dispor sobre a abertura cognitiva do sistema jurídico face à Contabilidade para fins de incidência tributária, mas não procedendo à legitimação disto propriamente, e sim aclarando eventuais *zonas cinzentas* entre materialidades intituladas pela União e outras pessoas políticas, tal como o faz, de alguma forma, o Código Tributário Nacional, artigo 43, em matéria de Imposto sobre a Renda.

Em sede de exercício de competência regulamentar, o tema da relação entre o Direito e a Contabilidade ganha em complexidade. Na acepção que estamos analisando a relação em causa, esta se refere diretamente à incidência tributária, quer na sua previsão pela norma geral e abstrata (regra-matriz de incidência), quer na veiculação de informações pertinentes ao fato jurídico tributário e à base calculada, no âmbito da norma individual e concreta. Nestes termos, a abertura cognitiva do Direito face à Contabilidade em tal seara está sujeita ao princípio da legalidade material, o que significa dizer que é vedado, em sede de regulamentação, dispor sobre a constituição de informações jurídicas que guardem equivalência com informações contábeis, salvo nos estritos limites da lei legitimadora da mencionada abertura.

Cabe à regulamentação indicar o que compreendem os conceitos empregados pela regra-matriz de incidência, reduzindo o seu grau de generalidade e abstração, o que em matéria de abertura cognitiva do Direito face à Contabilidade significa explicitar, no primeiro, o meio de produção de informações que guardarão correspondência com informações contidas no segundo. Quando a lei estabelece que a base de cálculo do IRPJ tem como ponto de partida o lucro líquido do exercício equivalente ao apurado no âmbito do sistema contábil, compete à regulamentação explicitar os meios mediante os quais serão produzidas as informações necessárias para apurá-lo, meios estes que devem guardar correspondência com os existentes na Contabilidade.

A despeito de constituir um verdadeiro guia aos sujeitos passivos, sobretudo nos tributos sujeitos a lançamento por homologação, nesta

TRIBUTAÇÃO E CONTABILIDADE

situação o destinatário das normas veiculadas pelo regulamento serão unicamente os integrantes da administração pública, repercutindo apenas indiretamente naqueles.

Finalmente, o fato de, no Brasil, a Contabilidade ser fortemente regulada, de alguma forma isto contribui com o controle dos limites da função regulamentar na seara que estamos discutindo.

5.2.2.2 Princípio da anterioridade

A Constituição prevê, como regra geral, que os tributos não podem ser cobrados no mesmo exercício no qual houver sido instituídos ou majorados nem antes de noventa dias da publicação da respectiva lei.

O princípio da anterioridade não se restringe ao aumento de carga tributária procedido por meio de norma que o veicule, surtindo efeitos também quando a majoração dê-se de forma indireta, isto é, não seja objeto de uma norma, mas decorrência desta, tal como ocorre no caso de revogação de exonerações tributárias.

De igual forma, se uma mudança no programa da Contabilidade impactar a abertura cognitiva do Direito frente a esta, aumentando a carga de um tributo por força de alteração dos critérios de apuração de sua base calculada, tal impacto estará sujeito ao quanto disponha o princípio da anterioridade. A mudança no programa contábil não necessariamente demandará a alteração do programa jurídico por meio da edição de uma nova lei, mesmo que represente aumento da carga tributária em situações concretas, mas não passará incólume ao princípio em questão. Note-se que estamos a tratar de aumento da carga tributária por conta de mudança no âmbito das normas de incidência tributária, e não simplesmente de mudança de ordem factual (i.e. uma pessoa jurídica auferir mais lucro porque vendeu mais produtos num dado exercício).

5.2.2.3 Princípio da irretroatividade

Determina o princípio da irretroatividade que é vedado à União, aos Estados, ao Distrito Federal e aos Municípios cobrar tributos em relação a fatos jurídicos tributários ocorridos antes do início da vigência da lei que os houver instituído ou aumentado (artigo 150, III, "a", da Constituição Federal).

Em matéria de relação entre o Direito e a Contabilidade, para efeitos de incidência tributária, significa dizer que a abertura cognitiva daquele perante a última não pode resultar na modificação de fatos jurídicos tributários já ocorridos.

Já asseveramos na análise do princípio da legalidade que, quando o Direito constitui um conceito de maneira equivalente à Contabilidade, deixando-o aberto cognitivamente a esta, sempre que haja uma modificação no sistema contábil, isto refletir-se-á automaticamente no sistema jurídico, inexistindo necessidade de que a mudança deste seja efetuada por meio de uma nova lei dispondo sobre o assunto. Na constituição de um crédito tributário cujo fato jurídico tributário guarde correspondência com informações do sistema contábil, se caso após a ocorrência de tal fato houver ocorrido mudanças no programa deste sistema, a sua investigação e análise deverá ser efetuada com base nos efeitos da abertura cognitiva do Direito face à Contabilidade da época do fato, e não nos contemporâneos a essas atividades. Como a abertura cognitiva é algo dinâmico, isto é, não há como ser recomposta, pois se assim for feito já será diferente do que foi, haja vista a constante mutação dos sistemas, já não se estará mais a analisá-la, mas sim os efeitos que tenha surtido no Direito quando da ocorrência do fato jurídico tributário.

5.2.2.4 Princípio da igualdade
Sempre que uma norma de incidência tributária legitimar a abertura cognitiva do Direito face à Contabilidade, no sentido de possibilitar a constituição de fatos jurídicos tributários e de bases calculadas com correspondência em informações constantes daquela última, esta abertura cognitiva deverá ser observada em todos os casos pela norma geral e abstrata, isto é, de forma universal e generalizada, por força do quanto estabelece o princípio da igualdade em sua acepção formal (primeira parte do artigo 5º, *caput*, da Constituição Federal).

Apenas recapitulando de forma sucinta, sob o ponto de vista material, o princípio da igualdade determina seja dispensado o mesmo tratamento às pessoas que se encontrem em situação similar ou idêntica e diferente para os que se encontrem em situações distintas, não similares, o que se tem por cumprido quando o critério eleito para tanto guarde correlação lógica com a discriminação operada, ou seja, haja uma justificativa, e esta possua fundamento constitucional, implícito ou explícito.

Conforme consignamos anteriormente, a Constituição autoriza ao legislador infraconstitucional, no exercício da competência que lhe haja sido outorgada, legitimar a abertura cognitiva do sistema jurídico frente ao sistema contábil para efeitos de constituição de informações integrantes de normas individuais e concretas veiculadoras de obrigações tributárias, notadamente o fato jurídico tributário e a base calculada. Neste sentido, temos que é permitida a discriminação nas espécies tributárias a que nos referimos no final do subitem 5.2.1 acima, mediante legitimação da abertura cognitiva do sistema jurídico face ao contábil, para fins de constituição dos itens em causa.

Referida discriminação poderá consistir em "dever de pagar ou não um tributo" ou "dever de pagar mais ou menos um tributo", decorrente da ocorrência, ou não, do fato jurídico tributário ou da medida da base calculada. Na Contribuição ao PIS e na COFINS, tributos incidentes sobre receitas, por exemplo, a existência de receitas no sistema contábil poderá desencadear o surgimento de receitas no Direito – em razão da abertura cognitiva deste àquele –, no seio de fatos jurídicos tributários das aludidas Contribuições, assim como determinar a quantificação das bases calculadas correspondentes.

Segundo mencionamos ao final do subitem 5.2.1 acima, a Constituição somente autoriza a abertura cognitiva do Direito à Contabilidade, para fins de constituição de fatos jurídicos tributários ou bases calculadas que guardem correspondência com informações constantes do sistema contábil, quanto a tributos cuja materialidade não se refira a uma atuação estatal. Isto faz com que o princípio da igualdade material requeira que a legitimação da abertura cognitiva do sistema jurídico ao contábil possibilite a constituição, no âmbito do Direito, de fatos jurídicos tributários que denotem capacidade contributiva, sob pena de ofensa à Constituição.

Além disso, os efeitos da abertura cognitiva devem ser uniformes para todos os contribuintes sujeitos a este. Queremos dizer, o Direito, para fins de incidência de tributos, não pode conceber informações que guardem correspondência com informações do sistema contábil sujeitas a mais de um método de produção, especialmente por conta da função da atividade desempenhada pela entidade, porquanto a Constituição, artigo 150, II, veda expressamente que isto sirva como critério de discriminação em matéria tributária. É sabido que em alguns setores mais fortemente regulados, como financeiro, elétrico, de telecomunicações, entre outros, os respectivos órgãos fiscalizadores comumente tratam de questões inerentes ao processo contábil, o que resulta em descrições de informações do sistema

RELAÇÕES ENTRE O SUBSISTEMA JURÍDICO TRIBUTÁRIO E A CONTABILIDADE

econômico diferentes do que seriam se não houvesse tais intervenções[519]. Numa situação como essa, compete ao legislador instituir mecanismos que assegurem a isonomia, seja imunizando o sistema contábil de tais irritações, como faz a Lei n.º 6.404/76, artigo 177, § 2.º[520], ou restringindo os efeitos da abertura cognitiva e regulando de uma maneira uniforme a produção das informações no âmbito do sistema jurídico.

5.2.2.5 Princípio da capacidade contributiva

Em nosso pensar, o princípio da capacidade contributiva constitui, a um só tempo, o fundamento maior da autorização ao legislador para legitimar a abertura cognitiva do sistema jurídico ao contábil para fins de constituição de informações integrantes de normas individuais e concretas veiculadoras de obrigações tributárias, assim como o principal limite para tanto.

Seguindo a linha de raciocínio que vimos traçando, de que a autorização constitucional à abertura cognitiva do Direito à Contabilidade, em matéria de incidências tributárias, restringe-se a tributos cuja materialidade da hipótese não seja vinculada a uma atividade estatal, então a capacidade contributiva representa o *discrímen* por excelência para estabelecer-se quem e em quais situações alguém deverá pagar um tributo com a mencionada característica. O princípio da capacidade contributiva até pode vir acompanhado de outros fundamentos para a realização da discriminação pagar ou não pagar um tributo cuja materialidade seja desvinculada de uma atuação estatal, como, por exemplo, ocorre nas contribuições de intervenção no domínio econômico, mas jamais será suprimido.

A Contabilidade é constituída por proposições descritivas de informações do sistema econômico pertinentes a uma entidade. Tendo em vista a finalidade maior da Contabilidade corresponder ao fornecimento de

---

[519] OLIVEIRA, Ricardo Mariz de. "*Fundamentos...*", cit., pp. 1031 e seguintes.

[520] "Art. 177 (...).

(...)

§ 2.º A companhia observará exclusivamente em livros ou registros auxiliares, sem qualquer modificação da escrituração mercantil e das demonstrações reguladas nesta Lei, as disposições da lei tributária, ou de legislação especial sobre a atividade que constitui seu objeto, que prescrevam, conduzam ou incentivem a utilização de métodos ou critérios contábeis diferentes ou determinem registros, lançamentos ou ajustes ou a elaboração de outras demonstrações financeiras.

(...)"

TRIBUTAÇÃO E CONTABILIDADE

informações úteis para a previsão de fluxos de caixas futuros, as informações produzidas no sistema contábil referir-se-ão necessariamente ao processo de geração de riquezas. Por tal razão, entendemos que a abertura cognitiva do Direito à Contabilidade para efeitos de instituição de tributos e constituição de normas individuais e concretas mostra-se mais útil nos tributos que o princípio da capacidade contributiva possua uma expressão maior, especialmente nos incidentes sobre incremento patrimonial e sobre o patrimônio, o que acentua mais ainda a atuação de tal princípio na legitimação da abertura cognitiva do sistema jurídico ao contábil em matéria de incidência tributária, assim como na produção de informações em decorrência disto.

Neste sentido, a legitimação da abertura cognitiva do Direito face à Contabilidade, para fins de constituição de fatos jurídicos tributários e bases calculadas que guardem correspondência com informações integrantes desse último sistema, somente é autorizada pela Constituição quando seja possível afirmar que, deflagrados em concreto, tais itens poderão denotar manifestação de riqueza. Caso isto não se verifique, se for possível, de duas uma: (i) o legislador deverá prever meios para que a informação produzida no sistema jurídico guarde equivalência somente parcial com informação do sistema contábil, como fez, por exemplo, no rol de exclusões das bases de cálculo da Contribuição ao PIS e da COFINS, previsto no artigo 3º, § 2º, da Lei n.º 9.718/98[521]; ou (ii) se tratar-se de informação com equivalência no sistema contábil, cuja previsão para constituição já esteja contemplada pelo Direito – caso do lucro líquido –, o legislador deve prever a sua utilização tão somente como ponto de partida, submetendo-a a ajustes. Tudo isso para que a informação com correspondência parcial no sistema contábil, ao ser concebida, possa caracterizar-se como fato jurídico tributário e/ou base calculada.

No plano da produção de informação no sistema jurídico com correspondência no sistema contábil para fins de incidência tributária, o princípio da capacidade contributiva servirá como principal orientador desse processo, porquanto somente constituirá fato jurídico tributário e/ou base calculada a informação que corresponder a um *fato signo presuntivo de riqueza*.

Quando a abertura cognitiva aqui tratada disser respeito a tributo em que o princípio da capacidade contributiva tenha expressão de primeiro

---

[521] Repetido no texto da Lei n.º 10.637, de 30 de dezembro de 2002, artigo 1º, § 3º, V, e da Lei n.º 10.833, de 29 de dezembro de 2003, artigo 1º, § 3º, V.

RELAÇÕES ENTRE O SUBSISTEMA JURÍDICO TRIBUTÁRIO E A CONTABILIDADE

grau em termos de intensidade, designadamente que incida sobre incrementos patrimoniais, na produção da informação jurídica que guarde correspondência com informação contábil não deve ser incluída em tais incrementos a porção correspondente ao *mínimo existencial*, em atendimento aos direitos fundamentais da dignidade humana, da livre iniciativa e da liberdade de associação.

De outro lado, independentemente da intensidade da expressão do princípio da capacidade contributiva, a abertura cognitiva do Direito face à Contabilidade para efeitos de incidência tributária estará sujeita aos limites do princípio do não confisco, de modo que não resulte em valor de carga tributária correspondente a toda ou parcela representativa da base calculada, salvo se houver motivação constitucional que justifique tal efeito, conforme consignamos no subitem 3.7.3.1 acima.

5.2.2.5.1 Princípios da capacidade contributiva e da capacidade econômica e a função preditiva da Contabilidade

Cada utente da Contabilidade tem sua própria necessidade no manejo das informações que esta fornece, daí a importância de serem úteis ao maior número possível de usuários. Ao que nos parece, segundo depreendemos da análise da doutrina, é mais útil a Contabilidade fornecer informações preditivas de fluxos de caixa futuros do que informar o que ocorreu no passado, o que se acentuou com o regime contábil inaugurado a partir da edição da Lei n.º 11.638/07. Hoje, a Contabilidade utiliza o passado como meio para predizer o futuro, ou melhor, fluxos de caixa futuros, conforme ensina Nelson Carvalho[522].

Em matéria tributária, essa assertiva deve ser tratada com muita cautela, pois o sistema constitucional brasileiro somente autoriza a gravação de riqueza concreta e efetiva, representada pelo fato jurídico tributário correspondente. Ou como destacou Ricardo Mariz de Oliveira em evento sobre questões pertinentes às relações entre Contabilidade e Direito, na incidência tributária, o que importa é o passado, isto é, o fato gerador ocorrido[523].

---

[522] CARVALHO, L. Nelson. Essência *x* forma na Contabilidade. In: MOSQUERA, Roberto Quiroga e LOPES, Alexsandro Broedel (Coords.), *"Controvérsias..."*, cit., p. 374.

[523] Notas taquigráficas da palestra sobre o tema *A tributação da renda e sua relação com os princípios contábeis geralmente aceitos*, proferida na primeira edição do evento "Controvérsias Jurídico-Contábeis (aproximações e distanciamentos), realizado em 06 de maio de 2010.

TRIBUTAÇÃO E CONTABILIDADE

Sempre que a Constituição atribuir uma determinada competência tributária mediante a indicação de um conceito já regulado pelo Direito, o fato jurídico tributário somente poderá ser tido como ocorrido quando caracterizadas em concreto as notas de tal conceito, nos termos do regime jurídico correspondente (negócio jurídico que resulte em transmissão da titularidade de mercadoria, por exemplo). Em tal situação, a própria Constituição cuidou de estabelecer que a verificação de um determinado conceito já regulado pelo Direito é suficiente para constituir um fato jurídico tributário e, portanto, exprimir capacidade contributiva.

Pois isso já não ocorre quando a Constituição outorga a competência autorizando a abertura do sistema jurídico ao contábil para fins de incidência tributária, seja de forma direta, ou indireta (como pode ser considerado na atribuição de competência para instituição de contribuições para financiamento da seguridade social sobre lucro, faturamento ou receitas). Em tal hipótese, se o legislador, na instituição do tributo, legitimar efetivamente a aludida abertura cognitiva, mister verificar se aquilo que para o sistema contábil possa representar uma manifestação de riqueza poderá ter correspondência fiel no sistema jurídico, sob a forma de fato jurídico tributário e/ou base calculada. A pergunta a ser feita é se no sistema jurídico a informação que guardará equivalência com informação contábil representará, ou não, manifestação de riqueza que, à luz de tal sistema, possa dar ensejo à tributação.

Muito bem, para a Contabilidade, já há manifestação de riqueza, mais especificamente sob a forma de um incremento patrimonial, uma receita, quando se possa mensurar objetivamente um valor de mercado de ativos biológicos e produtos agrícolas em estágios distintos de sua maturação. Ou seja, mesmo não se tendo qualquer negócio, nem mesmo da espécie compromisso, ou controle da situação motivadora daquele, que possa outorgar ao titular de tais ativos direito de receber o preço de mercado destes, simplesmente pela alta probabilidade de que isto ocorrerá, sob o ponto de vista contábil, já se tem uma manifestação de riqueza.

Na abertura cognitiva do sistema jurídico face ao contábil para fins de tributação, o princípio da capacidade contributiva, aliado ao da capacidade econômica, requer que o incremento patrimonial represente capacidade efetiva para adimplir a obrigação tributária[524]. Este é o tipo

---

[524] MACHADO, Brandão. Imposto de renda, ganhos de capital, promessa de venda de ações. *Direito tributário atual.* São Paulo: Resenha Tributária, 1992, p. 3201.

RELAÇÕES ENTRE O SUBSISTEMA JURÍDICO TRIBUTÁRIO E A CONTABILIDADE

de teste que o princípio da capacidade contributiva, muitas vezes em conjunto com o princípio da capacidade econômica, exige, quer na legitimação da abertura cognitiva do Direito face à Contabilidade, quer no momento dos efeitos desta (constituição de informações constituintes de fatos jurídicos tributários e/ou bases calculadas). Uma informação representativa de riqueza no sistema contábil não necessariamente poderá ter correspondência com uma informação jurídica com esta mesma característica.

5.2.3 Breve histórico
5.2.3.1 Primeira fase
O primeiro marco brasileiro da relação entre o sistema contábil e o sistema jurídico foi o Código Comercial, de 1850, que não tratou de procedimentos contábeis propriamente, mas estabeleceu, em seus artigos 10 a 20, a obrigatoriedade de uniformidade destes e a manutenção dos livros necessários para tanto. Neste caso, se fosse possível conceber, à época, a Contabilidade como um sistema, tal como é possível nos dias de hoje, a regulação em causa seria a primeira manifestação do acoplamento estrutural entre esta e o sistema jurídico, dando lugar a uma irritação daquele em resposta a um movimento deste último. O sistema contábil, reagindo a uma irritação provocada pelo sistema jurídico, incorporou em seu programa as determinações deste último sob a forma de regras técnicas versando sobre a etapa final do processo contábil.

Tal irritação teve como desdobramento, para o Direito, a constituição de *comunicação jurídica* (normas e fatos jurídicos), por este, correspondentes ao lucro do empresário e a demonstração de seus bens, direitos e obrigações sob a forma de ativos e passivos. Temos aqui o início da constituição de fatos jurídicos representativos de *comunicação contábil*.

Abrindo um breve parêntese, é interessante notar que nos países de sistema jurídico inspirado no *commom law*, normalmente a irritação do sistema contábil a uma manifestação do sistema jurídico é de frequência baixíssima, prevalecendo a "mão inversa", isto é, o Direito constituindo fatos com correspondência na Contabilidade (lucro, balanço patrimonial etc.), verificáveis nas mais diversas searas, especialmente a societária e a tributária. É diferente do que ocorre nos países com ordenamento jurídico de inspiração romana, onde se verifica uma constante irritação do sistema contábil ao sistema jurídico, tanto quanto ou na mesma medida que a constituição, por este, de fatos representativos de informações constantes daquele[525].

Bem, mas de uma maneira geral, o resultado do acoplamento dos sistemas jurídico e contábil, durante um bom tempo, para este último, restringiu-se ao desencadeado pelo primeiro, com o advento do Código Comercial, até o Decreto-Lei n.º 1.168, de 22 de março de 1939, regulador de temas pertinentes ao imposto sobre a renda, que estabeleceu prazos para o encerramento de balanços. Cuida-se da primeira manifestação jurídica reguladora de assuntos tributários que provocou irritação no sistema contábil e a constituição de mais uma norma técnica integrante do seu programa.

Nesse meio tempo, isto é, entre 1850 e 1939, houve, em 1922[526], a criação do Imposto sobre a Renda (até então, somente algumas categorias de rendimento submetiam-se à tributação[527]) e, com o advento do Decreto n.º 17.390, a primeira previsão de apuração da base de cálculo deste imposto com base no lucro[528]. O relacionamento entre os sistemas aqui é bastante interessante, uma vez que o contábil provocou uma irritação no jurídico, mais especificamente no subsistema tributário, que incorporou ao seu programa a previsão de que a base de cálculo do Imposto sobre a Renda corresponderia ao lucro, assim como o Direito, também para fins tributários, passou a ser aberto cognitivamente à Contabilidade, isto é, abriu-se a possibilidade de constituição de norma individual e concreta veiculadora de obrigação tributária com conteúdo encontrando correspondência nessa última. Uma curiosidade que vale a pena mencionarmos é que o sistema jurídico, também pela primeira vez, por meio do Decreto n.º 17.390/26[529], constituiu um conceito de lucro distinto do verificado na Contabilidade, apurado mediante a aplicação de percentuais sobre a

---

[525] LOPES, Alexsandro Broedel; MARTINS, Eliseu. *"Teoria..."*, cit., p. 53.

[526] Lei n.º 4.625, de 31 de dezembro de 1922.

[527] Há um riquíssimo estudo da história do Imposto sobre a Renda no Brasil, sobretudo o voltado à pessoa física, encampado pela Secretaria da Receita Federal do Brasil – http://www.receita.fazenda.gov.br/Memoria/irpf/historia/historia.asp, acesso em 01.02.2012, às 22:25.

[528] Na verdade, a legislação utilizava a expressão rendimento líquido, mas com o mesmo significado de lucro, conforme se observa: Decreto n.º 17.390, de 26 de julho de 1926 – "O rendimento líquido será a diferença entre as receitas totais da sociedade e as suas despesas, observado o disposto nos artigos 54 e 55";

[529] Artigo 57, § 4º.

RELAÇÕES ENTRE O SUBSISTEMA JURÍDICO TRIBUTÁRIO E A CONTABILIDADE

receita bruta auferida no exercício social, e que hoje é conhecido como *lucro presumido*.

É com a edição do Decreto-Lei n.º 2.627, de 26 de setembro de 1940 – a primeira "lei" das sociedades por ações –, que se verifica pela primeira vez uma irritação intensa do sistema contábil ao sistema jurídico, porquanto este veiculou um detalhamento até então inexistente, não somente em termos de escrituração contábil (tema que já havia sido tratado pelo Código Comercial), como também de critérios para o reconhecimento e mensuração de informações contábeis integrantes das proposições descritivas constituintes da Contabilidade, tais como critérios de avaliação do ativo, forma de apuração e distribuição de lucros, criação de reservas etc.

Entre a edição do Decreto-Lei n.º 2.627/40 e a da Lei n.º 6.404/76, praticamente todas as irritações da Contabilidade ao sistema jurídico se deram em função da veiculação de normas reguladoras de temas tributários, na esmagadora maioria referentes ao IRPJ[530]. Neste espaço de tempo de quase 40 (quarenta) anos, verificamos somente 04 (quatro) manifestações do sistema jurídico não referentes a temas tributários que surtiram irritações e mudanças no programa do sistema contábil, quais sejam: a Lei n.º 4.357, de 16 de julho de 1964, que tornou obrigatória a correção monetária de ativos prevista como uma faculdade pela Lei n.º 3.470, de 28 de novembro de 1958, artigo 57; a Lei n.º 4.728, de 14 de julho de 1965, que criou a figura do auditor independente; o Decreto-Lei n.º 486, de 03 de março de 1969, que cuida de escrituração e livros mercantis; a Circular do Banco Central n.º 179, de 11 de maio de 1972, que tratou dos Princípios de Contabilidade Geralmente Aceitos e constituiu a primeira regulação do sistema jurídico acerca do tema, com ampla adoção pelos profissionais de Contabilidade, nada obstante ser de observância obrigatória somente pelas companhias abertas e pelos auditores independentes.

Dado que até o advento da Lei n.º 6.404/76 não se previa a utilização de livros auxiliares, a fim de se proceder à apuração de tributos que

---

[530] Como exemplo, podemos mencionar: Decreto-Lei 1.639, de 22 de março de 1939; Decreto-Lei n.º 4.178, de 13 de março de 1942; Decreto-Lei n.º 5.844, de 23 de setembro de 1943; Decreto-Lei n.º 24.239. de 22 de dezembro de 197; Lei n.º 3.470, de 28 de novembro de 1958; Lei n.º 4.506, de 30 de novembro de 1964; Decreto n.º 58.400, de 10 de maio de 1966; Decreto n.º 61.083, de 27 de julho de 1967; Decreto-Lei n.º 401, de 30 de dezembro de 1968; Decreto n.º 76.186, de 2 de setembro de 1975; entre outros.

TRIBUTAÇÃO E CONTABILIDADE

tomassem por base informações originalmente produzidas no âmbito da Contabilidade, as regulações acerca daquele procedimento terminavam resultando em alterações do programa do sistema contábil[531].

No período que podemos denominar de primeira fase da relação entre Direito e Contabilidade no Brasil podemos depreender que esta se deu tanto em sede de acoplamento estrutural quanto de abertura cognitiva.

Em termos de acoplamento estrutural, por meio da figura da entidade, a sua primeira manifestação deu-se com a obrigatoriedade, instituída pelo Código Comercial, de realização do processo contábil pelo comerciante individual ou revestido da forma de sociedade, a qual deu lugar a mudanças de normas técnicas de índole exclusivamente formal do sistema contábil. Seguiram-se a isso manifestações recíprocas, que provocaram mudanças no programa de um e outro sistema, que passaram a ser de iniciativa, no âmbito do sistema jurídico, também de normas reguladoras de temas tributários e que, no sistema contábil, começaram a repercutir também em normas técnicas materiais (*e.g.* procedimento para correção monetária de ativos).

Já quanto à abertura cognitiva, o sistema jurídico iniciou-a tratando informações de cunho contábil como meio de prova para o esclarecimento de situações e solução de litígios, passando para a representação do patrimônio do comerciante e do resultado obtido por este no exercício de suas atividades de forma correspondente à efetuada na Contabilidade e, depois, utilizando esta última representação também para fins de incidência do IRPJ.

5.2.3.2 Segunda fase

A Lei n.º 6.404/76 representou a manifestação do sistema jurídico que mais provocou irritações na Contabilidade, por conta da riqueza de detalhes com que as normas por essa veiculadas regularam temas contábeis, tratando desde questões inerentes à evidenciação das informações contábeis até temas referentes ao registro e mensuração destas. A lei em causa, ao mesmo tempo que produziu irritações no sistema contábil, também é resultado de irritações do sistema jurídico a este e ao econômico, na medida em que constituiu a primeira tentativa de preservação da Contabilidade face às

---

[531] SCHMIDT, Paulo; SANTOS, José Luiz dos. *História da Contabilidade – foco na evolução das escolas do pensamento contábil*. São Paulo: Atlas, 2008, p. 147.

224

RELAÇÕES ENTRE O SUBSISTEMA JURÍDICO TRIBUTÁRIO E A CONTABILIDADE

necessidades de usuários específicos[532], notadamente o fisco, ao prescrever que as disposições da lei tributária, ou de legislação especial sobre a atividade da entidade, que estabelecessem métodos ou critérios distintos dos empregados naquela deveriam ser observadas em livros auxiliares[533]. Ademais, a Lei n.º 6.404/76, em seu artigo 177, ao estabelecer que a escrituração das sociedades por esta reguladas deve ser efetuada observando-se os princípios contábeis geralmente aceitos, apesar de cometer uma tautologia – a etapa final do processo contábil deve ser realizada segundo as regras técnicas do próprio sistema contábil –, de certa forma representa uma tentativa de proteção da Contabilidade face às excessivas irritações nesta provocadas pelo Direito, especialmente as normas de cunho tributário[534].

Ainda em 1976, foi criada, pela Lei n.º 6.385, de 07 de dezembro deste ano, a CVM – Comissão de Valores Mobiliários –, com a finalidade de disciplinar e fiscalizar as atividades do mercado de valores mobiliários, sendo, para tanto, competente para expedir normas relativas a diversas matérias, inclusive de cunho contábil. Por conta disso, a CVM, no que tange às companhias abertas, acabou fomentando intensamente a relação entre o Direito e a Contabilidade, em termos de acoplamento estrutural, quer provocando, quer respondendo a irritações do sistema contábil.

Menos de um ano após a edição da Lei n.º 6.404/76, foi editado o Decreto-Lei n.º 1.598/77, com vistas a adaptar a legislação do IRPJ às novas disposições veiculadas por aquela lei, especialmente no que concerne à independência da Contabilidade relativamente a preceitos de cunho tributário[535], conforme podemos observar do trecho das justificativas do Ministro da Fazenda abaixo transcrito:

---

[532] "A Lei n.º 6.404/76 estabeleceu a separação entre a escrituração comercial e a fiscal, no sentido de que as demonstrações financeiras que a companhia está obrigada a elaborar e publicar devem observar exclusivamente a lei comercial e os princípios gerais de contabilidade (...)". PEDREIRA, José Luiz Bulhões. *Imposto sobre a renda – pessoas jurídicas*. Rio de Janeiro: Justec, 1979, p. 160.

[533] Lei n.º 6.404/76, artigo 177, § 2º – cujo texto hoje é ainda mais enfático, por conta da modificação procedida pela Lei n.º 11.941/09.

[534] É certo também que tal prescrição terminou fomentando ainda mais as correntes de pensamento que advogam a tese de que o Direito teria trazido a contabilidade para dentro de si, o que, a nosso ver, é absolutamente impróprio, conforme registramos linhas atrás.

[535] Do que constitui maior exemplo a instituição do Livro de Apuração do Lucro Real – Lalur – tal como prescrito pela Lei n.º 6.404/76, artigo 177, § 2º.

TRIBUTAÇÃO E CONTABILIDADE

A lei de sociedade por ações seguiu a orientação de manter separação nítida entre a escrituração comercial e a fiscal, porque as informações sobre a posição e os resultados financeiros das sociedades são reguladas na lei comercial com objetivos diversos dos que orientam a legislação tributária, e a apuração de resultados e as demonstrações financeiras exigidas pela lei comercial não devem ser distorcidas em razão de conveniências da legislação tributária.

Tal Decreto-Lei, em grande medida, e como resultado de autoirritação do sistema jurídico (normas de cunho tributário a normas societárias) e de irritação deste ao sistema contábil, apenas representa uma legitimação, ainda que indireta, da abertura cognitiva do Direito em relação à Contabilidade, para fins de incidência do IRPJ. Dizemos indireta, pois as normas tributárias passaram a basear-se nas informações veiculadas por normas societárias, ao invés de abrirem-se diretamente ao sistema contábil sob o ponto de vista cognitivo. Exemplo bastante representativo disso é a determinação[536] de que o lucro do líquido do exercício – ponto de partida para a apuração da base de cálculo do Imposto em causa na sistemática do *lucro real* – deve ser apurado segundo a Lei n.º 6.404/76, a qual, por sua vez, legitima a abertura cognitiva do sistema jurídico face ao sistema contábil no que tange à organização das informações patrimoniais das sociedades anônimas e comanditas por ações. É importante deixarmos anotado que, nada obstante esta limitação no âmbito subjetivo de incidência das normas veiculadas pela Lei n.º 6.404/76, a legislação tributária terminava estendendo-o, no que tange à apuração do lucro, a todas as pessoas jurídicas, independentemente do tipo societário, assim como a *entidades* resultantes de contratos associativos (*e.g.* sociedade em conta de participação) e de exploração de atividades (*e.g.* comerciantes, empresários, comitentes de pessoas jurídicas com domicílio no exterior), o que foi reafirmado pelo Decreto-Lei n.º 1.598/77.

Apesar de o Decreto-Lei n.º 1.598/77, em grande parte, ter se restringido tão somente a legitimar a abertura cognitiva do sistema jurídico ao contábil para fins de IRPJ, não deixou de seguir a já tradicional linha da legislação tributária, no sentido de veicular normas que resultaram em irritação no sistema contábil e até mudança no programa deste, do que é exemplo toda a extensa disciplina[537] pertinente aos efeitos da correção

---

[536] Decreto-Lei n.º 1.598/77, artigo 67, XI.
[537] Decreto-Lei n.º 1.598/77, artigos 39 a 57.

monetária no patrimônio e resultado dos contribuintes do IRPJ. Nem mesmo a instituição do Livro de Apuração do Lucro Real – LALUR – pelo Decreto-Lei n.º 1.598/77, concebido justamente para proteger a Contabilidade das regulações de índole tributária, deu cabo a tal situação, pois as autoridades administrativas[538] terminaram consolidando entendimento de que as prescrições que interferissem diretamente na apuração do líquido deveriam ser cumpridas na própria escrituração contábil, ficando reservadas ao LALUR somente as que fossem de índole exclusivamente fiscal. Em termos práticos, com vistas a não sofrer consequências negativas em relação à apuração do IRPJ, os contribuintes invariavelmente impunham ao seu processo contábil as determinações oriundas de normas tributárias, o que não passou despercebido de José Luiz Bulhões Pedreira, que teceu críticas absolutamente corretas sobre o tema[539]:

> Essa separação entre a escrituração comercial e a fiscal tem consequências práticas importantes na interpretação e aplicação da legislação tributária. Muitos dos preceitos dessa legislação contêm normas sobre métodos e critérios contábeis, mas em virtude do princípio geral da separação da escrituração fiscal, essas normas devem ser interpretadas sempre no sentido de que dizem respeito apenas à determinação do lucro real, não são obrigatórias na escrituração comercial nem dispensam o contribuinte do dever de observar as normas da lei comercial que prescrevem outros métodos ou critérios contábeis.

Outras 02 (duas) manifestações intensas do sistema jurídico – de alguma forma resultantes de irritação deste ao sistema contábil e ao sistema econômico – foram as veiculadas pelas Resoluções do Conselho Federal de Contabilidade n.ºs 530, de 23 de outubro de 1981, e 750, de 29 de dezembro de 1993 (que revogou aquela), que tratam dos *princípios fundamentais de contabilidade*, e de alguma forma compartilham da finalidade da Lei n.º 6.404/76, no sentido de proteger o sistema contábil das excessivas irritações provocadas por manifestações do sistema jurídico, sobretudo, como dissemos, as normas de cunho fiscal. Tudo isso sem falar nos inúmeros normativos editados pelo Banco Central, pela Susep e pelas

---

[538] Como exemplo, ver: Parecer Normativo Coordenador do Sistema de Tributação ("CST") n.º 96, de 01 de novembro de 1978; Parecer Normativo CST n.º 11, de 01 de março de 1979.

[539] PEDREIRA, José Luiz Bulhões. *"Imposto sobre a renda..."*, cit., p. 273.

TRIBUTAÇÃO E CONTABILIDADE

Agências Reguladoras que foram sendo criadas a partir dos anos 90, veiculando prescrições direcionadas às pessoas jurídicas por estas fiscalizadas.

Neste período que denominamos *segunda fase* da relação entre Direito e Contabilidade foram editados diversos normativos veiculadores de normas referentes à incidência tributária que intensificaram ainda mais o acoplamento estrutural entre aqueles, provocando profundas mudanças no programa do sistema contábil[540].

Da mesma maneira, verificou-se a intensificação da abertura cognitiva do sistema jurídico a este, representada especialmente pela instituição das Contribuições ao PIS e ao Fundo de Investimento Social e da COFINS, cujas bases de cálculo guardam correspondência com importante informação do sistema contábil, a *receita*. Não podemos deixar de mencionar também, neste diapasão, a instituição, em 1988, de mais um tributo incidente sobre o lucro, a CSL.

5.2.4 Quadro atual

Em 08 de novembro de 2000, foi apresentado à Câmara dos Deputados o Projeto de Lei n.º 3.741, do Poder Executivo, que:

> (...) altera e revoga dispositivos da Lei nº 6.404, de 15 de dezembro de 1976, define e estende às sociedades de grande porte disposições relativas à elaboração e publicação de demonstrações contábeis e dispõe sobre os requisitos de qualificação de entidades de estudo e divulgação de princípios, normas e padrões de contabilidade e auditoria como Organizações da Sociedade Civil de Interesse Público.

Disse o Professor Nelson Carvalho em palestra proferida na primeira edição do evento "Controvérsias Jurídico-Contábeis (aproximações e

---

[540] A título exemplificativo,ver: Decreto n.º 76.186, de 02 de setembro de 1975; Decreto-Lei n.º 1.598/77; Decreto-Lei n.º 1.704, de 23 de outubro de 1979; Decreto-Lei n.º 2.341, de 29 de junho de 1987; Lei n.º 7.713, de 22 de dezembro de 1988; Lei n.º 8.383, de 30 de dezembro de 1991; Lei n.º 8.981, de 20 de janeiro de 1995; Lei n.º 9.069, de 29 de junho de 1995; Lei n.º 9.249, de 26 de dezembro de 1995; Lei n.º 9.250, de 26 de dezembro de 1995; Lei n.º 9.430, de 27 de dezembro de 1996; Lei n.º 9.532, de 10 de dezembro de 1997; Lei n.º 9.718, de 27 de novembro de 1998; Lei n.º 9.779, de 19 de janeiro de 1999; Lei n.º 9.959, de 27 de janeiro de 2000; Medida Provisória n.º 2.158-35/01; Medida Provisória n.º 2.199-14, de 06 de setembro de 2001; Lei n.º 10.637/02; Lei n.º 10.833/03; Lei n.º 10.931, de 02 de agosto de 2004; Lei n.º 11.033, de 21 de dezembro de 2004; Lei n.º 11.196, de 21 de novembro de 2005.

distanciamentos)", realizado em 06 de maio de 2010, que o referido Projeto foi concebido em sua sala e que, após passar anos nos escaninhos do Congresso Nacional, foi reavivado pelo Presidente Luis Inácio Lula da Silva, numa das edições do Fórum Econômico Mundial (realizado em Davos, Suíça), em razão de este ter tomado conhecimento que a OCDE impõe como requisito para a aceitação de membro que o sistema contábil do Estado postulante esteja uniformizado com padrões internacionais – basicamente o proposto pelo *International Accounting Standards Board*, o famigerado IASB, por meio dos *International Financial Reporting Standards* ("IFRS"), adotado por mais de 100 (cem) países e jurisdições, dentre os quais, todos os membros da União Europeia, Argentina, Austrália, Canadá, China, Coreia do Sul, México, Rússia e Turquia[541].

Fato é que, mais de 07 (sete) anos após a apresentação do Projeto de Lei n.º 3.741, foi editada, em 28 de dezembro de 2007, a Lei n.º 11.638, que deu início a uma profunda mudança nos padrões contábeis brasileiros – ainda em curso –, com vistas a harmonizá-los com os IFRSs. Essa própria Lei encarregou-se de instituir novos padrões para a Contabilidade brasileira e, apesar de inicialmente fazer referência à observância mandatória dos padrões internacionais de contabilidade somente pelas companhias abertas e sociedades de grande porte[542] – tarefa da qual ficaria encarregada a CVM[543] –, terminou autorizando, mesmo que indiretamente, a extensão de tal providência aos demais tipos societários mediante a inclusão do artigo 10-A no texto da Lei n.º 6.385/76, o qual prevê que:

> A Comissão de Valores Mobiliários, o Banco Central do Brasil e demais órgãos e agências reguladoras poderão celebrar convênio com entidade que tenha

[541] Fonte: http://www.ifrs.org/Use+around+the+world/Use+around+the+world.htm, acesso em 07 de fevereiro de 2012, às 10:30.

[542] Lei n.º 11.638/07: "Art. 3º Aplicam-se às sociedades de grande porte, ainda que não constituídas sob a forma de sociedades por ações, as disposições da Lei nº 6.404, de 15 de dezembro de 1976, sobre escrituração e elaboração de demonstrações financeiras e a obrigatoriedade de auditoria independente por auditor registrado na Comissão de Valores Mobiliários.

Parágrafo único. Considera-se de grande porte, para os fins exclusivos desta Lei, a sociedade ou conjunto de sociedades sob controle comum que tiver, no exercício social anterior, ativo total superior a R$ 240.000.000,00 (duzentos e quarenta milhões de reais) ou receita bruta anual superior a R$ 300.000.000,00 (trezentos milhões de reais)".

[543] § 5º do artigo 177 da Lei n.º 6.404/76, incluído pelo artigo 1º da Lei n.º 11.638/07.

TRIBUTAÇÃO E CONTABILIDADE

por objeto o estudo e a divulgação de princípios, normas e padrões de contabilidade e de auditoria, podendo, no exercício de suas atribuições regulamentares, adotar, no todo ou em parte, os pronunciamentos e demais orientações técnicas emitidas.

Conforme já mencionamos no início do presente trabalho, a criação da entidade em causa foi efetuada pelo Conselho Federal de Contabilidade – CFC –, por meio da Resolução n.º 1.055/05, tendo recebido a denominação *Comitê de Pronunciamentos Contábeis*; o "CPC" a que tanto vimos fazendo referência ao longo do texto.

Tal circunstância acabou fazendo com que a Contabilidade brasileira de uma forma geral passasse a estar afinada com o processo de harmonização internacional, pois o CFC, além de mantenedor do CPC, vem referendando todos os pronunciamentos, interpretações e orientações emanados deste último. Esse afinamento dá-se por conta de a autarquia em questão ser encarregada, dentre outras atribuições, de tratar dos princípios contábeis, assim como das normas técnicas orientadoras do processo contábil, consoante dispõe o Decreto-Lei n.º 9.295, de 27 de maio de 1946, artigo 6º, "f":

> Art. 6º São atribuições do Conselho Federal de Contabilidade:
> (...)
> f) regular acerca dos princípios contábeis, do Exame de Suficiência, do cadastro de qualificação técnica e dos programas de educação continuada; e editar Normas Brasileiras de Contabilidade de natureza técnica e profissional.

Ou seja, a Lei n.º 11.638/07, a um só tempo, acabou acompanhando uma tendência verificada em outros países, especialmente os Estados Unidos da América e os integrantes do Reino Unido, atribuindo competência a uma entidade desvinculada do aparato estatal – nada obstante o CFC constituir uma autarquia – para tratar da Contabilidade, assim como permitiu uma abrangência extremamente significativa do processo de harmonização dos padrões contábeis brasileiros face aos IFRSs.

Além dos acima mencionados, outro feito da Lei n.º 11.638/07 foi preservar a Contabilidade de irritações provocadas por manifestações do sistema jurídico[544] – apesar de esta própria Lei veicular normas dispondo

---

[544] O que, de alguma forma, já havia sido tentado por ocasião da edição da Lei n.º 6.404/76. "Qual o objetivo do legislador ao reformular o § 2º da LSA para dizer praticamente a mesma

sobre procedimentos contábeis –, conforme podemos observar dos dispositivos abaixo transcritos, introduzidos por aquele primeiro Diploma na Lei n.º 6.404/76:

> Art. 177(...).
> (...)
> § 2o As disposições da lei tributária ou de legislação especial sobre atividade que constitui o objeto da companhia que conduzam à utilização de métodos ou critérios contábeis diferentes ou à elaboração de outras demonstrações não elidem a obrigação de elaborar, para todos os fins desta Lei, demonstrações financeiras em consonância com o disposto no caput deste artigo e deverão ser alternativamente observadas mediante registro:
> I – em livros auxiliares, sem modificação da escrituração mercantil; ou
> II – no caso da elaboração das demonstrações para fins tributários, na escrituração mercantil, desde que sejam efetuados em seguida lançamentos contábeis adicionais que assegurem a preparação e a divulgação de demonstrações financeiras com observância do disposto no caput deste artigo, devendo ser essas demonstrações auditadas por auditor independente registrado na Comissão de Valores Mobiliários.
> (...)

A solução acima, no mínimo engenhosa, foi substituída por outra veiculada pela Lei n.º 11.941/09, mais simples e talvez mais eficaz na preservação do sistema contábil de interferências do sistema jurídico:

> Art. 177 (...).
> (...)
> § 2o A companhia observará exclusivamente em livros ou registros auxiliares, sem qualquer modificação da escrituração mercantil e das demonstrações reguladas nesta Lei, as disposições da lei tributária, ou de legislação especial sobre a atividade que constitui seu objeto, que prescrevam, conduzam ou incentivem a utilização de métodos ou critérios contábeis diferentes

---

coisa que dispositivo legal anteriormente existente já dizia? Em verdade, a nova redação veio a regulamentar com maior riqueza de detalhes como que se dará a segregação entre o mundo contábil na sua ortodoxia e a contabilidade fiscal". MUNIZ, Ian. Neutralidade fiscal da Lei n.º 11.638/07. In: ROCHA, Sérgio André (Coord.), *Direito tributário, societário e a reforma da Lei das S/A*. São Paulo: Quartier Latin, 2008, p. 163.

TRIBUTAÇÃO E CONTABILIDADE

ou determinem registros, lançamentos ou ajustes ou a elaboração de outras demonstrações financeiras.
I – (revogado);
II – (revogado).
(...)

O dispositivo é praticamente autoexplicativo, estabelecendo que a Contabilidade não deve ser influenciada por normas veiculadas pela legislação tributária ou especial e que as modificações nos lançamentos contábeis estabelecidas por estas devem ser obrigatoriamente efetuadas em livros auxiliares. Ou seja, uma determinação de ordem tributária no sentido de que uma receita ou despesa seja reconhecida de forma diversa da promovida originalmente pela Contabilidade deve ser atendida fora dos domínios desta, de modo a preservar a sua integridade.

Sobre este tema, Ian Muniz[545] tece comentários esclarecedores: "Em suma, o novo sistema eleva os contadores ao nirvana. Estão no paraíso. Conseguiram uma solução que atende à perfeição às suas necessidades no mais estrito rigor do purismo contábil".

A Lei n.º 11.638/07 cuidou da harmonização contábil de 02 (duas) maneiras, quais sejam, em primeiro lugar, tratando de maneira expressa sobre o tema em relação às sociedades anônimas abertas e sociedades de grande porte, anônimas ou não, o que voltou a ser feito menos de 02 (dois) anos depois pela Lei n.º 11.941/09, e dispondo sobre o tema implicitamente quanto aos demais entes obrigados à manutenção de escrituração mercantil, ao prever a possibilidade de a CVM, o Banco Central do Brasil e demais órgãos e agências reguladoras celebrarem convênio com entidade que tenha por objeto o estudo e a divulgação de princípios, normas e padrões de contabilidade e de auditoria.

Talvez pela falta de veiculação de normas cogentes regulando a harmonização quanto a todo e qualquer ente obrigado a possuir escrituração mercantil, independentemente de porte ou tipo jurídico, a Lei n.º 11.638/07 terminou gerando grandes incertezas sobre o âmbito subjetivo de incidência das mudanças contábeis, motivo este determinante para a edição da Lei n.º 12.249, de 11 de junho de 2010, que inseriu a alínea "f" do artigo 6º do Decreto-Lei n.º 9.295, de 27 de maio de 1946, transcrita anteriormente,

---

[545] MUNIZ, Ian. Neutralidade fiscal da Lei n.º 11.638/07. In: ROCHA, Sérgio André (Coord.), "Direito tributário...", cit., p. 163.

que atribuiu expressamente competência ao CFC para tratar de normas e princípios contábeis. Com isso, considerando que o exercício da Contabilidade é privativo do contabilista (contador ou técnico contábil)[546], dado que o CFC também encampou o processo de harmonização contábil iniciado pela Lei n.º 11.638/07, isto passou a ser imposto a todos os entes obrigados a possuir escrituração mercantil.

Não fosse o mecanismo em causa, poderia haver uma acentuada discrepância entre os processos de elaboração de informações econômico-financeiras efetuados por uma sociedade anônima aberta e por uma sociedade limitada, gerando repercussões negativas para investidores, credores e, por que não, o Poder Público, mormente no que toca a questões de tributação que tomem em conta os elementos do patrimônio tal como originalmente reconhecidos, mensurados e evidenciados no sistema contábil.

Especialmente em matéria de mensuração de ativos, no entanto, ainda há diferenças entre os tratamentos estabelecidos pela Lei n.º 6.404/76, pelo Código Civil e pelos pronunciamentos, interpretações e orientações emitidos pelo CPC, conforme indicamos em quadro ilustrativo constante do item 4.3.3 deste trabalho. Queremos dizer, mesmo com o potencial de uniformização atingido quando o CFC referenda manifestações do CPC, se lei veicular disposição em sentido diverso destas, é óbvio que o comando legal prevalecerá. Isto se dá mesmo no caso de companhias abertas, para as quais a Lei n.º 6.404/76 determina que sejam observadas também as normas veiculadas por atos da CVM sobre elaboração de demonstrações financeiras. Tal atribuição de competência não é uma "carta branca" – parafraseando Caio Tácito – entregue à mencionada autarquia, isto é, se a CVM referendar uma manifestação do CPC que contrarie o que disponha norma veiculada por lei, o ato administrativo correspondente será nulo.

Portanto, em nossa opinião, o ordenamento jurídico brasileiro ainda não prevê as condições necessárias para uma absoluta harmonização dos padrões contábeis brasileiros face aos IFRSs, podendo haver diferenças no processo contábil em função da natureza da entidade correspondente. Queremos dizer, as normas técnicas orientadoras do processo contábil de uma sociedade anônima poderão diferir das voltadas a uma sociedade

---

[546] Conforme Decreto-Lei n.º 9.295/46, artigo 12, salvo no caso de empresário estabelecido ou sociedade empresária (que não seja do tipo anônima ou comandita por ações) sediada em local onde inexista tal profissional, conforme Código Civil, artigo 1.182 e Lei n.º 6.404/76, artigo 177, § 4º.

TRIBUTAÇÃO E CONTABILIDADE

empresária limitada, o que em matéria de tributação poderia dar lugar, no mínimo, a uma ofensa ao princípio da igualdade.

Até o início de vigência da Lei n.º 11.638/07, ao menos em relação aos contribuintes do IRPJ, a legislação fiscal, mais exatamente o Decreto-Lei n.º 1.598/77, acabava impondo uma uniformização do processo contábil referente à apuração de resultado em torno do quanto determinasse aquela lei, o que já não se passa mais atualmente, tendo em vista o resultado aludido pelo Decreto-Lei dever ser verificado com base num processo que já não mais se coaduna com o realizado no sistema contábil, porquanto está sujeito aos padrões vigentes em 31 de dezembro de 2007.

Em conclusão, nos dias de hoje já é possível falar-se numa significativa harmonização dos padrões contábeis brasileiros face os propostos pelo IASB – IFRSs –, em função da obrigatoriedade de observância das manifestações do CPC referendadas pelo CFC, mas ainda há algumas diferenças por conta da natureza da entidade, em função do quanto dispõem expressamente a Lei n.º 6.404/76, o Código Civil, a Lei n.º 11.638/07 e a Lei n.º 11.941/09.

O que de recente temos em matéria de relação entre o Direito e a Contabilidade, portanto, é uma mudança significativa no programa desta última, em função de irritações provocadas recíprocas e até de outros sistemas, notadamente o econômico. Houve uma mudança no programa do Direito por força de demandas de outros sistemas sociais, especialmente o contábil e o econômico, que, por sua vez, provocou uma irritação no sistema contábil e uma mudança significativa no programa deste, consistente, *grosso modo,* na harmonização com os IFRSs. Adicionalmente, a Contabilidade, que já não produzia informações voltadas ao sistema jurídico – ao menos diretamente –, agora vê diminuída em grande grau as irritações causadas pelo Direito, especialmente de normas tributárias, o qual, inversamente, ainda produz muitas informações com correspondência naquele sistema.

Tendo em vista a incidência do IRPJ, da CSL, da Contribuição ao PIS e da COFINS compreender um elevado número de informações com correspondência no sistema contábil, todas as mudanças a que aludimos – a *virada contábil* – poderiam resultar em impactos relativamente aos mencionados tributos.

Todavia, um dado interessante a respeito do tema é que, em diversas oportunidades, o Deputado Armando Monteiro, da Comissão de Finanças e Tributação, apresentou parecer acerca do Projeto de Lei n.º 3.741/00

RELAÇÕES ENTRE O SUBSISTEMA JURÍDICO TRIBUTÁRIO E A CONTABILIDADE

(que culminou na Lei n.º 11.638/07) *pela não implicação da matéria com aumento ou diminuição da receita ou da despesa públicas*, ou seja, de que a virada contábil fosse neutra para fins tributários[547].

É justamente sobre esta pretendida neutralidade tributária que vamos nos deter no subitem seguinte, comentando sobre como isto se deu inicialmente, por meio da Lei n.º 11.638/07, e, depois, pela Lei n.º 11.941/09, que instituiu o Regime Tributário de Transição – RTT.

5.2.5 Virada contábil, neutralidade tributária e o real alcance desta última

5.2.5.1 Concepção inicial da neutralidade tributária

Até a chamada "virada contábil", a incidência de basicamente 04 (quatro) tributos, quais sejam, IRPJ, CSL, Contribuição ao PIS e COFINS, sofria os efeitos da abertura cognitiva do Direito face à Contabilidade em elevadíssimo grau, de modo que, qualquer alteração operada no programa do sistema contábil, fatalmente repercutiria no aludido fenômeno[548].

Todavia, conforme mencionamos linhas atrás, no trâmite do Projeto de Lei n.º 3.741/00, que culminou na Lei n.º 11.638/07, ficou bem evidenciada a preocupação do legislador de que as mudanças operadas no sistema contábil repercutidas no sistema jurídico não resultassem em implicações de ordem tributária, o que, de alguma forma, justifica a inserção do dispositivo abaixo na Lei n.º 6.404/76, artigo 177:

> Art. 177(...).
> (...)
> § 7º Os lançamentos de ajuste efetuados exclusivamente para harmonização de normas contábeis, nos termos do § 2º deste artigo, e as demonstrações e apurações com eles elaboradas não poderão ser base de incidência de impostos e contribuições nem ter quaisquer outros efeitos tributários.
> (...) (grifos nossos)

---

[547] Preocupação idêntica passou-se na Alemanha, por ocasião da edição da Quarta Diretiva da União Europeia, que deu início ao processo de convergência dos padrões contábeis dos países integrantes, conforme relata A. Haller. Ver: HALLER, A. The relationship between financial and tax accounting in Germany: a major reason for accounting disharmony in Europe. *International journal of accounting*. London: International journal of accounting, vol. 27, n.º 4, pp. 321-323.

[548] ROCHA, Sérgio André. As normas de convergência contábeis e seus reflexos para os contribuintes. In: MOSQUERA, Roberto Quiroga e LOPES, Alexsandro Broedel (Coords.), *"Controvérsias..."*, cit., vol. 02, p. 282.

TRIBUTAÇÃO E CONTABILIDADE

Há alguns anos sustentamos[549] – até de forma veemente – que as alterações nos padrões contábeis brasileiros não surtiriam nenhum efeito quanto a IRPJ, CSL, Contribuição ao PIS e COFINS, tendo em vista o quanto previa o dispositivo que ora transcrevemos. Na época, contudo, demos ênfase a um trecho deste que não retratava a amplitude da neutralidade tributária – *não poderão ser base de incidência de impostos e contribuições* –, quando, na verdade, meditando melhor sobre a matéria, o que de fato a estabelecia de forma ampla era a vedação expressa de que a mudança do padrão contábil brasileiro não deveria resultar em qualquer efeito tributário – parte final do § 7º que transcrevemos acima. Além disso, passou-nos despercebido que a Lei n.º 11.638/07 tinha também aberto as portas do processo de convergência dos padrões contábeis brasileiros ao IFRS a todas as pessoas obrigadas a possuir escrituração mercantil, ao mesmo tempo que restringiu a cláusula de neutralidade somente às sociedades anônimas, de comandita por ações e de grande porte (independentemente do tipo societário).

A se estabelecer que o efeito de alguma modificação no ordenamento jurídico não pode servir de base de incidência de tributos, significa determinar que tal efeito não poderá dar lugar a informação constitutiva de fato jurídico tributário e/ou repercutir na apuração de base calculada, não salvaguardando o fenômeno da incidência tributária de efeitos indiretos decorrentes de alterações nos critérios de qualificação e quantificação de direitos e obrigações.

Pois muito bem, no caso de um investimento societário intitulado por uma sociedade de grande porte, avaliado segundo equivalência patrimonial, que, na sua aquisição, fosse mensurado em R$ 1.000.000,00 (um milhão de reais) e, por força, de aumento do valor de patrimônio líquido da sociedade investida, ocasionado em razão de mudança nos padrões contábeis adotados, passasse a ser valorado por R$ 3.000.000,00 (três milhões de reais), a contrapartida da majoração correspondente – resultado positivo de equivalência patrimonial – não surtiria efeitos na apuração das bases calculadas de IRPJ[550], CSL[551], Contribuição ao PIS[552] e COFINS[553], nos

---

[549] NUNES, Renato. Modificações promovidas pela Lei n.º 11.638/07 no regime de lançamentos contábeis – repercussões no campo tributário, sobretudo no âmbito de reorganizações societárias. *Revista dialética de direito tributário*. São Paulo: Dialética, vol. 159, 2008, pp. 79-88.

[550] Decreto-Lei n.º 1.598/77, artigo 23, parágrafo único, e artigo 33, § 2º.

[551] Lei n.º 7.689, de 15 de dezembro de 1988, artigo 2º, § 1º, "c".

[552] Lei n.º 9.718/98, artigo 3º, § 2º, II; Lei n.º 10.637/02, artigo 1º, § 3º, V.

[553] Lei n.º 9.718/98, artigo 3º, § 2º, II; Lei n.º 10.833/03, artigo 1º, § 3º, "b".

termos da legislação competente e independentemente de mudança nos padrões contábeis. Caso o titular do investimento em causa o alienasse por R$ 3.000.000,00 (três milhões de reais), inexistiria ganho de capital. Não fosse a parte final do § 7º do artigo 177 da Lei n.º 6.404/76, seria possível afirmar que a *virada contábil*, neste caso ilustrado, teria resultado numa desoneração fiscal, porquanto esta não constituiria *base para incidência de tributos ou contribuições*. No entanto, pelo fato de que a mudança nos padrões contábeis não poderia surtir nenhum efeito tributário, ao menos para sociedades anônimas, de comandita por ações e de grande porte, em nosso pensar, o custo de aquisição do investimento deveria ser medido segundo os "antigos" padrões contábeis – isto é, deveriam ser recompostos o balanço patrimonial e a demonstração de resultados da sociedade investida –, para daí sim ser verificada a realização, ou não, de ganho de capital[554], providência que fatalmente seria extremamente trabalhosa, para não dizer impraticável.

A neutralidade tributária[555] face a efeitos decorrentes das alterações no programa da Contabilidade brasileira, estabelecida pela Lei n.º 11.638/07, portanto, era bastante abrangente, mas constituía uma clara ofensa ao princípio da igualdade[556], na medida em que deixava de fora todas as outras pessoas que não revestissem a forma de sociedade anônima ou de comandita por ações ou não pudessem ser caracterizadas como de grande porte, porquanto a correlação lógica tipo societário ou porte – critério de discriminação – e pagar-se tributo segundo este ou aquele critério – discriminação – não encontrava respaldo na Constituição, salvo se para

---

[554] Com isso, revemos posicionamento que manifestamos em 2008, de que, neste aspecto, a neutralidade fiscal não se operaria. A bem da verdade, naquela circunstância, não fomos até as últimas consequências do que de fato determinava o § 7º do artigo 177 da Lei n.º 6.404/76, inserido pela Lei n.º 11.638/07, artigo 1º. Ver: NUNES, Renato. Modificações promovidas pela Lei n.º 11.638/07 no regime de lançamentos contábeis – repercussões no campo tributário, sobretudo no âmbito de reorganizações societárias. *Revista dialética de direito tributário*, cit., pp. 79-88.

[555] No presente contexto, referimo-nos à "neutralidade" como uma imunização de incidências tributárias e apuração de bases calculadas face às modificações ocorridas no âmbito do sistema contábil, cujas repercussões, em grande medida, restariam restritas às normas do denominado Direito Empresarial.

[556] MARTINS, Natanael. A reforma da lei das sociedades anônimas: Lei n.º 11.638/07 e seus impactos na área tributária. In: ROCHA, Sérgio André (Coord.), *"Direito tributário..."*, cit., p. 356.

TRIBUTAÇÃO E CONTABILIDADE

otimização da própria igualdade, mediante praticabilidade – o que não definitivamente não era o caso, pois ter-se-ia mais complexidade[557] – ou para favorecer as microempresas e empresas de pequeno porte, consoante dispõe expressamente o artigo 146, III, "d", da Carta Magna.

5.2.5.2 Regime tributário de transição – RTT

Apesar de entendermos que a neutralidade tributária face à mudança dos padrões contábeis brasileiros, tal qual estabelecida pela Lei n.º 11.638/07, era bastante ampla – ao menos materialmente –, mais do que a hoje existente, sob a forma do RTT[558], fato é que a Secretaria da Receita Federal do Brasil não comungou dessa opinião, o que pode ser depreendido por algumas respostas à consulta emitidas por este Órgão, versando basicamente sobre o tratamento tributário aplicável a doações efetuadas pelo Poder Público.

Sucintamente, até o advento da Lei n.º 11.638/07, os valores recebidos por pessoa jurídica a título de subvenção para investimento, doações do Poder Público ou de prêmio na emissão de debêntures, conquanto registrados em conta de reserva de capital e atendidas outras condições previstas pela legislação competente, não integravam a apuração das bases calculadas do IRPJ, da CSL, da Contribuição ao PIS e da COFINS, consoante previsões veiculadas pela Lei n.º 6.404/76, artigo 182, § 1º, "c" e "d", e pelo Decreto-Lei n.º 1.598/77, artigo 38, III e § 2º. Sob o fundamento de que, com a revogação das alíneas "c" e "d" do artigo 182 da Lei n.º 6.404/76, promovida pela Lei n.º 11.638/07, artigo 10, não seria mais permitido o registro dos valores recebidos a título das mencionadas figuras como reserva de capital, devendo estes, observado o regime de competência, ser lançados em conta da demonstração de resultados do exercício – procedimento que, meses após a edição desta última Lei, foi objeto do Pronunciamento CPC n.º 13 – a Secretaria da Receita Federal do Brasil, em algumas oportunidades, manifestou entendimento de que

---

[557] COSTA, Regina Helena. *"Praticabilidade.."*, cit., pp. 123-124.

[558] Isso nada obstante o Poder Executivo entender em sentido contrário (conforme Exposição de Motivos da Medida Provisória n.º 449, de 03 de dezembro de 2008), assim como grande parte dos estudiosos que vêm se dedicando ao tema. De opinião análoga à nossa, ver: HILÚ NETO, Miguel. A extinção do "ativo diferido": reflexões sobre suas repercussões contábeis e tributárias. In: FERNANDES, Edison Carlos e PEIXOTO, Marcelo Magalhães (Coords.), *Aspectos tributários da nova lei contábil.* São Paulo: MP Editora, 2010, p. 210.

os valores em causa, a partir de 1º de janeiro de 2008, deveriam integrar a apuração das bases calculadas do IRPJ, da CSL, da Contribuição ao PIS e da COFINS[559], observado o princípio da anterioridade nonagesimal para estes 03 (três) últimos.

Diante das dúvidas que cercaram os profissionais do Direito, os encarregados de apuração de tributos e até a administração pública, o Poder Executivo julgou por bem reformular o regime assegurador da neutralidade tributária, tornando-o expressamente aplicável a todas as pessoas contribuintes de tributos federais, designadamente IRPJ, CSL, Contribuição ao PIS e COFINS, e regulando em detalhes os seus mecanismos, sobretudo quanto ao tratamento de subvenções para investimentos, doações do Poder Público e prêmio na emissão de debêntures. A respeito do desenrolar desse processo, são interessantes as passagens abaixo transcritas da Exposição de Motivos da Medida Provisória n.º 449/08:

> (...)
> 8. A Lei nº 11.638, de 2007, foi publicada no Diário Oficial da União de 28 de dezembro de 2007, e entrou em vigor no dia 1º de janeiro de 2008, sem a adequação concomitante da legislação tributária. Esta breve vacatio legis e a alta complexidade dos novos métodos e critérios contábeis instituídos pelo referido diploma legal – muitos deles ainda não regulamentados – têm causado insegurança jurídica aos contribuintes. Assim, faz-se mister a adoção do RTT, conforme definido nos arts. 15 a 22 desta Medida Provisória, para neutralizar os efeitos tributários e remover a insegurança jurídica.
> 9. (...).
> 10. (...).

---

[559] Processo de Consulta 75/08
Órgão: Superintendência Regional da Receita Federal – SRRF/10ª Região Fiscal
Assunto: Imposto sobre a Renda de Pessoa Jurídica – IRPJ
Ementa: DOAÇÕES FEITAS PELO PODER PÚBLICO. CÔMPUTO NO LUCRO REAL
A partir de 1º de janeiro de 2008, as doações feitas pelo Poder Público obrigatoriamente serão registradas pelas pessoas jurídicas donatárias como receitas do período a que competirem, não havendo previsão legal para sua exclusão do lucro líquido para efeito de apuração do lucro real.
DISPOSITIVOS LEGAIS: Lei nº 6.404, de 1976, arts. 182, § 1º, e 195-A; Lei nº 11.638, de 2007, arts. 1º, 2º e 10; Decreto-Lei nº 1.598, de 1977, arts. 38, § 2º, e 67, inciso XI; Decreto nº 3.000, de 1999 (RIR/1999), arts. 443 e 274, § 1º.
VERA LÚCIA RIBEIRO CONDE – Chefe da Divisão
(Data da Decisão: 27.05.2008 11.06.2008)

TRIBUTAÇÃO E CONTABILIDADE

11. O art. 38 do Decreto-Lei nº 1.598, de 26 de dezembro de 1977, isenta do Imposto sobre a Renda das Pessoas Jurídicas – IRPJ as importâncias relativas a subvenções para investimento e doações recebidas do Poder Público, bem como o prêmio na emissão de debêntures, desde que tais valores sejam mantidos em reserva de capital. O Estado abre mão da tributação para capitalizar a empresa, razão pela qual tal valor deve ser mantido em reserva e não distribuído sob qualquer forma. Ocorre, porém, que o art. 195-A, inserido pela Lei nº 11.638, de 2007, na Lei nº 6.404, de 1976, criou um obstáculo ao gozo da isenção, ao determinar que tais valores transitem pelo resultado da empresa e que possam compor a base de cálculo dos dividendos obrigatórios. Assim, para que tais isenções sejam mantidas sem perder a finalidade para a qual foram criadas – a capitalização das empresas – são propostos os arts. 18 e 19 do Projeto, os quais excluem tais valores da base tributável do imposto de renda, desde que mantidos em reservas de lucros, ainda que tenham transitado pelo resultado da empresa.

(...) (grifos nossos)

Como se sabe, a Medida Provisória n.º 449/08 foi convertida na Lei n.º 11.941/09, atual veículo introdutor do RTT, o qual seria de observância facultativa para os anos-calendário de 2008 e 2009 e mandatória a partir do de 2010, se por um acaso não houvesse uma regulação dos efeitos das mudanças nos padrões contábeis brasileiros na incidência de IRPJ, CSL, Contribuição ao PIS e COFINS[560], o que não ocorreu, ao menos até a conclusão do presente trabalho[561].

Segundo determina o artigo 16 da Lei n.º 11.941/09, conjugado com o § 3º do artigo 15 deste, as mudanças no padrão contábil brasileiro, em função do processo de harmonização deste face ao IFRS, que *modifiquem o critério de reconhecimento de receitas, custos e despesas* não terão efeitos para fins de incidência dos tributos a que aludimos no parágrafo anterior. Em outras palavras, qualquer alteração no critério de reconhecimento de receitas, custos e despesas, motivada pela adoção do IFRS no Brasil[562], seja em termos qualitativos (qualificação de direitos e obrigações), seja quantitativos, ou temporais, não surtirá efeitos em matéria de incidência de IRPJ, CSL, Contribuição ao PIS e COFINS, para o que continuarão sendo utilizados

---

[560] Independentemente do regime de apuração desses tributos, consoante previsão da Lei n.º 11.941, artigo 15, § 3º.

[561] Lei n.º 11.941/09, artigo 15.

[562] O que vem sendo feito a partir de referendo, ao menos pelo CFC, de manifestações do CPC.

RELAÇÕES ENTRE O SUBSISTEMA JURÍDICO TRIBUTÁRIO E A CONTABILIDADE

como referência os padrões vigentes em 31 de dezembro de 2007. Assim, por exemplo, a requalificação de um direito de crédito oriundo da venda de uma mercadoria, cujo vencimento extrapole o exercício seguinte àquele em que se deu a sua tradição, em razão da aplicação da técnica *ajuste a valor presente*[563], que determina o reconhecimento de remuneração financeira "embutida" no preço, de tal sorte que o referido direito e a respectiva receita passem a referir-se parte ao preço e parte a "juros", esta modificação qualitativa no critério de reconhecimento não deve surtir efeitos na apuração dos tributos em causa. O vendedor, estando sujeito à tributação pela Contribuição ao PIS e da COFINS, deverá considerar toda a receita oriunda da venda como referente ao preço correspondente, não podendo, em relação à parcela requalificada originalmente no âmbito contábil, caracterizá-la como receita financeira, de forma a gozar a exoneração prevista no Decreto n.º 5.442, de 9 de maio de 2005, artigo 1º[564].

Como podemos observar, sob o ponto de vista subjetivo, o RTT é bem mais abrangente do que o § 7º do artigo 177 da Lei n.º 6.404/76, introduzido pelo artigo 1º da Lei n.º 11.638/07, na medida em que faz alusão ao processo de harmonização contábil como um todo, e não somente aos efeitos disto relativamente às sociedades anônimas, comandita por ações e de grande porte, consoante previsão constante da Lei n.º 11.941/09, artigo 16, parágrafo único, e artigo 17, § 2º.

Por outro lado, numa perspectiva material, a neutralidade tributária assegurada pelo RTT é bem menos abrangente do que a então veiculada pela Lei n.º 11.638/07, pois naquele somente as mudanças nos critérios de reconhecimento de receitas, custos e despesas não podem surtir efeitos para fins de incidência de IRPJ, CSL, Contribuição ao PIS e COFINS, enquanto que neste último tais mudanças não poderiam surtir qualquer efeito relativamente a tributos federais em geral[565]. Na forma estabelecida

---

[563] Lei n.º 6.404/76, artigo 183, VIII; Pronunciamento CPC n.º 12.

[564] "Art. 1º Ficam reduzidas a zero as alíquotas da Contribuição para o PIS/PASEP e da Contribuição para o Financiamento da Seguridade Social – COFINS incidentes sobre as receitas financeiras, inclusive decorrentes de operações realizadas para fins de hedge, auferidas pelas pessoas jurídicas sujeitas ao regime de incidência não-cumulativa das referidas contribuições".

[565] BIFANO, Elidie Palma. O direito contábil: da Lei n.º 11.638/07 à Lei n.º 11.941/09. In: ROCHA, Sérgio André (Coord.), *Direito tributário, societário e a reforma da Lei das S/A*. São Paulo: Quartier Latin, vol. 02, 2010, p. 173; SCHOUERI, Luís Eduardo. Juros sobre capital próprio:

TRIBUTAÇÃO E CONTABILIDADE

originalmente pela Lei n.º 11.638/07, o que se preconizava era a representação do balanço patrimonial e da demonstração de resultados do exercício segundo os novos padrões contábeis e também segundo os "velhos", com o objetivo de ao menos prevenir efeitos tributários. Diferentemente, o RTT restringe-se à recomposição das receitas, custos e despesas, sem levar em conta os novos padrões contábeis, não prevendo nem permitindo que isso seja estendido às contas patrimoniais. Conforme dissertam Luís Eduardo Schoueri e Vinicius Feliciano Tersi, a Lei n.º 11.941/09 não autoriza a elaboração de um balanço patrimonial voltado à incidência de IRPJ, CSL, Contribuição ao PIS e COFINS, diferente do chamado balanço societário. Confiramos as lições dos mencionados autores[566], tratando de questão pertinente à extinção da conta *ativo diferido*:

> A análise da manutenção da neutralidade fiscal no RTT nesse caso se torna complexa por um motivo: os artigos 16 e 17 da Lei n.º 11.941/2009 não previram expressamente o restabelecimento de contas extintas pela Nova Contabilidade. Como resumimos anteriormente, o comando normativo foi: 'utilize a contabilidade atual; porém, sempre que o critério de reconhecimento de receitas, custos ou despesas tenha sido modificado, utilize os métodos e critérios contábeis vigentes em 31 de dezembro de 2007 para calcular os tributos devidos'.

Em termos de relações entre o sistema jurídico e o sistema contábil para efeitos de tributação, vedou-se que as informações produzidas no primeiro representativas de informações produzidas no último com base num novo programa possam afetar a constituição de fatos jurídicos tributários e/ou bases calculadas de IRPJ, CSL, Contribuição ao PIS e COFINS, especificamente quanto a critérios de reconhecimento de receitas, custos ou despesas. Contudo, inexiste vedação, nos termos da Lei n.º 11.941/09, para que alterações na forma de qualificação e quantificação de direitos

---

natureza jurídica e forma de apuração diante da 'nova contabilidade. In: MOSQUERA, Roberto Quiroga e LOPES, Alexsandro Broedel (Coords.), *Controvérsias jurídico-contábeis (aproximações e distanciamentos)*. São Paulo: Dialética, vol. 03, 2012, p. 191.

[566] SCHOUERI, Luís Eduardo; TERSI, Vinicius Feliciano. As inter-relações entre a Contabilidade e Direito: atender ao RTT significa obter neutralidade tributária? In: MOSQUERA, Roberto Quiroga e LOPES, Alexsandro Broedel (Coords.), *"Controvérsias..."*, cit., vol. 02, p. 144.

RELAÇÕES ENTRE O SUBSISTEMA JURÍDICO TRIBUTÁRIO E A CONTABILIDADE

e obrigações retratados no balanço patrimonial influenciem o fenômeno da incidência tributária. Na hipótese de alguma alteração de tal natureza importar em alteração de critério de reconhecimento de receita, custo e despesa, somente este desdobramento é que não poderá surtir efeitos na constituição de fatos jurídicos tributários e/ou bases calculadas.

Vejamos como isso se passa no caso de perdas com recebimento de créditos, situação em que a legislação não se restringe a regular os efeitos pertinentes a IRPJ e CSL, cuidando também do tratamento contábil a ser dispensado. Pois bem, estabelece a Lei n.º 9.430/96, artigo 10[567], que o crédito deve ser mantido registrado no balanço patrimonial e, à medida que os requisitos para o reconhecimento da perda (para fins tributários) forem sendo atendidos, o valor correspondente deve ser apropriado em conta redutora daquele. Ao final de 05 (cinco) anos contados do vencimento do crédito, então este deveria ser baixado definitivamente, mediante confronto com o saldo da aludida conta redutora. Em virtude dos novos padrões de contabilidade e dos instrumentos criados visando à sua preservação[568], temos que é incabível cogitar da realização do referido procedimento nas contas patrimoniais da pessoa contribuinte de

---

[567] "Art. 10. Os registros contábeis das perdas admitidas nesta Lei serão efetuados a débito de conta de resultado e a crédito:

I – da conta que registra o crédito de que trata a alínea a do inciso II do § 1º do artigo anterior;

II – de conta redutora do crédito, nas demais hipóteses.

§ 1º Ocorrendo a desistência da cobrança pela via judicial, antes de decorridos cinco anos do vencimento do crédito, a perda eventualmente registrada deverá ser estornada ou adicionada ao lucro líquido, para determinação do lucro real correspondente ao período de apuração em que se der a desistência.

§ 2º Na hipótese do parágrafo anterior, o imposto será considerado como postergado desde o período de apuração em que tenha sido reconhecida a perda.

§ 3º Se a solução da cobrança se der em virtude de acordo homologado por sentença judicial, o valor da perda a ser estornado ou adicionado ao lucro líquido para determinação do lucro real será igual à soma da quantia recebida com o saldo a receber renegociado, não sendo aplicável o disposto no parágrafo anterior.

§ 4º Os valores registrados na conta redutora do crédito referida no inciso II do caput poderão ser baixados definitivamente em contrapartida à conta que registre o crédito, a partir do período de apuração em que se completar cinco anos do vencimento do crédito sem que o mesmo tenha sido liquidado pelo devedor".

[568] Do que constitui grande exemplo o artigo 17, § 2º, Lei n.º 11.941/09, que assim dispõe: "Art. 17. (...) § 2º A pessoa jurídica sujeita ao RTT, desde que observe as normas constantes deste Capítulo, fica dispensada de realizar, em sua escrituração comercial, qualquer procedimento

TRIBUTAÇÃO E CONTABILIDADE

IRPJ e CSL. O que se tem, atualmente, em matéria contábil são testes de recuperabilidade de ativos (inclusive créditos), em que, a se julgar alta a probabilidade de inadimplência, deve ser efetuada a baixa do montante correspondente, tendo como contrapartida o registro de uma perda (despesa), independentemente dos critérios impostos pela Lei n.º 9.430/96, artigo 9º[569], para dedutibilidade desta. Segundo o que determina a Lei n.º 11.941/09, artigo 17, os lançamentos em contas patrimoniais de maneira equivalente ao efetuado no sistema contábil não deverão ser reconstituídos para fins fiscais. Há que se notar que neste caso sequer seria o caso de se falar em aplicação do RTT, pois os requisitos para dedutibilidade constituem regulação específica de cunho tributário, veiculada por lei plenamente válida, vigente e eficaz. De toda forma, ainda que assim não fosse, dado que o novo padrão contábil resultou em mudança no critério

contábil determinado pela legislação tributária que altere os saldos das contas patrimoniais ou de resultado quando em desacordo com:

I – os métodos e critérios estabelecidos pela Lei nº 6.404, de 15 de dezembro de 1976, alterada pela Lei nº 11.638, de 28 de dezembro de 2007, e pelos arts. 37 e 38 desta Lei; ou

II – as normas expedidas pela Comissão de Valores Mobiliários, no uso da competência conferida pelo § 3º do art. 177 da Lei nº 6.404, de 15 de dezembro de 1976, e pelos demais órgãos reguladores". (grifos nossos)

[569] Art. 9º As perdas no recebimento de créditos decorrentes das atividades da pessoa jurídica poderão ser deduzidas como despesas, para determinação do lucro real, observado o disposto neste artigo.

§ 1º Poderão ser registrados como perda os créditos:

I – em relação aos quais tenha havido a declaração de insolvência do devedor, em sentença emanada do Poder Judiciário;

II – sem garantia, de valor:

a) até R$ 5.000,00 (cinco mil reais), por operação, vencidos há mais de seis meses, independentemente de iniciados os procedimentos judiciais para o seu recebimento;

b) acima de R$ 5.000,00 (cinco mil reais) até R$ 30.000,00 (trinta mil reais), por operação, vencidos há mais de um ano, independentemente de iniciados os procedimentos judiciais para o seu recebimento, porém, mantida a cobrança administrativa;

c) superior a R$ 30.000,00 (trinta mil reais), vencidos há mais de um ano, desde que iniciados e mantidos os procedimentos judiciais para o seu recebimento;

III – com garantia, vencidos há mais de dois anos, desde que iniciados e mantidos os procedimentos judiciais para o seu recebimento ou o arresto das garantias;

IV – contra devedor declarado falido ou pessoa jurídica declarada concordatária, relativamente à parcela que exceder o valor que esta tenha se comprometido a pagar, observado o disposto no § 5º.

(...)".

de reconhecimento de uma despesa, este efeito não poderia ser tomado em conta na constituição das bases calculadas de IRPJ e CSL, ainda que mais benéfico ao contribuinte.

5.2.5.2.1 Controle fiscal contábil de transição – FCONT

A Lei n.º 11.941/09 somente tratou dos procedimentos para o contribuinte ter assegurada a neutralidade tributária face às mudanças nos padrões contábeis em relação ao IRPJ apurado segundo a sistemática do lucro real, decerto porque a única situação para a qual a legislação previa um livro de apuração – Lalur –, não mencionando nada a respeito quanto a este mesmo Imposto apurado segundo a sistemática do lucro presumido nem em relação à CSL, à Contribuição ao PIS e à COFINS.

Tratando do assunto, a Secretaria da Receita Federal do Brasil editou a Instrução Normativa n.º 949, de 16 de junho de 2009, que instituiu o Controle Fiscal Contábil de Transição ("FCONT"), consistente numa *escrituração, das contas patrimoniais e de resultado, em partidas dobradas, que considera os métodos e critérios contábeis aplicados pela legislação tributária,* isto é, anteriores às mudanças no padrão contábil brasileiro, iniciadas pela Lei n.º 11.638/07[570], passível de utilização exclusivamente pelos contribuintes de IRPJ que apurem este Imposto segundo a sistemática do lucro real[571].

Resumidamente, o contribuinte deve apurar o resultado tributável no FCONT sem tomar em conta os efeitos das mudanças no padrão contábil brasileiro, verificar a diferença entre tal resultado e o verificado na Contabilidade, ajustando este último, exclusivamente no Lalur, pela mencionada diferença.

A nosso ver, há 02 (dois) graves problemas no tratamento instituído pela Secretaria da Receita Federal do Brasil quando estabelece que inclusive as contas patrimoniais devam ser reconstituídas sem levar em conta as mudanças no padrão contábil brasileiro.

Em primeiro lugar, o que se está a tratar são de procedimentos para dar vazo às normas de neutralidade fiscal veiculadas pela Lei n.º 11.941/09, que tratam desta, sob o ponto de vista material, de uma maneira menos abrangente do que o então estabelecido pela Lei n.º 11.638/07. Conforme já expusemos, a neutralidade vigente, introduzida pela Lei n.º 11.941/09,

---

[570] IN RFB n.º 949/09, artigo 8º.
[571] IN RFB n.º 949/09, artigo 7º.

TRIBUTAÇÃO E CONTABILIDADE

versa exclusivamente sobre critérios de reconhecimento de receitas, custos e despesas, nada dispondo sobre requalificação de contas patrimoniais, admitindo, pois, que o novo padrão contábil brasileiro surta, ainda que indiretamente, efeitos na incidência de IRPJ, CSL, Contribuição ao PIS e COFINS. Ou seja, a IN RFB n.º 949/09, ao estender a vedação de efeitos das mudanças contábeis também para as contas patrimoniais extrapolou nitidamente os limites das normas – veiculadas por lei – a que se refere[572]. Isto somente seria legítimo se ainda válida, vigente e eficaz a norma de neutralidade veiculada pelo § 7º do artigo 177 da Lei n.º 6.404/76, introduzido pela Lei n.º 11.638/07[573], a qual foi revogada por força do quanto dispõe expressamente a Lei n.º 11.941/07, artigo 79, X.

Em segundo lugar, dado que o FCONT é aplicável exclusivamente a contribuintes do IRPJ que o apurem segundo a sistemática do lucro real, a se seguir o tratamento instituído pela Secretaria da Receita Federal do Brasil, constatamos que os optantes pelo lucro presumido gozariam de uma neutralidade diferente da voltada àqueles, que seria muito mais ampla. Ou seja, a adoção do lucro presumido, técnica concebida com vistas ao atendimento dos desígnios do princípio da praticabilidade, resultaria numa penalização ao contribuinte, posto que sujeito a uma neutralidade face às mudanças nos padrões contábeis brasileiros menos abrangente do que a aplicável quando utilizada a sistemática do lucro real, diferenciação esta que, a nosso ver, não encontra amparo constitucional, constituindo ofensa ao princípio da igualdade.

Além disso tudo, por inexistir previsão de utilização do FCONT para efeitos de apuração de CSL, Contribuição ao PIS e COFINS, mesmo para os contribuintes que optem por apurar o IRPJ segundo a sistemática do lucro real, haverá uma verdadeira anomalia, pelo fato de tributos devidos pelo mesmo contribuinte estarem sujeitos a níveis distintos de neutralidade. À luz dos procedimentos estabelecidos pela Secretaria da Receita Federal do Brasil, o IRPJ em tal circunstância estaria absolutamente imune

---

[572] SCHOUERI, Luís Eduardo. Juros sobre capital próprio: natureza jurídica e forma de apuração diante da 'nova contabilidade. In: MOSQUERA, Roberto Quiroga e LOPES, Alexsandro Broedel (Coords.), "Controvérsias...", cit., vol. 03, p. 190.

[573] Somente o é em relação às situações não reguladas, quer pela Medida Provisória n.º 449/08, quer pela Lei n.º 11.941/09, isto é ocorridas até transcorridos os períodos de tempo impostos pelo princípio da anterioridade para que o novo regramento introduzido por estes Diplomas pudesse viger.

à *virada contábil*, enquanto que os demais somente em relação a mudanças nos critérios de reconhecimento de receitas, custos e despesas.

Apesar de o FCONT dar a entender que a neutralidade propiciada pelo RTT, ao menos para o IRPJ calculado de acordo com o lucro real, é materialmente ampla como a então veiculada pela Lei n.º 11.638/07, não é isso o que prescreve a Lei n.º 11.941/09, que, repetimos, restringe-se a mudanças no critério de reconhecimento de receitas, custos e despesas.

Desta forma, temos que a mudança nos padrões contábeis brasileiros, em função da convergência destes ao quanto disponham os IFRSs, podem sim surtir efeitos fiscais, por conta de modificações nos critérios de reconhecimento de direitos e obrigações. A apuração de juros sobre capital próprio[574], por exemplo, remuneração atribuível ao sócio ou acionista, calculada mediante a aplicação da taxa de juros de longo prazo – *TJLP* – sobre as contas de patrimônio líquido, é afetada pela mudança dos padrões contábeis, na medida em que estes, em grande medida, repercutem no valor daquele[575].

5.2.5.2.2 Remissão aos métodos e critérios contábeis vigentes em 2007

A Lei n.º 11.941/09, em seu artigo 16[576], com vistas a garantir que a apuração de IRPJ, CSL, Contribuição ao PIS e COFINS, restasse imune aos efeitos das mudanças nos padrões contábeis brasileiros em relação a critérios de reconhecimento de receitas, custos e despesas, determinou que estes deveriam ser tomados tal como vigentes em 31 de dezembro de 2007.

Essa determinação resultou num fenômeno bastante peculiar, ao aludir a algo que já não mais se passa no sistema contábil, cortando os efeitos da abertura do sistema jurídico face a este em matéria de reconhecimento

---

[574] Lei n.º 9.249/95, artigo 9º.

[575] Nada obstante a legislação prever que deve ser excluído do valor do patrimônio líquido, para efeitos de cálculo de juros sobre o capital próprio, o saldo da conta *ajuste de avaliação patrimonial*, fruto da convergência da Contabilidade brasileira aos padrões internacionais. Vide Lei n.º 11.941/09, artigo 59.

[576] Art. 16. As alterações introduzidas pela Lei nº 11.638, de 28 de dezembro de 2007, e pelos arts. 37 e 38 desta Lei que modifiquem o critério de reconhecimento de receitas, custos e despesas computadas na apuração do lucro líquido do exercício definido no art. 191 da Lei no 6.404, de 15 de dezembro de 1976, não terão efeitos para fins de apuração do lucro real da pessoa jurídica sujeita ao RTT, devendo ser considerados, para fins tributários, os métodos e critérios contábeis vigentes em 31 de dezembro de 2007. (grifos nossos)

TRIBUTAÇÃO E CONTABILIDADE

de receitas, custos ou despesas para fins tributários. O processo contábil, atualmente, dá-se com base no conjunto de normas técnicas (programa) hoje vigente, em sua inteireza, não sendo possível o Direito abrir-se à Contabilidade, com o objetivo de produzir informações referentes ao assunto aqui aludido. Não estamos a negar que, no âmbito do sistema jurídico, normas que tenham sua vigência interrompida quanto a fatos ocorridos após a sua revogação, continuem válidas, vigentes e eficazes para regular situações anteriores a isto, ao menos até que se cumpra o tempo de sua possível incidência[577]. O que ocorre no caso da neutralidade tributária veiculada pela Lei n.º 11.941/09 é um pouco distinto, pois o próprio Direito é que provocou a mudança no programa da Contabilidade, de modo que a produção de informações neste sistema passasse a se dar de forma distinta, não sendo cabível, em nosso pensar, que esse sistema também produza informações segundo um programa que já não mais existe. O que queremos dizer com tudo isso, é que, para fins de IRPJ, CSL, Contribuição ao PIS e COFINS, ao menos quanto a critério de reconhecimento de receitas, custos ou despesas, já não se falará em abertura cognitiva face à Contabilidade; o Direito deverá reproduzir, em seu interior, o conteúdo das regras técnicas contábeis observadas em 31 de dezembro de 2007 e produzir informações jurídicas mediante processo em quase tudo idêntico ao contábil, não fosse o código do sistema jurídico (direito/não direito) ser distinto do deste sistema (verdadeiro/falso).

No que tange às regras norteadoras do processo contábil constituídas em razão de irritações da Contabilidade ao Direito, por força de normas voltadas à regulação de incidências tributárias, especialmente de IRPJ, CSL, Contribuição ao PIS e COFINS, parece-nos mais fácil processar o comando de neutralidade veiculado pela Lei n.º 11.941/09. Já no caso de normas concebidas no interior da Contabilidade sem influência de comandos do sistema jurídico, a situação, a nosso ver, se agrava, pois em muitos casos pode não se ter uma uniformização do quanto se entenda por qual o critério contábil aplicável numa determinada situação.

Parece-nos salutar, portanto, que o legislador tome uma providência, a fim de conferir maior segurança jurídica, seja instituindo um sistema de apuração de IRPJ, CSL, Contribuição ao PIS e COFINS absolutamente independente das informações produzidas no sistema contábil, ou

---

[577] CARVALHO, Paulo de Barros. *"Direito tributário..."*, cit., p. 52.

RELAÇÕES ENTRE O SUBSISTEMA JURÍDICO TRIBUTÁRIO E A CONTABILIDADE

adaptando isso aos novos padrões contábeis, o que não encontra vedação na Constituição, bastando sejam observados os princípios norteadores do fenômeno da tributação, assim como o quanto eventualmente disponham as normas gerais de direito tributário.

5.3 Experiência estrangeira

Segundo já registramos anteriormente, os padrões contábeis internacionais propostos pelo IASB já vêm sendo adotados por diversos países e jurisdições, de modo que nos parece importante verificarmos como alguns estão tratando do assunto em respeito aos efeitos de ordem tributária decorrentes de convergência àqueles padrões.

Para tanto, procuramos selecionar países e jurisdições nos quais tal convergência tenha sido abrangente sob o ponto de vista subjetivo, isto é, aplique-se às pessoas em geral obrigadas a possuir escrituração mercantil, bem como afete não somente as demonstrações financeiras consolidadas, mas também as chamadas individuais, que retratam a situação econômico financeira de cada entidade individualmente considerada e costumam ser utilizadas como base para apuração de tributos sobre receitas, lucros e patrimônio.

Sob o ponto de vista de relação entre incidência tributária e informações contábeis, seguindo a linha proposta por Christopher Nobes e Robert Parker[578], é possível classificar a intensidade da mencionada relação de acordo com as seguintes abordagens:

- Abordagem independente – os tributos sobre receitas, lucros e patrimônio são apurados segundo método próprio, em que pouco ou nada se representa de informações originalmente produzidas no sistema contábil, situação em que mudanças nos padrões contábeis com vistas à convergência aos IFRS não geram impactos tributários significativos;
- Abordagem dependente – os tributos sobre receitas, lucros e patrimônio são apurados a partir de informações originalmente produzidas no sistema contábil, ulteriormente representadas no sistema jurídico, situação em que mudanças nos padrões contábeis com vistas à convergência aos IFRS geram impactos tributários significativos;

---

[578] NOBES, Christopher; PARKER, Robert. *Comparative international accounting*, 9th ed. Edinburgh: Pearson Education, 2006, pp. 04-06.

TRIBUTAÇÃO E CONTABILIDADE

– Abordagem quase dependente – os tributos sobre receitas, lucros e patrimônio são apurados a partir de informações originalmente produzidas no sistema contábil, ulteriormente representadas no sistema jurídico, as quais se submetem a ajustes estabelecidos pela legislação competente, situação em que mudanças nos padrões contábeis com vistas à convergência aos IFRS podem gerar impactos tributários, eventualmente até significativos.

Segundo levantamento efetuado pela PriceWaterhouseCoopers[579] em março de 2011, na imensa maioria dos países que vêm convergindo seus padrões contábeis aos propostos pelo IASB, os sistemas jurídicos, para efeitos de incidência tributária, sobretudo do imposto sobre a renda, mantêm uma relação de quase dependência com os sistemas contábeis correspondentes. Na América do Sul, por exemplo, todos os países adeptos do mencionado processo são classificados como *quase dependentes*.

O ordenamento jurídico brasileiro, especificamente, estabelece uma relação de quase dependência do fenômeno de incidência de IRPJ, CSL, Contribuição ao PIS e COFINS, porquanto se baseia, em grau acentuado, em informações originalmente produzidas no sistema contábil, nada obstante as prescrições referentes ao RTT; menos dependente do que era num passado recente[580], mas ainda dependente, inexistindo, conforme expusemos, vedação constitucional a uma elevação da mencionada dependência.

Em nossa seleção de países e jurisdições, o fizemos tomando pelo menos um de cada continente político e também objetivando tratar das diferentes abordagens que expusemos logo acima, o que nos levou a escolher os seguintes: (i) Portugal; (ii) Reino Unido; (iii) China; (iv) Coreia do Sul; (v) Austrália; (vi) África do Sul; (vii) Canadá; (viii) Costa Rica; (ix) Chile.

---

[579] http://www.pwc.com/us/en/issues/ifrs-reporting/assets/ifrs_country_adoption.pdf, acesso em 30 de março de 2012, às 08:56.

[580] E que encontrava grande semelhança com o tratamento dispensado pelo ordenamento jurídico alemão. Sobre as características deste último, ver estudo comparativo encampado por John Blake, Oriol Amat e Hilary Fortes. BLAKE, John; AMAT, Oriol; FORTES, Hilary. The relationship between tax regulations and financial accounting: a comparison of Germany, Spain and United Kingdom. Fonte: www.econ.upf.edu/docs/papers/downloads/46.pdf, acesso em 10 de março de 2012, às 23:22.

5.3.1 Portugal

O Regulamento da Comunidade Europeia n.º 1.606, de 19 de julho de 2002, em atendimento às determinações sobre convergência contábil internacional, iniciada pela Directiva n.º 78/660/CEE (Quarta Directiva), de 25 de julho de 1978, prescreve que, em todos os países integrantes, as sociedades listadas em bolsa passassem, a partir de janeiro de 2005, a elaborar demonstrações consolidadas segundo os padrões propostos pelo IASB, por meio dos IFRS.

De uma maneira geral, conforme noticia Mônica Sionara Schpallir Calijuri, a extensão dos novos padrões contábeis a demonstrações individuais e a sociedades não listadas diferiram muito de país para país integrante da União Europeia, sendo que os limites de tal extensão vêm se mostrando bastante relacionados ao quanto a apuração de tributos esteja relacionada às informações originalmente produzidas no sistema contábil.

Segundo Mônica Sionara[581]:

> A limitação à adoção ampla do IFRS pelos países membros também foi causada pela ligação existente entre a contabilidade e a tributação. Quanto mais forte a ligação, maior o incentivo para que a adoção fosse feita somente para as demonstrações consolidadas. Em alguns países como Suécia, França, Espanha e Suíça há uma forte ligação entre a contabilidade financeira e a contabilidade tributária. Essa ligação também pode ser encontrada na Áustria e na Alemanha. Nesses casos, qualquer mudança na contabilidade comercial conduz a efeitos imediatos na base tributária. Alguns desses países como França, Alemanha e Espanha ainda requerem a adoção da contabilidade de acordo com as normas locais para demonstrações não consolidadas.

Portugal constitui um exemplo bastante interessante, pois, nada obstante a tributação, em especial da renda, guardar acentuada relação com informações produzidas no sistema contábil – poderíamos classificar o sistema tributário português como *quase dependente* –, e, ao mesmo tempo, suas normas influenciarem bastante no sistema contábil, este país adotou amplamente os novos padrões contábeis, seja sob o ponto de vista

---

[581] CALIJURI, Mônica Sionara Schpallir. As novas normas de convergência contábeis e seus reflexos para os contribuintes. In: MOSQUERA, Roberto Quiroga e LOPES, Alexsandro Broedel (Coords.), *"Controvérsias..."*, cit., vol. 02, pp. 194-195.

TRIBUTAÇÃO E CONTABILIDADE

subjetivo[582], seja material (demonstrações consolidadas e individuais), distanciando-se, portanto, do quadro apontado por Mônica Sionara[583].

Além disso, mesmo não tendo uma Constituição analítica como a brasileira, a portuguesa, ainda que implicitamente, consagra princípios fundamentais da tributação, inclusive o da *capacidade contributiva*, conforme explicitado pela Lei Geral Tributária, artigo 4º[584], o que permite seja a experiência vivida em Portugal útil ao tema aqui tratado no Brasil, atentando-se, por óbvio, às particularidades de nosso Sistema Constitucional Tributário.

A adoção dos padrões contábeis veiculados pelos IFRS foi prevista pelo Decreto-Lei n.º 158, de 13 de julho de 2009, que a tornou obrigatória tanto em termos consolidados quanto individuais para sociedades listadas em bolsa, e de adoção opcional para as demais pessoas obrigadas a manter escrituração mercantil[585].

---

[582] Com a ressalva de que, para sociedades não listadas em bolsa, a legislação portuguesa outorgou uma faculdade de se adotar os IFRS.

[583] A Itália adotou uma linha semelhante à de Portugal, conforme relatado por Mônica Sionara. CALIJURI, Mônica Sionara Schpallir. As novas normas de convergência contábeis e seus reflexos para os contribuintes. In: MOSQUERA, Roberto Quiroga e LOPES, Alexsandro Broedel (Coords.), *"Controvérsias..."*, cit., vol. 02, p. 195.

[584] "Artigo 4º - Pressupostos dos Tributos – 1. Os impostos assentam essencialmente na capacidade contributiva, revelada, nos termos da lei, através do rendimento ou da sua utilização ou do património".

[585] Decreto-Lei n.º 158/09: "Artigo 4.º Aplicação das normas internacionais de contabilidade. 1 – As entidades cujos valores mobiliários estejam admitidos à negociação num mercado regulamentado devem, nos termos do artigo 4.º do Regulamento (CE) n.º 1606/2002, do Parlamento Europeu e do Conselho, de 19 de Julho, elaborar as suas contas consolidadas em conformidade com as normas internacionais de contabilidade adoptadas nos termos do artigo 3.º do Regulamento (CE) n.º 1606/2002, do Parlamento Europeu e do Conselho, de 19 de Julho. 2 – As entidades obrigadas a aplicar o SNC, que não sejam abrangidas pelo disposto no número anterior, podem optar por elaborar as respectivas contas consolidadas em conformidade com as normas internacionais de contabilidade adoptadas nos termos do artigo 3.º do Regulamento (CE) n.º 1606/2002, do Parlamento Europeu e do Conselho, de 19 de Julho, desde que as suas demonstrações financeiras sejam objecto de certificação legal das contas. 3 – As entidades cujas contas sejam consolidadas de acordo com o disposto no n.º 1 devem elaborar as respectivas contas individuais em conformidade com as normas internacionais de contabilidade adoptadas nos termos do artigo 3.º do Regulamento (CE) n.º 1606/2002, do Parlamento Europeu e do Conselho, de 19 de Julho, ficando as suas demonstrações financeiras sujeitas a certificação legal das contas. 4 – As entidades obrigadas a aplicar o SNC, mas que estejam incluídas no âmbito da consolidação de entidades abrangidas

O Decreto-Lei n.º 158/09 foi acompanhado pelo Decreto-Lei n.º 159, também de 13 de julho de 2009, que cuidou de convergir a apuração do Imposto sobre o Rendimento das Pessoas Colectivas – equivalente ao IRPJ brasileiro – àqueles padrões, assim como estabelecer as adaptações no Código deste Imposto necessárias para tanto, sendo muito elucidativa a passagem abaixo da Exposição de Motivos deste último normativo:

> Com a aprovação do Sistema de Normalização Contabilística pelo Decreto-Lei n.º 158/2009, de 13 de Julho, cuja filosofia e estrutura são muito próximas das NIC, estão criadas as condições para alterar o Código do IRC e legislação complementar, por forma a adaptar as regras de determinação do lucro tributável dos sujeitos passivos às NIC.
>
> Considerando que a estrutura actual do Código do IRC se mostra, em geral, adequada ao acolhimento do novo referencial contabilístico, manteve-se a estreita ligação entre contabilidade e fiscalidade, que se afigura como um elemento essencial para a minimização dos custos de contexto que impendem sobre os agentes económicos, procedendo-se apenas às alterações necessárias à adaptação do Código do IRC às regras emergentes do novo enquadramento contabilístico, bem como à terminologia que dele decorre.
>
> A manutenção do modelo de dependência parcial determina, desde logo, que, sempre que não estejam estabelecidas regras fiscais próprias, se verifica o acolhimento do tratamento contabilístico decorrente das novas normas.

Como forma de se assegurar maior segurança dos contribuintes frente às mudanças decorrentes da mudança nos padrões contábeis, o Decreto-Lei n.º 159/09, artigo 5º, estabeleceu que os efeitos de ordem fiscal decorrentes da mudança nos padrões contábeis poderão ser reconhecidos *pro rata tempore*, ao longo dos 05 (cinco) anos seguintes a esta.

pelo n.º 2, podem optar por elaborar as respectivas contas individuais em conformidade com as normas internacionais de contabilidade adoptadas nos termos do artigo 3.º do Regulamento (CE) n.º 1606/2002, do Parlamento Europeu e do Conselho, de 19 de Julho, ficando as suas demonstrações financeiras sujeitas a certificação legal das contas. 5 – As opções referidas nos n.os 2 a 4 devem ser globais, mantendo -se por um período mínimo de três exercícios. 6 – O período referido no número anterior não se aplica às entidades que, tendo optado pela aplicação de normas internacionais de contabilidade, passem a estar incluídas no âmbito da consolidação de entidades que não as adoptem. 7 – A aplicação das normas internacionais de contabilidade a que se refere o presente artigo não prejudica que, para além das informações e divulgações inerentes a estas normas, as entidades abrangidas sejam obrigadas a divulgar outras informações previstas na legislação nacional".

TRIBUTAÇÃO E CONTABILIDADE

5.3.2 Reino Unido

O Reino Unido constitui um típico exemplo em que os padrões contábeis sofrem uma baixa influência da legislação tributária, nada obstante isto não ser absolutamente inexistente, conforme mencionam John Blake, Oriol Amat e Hilary Fortes[586]. Mesmo assim, sob a ótica da tributação, especialmente do lucro, há uma forte dependência de informações originalmente produzidas no sistema contábil[587], como ocorria no Brasil, até o que denominamos *virada contábil*.

Segundo alguns autores[588], dado que no Reino Unido o mercado de capitais há séculos possui uma enorme importância, o caráter informativo da contabilidade sempre teve grande destaque, o que influenciou as empresas lá instaladas como um todo, inclusive as "não listadas". Aliando-se a isso o fato de os padrões contábeis serem tradicionalmente definidos por entidades não governamentais, o que temos notícia é que a convergência dos padrões contábeis – *UK Gaap* – aos propostos pelo IASB vem gerando menos repercussões do que em países com contabilidade altamente influenciada por regulações de ordem fiscal (em última análise uma regulamentação governamental) e função informativa relegada a um segundo plano, mesmo porque o atual UK Gaap é em grande medida semelhante ao IFRS, segundo informado pelo *Her Majesty's Revenue and Customs ("HMRC")*[589], órgão do governo do Reino Unido equivalente à Secretaria da Receita Federal do Brasil.

Desde 2005, para "empresas listadas", é mandatória a observância dos padrões contábeis veiculados por meio dos IFRS e facultativa para as demais, conforme *Finance Acts* de 2004 e 2005, sendo que tais normativos procuram assegurar que, independentemente do padrão contábil adotado – UK Gaap ou IFRS –, as empresas recebam tratamento tributário equi-

---

[586] BLAKE, John; AMAT, Oriol; FORTES, Hilary. The relationship between tax regulations and financial accounting: a comparison of Germany, Spain and United Kingdom. Fonte: www.econ.upf.edu/docs/papers/downloads/46.pdf, acesso em 10 de março de 2012, às 23:22.

[587] ALLEY, Clinton; JAMES, Simons. The interface between accounting and tax accounting: a summary of current research. *Working paper series*. Hamilton: University of Waikato, vol. 84, 2005, pp. 11 e seguintes.

[588] Como exemplo, ver: GAVANA, G.; GUGGIOLA, G.; MARENZI, A. Evolving Connections between Tax and Financial Reporting in Italy. Fonte: www.eco.uninsubria.it/dipeco/quaderni/files/QF2010_1.pdf, acesso em 15 de março de 2012, às 12:15, p. 24.

[589] Ver www.hmrc.gov.uk/practitioners/int_accounting.htm, acesso em 22 de março de 2012, às 11:20.

RELAÇÕES ENTRE O SUBSISTEMA JURÍDICO TRIBUTÁRIO E A CONTABILIDADE

valente, prevendo, para tanto, técnicas de neutralização, em semelhança ao que é feito pelo RTT brasileiro, ou de mitigação de efeitos fiscais ao longo de até 10 (dez) anos[590]. O Finance Act de 2004 veiculou uma série de dispositivos tratando da adoção dos IFRS, assim como dos respectivos efeitos fiscais, o mesmo tendo sido efetuado pelos 02 (dois) Finance Acts de 2005.

Em virtude das características do sistema jurídico do Reino Unido quanto à abertura cognitiva face à contabilidade, parece-nos que inexistem grandes impeditivos a que os padrões veiculados pelo IFRS constituam base para tributação do lucro, o que possivelmente começará a ocorrer de forma cada vez mais abrangente em termos subjetivos[591], mantendo-se, contudo, a tradição de a legislação estipular ajustes pontuais, com vistas a se apurar o lucro tributável.

5.3.3 China

A China é um país paradoxal, uma República Socialista com economia de mercado e que em matéria de prestação de informações econômico--financeiras aos investidores, está absolutamente alinhada com nações tradicionais em tal quesito[592].

Em 2006, a China reformou completamente seus padrões contábeis, de modo a os tornar convergentes aos IFRS, cuja observância passou a ser mandatória pelas empresas "listadas em bolsa", a partir de 2007. Tal obrigatoriedade, a partir de 2008, passou a ser aplicada também às empresas controladas pelo governo chinês. Finalmente, desde 2012, todas as pessoas na China obrigadas a manter escrituração mercantil estão sujeitas aos padrões contábeis pelo IFRS, tal como no Brasil[593].

---

[590] Ver www.deloitte.com/assets/Dcom-UnitedKingdom/Local%20Assets/Documents/Services/Audit/UK_Audit_Choosing_your_GAAP.pdf, acesso em 22 de março de 2012, às 11:49.

[591] Ver www.deloitte.com/assets/Dcom-UnitedKingdom/Local%20Assets/Documents/Services/Audit/UK_Audit_Choosing_your_GAAP.pdf, acesso em 22 de março de 2012, às 12:02.

[592] No que, aliás, o Brasil não fica atrás nos dias de hoje.

[593] Há um interessante histórico sobre o mencionado processo de convergência em: http://www.afaanz.org/openconf/2011/modules/request.php?module=oc_proceedings&action=view.php&a=Accept+as+Forum&id=203, acesso em 19 de março de 2012, acesso às 23:44.

TRIBUTAÇÃO E CONTABILIDADE

A apuração do imposto sobre a renda das empresas na China há muitos anos baseia-se em informações originalmente produzidas no sistema contábil e, de forma semelhante ao Brasil e outros países, a legislação impõe ajustes, a fim de se chegar à base de cálculo de tal tributo – a relação entre tributação pelo imposto sobre a renda e informações produzidas originalmente no sistema contábil seria *quase dependente*.

Seguindo o exemplo de Portugal e do Reino Unido, a legislação chinesa não imunizou as normas tributárias dos efeitos nas mudanças nos padrões contábeis, cuidando tão somente de adaptar a legislação a estes, alterando, revogando ou criando novos ajustes a serem efetuados ao lucro originalmente verificado no sistema contábil[594]. Há, inclusive, depoimentos de que o atual regime de tributação do imposto sobre a renda chinês hoje é mais próximo do lucro originalmente verificado na Contabilidade do que era antes das mudanças nos padrões desta[595].

Portanto, o que verificamos na China é que o sistema jurídico, em matéria de tributação da renda, é altamente influenciado pelos efeitos da abertura cognitiva ao sistema contábil, o que, diferentemente do que ocorreu com o Brasil, em função do advento do RTT, acentuou-se com a convergência dos padrões contábeis chineses aos veiculados pelos IFRS.

5.3.4 Coreia do Sul

Tal como nos demais países anteriormente analisados, inclusive o Brasil, na Coreia do Sul, a abertura cognitiva do sistema jurídico ao contábil para fins de tributação dá-se de forma intensa em relação ao imposto sobre a renda. A legislação sul-coreana sobre este imposto prescreve que as informações originalmente produzidas no âmbito da Contabilidade constituam a base para a sua apuração, prevendo, como em outros países, ajustes, a fim de se chegar ao lucro tributável[596]. Por isso, o regime de tributação do imposto

---

[594] Vide Regulamento do imposto sobre a renda chinês, aprovado pelo Decreto Presidencial n.º 63, de 16 de março de 2007.

[595] http://www.hasil.gov.my/sgatar/pdf/02%20-%20China/41SGATAR_CN_SP_TP1.pdf, acesso em 20 de março de 2012, às 09:25.

[596] Vide Regulamento do imposto sobre a renda sul-coreano, cuja versão atual foi aprovada pelo Ato n.º 5.581, de 28 de dezembro de 1998, artigo 43. O "ato", no ordenamento jurídico sul-coreano, equivale à figura da "lei" no Direito brasileiro, conforme verificamos de diversos dispositivos da Constituição sul-coreana.

RELAÇÕES ENTRE O SUBSISTEMA JURÍDICO TRIBUTÁRIO E A CONTABILIDADE

sobre a renda das empresas na Coreia do Sul pode ser classificado como *quase dependente.*

Em 15 de março de 2007, a Comissão Financeira sul-coreana, juntamente com o Comitê de Padrões Contábeis sul-coreanos, anunciaram um plano para adoção do IFRS a partir de 2009, adequando seus padrões contábeis àqueles de maneira ampla e irrestrita[597].

Nada obstante tal amplitude material, sob o ponto de vista subjetivo, a aplicabilidade dos IFRS na Coreia do Sul somente é mandatória (desde 2011) para as "empresas listadas", instituições financeiras não listadas e sociedades controladas pelo Estado. Para outras empresas, a adoção dos IFRS é facultativa, sendo-lhes aplicável o padrão contábil sul-coreano já existente.

Acompanhando as mudanças nos padrões contábeis, o legislador sul-coreano cuidou de adaptar às normas do imposto sobre a renda das empresas, promulgando diversas alterações na legislação competente no final de 2010. De uma maneira geral, as alterações visam assegurar que não haja diferença de tratamento tributário em função da adoção, ou não, dos IFRS[598]. É interessante notarmos que a legislação sul-coreana não é analítica, buscando uma absoluta paridade entre empresas sujeitas aos IFRS e empresas não sujeitas, regulando tão somente os casos em que a adoção ou não deste padrão possa representar uma discrepância significativa (*e.g.* depreciação de ativos tangíveis)[599].

5.3.5 Austrália

A Austrália é um país cujo sistema tributário, particularmente no que se refere ao imposto sobre a renda das empresas, constitui típico exemplo de sistema *independente* de informações produzidas originalmente no seio da Contabilidade, mas que gradualmente vem caminhando para caracterizar-se como *quase dependente*, conforme relatado pelo próprio

---

[597] Fonte: http://www.pwc.com/kr/en/ifrs/ifrs-in-korea.jhtml, acesso em 25 de março de 2012, às 21:50.

[598] Fonte: http://www.amchamkorea.org/WEB-INF/upload/calendar/688_attach_3.pdf, acesso em 25 de março de 2012, às 22:20.

[599] Fonte: http://www.yulchon.com/ENG/Resource/Publications/view.asp?CD=1140&page=2&SearchString=&sltPractice=&keyword=tax, acesso em 25 de março de 2012, às 22:37 – tradução livre do autor.

TRIBUTAÇÃO E CONTABILIDADE

Australian Taxation Office[600], órgão equivalente à Secretaria da Receita Federal do Brasil:

De uma maneira geral, a legislação australiana referente ao imposto sobre a renda tem se desenvolvido de forma relativamente independente dos padrões contábeis australianos. Contudo, nos últimos anos, tem havido uma convergência dos padrões contábeis e da legislação do imposto sobre a renda, particularmente quanto à consolidação.

Há diversas previsões na legislação australiana do imposto sobre a renda que, direta ou indiretamente, remetem a padrões e princípios contábeis com o objetivo de determinar a obrigação tributária do contribuinte. Como consequência disso, qualquer mudança nos padrões e estrutura contábil tem o potencial de impactar o imposto sobre a renda e transferir obrigações para o âmbito das pessoas físicas, e, em última instância, a arrecadação/transferência no nível agregado.

Em 2002, a Austrália anunciou que adotaria os padrões contábeis propostos pelo IASB (IFRS) para exercícios financeiros iniciados a partir de 01 de janeiro de 2005. Inicialmente, a proposta de adoção dos IFRS era bastante ampla, abrangendo tanto as demonstrações consolidadas quanto individuais, assim como todas as pessoas obrigadas a manter escrituração mercantil, mas acabou não sendo aplicável a pequenas e médias empresas, para as quais, em 2010, o *AASB – Australian Accounting Standards Board*[601] – editou um novo conjunto de padrões contábeis[602].

---

[600] Fonte: http://www.ato.gov.au/businesses/PrintFriendly.aspx?ms=businesses&doc=/content/00187382.htm, acesso em 26 de março de 2012, às 12:15. *"Generally, Australian income tax law has evolved relatively independently from Australian accounting standards. However, in recent years there has been a convergence of accounting standards and income tax law, particularly in relation to consolidation.*

There are a number of provisions in Australian income tax law that either directly or indirectly rely on accounting standards and accounting principles for the purposes of determining a taxpayer's income tax liability. As a result, any change in the established accounting framework and standards has the potential to impact on income tax, non-income tax and transfer liability at the individual entity level, and ultimately revenue collections/transfer at the aggregate level". (texto original na língua inglesa)

[601] Órgão do Governo australiano. Fonte: http://www.aasb.gov.au/admin/file/content102/c3/IFRS_adoption_in_Australia_Sept_2009.pdf, acesso em 26 de março de 2012, às 23:12.

[602] Fonte: http://www.vrl-financial-news.com/accounting/the-accountant/issues/ta-2010/ta-6079/australia-survey-let-the-good/australia-chooses-against-ifrs.aspx, acesso em 26 de março de 2012, às 23:13.

RELAÇÕES ENTRE O SUBSISTEMA JURÍDICO TRIBUTÁRIO E A CONTABILIDADE

A Austrália não promoveu mudanças em sua legislação tributária, seja para adaptá-la aos IFRS, seja para neutralizar os eventuais efeitos destes, que podem, portanto, repercutir na apuração de tributos, em especial do imposto sobre a renda das empresas. Talvez pelo fato de a apuração deste último tributo não depender tanto de informações produzidas originalmente no sistema contábil, tal como se passa nos países que analisamos anteriormente, não houve preocupação do legislador em assegurar tratamento tributário uniforme, ainda que em linhas gerais, a contribuintes cujas informações contábeis sejam produzidas segundo padrões distintos.

5.3.6 África do Sul

Os padrões contábeis sul-africanos vêm sendo harmonizados com os internacionais desde 1993. Desdobramento natural disto foi, em fevereiro de 2004, ter sido tomada uma decisão pelo *APB – Accounting Standards Board*[603] – no sentido de adotar os IFRS como padrão contábil sul-africano. A observância dos novos padrões baseados nos IFRS tornou-se mandatória, a partir de janeiro de 2005, para as empresas listadas e estatais, tanto nas demonstrações consolidadas quanto nas individuais. Para outros tipos de sociedades, foi desenvolvido um padrão contábil específico, que se espera seja substituído no curto prazo pelo IFRS voltado a pequenas e médias empresas[604].

O sistema tributário sul-africano, especialmente no que concerne ao imposto sobre a renda das empresas, remete a informações originalmente produzidas no âmbito da Contabilidade, para fins de apuração da base de cálculo do tributo em causa, podendo ser classificado como *quase dependente*[605]. Por tal razão, modificações nos padrões contábeis podem surtir efeitos em tal seara.

Até a conclusão deste trabalho, ainda não havia sido editada legislação com vistas a adaptar o sistema tributário sul-africano aos novos padrões contábeis ou à circunstância de as empresas poderem ser submetidas a tratamentos distintos, em função de estarem sujeitas aos IFRS ou não.

---

[603] Órgão público vinculado ao Ministério das Finanças, regulador da atividade contábil na África do Sul, conforme *Public Finance Management Act*, 1999 (*Act* n.º 1 de 1999).

[604] Fonte: http://download.asb.co.za/download/DP%205.pdf, acesso em 27 de março de 2012, às 10:32.

[605] A legislação (*Income Tax Act*) determina ajustes ao lucro originalmente apurado no sistema contábil, a fim de se chegar à base de cálculo do imposto sobre a renda.

TRIBUTAÇÃO E CONTABILIDADE

5.3.7 Canadá

O Canadá constitui um caso peculiar em matéria de abertura cognitiva do sistema jurídico frente ao contábil para fins de tributação. Tal fenômeno dá-se essencialmente com relação ao imposto sobre a renda das empresas, mas, diferentemente dos países que vimos analisando, há margem de liberdade para eleição do método de apuração do lucro tributável, conquanto observadas as normas jurídicas aplicáveis.

A Seção 9 do *Income Tax Act* prescreve que a renda tributável das empresas corresponde ao lucro derivado do exercício de atividades e da exploração de bens e direitos, o qual, por sua vez não é definido pelo mencionado *Act*. Segundo relato de Brian J. Arnold[606], o Judiciário canadense tem manifestado entendimento de que o lucro corresponde ao valor líquido das receitas excedentes às despesas, apurado de acordo com os princípios de contabilidade comercial e de negócios. Contudo, segundo este autor[607]:

> Apesar de os princípios e práticas contábeis serem importantes na apuração do lucro, no caso Canderel em 1998 a Suprema Corte reiterou que a apuração do lucro para fins tributários é uma questão de lei, e a prática contábil não deve imperar. (...) O Judiciário vem apontando que inexiste obrigatoriedade de conformidade entre o tratamento de um item para fins de contabilidade financeira e para efeitos de imposto sobre a renda. O contribuinte é livre para adotar qualquer método de apuração do lucro tributável, conquanto não seja inconsistente com as determinações do Act, lei em questão, ou com as bem estabelecidas práticas comerciais. Estas práticas incluem princípios contábeis geralmente aceitos, mas estes não são normas legais; quando muito, consti-

[606] ARNOLD, Brian J. Canada. In: AULT, Hugh J. e ARNOLD, Brian J. (Principal Authors), *Comparative income taxation – a structural analysis*, 3th ed. Alphen: Kluwer, 2010, p. 38.

[607] ARNOLD, Brian J. Canada. In: AULT, Hugh J. e ARNOLD, Brian J. (Principal Authors), *"Comparative..."*, cit., pp. 38-39 – tradução livre do autor. *"Although accounting principles and practices are important in the computation of profit, in the Canderel case in 1998 the Supreme Court reiterated that the computation of profit for tax purposes is a question of law, and accounting practice is not controlling. (...) The courts have indicated that there is no requirement of conformity between the treatment of an item for financial accounting purposes and income tax purposes. The taxpayer is free to adopt any method for computing business income as long as it is not inconsistent with the provisions of the Act, case law, or well-established commercial practices. These well-established practices include generally accepted accounting principles, but they are not rules of law; rather, they are interpretive aids. If a taxpayer uses a method for computing income that does not contravene the provisions of the Act, is consistent with the case law principles for measuring income, and gives an accurate picture of the profit of the business for the year, that method is acceptable unless the Minister can establish that another method gives a more accurate picture of the taxpayer's profit".* (texto original na língua inglesa)

260

tuem nortes para interpretação. Se um contribuinte utiliza um método de apuração do lucro que não contrarie as previsões do Act, esteja de acordo com os princípios da legislação competente referentes à apuração da renda, e propicie uma representação acurada do lucro do negócio no ano, o método é aceitável salvo se o Ministro tiver condições de afirmar que outro método possibilita uma representação mais acurada da renda do contribuinte.

O Canadá, no início de 2008, decidiu convergir seus padrões contábeis aos propostos pelo IASB, em substituição ao *Canadian Gaap*. A observância dos IFRS é obrigatória pelas empresas listadas, desde 1º de janeiro de 2011, tanto para demonstrações consolidadas quanto individuais, e facultativa para as demais entidades, inclusive sem fins lucrativos, que podem continuar adotando o *Canadian Gaap*.

A legislação tributária canadense não prevê qualquer medida de adaptação ou neutralização frente aos efeitos dos IFRS em matéria de apuração do imposto sobre a renda das empresas. Por tal motivo, o impacto dos IFRS nessa seara está, em última instância, vinculado à opção do contribuinte de apurar o lucro tributável segundo o padrão em causa. Mesmo na hipótese de serem adotados os padrões contábeis propostos pelo IASB para efeitos fiscais, estes não poderão sobrepor-se a normas legais, notadamente as veiculadas pelo *Income Tax Act*, conforme já decidido pela Suprema Corte canadense.

As normas voltadas ao imposto sobre a renda canadense podem ser classificadas como *quase dependentes* ou *independentes* de informações originalmente produzidas no sistema contábil, em função de o contribuinte adotar, ou não, os padrões contábeis como base para apuração do lucro tributável. Um dado interessante a ser anotado é que mesmo as empresas obrigadas à observância dos IFRS podem utilizar outro padrão para apurar o imposto sobre a renda, até mesmo o *Canadian Gaap*, o que torna o Canadá um caso singular na temática dos efeitos fiscais decorrentes daqueles.

5.3.8 Costa Rica

A Costa Rica é um dos países que há mais tempo adota os IFRS como padrão contábil para produção de informações contábeis, quer em sede de demonstrações consolidadas, quer individuais. Desde 2000, por força de ato do *Colegio de Contadores Publicos*, órgão encarregado de estabelecer os padrões contábeis a serem observados naquele país[608], todas as entidades

---

[608] Lei n.º 1.038, de 19 de agosto de 1947.

TRIBUTAÇÃO E CONTABILIDADE

costa riquenhas, com exceção das públicas, estão sujeitas ao mencionado padrão contábil. Trata-se, pois, de convergência bastante ampla, tanto material quanto subjetivamente.

Em termos de tributação, tal como nos outros países que vimos analisando, os efeitos da abertura cognitiva do sistema jurídico ao contábil dão-se basicamente para fins de apuração do imposto sobre a renda das empresas. Neste aspecto, o sistema tributário costa riquenho é do tipo *quase dependente* de informações originalmente produzidas no âmbito da Contabilidade, porquanto estabelece ser o lucro originalmente lá apurado o ponto de partida do cálculo da renda tributável, prevendo uma série de ajustes para tanto[609].

Portanto, na Costa Rica, temos que já há longa data os IFRS surtem efeitos em relação ao imposto sobre renda, sendo que no caso de norma tributária veicular procedimento distinto do previsto naqueles, esta última haverá de prevalecer[610].

5.3.9 Chile

Desde 2005, o Chile encontra-se em processo de convergência de seus padrões contábeis aos IFRS[611]. Tal como no Brasil, foi aberta mais de uma frente para tanto, capitaneadas[612] pela *SBIF – Superintendencia de Bancos e Instituciones Financieras –*, pela *SVS – Superintendencia de Valores y Seguros –* e pelo *Colegio de Contadores de Chile*. Os bancos lá estabelecidos estão sujeitos aos IFRS desde 2008 e as "empresas listadas", 2009. Por força de deliberação do *Colegio de Contadores de Chile*[613], todas as empresas obrigadas a manter escrituração mercantil, a partir de 2013, estarão sujeitas aos padrões veiculados pelos IFRS. A convergência contábil chilena, como se vê, é abrangente não só sob o ponto de vista subjetivo, mas também material, porquanto voltada às demonstrações consolidadas e individuais.

---

[609] Lei n.º 7.092, de 21 de abril de 1988.

[610] Fonte: http://www.iedt.org.ec/index.php?option=com_docman&task=doc_details&gid =174&Itemid=, acesso em 29 de março de 2012, às 19:15.

[611] Boletim Técnico do Colegio de Contadores de Chile n.º 79.

[612] Fonte: http://www.deloitte.com/view/es_CL/cl/prensa/b9d71bd230ddd210Vgn VCM1000001a56f00aRCRD.htm, acesso em 30 de março de 2012, às 11:43.

[613] Boletim Técnico do Colegio de Contadores de Chile n.º 79, órgão este responsável por tratar dos padrões contábeis chilenos, conforme disposto na *Ley* n.º 13.011, de 29 de setembro de 1958.

No Chile, o sistema jurídico é aberto cognitivamente ao contábil para efeitos de tributação basicamente em relação ao imposto sobre a renda das empresas[614], que prevê como "ponto de partida" para apuração da base de cálculo deste tributo o lucro tal qual apurado originalmente no âmbito da Contabilidade e mais uma série de ajustes, a fim de se chegar ao montante tributável, de modo que poderíamos classificar a aludida relação como *quase dependente*, sob a ótica do Direito.

Apesar de não ter sido editada nenhuma legislação veiculando normas sobre os impactos tributários por força das mudanças nos padrões contábeis, o *SII – Servicio de Impuestos Internos –*, órgão governamental equivalente à Secretaria da Receita Federal do Brasil, manifestou-se no sentido de que tais mudanças não têm nenhuma repercussão fiscal, conforme podemos verificar abaixo:

Ordinario n.º 293/06[615]

(...)

3. Em relação ao solicitado, este Serviço expressa que a aplicação das Normas internacionais de Informação Financeira se aplicam num âmbito estritamente contábil financeiro e que não modificam nem afetam as normas tributárias, de modo que os contribuintes antes referidos ao determinar sua situação financeira, de acordo com as mencionadas normas, de todas as maneiras estarão obrigados a efetuar os ajustes necessários ao resultado em causa para determinar a base sobre a qual devem cumprir com suas obrigações impositivas, já que por conta da referida conversão se seguirão outorgando tratamentos diferentes a certas situações sob as óticas contábil financeira e tributária e por conseguinte persistirão as denominadas diferenças permanentes e transitórias. (...).

---

[614] *Ley sobre imposto a la renta*, veiculada no artigo 1º do Decreto-lei n.º 824, de 31 de dezembro de 1974.

[615] Tradução livre do autor: *"(...) En relación con lo solicitado, este Servicio expresa que la aplicación de las Normas internacionales de Información Financiera, se enmarcan en un âmbito estrictamente contable financiero que no modifican ni afectan a las normas tributarias, por lo que los contribuyentes antes referidos al determinar sus estados financieros, de acuerdo a las normas referidas, de todas maneras estarán obligados a efectuar los ajustes necesarios a dicho resultado para determinar la utilidad sobre la cual deben cumplir con sus obligaciones impositivas, ya que con motivo de la referida conversión se seguirán otorgando tratamientos diferentes a ciertas partidas desde el punto de vista contable financiero y tributario y por consiguiente persistirán las denominadas diferencias permanentes y transitórias. (...)"* (texto original na língua espanhola)

TRIBUTAÇÃO E CONTABILIDADE

Segundo identificamos em nossas pesquisas, a ausência de normas cuidando do tema, assim como o entendimento oficial pela existência de uma *neutralidade*, nada obstante a ausência de regramentos sobre como processá-la, vem causando muitos problemas no trato do assunto por parte das empresas e assessores encarregados de temas tributários[616]. Por tal razão, atualmente é difícil afirmar se a relação entre o sistema jurídico frente ao contábil, para fins de tributação, continua sendo de *quase dependência* ou se migrou para de *independência*.

---

[616] Como exemplo, ver: http://www.deloitte.com/assets/Dcom-Chile/Local%20Assets/Documents/cl(es)_Deloitte_cmunoz.pdf, acesso em 31 de março, às 11:03.

6.

Algumas Questões Controversas na Relação entre Direito e Contabilidade em Matéria de Tributação

SUMÁRIO: 6.1 Considerações iniciais – 6.2 Receita, renda e lucro e o regime de competência: 6.2.1 Receita e renda tributáveis – matérias de cunho constitucional; 6.2.1.1 Receita tributável; 6.2.1.2 Renda tributável; 6.2.1.2.1 O artigo 43 do Código Tributário Nacional; 6.2.2 Tributação de receitas e renda e os princípios da capacidade econômica e da capacidade contributiva; 6.2.3 Receita e renda tributáveis *versus* receita contábil; 6.2.4 Receita e renda tributáveis, receita contábil e a jurisprudência do Supremo Tribunal Federal.

6.1 Considerações iniciais

Ao longo de todo o presente trabalho, em especial no capítulo anterior, tratamos de assuntos de alta complexidade, daí por que soar redundante o título do presente capítulo. Nada obstante, nossa intenção agora é cuidar de alguns temas específicos, de forma mais detalhada, à luz de tudo o que desenvolvemos até aqui.

A nosso ver, as questões mais polêmicas na relação entre Direito e Contabilidade em matéria de tributação dizem respeito a se as informações originalmente produzidas neste último sistema, sob o mandamento fundamental de se retratar da melhor forma possível informações pertencentes ao sistema econômico, ao serem reproduzidas no âmbito do sistema jurídico podem, ou não, constituir *signos presuntivos de riqueza* previstos por normas de incidência tributária. Senão todas, pensamos que a imensa

TRIBUTAÇÃO E CONTABILIDADE

maioria dos questionamentos referentes à relação objeto deste nosso trabalho tem a circunstância em causa como substrato.

A grande função da Contabilidade – e que é objeto de reiteradas menções nas normas técnicas deste sistema – consiste em informar o maior número de usuários possíveis sobre os fluxos de caixa futuros que possam ser gerados pelas chamadas *entidades*. Ao sistema contábil, pois, compete informar a capacidade de geração de riqueza na exploração de uma dada atividade.

Até este ponto, conseguimos identificar alguma convergência com a sistemática estabelecida pela Constituição Federal para a tributação de fatos cuja materialidade não seja vinculada a uma atuação estatal, ao exigir que estes representem manifestação de riqueza.

Bem, mas como afirmamos anteriormente, sobretudo no capítulo voltado aos princípios orientadores da tributação, a Constituição procedeu a uma minuciosa repartição das competências tributárias entre as pessoas políticas, vedando, em algumas situações, a utilização de informações originalmente produzidas no sistema contábil, quer para efeitos de caracterização do fato jurídico tributário, quer de apuração da base calculada correspondente, e autorizando noutras, ainda que implicitamente, ao menos para este último item.

Um dado interessante a ser notado é que a função preditiva da Contabilidade, isto é, de prever *fluxos de caixa futuro*, pode levar o intérprete a um equívoco logo de partida, fulminando qualquer possibilidade de o Direito produzir informações que guardem correspondência com informações integrantes daquele sistema para fins de incidências fiscais. Com efeito, as projeções efetuadas pela Contabilidade, em primeiro lugar, referem-se, via de regra, à moeda, mais especificamente o potencial de geração de caixa na exploração de uma atividade; em segundo lugar, isto é feito com base em riqueza já ganha.

Se fosse desta forma, inexistiria, portanto, qualquer impeditivo a que o sistema jurídico, quando não vedado pela Constituição, previsse que as informações produzidas em seu seio, com correspondência no sistema contábil, servissem à caracterização do fato jurídico tributário e à apuração da base calculada, haja vista a tributação de fatos não vinculados a uma atuação estatal poder recair unicamente sobre riqueza manifestada. Em outras palavras, haveria uma absoluta convergência entre a informação originalmente concebida na Contabilidade e a circunstância

ALGUMAS QUESTÕES CONTROVERSAS NA RELAÇÃO ENTRE DIREITO E CONTABILIDADE...

requerida pela Constituição para a tributação em tela – manifestação de capacidade contributiva –, pelo fato de ambas se referirem à riqueza ganha, efetiva.

Infelizmente, não há meios de o problema posto resolver-se de maneira tão simples, pois nem sempre o que se considera como riqueza ganha num sistema coaduna-se com o que se considere noutro, ao menos em sede de tributação. Remanesce, então, a questão de se riqueza ganha, para fins originalmente contábeis, presta-se à caracterização de riqueza ganha para fins tributários.

Sobre o tema, tratando do reconhecimento de receitas, os comentários de Marcos Shigueo Takata[617] são elucidativos:

> Por outro lado, dizer que se deve reconhecer a receita quando ela se considerar ganha (realizada) <u>é quase uma petição de princípios</u>. Não há esclarecimento efetivo, pois é de evidência que se tem por realizada a receita quando ganha ou que se de reconhecer a receita, pelo regime de competência, quando ganha. <u>A questão é o momento em que se considera ganha a receita.</u>

Feita esta breve introdução do presente capítulo, vamos tratar de questões derivadas da problemática que ilustramos acima, mais especificamente sobre aspectos polêmicos relacionados ao registro de receitas, custos e despesas segundo regime de competência frente à tributação da renda e de receitas, e da avaliação de ativos segundo valor justo. A nosso ver, este tema ganhou ainda mais cores com a decisão do Supremo Tribunal Federal proferida no Recurso Extraordinário n.º 586.482/RS[618], sob relatoria do Ministro Dias Toffoli, em que se tratou da constitucionalidade da tributação de receitas pela Contribuição ao PIS e pela COFINS quando caracterizado o inadimplemento por parte do adquirente de mercadoria ou serviço na operação correspondente, oportunidade em que ele, Ministro Dias Toffoli, no seu voto, teceu longos comentários acerca da aplicabilidade do regime de competência na apuração de lucro e receitas.

---

[617] TAKATA, Marcos Shigueo. A conexão da contabilidade com o direito tributário – direito contábil e direito tributário. In: MOSQUERA, Roberto Quiroga e LOPES, Alexsandro Broedel (Coords.), *"Controvérsias..."*, cit., p. 298 – grifamos.

[618] RE n.º 586.482/RS, Tribunal Pleno, rel. Min. Dias Toffoli, julgado em 23 de novembro de 2011, publicado no DJe de 19.06.2012.

TRIBUTAÇÃO E CONTABILIDADE

6.2 Receita, renda e lucro e o regime de competência

É difícil não identificar uma questão que não seja controversa na análise do sistema jurídico, mas é possível afirmar que existem questões controversas antigas, isto é, que as polêmicas ao seu redor se renovam com o passar do tempo.

Pensamos que é exatamente este o caso do assunto que estamos a tratar, pois há longa data é assente o entendimento de que a renda, ao menos a das pessoas jurídicas e figuras equiparadas, e as receitas tributáveis devem ser apuradas segundo regime de competência, de que tratamos linhas atrás, no Capítulo voltado a noções fundamentais de Contabilidade.

Mesmo antes do advento da Lei n.º 6.404/76 e do Decreto-Lei n.º 1.598/77, era dominante o entendimento, ao menos por parte das autoridades fiscais, de que o lucro deveria ser apurado segundo o mencionado regime, conforme podemos depreender, por exemplo, do teor do Parecer Normativo CST n.º 122, de 30 de setembro de 1975:

(...)

3. Nosso Direito Tributário adota o regime econômico ou de competência para apuração de resultados, determinando o momento em que uma despesa deve afetar os resultados como sendo aquele em que ela é incorrida ou em que se dá a contrapartida da mesma. O § 1º do art. 135. do Regulamento do Imposto de Renda aprovado pelo Decreto nº 76.186, de 02 de setembro de 1975, determina que a pessoa jurídica contabilize todas as suas operações e que os resultados sejam apurados anualmente, em consonância com o disposto no art. 127, caput, que determina a incidência da tributação sobre os lucros reais anualmente verificados.

(...) (grifamos)

Com a edição dos Diplomas a que aludimos, o sistema jurídico voltou a reagir ao contábil, de forma mais forte, restando expressamente consagrado que as receitas, custos e despesas formadoras do lucro tributável devem ser reconhecidas de acordo com o regime de competência. A determinação é, portanto, de que as receitas sejam escrituradas quando ganhas, ao lado dos custos e despesas diretamente associados, e as despesas indiretamente relacionadas, quando incorridas.

A este propósito, cabe mencionarmos que, ao longo dos últimos 35 (trinta e cinco anos), a doutrina em geral não vem identificando maiores problemas na utilização do mencionado regime na apuração da renda tributável, entendendo-o como compatível com os ditames estabelecidos, quer pela Constituição, quer por normas gerais de direito tributário, em especial a veiculada pelo artigo 43 do Código Tributário Nacional, conforme podemos depreender das lições abaixo, de autoria de Ricardo Mariz de Oliveira[619] e Alberto Xavier[620] (na sequência):

> É evidente, sob o ponto de vista conceitual, que o regime de competência (regime econômico, 'accrual basis') tem qualidade incomensuravelmente superior ao regime de caixa ('cash basis') e, por isso, não é à toa que este último somente seja adotado pela legislação do IRPJ em situações especialíssimas, relacionadas taxativamente na lei, além de ser empregado para a tributação da renda das pessoas físicas por razões de facilidade de cumprimento da obrigação tributária e da respectiva fiscalização. (Ricardo Mariz de Oliveira).

> ✳✳✳

> Com efeito, é esta a solução que decorre do regime de competência, que o nosso direito mais recentemente arvorou em regra fundamental de determinação do lucro do exercício, das sociedades comerciais, seja para efeitos societários, seja para fins tributários. (Alberto Xavier)

Este também é o entendimento da Secretaria da Receita Federal, sedimentado há muitos anos, por meio do Parecer Normativo CST n.º 58, de 01 de setembro de 1977:

> (...) 4.3 Finalmente, regime de competência costuma ser definido, em linhas gerais, como aquele em que as receitas ou despesas são computadas em função do momento em que nasce o direito ao rendimento ou a obrigação de pagar a despesa.

Em nosso pensar, o grande motivo para uma ausência de grandes divergências acerca da noção de regime de competência é o fato de esta, ao menos em relação a receitas, ter se solidificado sobre a ideia de que riqueza ganha corresponderia ao "ingresso" de novos direitos, adquiridos

---

[619] OLIVEIRA, Ricardo Mariz de. *"Fundamentos..."*, cit., p. 316.

[620] XAVIER, Alberto. O regime de competência e a distinção entre prestações instantâneas e periódicas em matéria de juros. *Direito tributário e empresarial – pareceres*. Rio de Janeiro: Forense, 1982, p. 79.

TRIBUTAÇÃO E CONTABILIDADE

junto a terceiros, em função de transações já ocorridas[621], que, isolada e instantaneamente, aumentem o patrimônio.

Esta convergência entre Contabilidade e Direito verificada ao longo dos anos, inclusive seu sub-ramo Tributário, pode ser atribuída ao fato de, até pouco tempo atrás, aquela enfatizar a demonstração de resultados, o que teve como desdobramento a adoção do custo histórico e as transações ocorridas como base para a valoração de ativos e passivos e reconhecimento de receitas e despesas. Na Contabilidade atual e no Direito em geral, exceção feita a uma parte substancial do regime jurídico aplicável ao IRPJ, à CSL, à Contribuição ao PIS e à COFINS, por força do RTT, isto já não se estrutura integralmente da forma mencionada, pois boa parte do reconhecimento de receitas e despesas dá-se com base na avaliação de ativos e passivos, e não em transações já ocorridas. Marcos Shigueo Takata[622], comentando tal circunstância à luz do Pronunciamento Conceitual Básico do CPC, elucida com clareza a mudança em causa:

> É de curial atenção que a definição de receita supra não se 'limita' à entrada de recursos ou ativos ou de benefícios econômicos, estendendo-se a aumento de ativos e diminuição de passivos (e não simplesmente e somente redução por 'realização' ou reversão de passivos) – o mesmo se diga, inversamente, quanto à definição de despesa. Por conseguinte, a conceituação de receita e despesa, segundo o *conceptual framework*, tem sua base em ativos e passivos, e não sob a base de eventos ou transações – de venda de bens, de prestação de serviços, de utilização de recursos por terceiros.

É nítida, portanto, a quebra do paradigma de que riqueza ganha decorra unicamente de aquisição de moeda, algo avaliável nesta ou direito a recebê-la. Conforme nós comentaremos mais adiante, tratando da avaliação de ativos e passivos a valor justo frente ao regime de competência, o que está ocorrendo é a valorização de um novo critério, baseado no *poder de controle* da entidade ou seu titular de adquirir o direito a que corresponda à riqueza, quando manifeste estar disposto a fazê-lo e inexistam embaraços para tanto.

---

[621] Por todos, ver: OLIVEIRA, Ricardo Mariz de. *"Fundamentos..."*, cit., pp. 104, 114 e 118.
[622] TAKATA, Marcos Shigueo. A conexão da contabilidade com o direito tributário – direito contábil e direito tributário. In: MOSQUERA, Roberto Quiroga e LOPES, Alexsandro Broedel (Coords.), *"Controvérsias..."*, cit., p. 293.

A bem da verdade, isso não é absolutamente novo. Bulhões Pedreira, autor que, em nosso pensar, melhor cuidou do assunto no Brasil, ensina que o "ganho" da riqueza representada pela receita é caracterizado mediante a coexistência de 02 (duas) circunstâncias distintas, quais sejam: "(...) (a) a aquisição de um direito patrimonial e (b) a aquisição do poder dispor do objeto desse direito, que é moeda, ou tem valor em moeda; mas o ganho pressupõe apenas a existência virtual – e não efetiva – desses dois fatos"[623].

Este prestigiado autor, indo até além do que ainda prega grande parte de doutrina e jurisprudência pátrias, ao lado da aquisição do direito patrimonial, indicava também o poder de dispor do objeto deste – moeda ou direito com valor em moeda – como requisito essencial ao surgimento da receita. Melhor dizendo, segundo Bulhões Pedreira, é necessário para tal mister que o direito patrimonial goze de liquidez, pois, em última análise, o que a receita deve representar é o poder dispor de moeda ou de algo que tenha valor em moeda.

É interessante notarmos, a partir das lições de Bulhões Pedreira, que este critério foi sendo construído ao longo da história, migrando de uma noção estritamente baseada em caracterização da receita quando do recebimento de moeda ou direito que tenha valor em moeda, para a noção de poder de dispor disto, mesmo que virtualmente, o que foi associado também à aquisição de um direito patrimonial que o fundamentasse. Vejamos as lições do aludido autor[624]:

> O conceito de ganho foi formado a partir da observação das operações da sociedade empresária e seu fundamento são as relações especiais que se estabelecem entre ela e os clientes habituais. Essas relações explicam por que os créditos derivados das vendas de bens ou serviços que constituem o objeto da empresa são em geral pagos no vencimento e apresentam liquidez maior do que os derivados de outras operações. Por isso, nos negócios que não constituem o objeto da empresa, assim como naqueles que são contratados em condições especiais, para recebimento a longo prazo, ou em que – por quaisquer razões – não há o mesmo grau de certeza de recebimento de moeda em futuro próximo, a disponibilidade virtual da moeda nem sempre se configura no momento em que a sociedade empresária adquire o direito

---

[623] PEDREIRA, José Luiz Bulhões. *"Finanças..."*, cit., p. 489.
[624] PEDREIRA, José Luiz Bulhões. *"Finanças..."*, cit., p. 493.

TRIBUTAÇÃO E CONTABILIDADE

de crédito. Nesse caso, a receita ou o rendimento somente será considerado ganho quando novos fatos autorizarem o juízo de que há disponibilidade virtual da moeda, ou quando o crédito for efetivamente recebido em moeda.

Em nosso entender, o poder de dispor da moeda é determinante para que uma receita possa ser considerada ganha, o que, de alguma forma, já confirmava a consolidada prática de reconhecer os resultados referentes a alguns produtos agrícolas, pastoris e de indústrias extrativistas na medida de sua produção, antes de sua "troca" no mercado, com fundamento expresso no artigo 183, § 4º, da Lei n.º 6.404/76. Queremos dizer, a caracterização da receita pode dar-se não somente com a existência de direito para dispor de moeda e efetivo poder para tanto (liquidez), mas também quando o beneficiário manifeste intenção e detenha poder para, sem embaraços, adquirir o mencionado direito, ou seja, detenha controle sobre esta situação. É o caso, por exemplo, de se intitular direitos negociáveis em bolsa de valores – ambiente que imprime extrema liquidez àqueles –, em que há pessoas interessadas em realizar negócios, os preços praticados são conhecidos pelo público, o que faz com que praticamente inexistam embaraços à aquisição do direito ao direito patrimonial ao poder de dispor de moeda. Nesta situação, a riqueza pode ser considerada ganha tão logo se identifique o aumento do valor de troca do direito em causa no mercado.

Nada obstante parecer-nos tal orientação constituir uma regra geral para o reconhecimento de receitas, da análise das normas técnicas contábeis hoje vigentes no Brasil – no aspecto aqui tratado, absolutamente alinhadas com os padrões propostos pelo IASB –, há situações em que se vislumbra o controle do poder de dispor de moeda, mas não se pode afirmar inexistirem embaraços para tanto.

Cremos que com 02 (duas) situações extraídas da regulação contábil conseguiremos nos fazer claros a respeito da mencionada circunstância.

O Pronunciamento CPC n.º 18, que trata da avaliação dos investimentos em entidades coligadas e controladas pelo método de equivalência patrimonial, em seu item 18[625], por exemplo, estabelece que um

---

[625] "O investidor deve suspender o uso do método de equivalência patrimonial a partir da data em que deixar de ter influência significativa sobre a coligada e deixar de ter controle sobre a até então controlada (exceto, no balanço individual, se a investida passar de controlada para coligada), a partir desse momento, contabilizar o investimento como instrumento financeiro de acordo com os requisitos do Pronunciamento Técnico CPC 38 – Instrumentos

ALGUMAS QUESTÕES CONTROVERSAS NA RELAÇÃO ENTRE DIREITO E CONTABILIDADE...

investimento que deixe de preencher as condições para ser mensurado segundo o método em causa e seja realizável até o final do exercício financeiro subsequente – por intenção do titular ou pela existência de algum prazo para tanto – deve ser reclassificado como "instrumento financeiro" e, ao ser reconhecido como tal, mensurado segundo valor justo. A eventual diferença entre este e o valor anterior, dependendo de qual seja superior, deve ser registrada como receita (ganho) ou despesa (perda), respectivamente.

Ora, ocorre que nem sempre é possível afirmar-se ser o investimento dotado de liquidez. A regulamentação aplica-se a toda sorte de investimento em coligada ou controlada, independentemente do tipo societário que esta revista; tratando-se de investimento numa sociedade anônima fechada, por exemplo, nada obstante o princípio da livre circulação dos títulos representativos de seu capital, parece-nos claro haver embaraços para o seu titular exercer o poder de controle sobre o poder de dispor de moeda, pois é necessário que este identifique no mercado alguém interessado em fazer negócio, acertar as condições para tanto e daí sim deter o poder de dispor de moeda. Esta situação, a nosso ver, é totalmente distinta daquela em que haja um mercado organizado para negociação do investimento (*e.g.* bolsa de valores), conforme mencionamos linhas atrás.

Outro caso que podemos mencionar é dos ativos biológicos (animais e plantas vivos), em que o Pronunciamento CPC n.º 29, item 12, estabelece que estes sejam mensurados ao valor justo menos a despesa de venda no momento do reconhecimento inicial e no final de cada período de competência. Assim, numa plantação de eucaliptos, por exemplo, cujo prazo de tempo entre plantação e corte é de 07 (sete) anos em média, anualmente deve ser mensurado o valor justo desta, sendo que, se este se elevar, o aumento correspondente deverá ser registrado como uma receita no período correspondente[626], e se reduzir-se, como uma despesa.

Financeiros: Reconhecimento e Mensuração. (...). Quando da perda de influência e do controle, o investidor deve mensurar ao valor justo qualquer investimento remanescente que mantenha na ex-coligada ou ex-controlada. O investidor deve reconhecer no resultado do período qualquer diferença entre: (a) o valor justo do investimento remanescente, se houver, e qualquer montante proveniente da alienação parcial de sua participação na coligada e na controlada; e (b) o valor contábil do investimento na data em que foi perdida a influência significativa ou foi perdido o controle". (grifamos)

[626] Pronunciamento CPC n.º 18, item 26.

TRIBUTAÇÃO E CONTABILIDADE

Nesta situação, a nosso ver, o poder de dispor de moeda é ainda menos expressivo do que no exemplo que ilustramos anteriormente, porquanto, antes mesmo de estar pronto para alienação, os resultados do bem classificado como "ativo biológico" são reconhecidos periodicamente.

Bem, não estamos aqui a criticar o critério de reconhecimento de receitas na forma acima sob o ponto de vista contábil, mesmo porque não temos habilitação para tanto e nem é este o objeto do presente trabalho. O que importa ficar registrado é que ainda predomina como critério fundamental para considerar-se uma riqueza ganha o seu beneficiário deter direito patrimonial ao poder de dispor de moeda ou controle da situação que, se ocorrida, resultará na aquisição deste direito. Contudo, há situações, como as que ilustramos acima, que não é tão clara a presença ao menos do aludido *controle*, mas que, mesmo assim, a regulação contábil considera a riqueza ganha.

Finalmente, é importante esclarecermos que o poder de controle, isto é, o direito do beneficiário de dispor de direitos patrimoniais como se titular já fosse[627], é classe na qual se incluem os chamados direitos potestativos, exercíveis mediante ato unilateral do titular, dos quais constitui exemplo o outorgado por meio de opção de compra de algo, em que, por força de simples manifestação unilateral de vontade, instaura-se o negócio jurídico bilateral – compra e venda[628]. O poder de controle, todavia, não se reduz aos direitos potestativos, podendo ser vislumbrado também nas situações em que o seu titular não consiga dispor de direitos por força de manifestação unilateral, mas detenha significativa influência ou facilidade para celebrar um negócio jurídico com outra pessoa. Neste último caso, podemos mencionar novamente o caso de uma pessoa que detenha ações amplamente negociadas em bolsa de valores, a qual pode celebrar um negócio de compra e venda destas no momento que melhor lhe aprouver, sem necessidade de identificar um interessado, com este negociar etc.

Postas as considerações mais relevantes para o desenvolvimento do presente trabalho sobre o reconhecimento de receita no âmbito da Contabilidade, passaremos a analisá-las frente a questões referentes à tributação da receita e da renda, esta última mais especificamente na acepção lucro.

[627] COMPARATO, Fábio Konder. *"O poder de controle..."*, cit., p. 124.
[628] PONTES DE MIRANDA, Francisco Cavalcanti. *"Tratado..."*, t. V, cit., p. 281.

6.2.1 Receita e renda tributáveis – matérias de cunho constitucional
6.2.1.1 Receita tributável

Dado que daremos mais atenção às questões relacionadas à tributação da renda na acepção *lucro*, optamos por analisar primeiramente as referentes às receitas, porquanto estas constituem item fundamental à formação daquele, conforme bem resume Ricardo Mariz de Oliveira[629]: "O que acaba de ser dito quanto à realização da renda aplica-se indistintamente à realização da receita, <u>porque esta carrega em si</u>, quando for o caso (quando o preço for maior do que o custo), a renda passível de incidência tributária".

Em matéria de identificação e estudo de materialidades previstas pela Constituição Federal na atribuição de competências, talvez não haja tarefa mais complexa do que investigar o que constitua receita passível de tributação.

Apesar de a análise do que seja receita tributável ser de extrema relevância, desde os tempos em que a legislação passou a determinar que a apuração da base de cálculo do IRPJ deveria dar-se com base em informações originalmente concebidas no âmbito do sistema contábil, e a previsão constitucional para a instituição de tributos *faturamento*, os estudos acerca do assunto eram mais numerosos em matéria de Direito Financeiro, tendo ganho impulso com a Emenda Constitucional n.º 20, de 15 de dezembro de 1998, que introduziu no artigo 195, I, da Constituição, competência para a União instituir contribuição para o financiamento da seguridade social sobre *receita*.

Em virtude das características do sistema constitucional brasileiro, mais especificamente da rigidez das competências tributárias, temos que a análise do que possa constituir receita tributável deve iniciar-se a partir da Constituição. Com efeito, é a partir das notas veiculadas por este Diploma que se faz possível a construção de um conceito de receita, permitindo, assim, delimitar o campo possível de atuação do legislador ordinário e, por que não, determinar como deve dar-se a interpretação dos preceitos instituidores de tributos sobre tal materialidade, notadamente a Contribuição ao PIS e a COFINS.

---

[629] OLIVEIRA, Ricardo Mariz de. Reconhecimento de receitas – questões tributárias importantes (uma nova noção de disponibilidade econômica?). In: MOSQUERA, Roberto Quiroga e LOPES, Alexsandro Broedel (Coords.), *"Controvérsias..."*, cit., vol. 03, p. 307.

TRIBUTAÇÃO E CONTABILIDADE

Receita, já ensinava Aliomar Baleeiro[630], remete à noção de ingresso, de entrada que, isoladamente, incrementa o patrimônio. Neste diapasão, por estar associada à ideia de incremento, temos que receita sempre deve referir-se a incremento patrimonial resultante do aumento do valor dos bens e direitos integrantes do patrimônio, seja pelo ingresso de novos, seja pela valorização de itens destas naturezas já existentes. Esta ideia mínima do que constitua receita para efeitos da investigação da competência para sua tributação, a nosso ver, é absolutamente consonante com as situações em que a Constituição faz referência ao vocábulo em causa, conforme exaustivamente analisado por Marcelo Knopfelmacher[631] e, mais do que isto, em linha com os freios e contrapesos constitucionais relacionados à competência tributária, notadamente o princípio da capacidade contributiva.

As noções de renda e receita aproximam-se pelo fato de estarem vinculadas ao incremento patrimonial, mas contrapõem-se em razão de a primeira ser resultado da soma algébrica de incrementos e decréscimos isolados ocorridos num determinado período, enquanto que a segunda corresponde ao aumento patrimonial tomado isoladamente[632]. Aliás, quanto ao fato de que, ao aludir a receitas, a Constituição excluiu deste universo de tributação os decréscimos – item fundamental ao conceito de renda, são elucidativos os comentários de Marco Aurélio Greco[633]:

> Ao atribuir competência para alcançar as receitas, a CF-88, automaticamente, excluiu do campo da tributação as 'despesas' (= feição negativa) (em sentido lato, abrangendo custos, dívidas, etc.) realizadas pela pessoa jurídica. Assim, o universo das receitas se opõe ao universo das despesas e este último não foi qualificado pela norma constitucional.
>
> Por esta razão, somente vicissitudes que digam respeito a receitas é que poderão estar alcançadas pela norma de incidência da contribuição em exame, delas não participando as que digam respeito às despesas.

---

[630] BALEEIRO, Aliomar. *Uma introdução à ciência das finanças*, 15ª ed., atualizado por Dejalma de Campos. Rio de Janeiro: Forense, 1998, p. 126.

[631] KNOPFELMACHER, Marcelo. *O conceito de receita na Constituição – método para sua tributação sistemática*. São Paulo: Quartier Latin, 2007, pp. 95-111.

[632] OLIVEIRA, Ricardo Mariz de. *"Fundamentos..."*, cit., p. 110.

[633] GRECO, Marco Aurélio. Cofins na Lei n.º 9.718/98 – variações cambiais e regime de alíquota acrescida. *Revista dialética de direito tributário*, cit., pp. 130-131.

Por tudo isso, é importante deixarmos bem clara a nossa posição de que a Constituição abarca uma noção própria do que constitua receita passível de tributação, que constitui um limite ao exercício da competência tributária por parte do legislador ordinário e da qual este não pode dispor, sob pena de esvaziamento da supremacia constitucional[634].

6.2.1.2 Renda tributável

Tal como no caso de *receita*, *renda* é um conceito empregado pela Constituição, artigo 153, III, na atribuição de competência tributária à União para a instituição de imposto.

Conforme consignamos em outra oportunidade[635], da análise das teorias mais relevantes sobre o tema, parece-nos possível agrupá-las em três classes: i) teoria da renda-produto; ii) teoria da renda-acréscimo patrimonial; iii) teoria legalista, que se subdivide em duas correntes: iii.a) em sentido estrito; iii.b) em sentido amplo.

Dado que essa terceira corrente pouquíssimo oferece em termos de proposta de conteúdo semântico do vocábulo renda, porquanto propõe competir à lei a definição em causa, centramos nossas atenções nas teorias renda-produto e renda-acréscimo patrimonial, as quais propõem que renda corresponde a acréscimo a um patrimônio. Para a primeira – teoria renda-produto –, contudo, a renda tem como fonte uma atividade ou fluxo de riqueza em certo período de tempo, enquanto que, para a segunda – teoria renda-acréscimo patrimonial –, a renda consiste em riqueza nova, derivada ou não da própria atividade ou patrimônio da pessoa, pouco importando que a fonte seja interna ou externa ao patrimônio.

Tendo em vista o quanto dispõem os princípios da igualdade e da capacidade contributiva, assim como os princípios destes derivados, da generalidade e da universalidade, consignamos que a Constituição acolheu o conceito de renda proposto pela teoria renda-acréscimo patrimonial, qual seja o de riqueza nova apurada mediante a soma algébrica de todos os incrementos (que correspondem às receitas, no caso de verificação que se baseie em informações originalmente produzidas no sistema contábil) e dos decréscimos patrimoniais necessários à aquisição, manutenção e produção da própria renda e também do patrimônio, ocorridos num determinado período.

---

[634] LIMA GONÇALVES, José Artur. *Imposto sobre a renda – pressupostos constitucionais*. São Paulo: Malheiros, 1997, p. 171.

[635] NUNES, Renato. "*Imposto...*", cit., pp. 107 e seguintes.

TRIBUTAÇÃO E CONTABILIDADE

6.2.1.2.1 O artigo 43 do Código Tributário Nacional

O Código Tributário Nacional, recepcionado pela atual Carta Magna como lei complementar, exercendo função concretizadora do teor das competências tributárias, trata de aspectos pertinentes ao imposto sobre a renda, por meio de seu artigo 43, *in verbis*:

> Art. 43. O imposto, de competência da União, sobre a renda e proventos de qualquer natureza, tem como fato gerador a aquisição da disponibilidade econômica ou jurídica:
>
> I – de renda, assim entendido o produto do capital, do trabalho ou da combinação de ambos;
>
> II – de proventos de qualquer natureza, assim entendidos os acréscimos patrimoniais não compreendidos no inciso anterior.
>
> § 1º A incidência do imposto independe da denominação da receita ou do rendimento, da localização, condição jurídica ou nacionalidade da fonte, da origem e da forma de percepção.
>
> § 2º Na hipótese de receita ou de rendimento oriundos do exterior, a lei estabelecerá as condições e o momento em que se dará sua disponibilidade, para fins de incidência do imposto referido neste artigo.

Esse dispositivo, salvo com relação à conceituação do que sejam proventos de qualquer natureza, elucida bem o conceito de renda constitucionalmente pressuposto, porquanto, nada obstante o inciso II ora transcrito, o inciso I e parágrafos acima, interpretados sistematicamente, permitem-nos vislumbrar que a referência é ao conceito constitucional de renda em sua inteireza.

O *caput* do artigo 43 do Código Tributário Nacional estabelece que o imposto sobre a renda tem como *fato gerador a aquisição de disponibilidade econômica ou jurídica* desta. Somos da opinião de que o dispositivo anteriormente colacionado não trata dos possíveis critérios temporais do imposto sobre a renda, mas sim de elemento atinente à sua própria materialidade. Neste aspecto, devemos mencionar que a disponibilidade aludida é de cada um dos incrementos patrimoniais verificados ao longo de um dado período, que, confrontados com os decréscimos, dão lugar ao acréscimo à universalidade de direitos e obrigações, à renda[636].

---

[636] OLIVEIRA, Ricardo Mariz de. Reconhecimento de receitas – questões tributárias importantes (uma nova noção de disponibilidade econômica?). In: MOSQUERA, Roberto Quiroga e LOPES, Alexsandro Broedel (Coords.), *"Controvérsias..."*, cit., vol. 03, p. 303.

ALGUMAS QUESTÕES CONTROVERSAS NA RELAÇÃO ENTRE DIREITO E CONTABILIDADE...

Tradicionalmente, a doutrina define disponibilidade econômica como o poder de dispor efetivamente da renda – renda realizada –, isto é, ter a posse direta dos incrementos patrimoniais (moeda, bens ou direitos) que a compõem, e a jurídica como o poder de o beneficiário poder reivindicar a posse direta deste, quando melhor lhe aprouver. A respeito do tema, vejamos as lições de Rubens Gomes de Sousa[637]:

> (...) a disponibilidade adquirida pode, nos termos da definição, ser 'econômica' ou 'jurídica' (CTN, art. 43, caput). A aquisição de 'disponibilidade econômica' corresponde ao que os economistas chamam 'separação' de renda: é a sua efetiva percepção em dinheiro ou outros valores (RIR, art. 498). A aquisição de 'disponibilidade jurídica' corresponde ao que os economistas chamam de 'realização' da renda: é o caso em que, embora o rendimento não esteja 'economicamente disponível' (isto é, efetivamente percebido), entretanto o beneficiado já tenha título hábil para percebê-lo (RIR, art. 95, § 1º).

As lições acima transcritas, apesar de terem sido proferidas há longa data, permanecem atuais e plenamente aplicáveis. Deveras, apesar de ambas as modalidades de disponibilidade indicadas pelo artigo 43 do Código Tributário Nacional serem jurídicas, não sendo absolutamente correto contrapô-las como se uma não fosse[638], este dispositivo é bastante esclarecedor ao aludir que os fatores positivos formadores da renda não precisam necessariamente corresponder à moeda, mas também ao poder de dispor desta. Aliás, em nosso entendimento, conforme vimos desenvolvendo, o poder de dispor em causa compreende tanto um direito ao recebimento de moeda quanto o poder de controle de adquiri-lo sem maiores embaraços.

---

[637] SOUSA, Rubens Gomes de. Tratamento tributário dos títulos de renda fixa. In: *Pareceres – III – imposto de renda*. São Paulo: Resenha Tributária, 1975, p. 277.

[638] "Em suma, o problema não está em distinguir o econômico do jurídico, tarefa de resto impossível, se posta no plano do Direito, onde só se pode distinguir entre fatos jurídicos diversos, e não entre fatos jurídicos e fatos econômicos". AMARO, Luciano. Imposto de renda: regime jurídico. In: MARTINS, Ives Gandra da Silva (Coord.), *Curso de direito tributário*, 7ª ed. São Paulo: Saraiva, 2000, p. 279.

TRIBUTAÇÃO E CONTABILIDADE

Sobre esta última observação que efetuamos, são esclarecedoras as lições de Luís Eduardo Schoueri[639], que, apesar de longas, merecem ser integralmente transcritas:

> Feito o vínculo entre o princípio da capacidade contributiva e a hipótese do imposto, parece claro que o legislador complementar, ao dispor que o imposto apenas fosse exigido na presença de uma disponibilidade, entendeu que, enquanto inexistir esta, não há, ainda, uma manifestação de capacidade contributiva. Deste modo, a renda estará disponível a partir do momento em que o contribuinte possa dela se valer para pagar o seu imposto. Em outras palavras, há disponibilidade quando o beneficiário desta pode, segundo seu entendimento, empregar os recursos para a destinação que lhe aprouver, inclusive para pagar os impostos.
>
> Assim, por exemplo, o acionista de uma sociedade anônima não tem disponibilidade sobre os dividendos enquanto não houver uma assembleia geral determinando o pagamento destes, ainda que a referida sociedade tenha apurado lucros no exercício anterior. Afinal, pode ser que a assembleia dê outro destino aos lucros, como sua capitalização ou a constituição de reservas. Mesmo que o mencionado acionista seja o controlador da companhia, não pode ele lançar mão dos recursos, sem a referida assembleia, sob pena de ser responsabilizado por acionistas minoritários. Evidenciando-se, por outro lado, que o referido acionista controlador tem plena disponibilidade sobre os recursos, não há de ser a mera formalidade jurídica suficiente para afastar a disponibilidade econômica a que se refere o Código Tributário Nacional.

Nossa opinião, portanto, é no sentido de que a aquisição de disponibilidade aludida pelo artigo 43 do Código Tributário Nacional, nada obstante dever ser sempre compreendida em seu sentido jurídico, não compreende unicamente o sentido civil desta, restrito à titularidade de moeda ou direito patrimonial à sua aquisição, mas também o sentido que Schoueri trata como "econômico" (mas que é tão jurídico quanto o "civil"), em que, ao lado dos mencionados itens, inclui-se o poder de controle.

---

[639] SCHOUERI, Luís Eduardo. O mito do lucro real na passagem da disponibilidade jurídica para a disponibilidade econômica. In: MOSQUERA, Roberto Quiroga e LOPES, Alexsandro Broedel (Coords.), "Controvérsias...", cit., p. 252 – grifamos.

6.2.2 Tributação de receitas e renda e os princípios da capacidade econômica e da capacidade contributiva

No capítulo em que cuidamos de alguns dos princípios constitucionais que regulam o fenômeno da tributação, tratamos o princípio da capacidade econômica como algo distinto do princípio da capacidade contributiva.

Em tal parte do presente trabalho, anotamos que o princípio da capacidade econômica é aplicável a todas as espécies tributárias, porquanto, consistindo o fenômeno da tributação em sentido estrito na ocorrência de um determinado fato, do qual decorre o nascimento da obrigação de transferir uma dada quantia em moeda em prol dos cofres públicos a título de tributo, o sujeito obrigado a tanto deve denotar possuir capacidade para tanto, sob pena de afronta ao princípio da preservação do mínimo existencial[640] ou ao princípio do não confisco[641]. E por ser desta forma, firmamos entendimento no sentido de que o princípio da capacidade econômica incide sobre todas as espécies tributárias, inclusive as que tenham a natureza de contribuições sociais, tais como as incidentes sobre receitas e lucro, designadamente Contribuição ao PIS, COFINS e CSL.

Em matéria de tributação de receitas e renda, o princípio da capacidade econômica mostra-se de fundamental importância, porque em muitas situações limite, como as que ilustramos no item 6.2 acima, decorrentes da mensuração de direitos e obrigações a valor justo e de registro de receitas segundo regime de competência, é recorrendo aos seus ditames que conseguimos depreender a impossibilidade de denotação de capacidade contributiva, conformando os próprios limites da materialidade e da base de cálculo da norma de incidência tributária correspondente.

Mas retomemos brevemente as distinções que efetuamos entre os princípios que aqui tratamos, a exigência constitucional de capacidade econômica para a imposição tributária em geral – que constitui, em última análise, unicamente uma limitação à tributação – do princípio da capacidade contributiva, orientador da instituição e da incidência de todos os tributos sobre fatos jurídicos tributários não vinculados a uma atuação estatal.

O princípio da capacidade contributiva estabelece que o fato jurídico do qual resulte a obrigação tributária deve necessariamente consistir num *signo presuntivo de riqueza*, representando, pois, capacidade do sujeito

---

[640] Constituição Federal, artigo 1º, III, e artigo 5º, XIII e XVII.
[641] Constituição Federal, artigo 150, IV.

TRIBUTAÇÃO E CONTABILIDADE

passivo desta para cumprir seu dever, informando, com isto, o conteúdo de praticamente toda a norma tributária, quer na modalidade geral e abstrata, quer na individual e concreta.

Pelo fato de não haver meios de a materialidade referente a receitas estarem relacionadas a uma atuação estatal, entendemos que o princípio da capacidade contributiva é plenamente aplicável desde a instituição até a incidência e arrecadação de tributos sobre aquelas, constituindo dos mais fundamentais balizadores deste fenômeno.

Nada obstante o princípio da capacidade contributiva aplicar-se a todos os tributos cuja hipótese da norma de incidência não se refira a uma atuação estatal, sob uma perspectiva de intensidade, segundo anotamos anteriormente, o princípio em causa tem maior expressão nos tributos sobre incremento patrimonial, uma expressão de segundo grau nos tributos sobre o patrimônio ou seus itens e de terceiro grau na utilização/consumo destes. Portanto, por constituírem a receita num ingresso que se incorpora positivamente ao patrimônio e a renda num acréscimo a este, resultante da soma algébrica de mutações positivas e negativas ocorridas ao longo de um determinado período, temos que é de grande intensidade a eficácia do princípio da capacidade contributiva na tributação dos itens em causa.

A "capacidade econômica", conforme mencionamos linhas atrás, com apoio nas lições de Heleno Tôrres, é um universo do qual faz parte a "capacidade contributiva". Desta forma, entendemos que, quanto mais intensa seja a manifestação disto, mais evidente deverá ser a capacidade econômica do sujeito passivo para pagar o tributo correspondente[642] ou, trocando em miúdos, mais evidente de que possui moeda ou poder de dispor desta para fazer frente à obrigação tributária[643]. A propósito, devemos relembrar que, a nosso ver, o poder de dispor em causa compreende tanto a titularidade de

[642] Isto, a nosso ver, explica por que não se tem como condição inexorável à incidência dos tributos sobre direitos integrantes patrimônio e sobre negócios jurídicos a evidência de que o contribuinte possua recursos financeiros para fazer frente à obrigação tributária. No caso do IPTU, por exemplo, cuja base de cálculo corresponde ao valor venal de imóvel localizado em território urbano, isto é, o valor para venda à vista deste, desconhecemos discussões sobre se o contribuinte deve ter "realizado" este valor para se cogitar de incidência do mencionado imposto.

[643] É neste sentido que é compreendido o denominado "princípio da realização" da renda ou das receitas, o qual, para nós, corresponde a nada mais do que uma acepção do princípio da capacidade em sua expressão mais intensa voltada à tributação dos itens em causa. Sobre o "princípio da realização", ver: OLIVEIRA, Ricardo Mariz de. "*Fundamentos...*", cit., pp. 370-375.

282

ALGUMAS QUESTÕES CONTROVERSAS NA RELAÇÃO ENTRE DIREITO E CONTABILIDADE...

direito patrimonial ao recebimento de moeda quanto o poder de controle de se adquirir tal direito sem maiores embaraços.

Esta constatação é de fundamental importância para a resolução de complexos problemas oriundos da adoção do regime de competência para o reconhecimento de receitas, despesas e custos, que se agravam quando somamos a este a questão da mensuração de direitos e obrigações a valor justo. Sempre que a receita e, em última instância, a renda ou lucro originalmente concebidos no âmbito do sistema contábil não expressarem que o seu titular detenha capacidade econômica e contributiva na forma que mencionamos no parágrafo anterior, isto constituirá um obstáculo intransponível à sua consideração para efeitos de incidência tributária.

6.2.3 Receita e renda tributáveis versus receita contábil

Procuramos nas linhas anteriores demarcar o que constituem receita e renda tributáveis no Direito brasileiro para, com base nisto, verificarmos se e em que medida tais itens guardam correspondência com as noções de receita e lucro originalmente concebidas no seio do sistema contábil.

Com base nas considerações que vimos tecendo, podemos afirmar que, em termos conceituais, as acepções jurídicas de receita e renda guardam estreita correspondência com os conceitos contábeis de receita e lucro (este último quanto à renda das pessoas sujeitas ao IRPJ e à CSL). Deveras, em ambos os sistemas, receita corresponde a ingresso que se incorpora positivamente ao patrimônio e renda, mesmo na acepção lucro, ao acréscimo patrimonial, riqueza nova resultante da soma algébrica de receitas, custos e despesas verificados num determinado período.

Consoante as considerações que tecemos anteriormente, a dificuldade não reside na identificação de conceitos comuns de receita e lucro de ordem contábil e jurídica, mas sim como caracterizar estes itens em cada sistema. Afirmar-se que receita, seja para a Contabilidade, seja para o Direito, corresponde a um incremento patrimonial ajuda muito pouco quando nos deparamos com o tratamento dispensado pela primeira aos chamados ativos biológicos, que estabelece o reconhecimento de receitas, por exemplo, na medida da engorda de animais sujeitos a abate, independentemente da existência ou possibilidade concreta de realização de negócio jurídico do qual resulte aquisição de direito ao recebimento de moeda correspondente àquelas. Pois muito bem, ao sistema jurídico brasileiro é autorizado conceber uma receita nestes mesmos moldes para

TRIBUTAÇÃO E CONTABILIDADE

fins de incidência de Contribuição ao PIS, COFINS, IRPJ e CSL? Em nosso entender, não. Isto porque tal receita não denotaria capacidade contributiva de quem a apurasse, já que dissociada de moeda ou poder de dispor desta[644], e, em última instância, capacidade econômica.

É certo que há tantas outras diferenças além das que indicamos logo acima, cabendo ao legislador, ao Poder Judiciário, se provocado, e até mesmo às autoridades administrativas agirem para que as informações originalmente produzidas no sistema contábil sirvam de parâmetro à produção de informações jurídicas nos estritos limites constitucionais e legais estabelecidos. No caso do reconhecimento de receitas segundo regime de competência, especialmente quando estas resultarem da mensuração de direitos a valor justo, será necessário, muitas vezes, ao menos para fins de tributação, que o Direito conceba tais mecanismos de forma distinta da contábil[645], a fim de restarem observados os ditames constitucionais, mormente os princípios da capacidade contributiva e da capacidade econômica.

Veja-se a respeito as lições de Antonio Roberto Sampaio Dória[646], comentando acerca do regime de competência na situação de alienação de direitos com pactuação de recebimento do preço a longo prazo:

---

[644] Este entendimento, aliás, é comungado pela Secretaria da Receita Federal do Brasil, por meio da Instrução Normativa n.º 257, de 11 de dezembro de 2002: "Art. 16. A contrapartida do aumento do ativo, em decorrência da atualização do valor dos estoques de produtos agrícolas, animais e extrativos destinados à venda, tanto em virtude do registro no estoque de crias nascidas no período de apuração, como pela avaliação do estoque a preço de mercado, constitui receita operacional, que compará a base de cálculo do imposto sobre a renda no período de apuração em que ocorrer a venda dos respectivos estoques". (grifamos)

[645] Técnica extremamente útil para tal mister é a outorga de exonerações fiscais, conforme apregoa Geraldo Ataliba: "Desta última espécie é a chamada 'isenção' do Imposto de Renda para salários reduzidos. Tal designada 'isenção' é meramente técnica, porque tem o fito de excluir do imposto ganhos que servem exclusivamente para a subsistência da pessoa. É ordinária e técnica, porque serve para dar eficácia ao princípio da capacidade econômica (ou contributiva) que informa todos os impostos (art. 145, § 1º). Como anota Aires Barreto, 'o veículo mais tradicional para preservação desses princípios é precisamente a isenção' ('Isenção no serviço de construção civil', in Repertório IOB de Jurisprudência 14/230)". ATALIBA, Geraldo. Isenção de IOF para operações habitacionais. *Revista de direito tributário*. São Paulo: RT, vol. 57, 1991, p. 59 – grifamos.

[646] DÓRIA, Antonio Roberto Sampaio. Regime de caixa e de competência no Decreto-Lei n.º 1.598/77. In: ATALIBA, Geraldo, *I Ciclo de conferências sobre temas tributários*. São Paulo: Resenha Tributária, 1979, p. 218 – grifamos.

284

ALGUMAS QUESTÕES CONTROVERSAS NA RELAÇÃO ENTRE DIREITO E CONTABILIDADE...

Além disso, o regime foi implantado no Brasil de maneira empírica, talvez a partir da reforma do imposto de renda em 1943, possibilitando, como os senhores haverão de reconhecer, distorções realmente inaceitáveis, como, por exemplo, no caso de venda de bens imóveis a prestações, em que eram frequentes as disputas entre o fisco e o contribuinte sobre qual o valor a considerar no ano base em que efetuava a venda para efeito de apuração do lucro. Digamos, numa venda a prazo de 5 anos, o lucro, de um modo geral, salvo exceções que a lei periodicamente veio fazendo, se imputava desde logo a todo aquele exercício. É claro que o critério acarreta um ônus financeiro muitas vezes insuportável, porque o indivíduo sequer tem disponibilidade financeira, porque vai diferir o lucro para as últimas prestações.

Ao que nos parece, na maioria dos casos, a receita na Contabilidade surge associada à aquisição de moeda, de direito a isto ou de direito de dispor (poder de controle) deste último, hipóteses que se coadunam com as noções constitucionais de receita e renda. Neste sentido, quer para fins de criação de normas de incidência de tributos sobre receitas ou renda, inclusive na acepção lucro, quer para constituição das respectivas normas individuais e concretas, via de regra, é autorizada a produção de informações jurídicas que guardem correspondência com informações contábeis, ressalvados casos específicos como os que vimos indicando ao longo do texto.

6.2.4 Receita e renda tributáveis, receita contábil e a jurisprudência do Supremo Tribunal Federal

O tema da relação entre os sistemas jurídico e contábil em matéria de tributação de receitas e renda vem sendo tratado nos últimos anos no âmbito do Supremo Tribunal Federal.

Esta Corte vem sendo demandada a tratar do que constitua receita para fins de tributação há mais de 20 (vinte) anos, constituindo um marco disto o julgamento proferido no Recurso Extraordinário n.º 150.755/PE[647], de relatoria do Ministro Sepúlveda Pertence, versando, dentre outros pontos, acerca da adequação da previsão de tributação pela Contribuição ao Fundo para Investimento Social ("Finsocial") sobre a receita bruta à

---

[647] RE n.º 150.755/PE, Tribunal Pleno, rel. Min. Sepúlveda Pertence, julgado em 18.11.1992, publicado no DJ de 20.08.1993. Sobre o assunto, ver também: RE n.º 150.764/PE, rel. Min. Sepúlveda Pertence, julgado em 16.12.1992, publicado no DJ de 02.04.1993.

TRIBUTAÇÃO E CONTABILIDADE

competência tributária tratada pelo artigo 195, I, da Constituição Federal – em sua redação original –, para instituição de contribuição para financiamento da seguridade social sobre *faturamento*. Em tal oportunidade, *grosso modo*, restou decidido que a tributação na mencionada forma seria constitucional, conquanto o conceito de receita bruta se adequasse ao de faturamento, isto é, receita decorrente da venda de mercadorias e da prestação de serviços[648].

Outro julgado bastante mencionado acerca do assunto é o proferido na Ação Declaratória de Constitucionalidade n.º 01/DF[649], de relatoria do Ministro Moreira Alves, em que se tratou, dentre outras questões, da constitucionalidade da previsão veiculada pela Lei Complementar n.º 70, de 30 de dezembro de 1991, artigo 2º, de incidência da COFINS sobre o faturamento, assim considerado como a receita bruta das vendas de mercadorias, de mercadorias e serviços e de serviço de qualquer natureza, que terminou sendo declarada pelo Supremo Tribunal Federal, inclusive com diversas remissões ao julgamento proferido no RE n.º 150.764/PE, a que aludimos no parágrafo anterior.

Nada obstante o Supremo Tribunal Federal ter analisado o que seria receita bruta, concluindo que esta consistiria no resultado operações de venda de mercadorias ou prestação de serviços, e a adequação desta com o conceito constitucional de faturamento, não nos parece que tratou propriamente das questões patrimoniais pertinentes ao conceito de receita, nem de eventual relação entre este e os efeitos da abertura cognitiva do sistema jurídico face ao contábil nem dos momentos em que a receita pudesse ser considerada deflagrada concretamente.

No julgamento do Recurso Extraordinário n.º 346.084/PR, de relatoria do Ministro Ilmar Galvão, em que se decidiu acerca da modificação das noções de faturamento e receita bruta para efeitos de incidência da Contribuição ao PIS e da COFINS, promovida pela Lei n.º 9.718/98, artigo 3º,

---

[648] Nos debates do RE n.º 150.755/PE, o relator Ministro Sepúlveda Pertence deixa isso bastante claro: "A hipótese é exatamente o contrário. Incidiria essa regra – que não precisaria estar no CTN, porque é elementar à própria aplicação da Constituição – se a lei dissesse: faturamento é igual à receita bruta. O que tentei demonstrar, no meu voto, a partir do Decreto-Lei n.º 2.397, é que a lei tributária, ao contrário, para efeito do Finsocial, chamou de receita bruta o que é faturamento. E, aí, ela se ajusta à Constituição".

[649] ADC n.º 01/DF, Tribunal Pleno, rel. Min. Moreira Alves, julgado em 01.12.1993, publicado no DJ de 16.06.1995.

286

ALGUMAS QUESTÕES CONTROVERSAS NA RELAÇÃO ENTRE DIREITO E CONTABILIDADE...

e cuja inconstitucionalidade foi proclamada, em algumas passagens do voto do Ministro Cezar Peluso, verificamos alusões a efeitos de uma abertura do sistema jurídico face ao contábil para fins de compreensão da competência tributária prevista pelo artigo 195, I, da Constituição Federal, bem como apontamentos sobre o que representaria a receita em termos patrimoniais. Confiramos algumas passagens do mencionado voto:

> Ainda no universo semântico normativo, faturamento não pode soar o mesmo que receita, nem confundidas ou identificadas as operações (fatos) 'por cujas realizações se manifestam essas grandezas numéricas'.
> A Lei das Sociedades por Ações (Lei nº 6.404/1976) prescreve que a escrituração da companhia 'será mantida em registros permanentes, com obediência aos preceitos da legislação comercial e desta Lei e aos princípios de contabilidade geralmente aceitos' (art. 177), e, na disposição anterior, toma de empréstimo à ciência contábil os termos com que regula a elaboração das demonstrações financeiras, verbis:
> (...)
> Como se vê sem grande esforço, o substantivo receita designa aí o gênero, compreensivo das características ou propriedades de certa classe, abrangente de todos os valores que, recebidos da pessoa jurídica, <u>se lhe incorporam à esfera patrimonial</u>. (grifamos)

Recentemente, foi proferida decisão pelo Supremo Tribunal Federal, no âmbito do Recurso Extraordinário n.º 586.482/RS[650], sob relatoria do Ministro Dias Toffoli, acerca da constitucionalidade da incidência da Contribuição ao PIS e COFINS sobre receitas referentes a vendas inadimplidas, que terminou sendo declarada. No julgamento em causa, é indicado com bastante clareza que a Constituição autoriza a abertura cognitiva do Direito face à Contabilidade para fins tributários, em especial com relação à tributação de receitas. Com respeito ao reconhecimento destas, o relator Ministro Dias Toffoli, em seu voto, consigna expressamente que a Constituição autoriza que seja adotado o regime de competência em tal mister, citando inclusive veículo introdutor de normas técnicas no sistema contábil. Senão vejamos:

---

[650] RE n.º 586.482/RS, Tribunal Pleno, rel. Min. Dias Toffoli, julgado em 23 de novembro de 2011, publicado no DJe de 19.06.2012.

O Sistema Tributário Nacional fixou o regime de competência como regra geral para a apuração dos resultados da empresa, e não o regime de caixa. Pelo primeiro, há o reconhecimento simultâneo das receitas realizadas e das despesas incorridas, como consequência natural do princípio da competência do exercício, considerando-se realizadas as receitas e incorridas as despesas no momento da transferência dos bens e da fruição dos serviços prestados, independentemente do recebimento do valor correspondente.

(...)

Vide, também, o que pontua o art. 9º da Resolução nº 750/93, do Conselho Federal de Contabilidade, com a redação dada pela Resolução CFC nº 1.282/10:

(...)

Devemos mencionar, no entanto, que as manifestações constantes do julgamento do Recurso Extraordinário n.º 586.482/RS acerca da abertura cognitiva do sistema jurídico face ao contábil e dos efeitos desta em matéria tributária não foram as primeiras no âmbito do Supremo Tribunal Federal, conforme podemos verificar do julgamento da Ação Direta de Inconstitucionalidade n.º 2.588/DF[651], sob a relatoria da Ministra Ellen Gracie, versando sobre a constitucionalidade da sistemática de lucros obtidos por pessoas jurídicas brasileiras por meio de coligadas ou controladas no exterior, introduzida pela Medida Provisória n.º 2.158-35/01, artigo 74. Especificamente no voto do Ministro Nelson Jobim, em que foi acompanhado pelos Ministros Eros Grau, Carlos Ayres Britto e Cezar Peluso, são feitas diversas menções à autorização, pela Constituição, da tributação, seja da renda, seja da receita, tomando-se por base informações originalmente produzidas no âmbito do sistema contábil, notadamente o reconhecimento de resultados segundo regime de competência:

3. A CONSTITUCIONALIDADE DO MODELO
3.1 DISPONIBILIDADE

Examino esses dois tipos de disponibilidade.

Observo, em primeiro lugar, que os conceitos DISPONIBILIDADE ECONÔMICA e DISPONIBILIDADE JURÍDICA, utilizados pelo direito tributário, têm sentidos distintos quando aplicados às pessoas físicas e às pessoas jurídicas.

(1) REGIME DE CAIXA E REGIME DE COMPETÊNCIA

---

[651] ADIn n.º 2.588/DF, Tribunal Pleno, rel. Min. Ellen Gracie, julgamento em curso.

A base de tal distinção – ou diferença – está no regime a que cada uma delas – física ou jurídica – estão submetidas (sic).

Para as pessoas físicas impera o REGIME DE CAIXA.

Já, para as pessoas jurídicas, o REGIME DE COMPETÊNCIA.

(...)

(2) DISPONIBILIDADE ECONÔMICA E DISPONIBILIDADE FINAN-CEIRA

A razão é simples.

Grande maioria das relações econômicas e jurídicas, pactuadas entre empresas e entre as companhias e seus sócios, é realizada por meio de aquisição e transferência de direitos que somente se concretizam na forma de registros contábeis. (grifamos)

Nesta mesma Ação Direta de Inconstitucionalidade n.º 2.588/DF, é válido mencionarmos as ilações da relatora Ministra Ellen Gracie, que, em seu voto, declarou constitucional a previsão veiculada pela Medida Provisória n.º 2.158-35, artigo 74, de que os lucros auferidos por pessoas jurídicas brasileiras por meio de controladas no exterior são considerados disponibilizados em 31 de dezembro do ano em que hajam sido apurados por estas, mesmo que inexista deliberação ou ato para tanto, já que uma ou outra providência depende única e exclusivamente de manifestação de vontade da controladora, o que não se passaria com sociedades coligadas, para as quais a previsão em tela foi por ela, Ministra Ellen Gracie, declarada inconstitucional:

A disponibilidade dos lucros auferidos pela empresa controlada, assim, depende única e exclusivamente da empresa controladora, que detém o poder decisório sobre o destino desses lucros, ainda que não remetidos efetivamente, concretamente pela empresa controlada, situada no exterior, para a controladora localizada no Brasil. Em consequência, a apuração de tais lucros caracteriza aquisição de disponibilidade jurídica apta a dar nascimento ao fato gerador do imposto de renda.

(...)

Não havendo posição de controle da empresa situada no Brasil sobre a sua coligada localizada no exterior, não se pode falar em disponibilidade, pela coligada brasileira, dos lucros auferidos pela coligada estrangeira antes da efetiva remessa desses lucros para a coligada aqui localizada ou, pelo menos, antes da deliberação que se faça no âmbito dos órgãos diretores sobre a destinação dos lucros do exercício.

TRIBUTAÇÃO E CONTABILIDADE

O que podemos verificar da jurisprudência do Supremo Tribunal Federal é que este vem reconhecendo de maneira progressiva e consistente que a Constituição, especialmente em sede de tributação de receitas e renda, autoriza a representação de informações originalmente produzidas no sistema contábil para fins de conformação dos mencionados itens. Há, nos julgados que indicamos logo acima, expressas referências às receitas e lucro identificadas a partir de informações originalmente de cunho contábil e da aplicabilidade do regime de competência no reconhecimento de um e outro.

Além disso, apesar de isolada, verificamos uma manifestação de um dos Ministros do Supremo Tribunal Federal, no julgamento da Ação Direta de Inconstitucionalidade n.º 2.588/DF, acerca do poder de controle de se dispor de moeda ou do direito ao recebimento desta enquanto item capaz de determinar o auferimento de receita ou renda na espécie lucro.

Diferentemente do reconhecimento de que a Constituição autoriza que os efeitos da abertura cognitiva do Direito à Contabilidade para fins de incidência tributária, não podemos afirmar ser consistente a posição do Tribunal em causa quanto à mencionada relação entre poder de controle e o reconhecimento de receita ou renda, já que não é possível vislumbrarmos uma mudança do entendimento exarado pelo Supremo no Recurso Extraordinário n.º 172.058/SC[652], de relatoria do Ministro Marco Aurélio, em que restou declarada, por unanimidade, a inconstitucionalidade de dispositivo que estabelecia a tributação pelo IR na fonte de lucros apurados por sociedades, independentemente de deliberação de distribuição destes, em razão da inexistência de direito ao seu recebimento sem tal providência, mesmo na hipótese de sócio ou acionista controlador. Ou seja, a respeito deste tema, parece-nos que a posição do Supremo Tribunal Federal ainda é no sentido de que renda somente pode ser considerada auferida quando as mutações patrimoniais positivas que a formam representem moeda ou direito ao recebimento desta ou outro bem avaliável como tal, considerações estas, a nosso ver, igualmente aplicáveis em matéria de tributação de receitas.

---

[652] RE n.º 172.058/SC, Tribunal Pleno, rel. Min. Marco Aurélio, julgado em 30.06.1995, publicado no DJ de 13.10.1995.

7.
Conclusões

À vista de tudo quanto expusemos ao longo do presente trabalho, chegamos às seguintes conclusões:

1. A teoria dos sistemas de Niklas Luhmann constitui um poderoso instrumento para análise das relações entre estes, sobretudo para sua identificação e estabelecimento de critérios que permitam distingui-los entre si;

2. Em matéria tributária, os princípios constitucionais são determinantes para analisar-se se e em que medida as irritações do sistema jurídico ao sistema contábil podem surtir efeitos, o mesmo passando-se quanto à constituição de informações que guardem correspondência no sistema contábil, mormente quando venham a constituir fatos jurídicos tributários e bases calculadas;

3. Por força do princípio da legalidade, especialmente na forma como é tratado no artigo 150, I, da Constituição Federal, em matéria de instituição e majoração de tributos, a lei é o instrumento mediante o qual o sistema jurídico reage a irritações ao ambiente e o "filtro" por excelência de fatos ocorridos neste;

4. Pelo fato de os efeitos da relação entre o sistema contábil e o sistema jurídico, em matéria de constituição de fatos jurídicos tributários e apuração de bases calculadas, serem mais frequentes nos tributos cujas materialidades não sejam vinculadas a uma atuação estatal, o princípio da capacidade contributiva corresponde a mais importante regulação de tal fenômeno;

TRIBUTAÇÃO E CONTABILIDADE

5. Sem prejuízo das conclusões acima, acerca do princípio da capacidade contributiva, o princípio da capacidade econômica também exerce uma importante função na relação entre Direito e Contabilidade e seus efeitos na seara tributária;

6. O princípio da capacidade econômica, levando em conta a totalidade da carga tributária que recai sobre uma determinada pessoa, estabelece que seja assegurado seu direito a um *mínimo existencial*, bem como que a relação entre Direito e Contabilidade não resulte em efeitos confiscatórios;

7. A Contabilidade constitui um ramo do sistema científico, formado por proposições descritivas que representam exclusivamente informações do sistema econômico pertinentes a uma entidade;

8. Sob a ótica da teoria de Luhmann, a Contabilidade, enquanto ramo do sistema científico, produz informações mediante o código verdadeiro/falso e tem como programa uma dada disciplina formada por postulados, princípios, convenções e regras;

9. O sistema jurídico é cognitivamente aberto ao contábil, constituindo, em seu interior, informações (jurídicas) representativas de informações (contábeis) deste último, mas a recíproca não é verdadeira, isto é, a abertura cognitiva do sistema contábil refere-se exclusivamente ao sistema econômico;

10. Na relação entre Direito e Contabilidade, o patrimônio é o item daquele em que mais se verificam repercussões;

11. A noção de patrimônio, no Direito, não se restringe à de cunho civil, em que os seus itens, quais sejam, bens, direitos e obrigações com conteúdo econômico, são tomados em consideração sob o ponto de vista qualitativo. O Direito também contempla uma noção quantitativa de patrimônio – à qual nos referimos como *patrimônio financeiro* –, utilizada especialmente na disciplina de temas societários e tributários, em que ganham relevo somente os bens, direitos e obrigações que possam ser mensurados de maneira confiável;

12. É em relação ao patrimônio financeiro que se verifica a esmagadora maioria dos efeitos da relação entre Direito e Contabilidade, seja mediante alterações no programa daquele, ou constituição de informações representativas de informações deste último;

13. Dado que é próprio da Contabilidade retratar o patrimônio conforme este se apresenta no sistema econômico – postulado da essência

econômica –, e não no jurídico, isto pode acarretar em emprego de conceitos distintos dos eventualmente regulados pelo Direito;

14. O sistema jurídico pode, abrindo-se cognitivamente ao contábil, qualificar direitos e obrigações integrantes do patrimônio de forma distinta do que haja efetuado anteriormente, conquanto isto não constitua ofensa à Constituição e seja autorizado por lei;

15. Nas situações em que a Constituição atribui competência tributária mediante indicação de um conceito sem regulação específica no sistema jurídico ou que constitua um gênero de atos e negócios já regulados juridicamente, o legislador tem maior liberdade para eleger situações de possível ocorrência que se coadunem com aquele conceito;

16. Nas situações em que reste constatada a maior liberdade referida na conclusão anterior, havendo compatibilidade com a significação mínima das competências tributárias constitucionalmente atribuídas e as informações originalmente produzidas no sistema contábil, a Constituição autoriza que estas sejam utilizadas na caracterização de fatos jurídicos tributários e apuração de bases calculadas;

17. Restando legitimada, mediante lei, a abertura cognitiva do sistema jurídico face ao contábil para efeitos tributários, se no âmbito do programa deste último houver alteração que resulte em mudança das características da informação a ser produzida, desnecessário faz-se que o sistema jurídico, mediante nova lei, proceda a uma nova legitimação da abertura cognitiva;

18. As informações produzidas no sistema contábil, por referirem-se necessariamente ao processo de geração de riquezas, quando representadas pelo Direito, podem representar riqueza tributável;

19. Os efeitos da abertura cognitiva do Direito à Contabilidade costumam se mostrar mais úteis nos tributos que o princípio da capacidade contributiva possua uma expressão maior, mormente nos incidentes sobre incremento patrimonial e sobre o patrimônio;

20. A noção contábil de manifestação de riqueza muitas vezes difere da empregada pelo Direito para fins de tributação, em especial por força dos princípios da capacidade econômica e da capacidade contributiva;

21. Pela razão exposta na conclusão acima, é necessário que o legislador e também o intérprete sempre testem se a manifestação de riqueza originalmente verificada no âmbito da Contabilidade é compatível com os princípios da capacidade econômica e da capacidade contributiva;

TRIBUTAÇÃO E CONTABILIDADE

22. Não fosse o Regime Tributário de Transição ("RTT"), as mudanças no programa da Contabilidade iniciadas com a edição da Lei n.º 11.638/07 mais impactantes na seara tributária seriam as pertinentes ao registro de receitas e despesas segundo regime de competência e à mensuração de ativos a valor justo;

23. Numa perspectiva material, a neutralidade tributária assegurada pelo RTT frente às alterações pelas quais vem passando a Contabilidade brasileira é bem menos abrangente do que a então veiculada pela Lei n.º 11.638/07, pois naquele somente as mudanças nos critérios de reconhecimento de receitas, custos e despesas não podem surtir efeitos para fins de incidência de IRPJ, CSL, Contribuição ao PIS e COFINS, enquanto que neste último tais mudanças não poderiam surtir qualquer efeito relativamente a tributos federais em geral;

24. A ideia tradicional de riqueza ganha, para efeitos de tributação de receitas e lucro, remete à noção de aquisição, junto a terceiros, de direitos patrimoniais. Sem prejuízo desta noção, inexiste vedação para que se considere ganha a riqueza quando reste caracterizado que alguém detém poder de controle para adquirir um direito patrimonial quando quiser, sem maiores embaraços;

25. Nas condições acima, o poder de controle também pode ser um direito representativo de riqueza e, portanto, dar lugar à receita e, em última instância, a lucro, noção esta que encontra amparo na Constituição e, em relação à tributação da renda, também no artigo 43 do Código Tributário Nacional;

26. Em termos conceituais, as acepções jurídicas de receita e renda guardam estreita correspondência com os conceitos contábeis de receita e lucro. Nada obstante, quando uma receita ou lucro originalmente verificado no sistema contábil não se compatibilizar com os princípios da capacidade econômica e da capacidade contributiva, não poderá ser utilizado para fins de incidência tributária, devendo o legislador, o Poder Judiciário, se provocado, ou até mesmo a autoridade administrativa cuidar para que isto seja observado;

27. O Supremo Tribunal Federal já manifestou entendimento de que a Constituição autoriza que o sistema jurídico irrite-se ao sistema contábil, especialmente por força do acoplamento estrutural entre estes, bem como que o legislador infraconstitucional possa instituir a possibilidade de que fatos jurídicos tributários e/ou bases calculadas representem informações contábeis.

BIBLIOGRAFIA

DOUTRINA

AFTALIÓN, Enrique R.; **OLANO**, Fernando García; **VILANOVA**, José. *Introducción al derecho*, 6ª ed. Buenos Aires: El Ateneo, 1960.

ALCHOURRON, Carlos E.; **BULYGIN**, Eugenio. *Introducción a la metodologia de las ciências jurídicas y sociales*. Buenos Aires: Astrea de Alfredo y Ricardo Depalma, 1993.

ALLEY, Clinton; **JAMES**, Simons. The interface between accounting and tax accounting: a summary of current research. *Working paper series*. Hamilton: University of Waikato, vol. 84, 2005.

AMARO, Luciano. Imposto de renda: regime jurídico. In: MARTINS, Ives Gandra da Silva (Coord.), *Curso de direito tributário*, 7ª ed. São Paulo: Saraiva, 2000.

Direito tributário brasileiro, 17ª ed. São Paulo: Saraiva, 2011.

ARNOLD, Brian J. Canada. In: AULT, Hugh J. e ARNOLD, Brian J. (Principal Authors), *Comparative income taxation – a structural analysis*, 3th ed. Alphen: Kluwer, 2010.

ATALIBA, Geraldo. *Sistema constitucional tributário brasileiro*. São Paulo: RT, 1968.

Lei complementar em matéria tributária. *Revista de direito tributário*. São Paulo: Malheiros, vol. 48, 1989.

Isenção de IOF para operações habitacionais. *Revista de direito tributário*. São Paulo: RT, vol. 57, 1991.

República e Constituição, 2ª ed. São Paulo: Malheiros, 1998.

Hipótese de incidência tributária, 5ª ed. São Paulo: Malheiros, 1998.

AUSTIN, John. *Lectures on jurisprudence*, 3ª ed. Londres: John Murray, 1869.

ÁVILA, Humberto. A hipótese de incidência do imposto sobre a renda construída a partir da Constituição. *Revista de direito tributário*. São Paulo: Malheiros, vol. 77, 2000.

Sistema constitucional tributário. São Paulo: Saraiva, 2004.

Teoria dos princípios – da definição à aplicação dos princípios jurídicos, 5ª ed. São Paulo: Malheiros, 2006.

Teoria da igualdade tributária, 3ª ed. São Paulo: Malheiros, 2009.

BALEEIRO, Aliomar. *Uma introdução à ciência das finanças*, 15ª ed., atualizado por Dejalma de Campos. Rio de Janeiro: Forense, 1998.

Limitações constitucionais ao poder de tributar, 7ª ed., anotado por Misabel de Abreu Machado Derzi. Rio de Janeiro: Forense, 2001.

Direito tributário brasileiro, 11ª ed., anotado por Misabel de Abreu Machado Derzi. Rio de Janeiro: Forense, 2008.

BANDEIRA DE MELLO, Oswaldo Aranha. *A natureza jurídica do Estado Federal*. São Paulo: Prefeitura do Município de São Paulo, 1948.

Teoria das constituições rígidas, 2ª ed. São Paulo: José Bushatsky, 1980.

BANDEIRA DE MELLO, Celso Antônio. *Curso de direito administrativo*, 8ª ed. São Paulo: Malheiros, 1996.

O conteúdo jurídico do princípio da igualdade, 3ª ed. São Paulo: Malheiros, 1999.

BARRETO, Aires Fernandino. *Base de cálculo, alíquota e princípios constitucionais*, 2ª ed. São Paulo: Max Limonad, 1998.

BARROSO, Luís Roberto. O novo direito constitucional e a constitucionalização do direito. In: *Temas de direito constitucional*, 2ª ed. Rio de Janeiro: Renovar, t. III, 2005.

Doze anos da Constituição Brasileira de 1988. In: *Temas de direito constitucional*, 2ª ed. Rio de Janeiro: Renovar, t. I, 2006.

Interpretação e aplicação da Constituição, 7ª ed. São Paulo: Saraiva, 2009.

BASTOS, Celso Ribeiro. *Curso de direito constitucional*, 19ª ed. São Paulo: Saraiva, 1998.

BECKER, Alfredo Augusto. *Teoria geral do direito tributário*, 3ª ed. São Paulo: Lejus, 1998.

BELKAQUI, Ahmed Riahi. *Accounting theory*, 5ª ed. Andover: Cengage, 2004.

BIFANO, Elidie Palma. O direito contábil: da Lei n.º 11.638/07 à Lei n.º 11.941/09. In: ROCHA, Sérgio André (Coord.), *Direito tributário, societário e a reforma da Lei das S/A*. São Paulo: Quartier Latin, vol. 02, 2010.

BLAKE, John; AMAT, Oriol; FORTES, Hilary. The relationship between tax regulations and financial accounting: a comparison of Germany, Spain and United Kingdom. Fonte: www.econ.upf.edu/docs/papers/downloads/46.pdf, acesso em 10 de março de 2012, às 23:22.

BOBBIO, Norberto. *El problema del positivismo jurídico*. Buenos Aires: Eudeba, 1965.

A era dos direitos. Rio de Janeiro: Campus, 1992.

Teoria do ordenamento jurídico, 10ª ed. Brasília: Universidade de Brasília, 1999.

BORGES, José Souto Maior. *Lei complementar tributária*. São Paulo: RT EDUC, 1975.

Princípio da segurança jurídica na criação e aplicação do tributo. *Revista de direito tributário*. São Paulo: Malheiros, vol. 61, 1994.

A isonomia tributária na Constituição Federal de 1988. *Revista de direito tributário*. São Paulo: Malheiros, vol. 64, 1995.

Teoria geral da isenção tributária, 3ª ed. São Paulo: Malheiros, 2001.

CALIJURI, Mônica Sionara Schpallir. As novas normas de convergência contábeis e seus reflexos para os contribuintes. In: MOSQUERA, Roberto Quiroga e LOPES, Alexsandro Broedel (Coords.), *Controvérsias jurídico-contábeis (aproximações e distanciamentos)*. São Paulo: Dialética, vol. 02, 2011.

CAMARGO, Renald Antonio Franco de. *A influência e contribuição da legislação tributária na Contabilidade no Brasil*. Dissertação de mestrado. São Paulo: PUC/SP, 1997.

CAMPILONGO, Celso Fernandes. *Política, sistema jurídico e decisão judicial*. São Paulo: Max Limonad, 2002.

CANOTILHO, José Joaquim Gomes. *Direito constitucional*, 7ª ed. Coimbra: Almedina, 2003.

CARRAZZA, Roque Antonio. *Curso de direito constitucional tributário*, 27ª ed. São Paulo: Malheiros, 2011.

BIBLIOGRAFIA

CARVALHO, L. Nelson. Essência x forma na Contabilidade. In: MOSQUERA, Roberto Quiroga e LOPES, Alexsandro Broedel (Coords.), *Controvérsias jurídico-contábeis (aproximações e distanciamentos)*. São Paulo: Dialética, 2010.
Notas taquigráficas da palestra sobre o tema *A tributação da renda e sua relação com os princípios contábeis geralmente aceitos*, proferida na primeira edição do evento "Controvérsias Jurídico-Contábeis (aproximações e distanciamentos), realizado em 06 de maio de 2010.

CARVALHO, Paulo de Barros. Teoria da norma tributária. São Paulo: Max Limonad, 1998.
Direito tributário – fundamentos jurídicos da incidência. São Paulo: Saraiva, 1998.
Curso de direito tributário, 13ª ed. São Paulo: Saraiva, 2000.
O princípio da segurança jurídica em matéria tributária. In: MOREIRA FILHO, Aristóteles e LÔBO, Marcelo Jatobá (Coords.), *Questões controvertidas em matéria tributária – uma homenagem ao Professor Paulo de Barros Carvalho*. Belo Horizonte: Fórum, 2004.
Direito tributário, linguagem e método, 3ª ed. São Paulo: Noeses, 2009.

CHAVES DA SILVA, Rodrigo Antônio. *Evolução doutrinária da Contabilidade – epistemologia do princípio patrimonial*. Curitiba: Juruá, 2010.

COÊLHO, Sacha Calmon Navarro. *Comentários à Constituição de 1988 – sistema tributário*, 8ª ed. Rio de Janeiro: Forense, 1999.
Curso de direito tributário brasileiro, 4ª ed. Rio de Janeiro: Forense, 1999.
Teoria geral do tributo, da interpretação e da exoneração tributária – o significado do art. 116, parágrafo único, do CTN, 3ª ed. São Paulo: Dialética, 2003.

COÊLHO, Sacha Calmon Navarro; **DERZI**, Misabel Abreu Machado. Direito à compensação de créditos no ICMS. *Revista dialética de direito tributário*. São Paulo: Dialética, vol. 27, 1997.

COMPARATO, Fábio Konder. Natureza jurídica do balanço. In: *Ensaios e pareceres de direito empresarial*. Rio de Janeiro: Forense, 1978.
O irredentismo da "nova contabilidade" e as operações de "leasing". In: *Direito empresarial – estudos e pareceres*. São Paulo: Saraiva, 1995.
A afirmação histórica dos direitos humanos, 3ª ed. São Paulo: Saraiva, 2003.
O poder de controle na sociedade anônima, 4ª ed., atualizado por Calixto Salomão Filho. Rio de Janeiro: Forense, 2005.

COSTA, Alcides Jorge. Capacidade contributiva. *Revista de direito tributário*. São Paulo: Malheiros, vol. 55, 1991.

COSTA, Regina Helena. *Imunidades tributárias – teoria e análise da jurisprudência do STF*. São Paulo: Malheiros, 2001.
Princípio da capacidade contributiva, 3ª ed. São Paulo: Malheiros, 2003.
Praticabilidade e justiça tributária – exequibilidade de lei tributária e direitos do contribuinte. São Paulo: Malheiros, 2007.

COUTO E SILVA, Almiro do. Princípios da legalidade da administração pública e da segurança jurídica no estado de direito contemporâneo. *Revista de direito público*. São Paulo: RT, vol. 84, 1987.

CUNHA, Fábio Lima da. A contabilidade juridicizada: a universalidade de relações jurídicas e a perspectiva de patrimônio no novo padrão contábil brasileiro. In: MOSQUERA, Roberto Quiroga e LOPES, Alexsandro Broedel (Coords.), *Controvérsias jurídico-contábeis (aproximações e distanciamentos)*. São Paulo: Dialética, 2010.

TRIBUTAÇÃO E CONTABILIDADE

DEL VECCHIO, Giorgio. *Lições de filosofia do direito.* Coimbra: Armênio Amado, 1951.

DERZI, Misabel de Abreu Machado. In: BALEEIRO, Aliomar, *Limitações constitucionais ao poder de tributar*, 7ª ed. Rio de Janeiro: Forense, 2001.

In: BALEEIRO, Aliomar, *Direito tributário brasileiro*, 7ª ed. Rio de Janeiro: Forense, 2003.

Direito tributário, direito penal e tipo, 2ª ed. São Paulo: RT, 2007.

Modificações da jurisprudência no direito tributário. São Paulo: Noeses, 2009.

DÓRIA, Antonio Roberto Sampaio. Regime de caixa e de competência no Decreto-Lei n. 1.598/77. In: ATALIBA, Geraldo, *I Ciclo de conferências sobre temas tributários.* São Paulo: Resenha Tributária, 1979.

Direito constitucional tributário e due process of law, 2ª ed. Rio de Janeiro: Forense, 1986.

DWORKIN, Ronald. *Levando os direitos a sério*, 2ª ed. São Paulo: Martins Fontes, 2007.

FALCÃO, Amílcar de Araújo. *Fato gerador da obrigação tributária*, 6ª ed. São Paulo: Forense, 1997.

FERNANDES, Edison Carlos. *Direito contábil (fundamentos, conceito, fontes e relação com outros "ramos" jurídicos).* São Paulo: Dialética, 2013.

FERRAZ JÚNIOR, Tércio Sampaio. *A ciência do direito.* São Paulo: Atlas, 1977.

Introdução ao estudo do direito, 2ª ed. São Paulo: Atlas, 1994.

Segurança jurídica – normas gerais tributárias. *Revista de direito tributário.* São Paulo: RT, vol. 17-18, 1981.

ICMS – não-cumulatividade e suas exceções constitucionais. In: *Interpretação e estudos da Constituição de 1988.* São Paulo: Atlas, 1990.

Aplicação e interpretação das normas constitucionais. In: *Interpretação e estudos da Constituição de 1988.* São Paulo: Atlas, 1990.

Notas taquigráficas de aulas proferidas no Curso de Doutorado em Direito do Estado da Pontifícia Universidade Católica de São Paulo, ao longo do primeiro semestre do ano de 2009.

FULLER, Lon L. Positivism and fidelity to Law – a reply to Professor Hart. *Harvard Law Review.* Harvard: Harvard Law Review, vol. 630, 1958.

GAMA, Tácio Lacerda. *Competência tributária.* São Paulo: Noeses, 2009.

GAVANA, G.; **GUGGIOLA**, G.; **MARENZI**, A. Evolving Connections between Tax and Financial Reporting in Italy. Fonte: www.eco.uninsubria.it/dipeco/quaderni/files/QF2010_1.pdf, acesso em 15 de março de 2012, às 12:15.

GIARDINA, Emilio. *Le basi teoriche del principio della capacità contributiva.* Milão: Giuffrè, 1961.

GOMES, Orlando. *Introdução ao direito civil*, 19ª ed. Rio de Janeiro: Forense, 2000.

GRAU, Eros Roberto. *A ordem econômica na Constituição de 1988*, 5ª ed. São Paulo: Malheiros, 2000.

O direito posto e o direito pressuposto, 6ª ed. São Paulo: Malheiros, 2005.

GRECO, Marco Aurélio. COFINS na Lei n.º 9.718/98 – variações cambiais e regime da alíquota acrescida. *Revista dialética de direito tributário.* São Paulo: Dialética, vol. 50, 1999.

Planejamento tributário, 2ª ed. São Paulo: Dialética, 2008.

HALLER, A. The relationship between financial and tax accounting in Germany: a major reason for accounting disharmony in Europe. *International journal of accounting.* London: International journal of accounting, vol. 27, n.º 4.

BIBLIOGRAFIA

HART, Herbert L. A. *Essays in jurisprudence and philosophy*. Oxford: Clarendon, 1983.
O conceito de direito. Lisboa: Fundação Calouste Gulbenkian, 1986.

HENDRIKSEN, Eldon S.; **BREDA**, Michael F. Van. *Teoria da Contabilidade*. São Paulo: Atlas, 2010.

HERRMAN JÚNIOR, Frederico. *Contabilidade superior*, 10ª ed. São Paulo: Atlas, 1978.

HILÚ NETO, Miguel. A extinção do "ativo diferido": reflexões sobre suas repercussões contábeis e tributárias. In: FERNANDES, Edison Carlos e PEIXOTO, Marcelo Magalhães (Coords.), *Aspectos tributários da nova lei contábil*. São Paulo: MP Editora, 2010.

HORVATH, Estevão. *O princípio do não-confisco no direito tributário*. São Paulo: Dialética, 2002.

IPPOLITO, Marcelo Baeta. *A linguagem contábil e a hipótese de incidência e base de cálculo do imposto de renda das pessoas jurídicas tributadas pelo lucro real*. Dissertação de mestrado. São Paulo: PUC/SP, 2005.

IUDÍCIBUS, Sérgio de. *Teoria da Contabilidade*, 10ª ed. São Paulo: Atlas, 2010.

IUDÍCIBUS, Sérgio de; **MARTINS**, Eliseu; **CARVALHO**, L. Nelson. Contabilidade: aspectos relevantes da epopéia de sua evolução. *Revista contabilidade e finanças*. São Paulo: USP, vol. 38, 2005.

IUDÍCIBUS, Sérgio de; **MARTINS**, Eliseu; **GELBCKE**, Ernesto Rubens. *Manual de Contabilidade das sociedades por ações – aplicável também às demais sociedades*, 4ª ed. São Paulo: Atlas, 1995.

IUDÍCIBUS, Sérgio de; **MARTINS**, Eliseu; **GELBECKE**, Ernesto Rubens; **SANTOS**, Ariovaldo dos. *Manual de Contabilidade societária – aplicável a todas as sociedades – de acordo com as normas internacionais e do CPC*. São Paulo: Atlas, 2010.

JUSTEN FILHO, Marçal. *Curso de direito administrativo*. São Paulo: Saraiva, 2005.

KELSEN, Hans. *Teoria pura do direito*, 3ª ed. São Paulo: Martins Fontes, 1991.
Teoria geral do direito e do estado, 3ª ed. São Paulo: Martins Fontes, 1998.

KNOPFELMACHER, Marcelo. *O conceito de receita na Constituição – método para sua tributação sistemática*. São Paulo: Quartier Latin, 2007.

LAPATZA, José Juan Ferreiro. *Curso de derecho financiero español – instituciones*, 25ª ed. Madrid: Marcial Pons, 2006.

LATORRACA, Nilton. *Direito tributário – imposto de renda das empresas*, 15ª ed. São Paulo: Atlas, 2000.

LIARD, Louis. *Lógica*. Buenos Aires: Araujo, 1943.

LIMA GONÇALVES, José Artur. *Isonomia na norma tributária*. São Paulo: Malheiros, 1993.
Imposto sobre a renda – pressupostos constitucionais. São Paulo: Malheiros, 1997.

LOBO TORRES, Ricardo. *Tratado de direito constitucional financeiro e tributário – os direitos humanos e a tributação: imunidades e isonomia*. Rio de Janeiro: Renovar, vol. III, 1999.
Curso de direito financeiro e tributário, 7ª ed. Rio de Janeiro: Renovar, 2000.
Tratado de direito constitucional financeiro e tributário – valores e princípios constitucionais tributários. Rio de Janeiro: Renovar, vol. II, 2005.

LOPES, Alexsandro Broedel; **MARTINS**, Eliseu. *Teoria da Contabilidade – uma nova abordagem*. São Paulo: Atlas, 2005.

LOTUFO, Renan. *Curso avançado de direito civil*, 2ª ed. São Paulo: RT, 2003.

TRIBUTAÇÃO E CONTABILIDADE

LUHMANN, Niklas. *Sociologia do direito*. Rio de Janeiro: Tempo Brasileiro, vols. I e II, 1983.

Operational closure and structural coupling: the differentiation of the legal system. In: *Closed systems and open justice*, número especial de Cardozo Law Review. New York: Cardozo Law Review, vol. 13, n.º 5, 1992.

La ciencia de la sociedad. México: Anthropos, 1996.

Law as a social system. Oxford: Oxford University, 2004.

Introdução à teoria dos sistemas, 2ª ed. Petrópolis: Vozes, 2010.

MACHADO, Brandão. Imposto de renda, ganhos de capital, promessa de venda de ações. *Direito tributário atual*. São Paulo: Resenha Tributária, 1992.

MACHADO, Hugo de Brito. Obrigação tributária acessória e abuso do poder-dever de fiscalizar. *Revista dialética de direito tributário*. São Paulo: Dialética, vol. 96, 2003.

MARTINEZ, Antonio Lopo. *A linguagem contábil no direito tributário*. Dissertação de mestrado. São Paulo: PUC/SP, 2002.

MARTINS, Eliseu. *Contabilidade de custos*, 10ª ed. São Paulo: Atlas, 2010.

Notas taquigráficas da palestra sobre o tema *Evolução do regime contábil tributário no Brasil*, proferida na terceira edição do evento "Controvérsias Jurídico-Contábeis (aproximações e distanciamentos), realizado em 25 de maio de 2012.

MARTINS, Natanael. A realização da renda como pressuposto de sua tributação. Análise sobre a perspectiva da nova contabilidade e do RTT. In: MOSQUERA, Roberto Quiroga e LOPES, Alexsandro Broedel (Coords.), *Controvérsias jurídico-contábeis (aproximações e distanciamentos)*. São Paulo: Dialética, vol. 02, 2011.

A reforma da lei das sociedades anônimas: Lei n.º 11.638/07 e seus impactos na área tributária. In: ROCHA, Sérgio André (Coord.), *Direito tributário, societário e a reforma da Lei das S/A*. São Paulo: Quartier Latin, 2008.

MELO, José Eduardo Soares de. *Curso de direito tributário*. São Paulo: Dialética, 1997.

MENDES, Gilmar Ferreira; **COELHO**, Inocêncio Mártires; **BRANCO**, Paulo Gustavo Gonet. *Curso de direito constitucional*, 2ª ed. São Paulo: Saraiva, 2008.

MOLINA, Pedro Manuel Herrera. *Capacidad económica y sistema fiscal – análisis del ordenamiento español a la luz del derecho alemán*. Madri: Marcial Pons, 1998.

MOREIRA FILHO, Aristóteles. Os critérios de conexão na estrutura da norma tributária. In: TÔRRES, Heleno Taveira (Coord.), *Direito tributário internacional aplicado*. São Paulo: Quartier Latin, 2003.

MOSCHETTI, Francesco. *Il principio della capacità contributiva*. Padova: Cedam, 1973.

MOST, Kenneth S. *Accounting theory*. Columbus: Grid, 1977.

MUNIZ, Ian. Neutralidade fiscal da Lei n.º 11.638/07. In: ROCHA, Sérgio André (Coord.), *Direito tributário, societário e a reforma da Lei das S/A*. São Paulo: Quartier Latin.

NABAIS, José. *O dever fundamental de pagar impostos*. Coimbra: Almedina, 2004.

Direito fiscal, 3ª ed. Coimbra: Almedina, 2005.

NEVES, Marcelo. *Teoria da inconstitucionalidade das leis*. São Paulo: Saraiva, 1988.

A constitucionalização simbólica. São Paulo: Acadêmica, 1994.

NOBES, Christopher; **PARKER**, Robert. *Comparative international accounting*, 9th ed. Edinburgh: Pearson Education, 2006.

NOVOA, César García. *El principio de seguridad jurídica en materia tributaria*. Madrid: Marcial Pons, 2000.

BIBLIOGRAFIA

NUNES, Renato. *Imposto sobre a renda devido por não residentes no Brasil – regime analítico e critérios de conexão.* São Paulo: Quartier Latin, 2010.

Modificações promovidas pela Lei n.º 11.638/07 no regime de lançamentos contábeis – repercussões no campo tributário, sobretudo no âmbito de reorganizações societárias. *Revista dialética de direito tributário.* São Paulo: Dialética, vol. 159, 2008.

OLIVEIRA, José Marcos Domingues de. *Direito tributário – capacidade contributiva*, 2ª ed. Rio de Janeiro: Renovar, 1998.

OLIVEIRA, Ricardo Mariz. *Fundamentos do imposto de renda.* São Paulo: Quartier Latin, 2008.

Notas taquigráficas da palestra sobre o tema *A tributação da renda e sua relação com os princípios contábeis geralmente aceitos,* proferida na primeira edição do evento "Controvérsias Jurídico-Contábeis (aproximações e distanciamentos), realizado em 06 de maio de 2010.

Reconhecimento de receitas – questões tributárias importantes (uma nova noção de disponibilidade econômica?). In: MOSQUERA, Roberto Quiroga e LOPES, Alexsandro Broedel (Coords.), *Controvérsias jurídico-contábeis (aproximações e distanciamentos).* São Paulo: Dialética, vol. 03, 2012.

PACE, Ricardo. *Contribuições de intervenção no domínio econômico – direito, economia e política.* Porto Alegre: Sergio Antonio Fabris, 2011.

PEDREIRA, José Luiz Bulhões. *Imposto sobre a renda – pessoas jurídicas.* Rio de Janeiro: Justec, 1979.

Finanças e demonstrações financeiras da companhia – conceitos fundamentais, 2ª ed. Rio de Janeiro: Forense, 1989.

PEREIRA, Caio Mário da Silva. *Instituições de direito civil,* 19ª ed. Rio de Janeiro: Forense, vol. I, 1999.

PEREZ, Jesús González. *El principio general de la buena fé em el derecho administrativo.* Madri: Real academia de ciências morales y políticas, 1983.

PONTES DE MIRANDA, Francisco Cavalcanti. *Tratado de direito privado: parte geral.* São Paulo: Bookseller, t. V, 1999.

Tratado de direito privado: parte especial. Campinas: Bookseller, t. XVI, 2002.

POPPER, Karl. *A lógica da pesquisa científica.* São Paulo: Cultrix, 2007.

ROCHA, Cármen Lúcia Antunes. O princípio da coisa julgada e o vício de inconstitucionalidade. In: ROCHA, Cármen Lúcia Antunes (Coord.), *Constituição e segurança jurídica – direito adquirido, ato jurídico perfeito e coisa julgada – estudos em homenagem a José Paulo Sepúlveda Pertence.* Belo Horizonte: Fórum, 2004.

ROCHA, Sérgio André. As normas de convergência contábeis e seus reflexos para os contribuintes. In: MOSQUERA, Roberto Quiroga e LOPES, Alexsandro Broedel (Coords.), *Controvérsias jurídico-contábeis (aproximações e distanciamentos).* São Paulo: Dialética, vol. 02, 2011.

ROMANO, Santi. *Princípios de direito constitucional geral.* São Paulo: RT, 1977.

ROSS, Alf. *Direito e justiça.* Bauru: Edipro, 2003.

SÁ, Antonio Lopes de. *Teoria da Contabilidade,* 5ª ed. São Paulo: Atlas, 2010.

SCHMIDT, Paulo; **SANTOS**, José Luiz dos. *História da Contabilidade – foco na evolução das escolas do pensamento contábil.* São Paulo: Atlas, 2008.

TRIBUTAÇÃO E CONTABILIDADE

SCHOUERI, Luís Eduardo. O mito do lucro real na passagem da disponibilidade jurídica para a disponibilidade econômica. In: MOSQUERA, Roberto Quiroga e LOPES, Alexsandro Broedel (Coords.), *Controvérsias jurídico-contábeis (aproximações e distanciamentos)*. São Paulo: Dialética, 2010.

Juros sobre capital próprio: natureza jurídica e forma de apuração diante da 'nova contabilidade. In: MOSQUERA, Roberto Quiroga e LOPES, Alexsandro Broedel (Coords.), *Controvérsias jurídico-contábeis (aproximações e distanciamentos)*. São Paulo: Dialética, vol. 03, 2012.

SCHOUERI, Luís Eduardo; **TERSI**, Vinicius Feliciano. As inter-relações entre a Contabilidade e Direito: atender ao RTT significa obter neutralidade tributária? In: MOSQUERA, Roberto Quiroga e LOPES, Alexsandro Broedel (Coords.), *Controvérsias jurídico-contábeis (aproximações e distanciamentos)*. São Paulo: Dialética, vol. 02, 2011.

SILVA, José Afonso da. *Aplicabilidade das normas constitucionais*, 3ª ed. São Paulo: Malheiros, 1999.

Curso de direito constitucional positivo, 30ª ed. São Paulo: Malheiros, 2008.

SMITH, Adam. *A riqueza das nações*. São Paulo: Martins Fontes, vol. 02, 2003.

SOUSA, Rubens Gomes de. Imposto de renda. Despesas não dedutíveis pelas pessoas jurídicas. Seu tratamento fiscal como "lucros distribuídos" no que se refere à própria sociedade e a seus sócios ou acionistas. In: *Pareceres 1 – imposto de renda*. São Paulo: Resenha Tributária, 1975.

Tratamento tributário dos títulos de renda fixa. In: *Pareceres – III- imposto de renda*. São Paulo: Resenha Tributária, 1975.

TAKATA, Marcos Shigueo. A conexão da contabilidade com o direito tributário – direito contábil e direito tributário. In: MOSQUERA, Roberto Quiroga e LOPES, Alexsandro Broedel (Coords.), *Controvérsias jurídico-contábeis (aproximações e distanciamentos)*. São Paulo: Dialética, 2010.

TAVARES, Tomás Castro. Preço de mercado sem relações especiais no CIRC. In: CÂMARA, Francisco de Sousa da; GAMA, João Taborda da; SANCHES, J. L. Saldanha (Orgs.), *O direito do balanço e as normas internacionais de relato financeiro*. Coimbra: Coimbra Editora, 2007.

TEIXEIRA, Manuel Duro; **ALMEIDA**, Alexandre. O impacto fiscal da adopção das normas internacionais de contabilidade no sector financeiro. In: CÂMARA, Francisco de Sousa da; GAMA, João Taborda da; SANCHES, J. L. Saldanha (Orgs.), *O direito do balanço e as normas internacionais de relato financeiro*. Coimbra: Coimbra Editora, 2007.

TEUBNER, Gunther. *O direito como sistema autopoiético*. Lisboa: Fundação Calouste Gulbenkian, 1989.

Direito, sistema e policontexturalidade. Piracicaba: Unimep, 2005.

TIPKE, Klaus; **LANG**, Joachim. *Direito tributário*. Porto Alegre: Sergio Antonio Fabris, 2008.

TÔRRES, Heleno Taveira. Código tributário nacional: teoria da codificação, funções das leis complementares e posição hierárquica no sistema. *Revista dialética de direito tributário*. São Paulo: Dialética, vol. 71, 2001.

Direito tributário e direito privado – autonomia privada, simulação, elusão tributária. São Paulo: RT, 2003.

BIBLIOGRAFIA

Capital estrangeiro e princípio da não discriminação tributária no direito interno e nas convenções internacionais. *Revista dialética de direito tributário*. São Paulo: Dialética, vol. 87, 2003.

Direito constitucional tributário e segurança jurídica – metódica da segurança jurídica do sistema constitucional tributário. São Paulo: RT, 2011.

ULHÔA CANTO, Gilberto de. Lei complementar tributária. *Caderno de pesquisas tributárias.* São Paulo: Resenha Tributária, 1990.

VELLOSO, Carlos Mario da Silva. Delegação legislativa – a legislação por associações. *Revista de direito público.* São Paulo: RT, vol. 90, 1989.

VILANOVA, Lourival. *As estruturas lógicas e o sistema do direito positivo.* São Paulo: Max Limonad, 1997.

Causalidade e relação no direito, 4ª ed. São Paulo: RT, 2000.

WARAT, Luis Alberto. Mitos e teorias na interpretação da lei. Porto Alegre: Síntese, 1979.

WOLFE, Alan. Sociological theory in the abscence of people: the limits of Luhmann's system theory. *Cardozo law review.* New York: Cardozo Law Review, vol. 13, 1992.

WOLK, Harry I.; **DODD,** James L.; **ROZYCKI,** John. *Accounting theory,* 7ª. Thousand Oaks: Sage, 2008.

XAVIER, Alberto. *Os princípios da legalidade e da tipicidade da tributação.* São Paulo: RT, 1978.

A distinção entre fornecimentos a curto e longo prazo para efeitos de imposto de renda. *Estudos sobre o imposto de renda.* Belém: Cejup, 1988.

ZIEGERT, Klaus A. A descrição densa do direito – uma introdução à teoria dos sistemas operacionais fechados de Niklas Luhmann. *Confluências – Revista interdisciplinar de sociologia e direito.* São Paulo: HVF, vol. 09, n.º 1, 2007.

SÍTIOS DE INTERNET

http://www.receita.fazenda.gov.br/Memoria/irpf/historia/historia.asp – Secretaria da Receita Federal do Brasil.

http://www.ifrs.org/Use+around+the+world/Use+around+the+world.htm – Padrões Internacionais de Demonstrações Financeiras.

http://www.pwc.com/us/en/issues/ifrs-reporting/assets/ifrs_country_adoption.pdf – PricewaterhouseCoopers dos Estados Unidos da América.

http://www.econ.upf.edu/docs/papers/downloads/46.pdf – Universidade Pompeu Fabra de Barcelona.

http://www.eco.uninsubria.it/dipeco/quaderni/files/QF2010_1.pdf – Departamento de Economia, Universidade da Insubria.

http://www.hmrc.gov.uk/practitioners/int_accounting.htm – HM Rendas & Aduana.

http://www.deloitte.com/assets/Dcom- http://UnitedKingdom/Local%20Assets/Documents/Services/Audit/UK_Audit_Choosing_your_GAAP.pdf – Deloitte Touche Tohmatsu do Reino Unido.

http://www.afaanz.org/openconf/2011/modules/request.php?module=oc_proceedings&action=view.php&a=Accept+as+Forum&id=203 – Associação Contábil e de Finanças da Australia e da Nova Zelândia.

TRIBUTAÇÃO E CONTABILIDADE

http://www.hasil.gov.my/sgatar/pdf/02%20-%20China/41SGATAR_CN_SP_TP1.pdf –
Departamento de Rendas da Malásia.

http://www.pwc.com/kr/en/ifrs/ifrs-in-korea.jhtml – PricewaterhouseCoopers da Coréia
do Sul.

http://www.amchamkorea.org/WEB-INF/upload/calendar/688_attach_3.pdf – Câmara
de Comércio da Coréia do Sul.

http://www.yulchon.com/ENG/Resource/Publications/view.asp?CD=1140&page=2&S
earchString=&sltPractice=&keyword=tax – Yulchon Advogados.

http://www.ato.gov.au/businesses/PrintFriendly.aspx?ms=businesses&doc=/con-
tent/00187382.htm – Departamento de Tributação Australiano.

http://www.aasb.gov.au/admin/file/content102/c3/IFRS_adoption_in_Australia_
Sept_2009.pdf – Comitê de Padrões Contábeis Australianos.

http://www.vrl-financial-news.com/accounting/the-accountant/issues/ta-2010/ta-6079/
australia-survey-let-the-good/australia-chooses-against-ifrs.aspx – VRL Notícias
Financeiras.

http://download.asb.co.za/download/DP%205.pdf – Comitê de Padrões Contábeis Sul-
-Africanos.

http://www.iedt.org.ec/index.php?option=com_docman&task=doc_details&gid=174&
Itemid – Instituto Equatoriano de Direito Tributário.

http://www.deloitte.com/view/es_CL/cl/prensa/b9d71bd230ddd210VgnVCM100000
1a56f00aRCRD.htm – Deloitte Touche Tohmatsu do Chile.